大国发展：
产业结构变迁与竞争优势培育

DAGUO FAZHAN:

CHANYE JIEGOU BIANQIAN YU JINGZHENG YOUSHI PEIYU

宋建 王静 著

中国财经出版传媒集团
经济科学出版社
Economic Science Press

图书在版编目（CIP）数据

大国发展：产业结构变迁与竞争优势培育/宋建，
王静著 . -- 北京：经济科学出版社，2023.5
ISBN 978 - 7 - 5218 - 4260 - 9

Ⅰ.①大… Ⅱ.①宋…②王… Ⅲ.①产业结构调整
- 研究 - 中国 Ⅳ.①F269.24

中国版本图书馆 CIP 数据核字（2022）第 214934 号

责任编辑：孙怡虹 魏 岚
责任校对：王肖楠
责任印制：张佳裕

大国发展：产业结构变迁与竞争优势培育
宋 建 王 静 著
经济科学出版社出版、发行 新华书店经销
社址：北京市海淀区阜成路甲 28 号 邮编：100142
总编部电话：010 - 88191217 发行部电话：010 - 88191522
网址：www. esp. com. cn
电子邮箱：esp@ esp. com. cn
天猫网店：经济科学出版社旗舰店
网址：http://jjkxcbs. tmall. com
北京季蜂印刷有限公司印装
710×1000 16 开 27 印张 485000 字
2023 年 5 月第 1 版 2023 年 5 月第 1 次印刷
ISBN 978 - 7 - 5218 - 4260 - 9 定价：98.00 元
（图书出现印装问题，本社负责调换。电话：010 - 88191545）
（版权所有 侵权必究 打击盗版 举报热线：010 - 88191661
QQ：2242791300 营销中心电话：010 - 88191537
电子邮箱：dbts@ esp. com. cn）

　　党的十九届四中全会提出"健全推动发展先进制造业、振兴实体经济的体制机制"发展战略，中央经济工作会议强调"稳字当头""要支持战略性产业发展，支持加大设备更新和技改投入，推进传统制造业优化升级"，同时要"发挥各地比较优势，构建全国高质量发展的新动力源"。在全球产业竞争格局的加速演变下，美国等发达国家纷纷实施"再工业化"战略，抢占全球科技制高点；印度、越南等发展中国家，依靠劳动力成本优势抢占我国制造业加工份额，承接中低端制造业产业及资本转移，中国制造业陷入"双向挤压"困境。国际分工格局由"分工合作"模式转向"分工竞争"策略，我国传统制造业"后发优势"逐渐减弱，导致制造业国际竞争力不强。依靠改革开放以来积累的雄厚物质技术基础、超大规模的市场优势、庞大的人力资本和人力资源，在保持我国传统制造业优化升级"稳中求进"的前提下，培育制造业竞争优势，推动价值链高端跃迁的跨越式发展，是我国从"制造大国"迈向"制造强国"的关键。因此，本书试图从大国发展的视角，阐述产业结构变迁特征与机制、资源优化配置等问题，最终落脚点在于培育新形势下动态竞争新优势。

　　为实现这一目标，首先，要厘清产业结构变迁特征、从理论上验证演化机制。在归纳产业特征基础上，本书主要从创新发展、协调发展、绿色发展、开放发展和共享发展五个方面展开论述。基于"服务业之谜"的存在，经济增长中产业结构变动研究由"鲍莫尔—富克斯假说"（Baumol-Fuchs 假说）转向"鲍莫尔—鲍温效应"（Baumol-Bowen 效应），即摒弃收入或者价格弹性，转向"价格效应"的研究。第一，从政府发展战略与产业发展方面，检验发展战略影响产业发展以及产业结构的效应；第二，环境污染与经济协调发展已成为全球性问题，从环境污染与产业结构调整的内在传导机制，分析结构变动的"成本效应"与"需求效应"的内在逻辑机制；第三，基于鲍莫尔（Baumol）提出的"非均衡经济增长模型"，对国际直接投资（foreign direct investment，FDI）溢出效应带动的劳动生产率的相对变化影响产业结构变迁进行分析；第四，通过多指标的交叉协整检验方法对中国金融发展（戈氏指标和麦氏指标）与产业结构升级（产业结构优化和就业结构优化）之间的关系进行分析；第五，从区域城乡收入差距、动态收敛性与影响因素等方面探究共享发展问题。

其次，探究经济结构转型中资源配置效应，这一问题关系到中国经济持续发展以及能否实现创新驱动。本书主要从经济转型视角、产业结构视角、劳动要素视角、资本要素视角、区域空间视角展开分析。第一，立足现实，研究资源错配的特征、来源及影响，从产权结构、企业规模以及资源空间配置等多个现实问题切入；第二，借鉴马塞尔（Massell）增长源分解模式，构建一个基于总产出生产函数的核算框架，将服务业"成本病"效应与"结构红利"效应从劳动要素再配置效应中"分离"，分析行业资源错配对总体经济全要素生产率的影响；第三，系统回顾和梳理有关技术创新对劳动就业影响的国内外代表性文献，重点从技术创新对就业创造与补偿机制、就业破坏与替代机制、就业结构效应，微观到宏观的就业动态测算和影响因素，不同技术创新方式对就业增长影响，技术创新对就业结构中"技能升级""极化"影响等方面展开讨论；第四，从小企业视角分析资本深化促进生产率提升、资源错配导致企业全要素生产率低下的原因，并基于江苏省小企业数据进行实证检验；第五，从城市规模视角探究城乡收入差距的动态收敛问题，并分析人口迁移和户籍城市化对城乡收入差距的影响。

最后，探究新形势下动态竞争优势培育。本书主要从宏观视角、微观视角、全球视角、产业政策视角展开分析。第一，从需求侧、供给侧及结构转换视角，基于全要素生产率分解项的变化趋势，探寻中国经济发展的动力来源，构建与全要素生产率变化同源的中国经济增长动能指数；第二，从全要素生产率（total factor productivity，TFP）视角，构建企业发展指数，将企业 TFP 分解为要素投入的经济效率、要素收益率增长效应及要素规模增长效应，并考察营收能力、技术能力、融资能力、环境适应等运营能力指标；第三，测算衡量生产分割程度的生产阶段数，采用 DLW 法测算中国企业加成率，探讨刻画全球价值链分工程度的生产分割对企业加成率的微观影响与作用机制；第四，使用多种方法测算衡量生产分割程度的生产阶段数，探讨政府生产补贴对全球价值链分工程度提升的内在机制效应。本书的研究针对大国发展背景下，产业结构变迁与竞争优势培育问题展开，力图从现实、理论、实证和政策几个层面系统地进行阐述。

笔者从事产业经济学研究，始于 2013 年 9 月，师从曲阜师范大学杜曙光教授（硕士导师）和刘刚教授，2016 年 9 月跟随南京大学郑江淮教授（博士导师）继续深造。2013~2019 年，笔者重点研究产业结构变迁与经济可持续发展。自 2016 年以来，笔者以产业结构演化规律与内在机制论证为研究方向，选择影响产业结构变迁的核心因素作为研究的突破口。从理论上看，产业结构演化作为发展经济学的重要内容，是产业组织理论的热点议题，具有理论研究价值；从现实上看，中国制造业面临"双向挤压"困境，相关研究既能结合大国发展优势（雄厚物质技术基础、超大规模的市场优势、庞大的人力资本和人力资源），又能培育制造业竞争优势，有助于推动价值链高端跃迁的跨越式发展。在此期间，以产业结构变迁与竞争优势培育为出发点，笔者不断思考中国产业如何发展这一问题，也享受到了国家社会科学基金申请成功的喜悦：2020 年第一次申报国家社会科学基金青年项目，课题"'双向挤压'下我国先进制造业跨越式发展实现路径研究"（20CJY024）顺利立项。在申请书中笔者主要论证了如何依靠改革开放以来积累的雄厚物质技术基础、超大规模的市场优势、庞大的人力资本和人力资源，在保持我国传统制造业优化升级"稳中求进"的前提下，培育先进制造业竞争优势，推动企业由独立嵌入转向"抱团嵌入"以实现价值链高端跃迁的跨越式发展，是我国从"制造大国"迈向"制造强国"的关键。由此，课题以先进制造业集群为"抓手"，研究"双向挤压"困境下先进制造业跨越式发展"内生动力"培育机制以及实现路径，具有重要的现实意义。本书是笔者国家社会科学基金项目研究的基础和开篇，对于产业结构变迁中先进制造业发展的研究将在下一部著作中论证。

简而言之，本书是笔者自2013年以来关于产业发展研究部分成果的总结与提升，希望其对产业结构变迁与竞争优势培育的研究起到补充与完善的作用。同时坦诚地说，笔者能力有限，行文中错误与不当之处恳请读者批评指正！期待本书的出版能为国家拟定推动产业发展的动态竞争新优势提供政策引导，为国家遴选制定"双向挤压"下产业跨越式发展政策措施提供有益启示。同时，笔者也将继续就产业发展展开深入研究，争取有更多成果问世。

宋 建

2022 年 3 月

CONTENTS 目 录

专题一：结构变迁与理论机制

专题二：结构转型与资源配置

专题三：发展格局与竞争优势

专题一：结构变迁与理论机制

产业特征：产业结构、经济增长与服务业成本病

本章基于"服务业之谜"的存在，对经济增长中产业结构变动研究由"鲍莫尔—富克斯假说"（Baumol-Fuchs 假说）转向"鲍莫尔—鲍温效应"（Baumol-Bowen 效应），即摒弃收入或者价格弹性，转向"价格效应"进行研究。本章采用我国 31 个省份 1984～2014 年面板数据进行实证分析，验证了工业及工农业相对服务业的劳动生产率、服务业相对工业及相对工农业的价格水平、服务业占非农及整个国民经济的部门产值份额、服务业占非农及总就业人数比重为核心变量之间的关系，其内在逻辑是相对生产率决定相对价格水平，相对价格的变动又影响服务业部门份额的提升。从而得出了我国"服务业之谜"的存在及产业结构变动的"鲍莫尔—鲍温效应"，同时要理性看待结构调整中出现的"服务业成本病"现象，实现"结构"与"速度"之间的良性互动。本章具体安排如下：第一节为引言与文献综述；第二节构建产业结构调整的理论模型，并分析了内在价格与生产率内在关系及其对产业结构变动的机制；第三节对我国产业结构调整进行了实证分析；第四节为结论及启示。

第一节　引言与文献综述

自配第（Petty）和克拉克（Clark）系统研究产业结构与经济增长关系以来，经济学家更加重视两者之间的关系，霍夫曼（Hoffmann）考察了经济发展的"工业化阶段"，罗斯托（Rostow）、库兹涅茨（Kuznets）、鲍莫尔（Baumol）等认为"后工业化"阶段经济发展的重心由工业转向服务业。产

业结构变动是衡量发展中国家与发达国家经济发展程度的指标，袁富华（2012）、吕健（2012）、沈坤荣和滕永乐（2013）等认为在长期的经济增长过程中会产生"结构性增速"与"结构性减速"效应，其原因在于各部门生产率水平及生产率增长率不同，一国发展初期，生产要素由较低生产率的农业部门流向较高生产率的工业和服务业部门，资源重新配置促进经济增长，即佩纳德（Peneder，2003）提出的"结构红利"假说；而当经济发展到一定阶段，服务业部门生产率水平没有显著高于工业，则资源向生产率相对落后的服务业流动，导致经济增长速度下降，即鲍莫尔（1967）提出的"成本病"假说。

基于这两个假说，国内外学者针对不同国家进行了实证研究，索尔特（Salter，1960）、蒂默和西尔迈（Timmer & Szirmai，2000）、法格博格（Fagerberg，2000）、辛格（Singh，2004）、干春晖和郑若谷（2009）等对"结构红利"假说持不同态度；德·温琴蒂（De Vincenti，2007）将服务业和制造业部门的劳动生产率进行了内生化研究，恩盖和皮萨里德斯（Ngai & Pissarides，2007）又将部门数扩展到多个部门，得出结论与鲍莫尔相同。其内生机制为"生产率增长率的异质性"，也就是说部门间生产率增长率的不同，导致生产要素部门间流动，部门份额的非均衡发展，从而形成了一个非均衡的产业结构，不同区域不同年份的相对生产率（制造业部门相对服务部门）大相径庭。从时间维度来看，随着工业化的进程的推进，三大区域相对生产率呈现增加趋势；而随着城市化的飞速发展，部分省份相对生产率出现了下降；从空间维度看，以制造业为主体的中部地区相对生产率整体较高；以服务业尤其是现代服务业为主的东部地区相对生产率较低；西部因大开发政策的实施相对生产率也较高，因此呈现一种"时序—空间生产率异质性"。

在服务业部门份额提升和服务业价格上涨中，鲍莫尔—富克斯（Baumol-Fuchs，1968）假说与鲍莫尔—鲍温（Baumol-Bowen，1965）效应运用了不同的分析范式，前者侧重服务业的需求价格弹性（或者收入弹性），后者体现为相对生产率的一种"价格效应"。两者之间的差别，可以追溯到1967年鲍莫尔非均衡增长模型的两个"极端"假设：需求价格为完全无弹性和单位弹性。伯格斯特兰德（Bergstrand，1991）、法尔维和格梅尔（Falvey & Gemmell，1991）、柯蒂斯和穆尔蒂（Curtis & Murthy，1998）、穆勒（Möller，2001）、程大中（2004）等核算服务业的收入弹性，探究产业结构变动中"成本病"存在与否。有趣的是，鲍莫尔（2001）提出了"服务业之谜"的假说，即相对于制造业来说，服务业的真实产值所占的份额并没有上涨。图1-1显示了我国服务业部门的名义份额与实际份额，显然

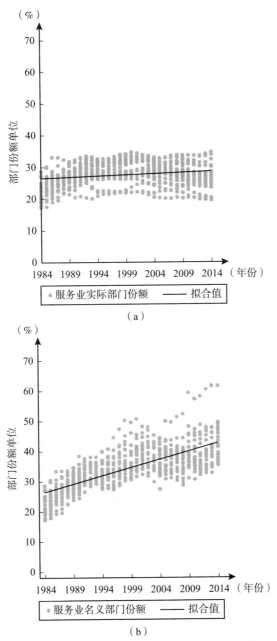

（a）

（b）

图1-1　服务业实际部门份额与名义部门份额

资料来源：作者根据历年《中国工业统计年鉴》计算所得。

与鲍莫尔提出的"服务业之谜"现象基本吻合，剔除物价因素影响后，服务业实际的部门份额大体呈现水平状。所以，基于经济增长过程服务业之谜的存在，产业结构变动不再是对以收入弹性或价格弹性为主的鲍莫尔—富克斯假说的验证，应转换为以"价格效应"为中心的鲍莫尔—鲍温效应。从图1-2可以看出，服务业部门的价格指数上涨幅度明显高于整个国民经济各部门及工业部门的价格指数。而结合中国经济发展中存在的"服务业之谜"事实，服务业实际产值份额保持不变，也就是产业结构调整转变为研究一种部门间的"价格效应"。

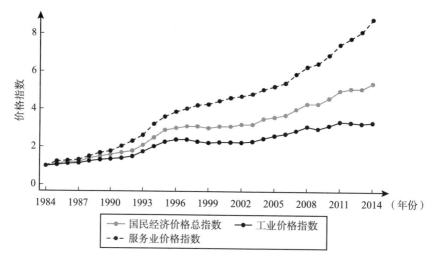

图1-2　中国国民经济价格总指数及工业、服务业价格指数

资料来源：作者根据历年《中国工业统计年鉴》计算所得。

"稳增长—调结构"是"新常态"下的重要命题，服务业部门份额动态演变的结构调整与经济增速之间是否具备内在机制？即"调结构"与"稳增长"之间是否具有一种"替代"关系？或者说，牺牲经济增长速度"换取"产业结构调整是否具有理论基础？由此可见，量化结构与速度之间的关系显得尤为重要。中国40多年经济增长经历了工业化、城市化转型，改革开放工业化进程中"结构红利"带来的"结构性加速"，促使中国经济飞速发展，成就了"中国奇迹"，而在工业化向城市化的演进中，出现了产业结构服务化和"结构性减速"。中国经济发展减速是否是由产业结构调整中服务业部门份额的提升所导致的？如果是，又是如何导致的？

与目前研究的不同有两点，一是本章采用省级面板数据，对全国及三大地区产业结构调整内在动因进行了详细的量化比较研究；二是将产业结构研究由需求价格弹性研究，转向"价格效应"的分析范式，"价格效应"背后体现的是生产率的异质性，进而对整个经济增速产生影响，从而形成了"结构—速度—效率"于一体的分析框架。

第二节　理 论 模 型

基于我国产业结构调整中"服务业之谜"的存在，分析微观企业生产效率异质性，构建理论模型。为了使之更加贴近中国经济现实，假定部门间的实际需求量为固定比例；不同部门不同行业企业以不同的生产率参与市场竞争；假定外部市场中相同的企业进入不同部门，而以不同存活率存于市场中，实现一般均衡状态。

一、消费者行为

在部门中存在大量的消费者需求不同的产品，假定代表性消费者效用函数为互补 CES 效用函数，即里昂惕夫效用函数，如式（1-1）所示：

$$U = \min\left\{\frac{1}{\alpha}\left[\int_{i\in\Omega_m} q_{mi}^{\rho}di\right]^{1/\rho}, \frac{1}{\beta}\left[\int_{j\in\Omega_n} q_{nj}^{\rho}di\right]^{1/\rho}\right\} \qquad (1-1)$$

其中，q_{mi} 为 m 部门代表性消费者的 i 产品的需求量，q_{ni} 为 n 部门代表性消费者的 i 产品需求量。α 为 m 部门的产出份额，β 为 n 部门产出份额。根据迪克西特和斯蒂格利茨（Dixit & Stiglitz）假定不同产品替代弹性 $\sigma = 1/(1-\rho) > 1$，部门总产品数量 $Q \equiv U$，得到两部门间的总产品量 $Q_m/\alpha = Q_n/\beta$。

在消费者最优化条件下，得到式（1-2）和式（1-3）：

$$q_{ks} = Q_k\left(\frac{p_{ki}}{P_k}\right)^{-\sigma} \qquad (1-2)$$

$$r_{ks} = R_k\left(\frac{p_{ki}}{P_k}\right)^{(1-\sigma)} \qquad (1-3)$$

其中，$k \in \{m, n\}$，$s \in \{i, j\}$，部门总支出为 $R_k = P_k Q_k$。

二、生产者行为

假定每个部门只含有一种生产要素（劳动力）。为了使模型更具简化性，并且不失一般性，假定生产要素（劳动力）部门间是完全自由流动的，则 $L = \sum L_k, k \in \{m, n\}$。产品具有异质性，且每个企业只生产一种产品，企业生产需要投入固定成本 f，则 k 部门生产 s 产品的企业劳动需求函数为 $l_{ks} = f_k + q_{ks}/\varphi_{ks}$。价格加成率为 $\sigma/(\sigma-1) = 1/\rho$，可得产品定价 $p(\varphi_{ks}) = m_{Markup} \times MC = [\sigma/(\sigma-1)] \times (w_k/\varphi_{ks}) = w_k/\rho\varphi_{ks}$，从而企业的利润函数为 $\pi_k(\varphi_{ks}) = r_k(\varphi_{ks})/\sigma - f_k$。

由此，在部门内劳动者具有同等工资水平条件下，不同产品的相对价格如式（1-4）所示：

$$\frac{p_{ki}}{p_{kj}} = \frac{\dfrac{w}{\rho\varphi_{ki}}}{\dfrac{w}{\rho\varphi_{kj}}} = \frac{\varphi_{kj}}{\varphi_{ki}} \tag{1-4}$$

而部门之间的产品相对价格水平如式（1-5）所示：

$$\frac{p_{ns}}{p_{ms}} = \frac{\dfrac{w_n}{\rho_n\varphi_n}}{\dfrac{w_m}{\rho_m\varphi_m}} = \frac{\rho_m}{\rho_n} \frac{w_n}{w_m} \frac{\varphi_m}{\varphi_n} \tag{1-5}$$

将式（1-4）和式（1-5）代入式（1-2）可得式（1-6）：

$$\frac{q_{ki}}{q_{kj}} = \frac{Q_k \left(\dfrac{p_{ki}}{P_k}\right)^{-\sigma}}{Q_k \left(\dfrac{p_{kj}}{P_k}\right)^{-\sigma}} = \left(\frac{p_{kj}}{p_{ki}}\right)^{\sigma} = \left(\frac{\varphi_{ki}}{\varphi_{kj}}\right)^{\sigma} \tag{1-6}$$

而部门间的相对产出比如式（1-7）所示：

$$\frac{q_m}{q_n} = \frac{Q_m \left(\dfrac{p_{mi}}{P_m}\right)^{-\sigma}}{Q_n \left(\dfrac{p_{nj}}{P_n}\right)^{-\sigma}} = \frac{Q_m}{Q_n} \left(\frac{P_m}{P_n}\right)^{\sigma} \left(\frac{p_{nj}}{p_{mi}}\right)^{\sigma} = \frac{\alpha}{\beta} \left(\frac{P_m}{P_n}\right)^{\sigma} \left(\frac{\varphi_{mi}}{\varphi_{nj}}\right)^{\sigma} \tag{1-7}$$

三、市场均衡分析

假定市场外数量为 M_A 的企业同时进入 m 和 n 市场，则最终能在市场

中存活的企业分别为 M_m、M_n。假定部门的生产率服从帕累托分布，即

$G(\varphi_{ks}) = 1 - \left(\dfrac{b_k}{\varphi_{ks}}\right)^{\theta_k}$，$g(\varphi_{ks}) = \dfrac{\theta_k}{b_k}\left(\dfrac{b_k}{\varphi_{ks}}\right)^{\theta_k + 1}$，则均衡的生产率分布函数为

$\mu(\varphi_{ks}) = \dfrac{g(\varphi_{ks})}{1 - G(\varphi_{ks}^*)}$。市场中行业平均生产率为各个企业生产率的加成，可

得到式（1-8）：

$$\tilde{\varphi}_k(\varphi_{ks}^*) = \left[\frac{\theta_k}{\theta_k + 1 - \sigma}\right]^{\frac{1}{\sigma - 1}} \varphi_{ks}^* \tag{1-8}$$

其中，$\sigma < \theta_k + 1$ 保证平均生产率收敛。市场中存在总价格指数为不同的企业异质性生产率分布下产品价格加成，则产业部门总价格指数如式（1-9）所示：

$$P_k = \left[\int_0^{\Omega_k} p_{ks}(\varphi_{ks})^{1-\sigma} M_A \mu(\varphi_{ks}) ds\right]^{\frac{1}{1-\sigma}} \tag{1-9}$$

进一步分析可知部门企业分布情况 $M_A = \dfrac{M_k}{1 - G(\varphi_{ks}^*)} = M_k b_k^{-\theta_k} \varphi_{ks}^{*\,\theta_k}$，将其

代入式（1-9）可得出 $P_k = M_A^{\frac{1}{1-\sigma}} w_k / [\rho\, \tilde{\varphi}_k(\varphi_{ks}^*)]$。市场均衡时，$m$ 部门与 n 部门的工资水平相等，可得出两部门的总相对价格指数为式（1-10）：

$$\frac{P_n}{P_m} = \frac{\tilde{\varphi}_m(\varphi_{mi}^*)}{\tilde{\varphi}_n(\varphi_{nj}^*)} \tag{1-10}$$

由式（1-8）与式（1-10）两边取对数可得式（1-11）：

$$\ln P_n - \ln P_m = A + \ln\varphi_{mi}^* - \ln\varphi_{nj}^* \tag{1-11}$$

命题1-1：产业间最终产品的相对价格（p_n/p_m）变化依赖于产业间的相对劳动生产率水平（φ_m/φ_n）、产业间相对工资水平（w_n/w_m）及产业间产品的要素替代弹性（σ）或者要素的多样性偏好（$1/\rho$）；产业内最终产品的相对价格则依赖于行业的相对劳动生产率水平。部门的总价格指数 P_k 则是由行业的平均劳动生产率 $\tilde{\varphi}_k(\varphi_{ks}^*)$ 决定的，行业劳动平均劳动生产率水平又依赖于行业的临界劳动生产率水平 φ_{ks}^*、市场上企业生产率分布参数 θ_k 及行业内产品的要素替代弹性（σ）。

对于部门间的产出份额比重，可通过式（1-10）得到式（1-12）：

$$\frac{R_n}{R_m} = \frac{\beta}{\alpha}\left[\frac{\theta_m(\theta_n + 1 - \sigma)}{\theta_n(\theta_m + 1 - \sigma)}\right]^{\frac{1}{\sigma - 1}} \frac{\varphi_{mi}^*}{\varphi_{nj}^*} \tag{1-12}$$

进一步对公式两边求对数可得式（1-13）：

$$\ln R_n - \ln R_m = B + \ln\varphi_{mi}^* - \ln\varphi_{nj}^* \qquad (1-13)$$

一方面，市场均衡时，企业进入市场的零利润（zero cutoff profit，ZCP）条件，即企业的平均利润为零。

$$\bar{\pi}_k = \pi\left(\tilde{\varphi}_k(\varphi_{ks}^*)\right) = \left[\frac{\tilde{\varphi}_k(\varphi_{ks}^*)}{\varphi_{ks}^*}\right]^{\sigma-1}\frac{r(\varphi_{ks}^*)}{\sigma} - f_k = \left[\frac{\tilde{\varphi}_k(\varphi_{ks}^*)}{\varphi_{ks}^*}\right]^{\sigma-1}f_k - f_k = 0$$

另一方面，假定市场外有 M_e 试图投入沉没成本 f_{ke} 进入市场，而只有 $p_{in}M_e$ 的企业留存下来，同时外在市场冲击了原先市场 M_k，$\delta_k M_k$ 个企业退出市场，可得到 $p_{in}M_e = \delta M_k$。同时，未退出市场企业长期平均利润为 $\bar{v}_k = \sum_{t=0}^{\infty}(1-\delta_k)^t\bar{\pi}_k = (1/\delta)\bar{\pi}_k$，市场外企业进入市场的净利润为 $v_e = p_{in}\bar{v}_k - f_{ke}$，当 v_e 为 0 时，市场达到均衡。可以得出自由进入（free entry，FE）条件企业平均利润为 $\bar{\pi}_k = \frac{\delta_k f_{ke}}{1-G(\varphi_{ks}^*)} = \delta_k f_{ke}b_k^{-\theta_k}\varphi_{ks}^{*\theta_k}$。

将式（1-8）代入 ZCP 和 FE 条件等式，整理可得式（1-14）：

$$\varphi_{ks}^{*\theta_k} = \left(\frac{\sigma-1}{k_k+1-\sigma}\right)\frac{f_k}{\delta f_{ke}b_k^{-\theta_k}} \qquad (1-14)$$

在 ZCP 条件下，可以得到企业的平均收益为 $\tilde{r}(\varphi_k^*) = \left[\frac{\tilde{\varphi}_k(\varphi_{ks}^*)}{\varphi_{ks}^*}\right]^{\sigma-1}f_k$，然后将式（1-14）及 M_m、M_n 代入，可得部门份额为式（1-15）：

$$\frac{R_n}{R_m} = \frac{\tilde{r}(\varphi_{nj}^*)M_n}{\tilde{r}(\varphi_{mi}^*)M_m} = \frac{f_m k_m(k_n+1-\sigma)b_n^{-\theta_n}\varphi_{nj}^{*\theta_n}}{f_n k_n(k_m+1-\sigma)b_m^{-\theta_m}\varphi_{mi}^{*\theta_m}} \qquad (1-15)$$

由式（1-8）、式（1-12）和式（1-15）可得式（1-16）、式（1-17）：

$$\frac{\varphi_{mi}^*}{\varphi_{nj}^*} = \frac{\alpha}{\beta}\left(\frac{\theta_n}{\theta_m}\right)^{\frac{\sigma}{\sigma-1}}\left(\frac{\theta_m+1-\sigma}{\theta_n+1-\sigma}\right)^{\frac{1}{\sigma-1}} \qquad (1-16)$$

$$\frac{\tilde{\varphi}_m(\varphi_{mi}^*)}{\tilde{\varphi}_n(\varphi_{nj}^*)} = \left[\frac{\theta_m(\theta_n+1-\sigma)}{\theta_n(\theta_m+1-\sigma)}\right]^{\frac{1}{\sigma-1}}\frac{\varphi_{mi}^*}{\varphi_{nj}^*} = \frac{\alpha\theta_n}{\beta\theta_m} \qquad (1-17)$$

由式（1-7）、式（1-10）、式（1-16）和式（1-17）可得，均衡条件下产业间最终产品相对产值，如式（1-18）、式（1-19）所示：

$$\frac{q_m^*}{q_n^*} = \frac{\alpha}{\beta}\left[\frac{\theta_m(\theta_n+1-\sigma)}{\theta_n(\theta_m+1-\sigma)}\right]^{\frac{\sigma}{1-\sigma}} \qquad (1-18)$$

$$\frac{R_n}{R_m} = \frac{P_n q_n^*}{P_m q_m^*} \qquad (1-19)$$

对式（1-16）和式（1-17）两边取对数可得式（1-20）：

$$\ln R_n - \ln R_m = C + \ln P_n - \ln P_m \qquad (1-20)$$

命题 1-2：产业内的最终产品相对产值（q_{ki}/q_{kj}）取决于行业的相对劳动生产率水平（$\varphi_{ki}/\varphi_{kj}$），而产业间的最终产品相对产值（$q_m^*/q_n^*$）则由部门产出比（$\alpha/\beta$）、企业生产率分布参数（$\theta_m$、$\theta_n$）及行业内产品的要素替代弹性（$\sigma$）决定；产业间部门的相对份额（$R_n/R_m$）依赖于产业间最终产品的相对价格（$P_n/P_m$），进而取决于产业间行业的平均生产率水平（$\tilde{\varphi}_m(\varphi_{mi})/\tilde{\varphi}_n(\varphi_{nj}^*)$），行业的平均生产率水平则是由产业间部门相对产出比例$\left(\dfrac{\alpha}{\beta}\right)$及企业生产率分布参数（$\theta_m$、$\theta_n$）决定的。

第三节 实证分析

在鲍莫尔"非均衡理论"的文献梳理中，对"鲍莫尔—富克斯假说"和"鲍莫尔—鲍温效应"进行了概念辨析，可知其内在逻辑：在"服务业之谜"的前提下，服务业部门相对份额的提升取决于服务业相对价格的提升，即体现为一种"价格效应"。因此，本章不再关注对鲍莫尔—富克斯假说中服务业的部门需求价格弹性与收入弹性的研究。而依据鲍莫尔—鲍温效应，则体现为服务业相对价格与服务业相对生产率之间的关系。所以，本章分两个阶段进行检验：先要验证服务业相对价格决定部门份额的提升，同时验证服务相对价格又取决于服务业的相对生产率。

一、计量模型的设定

根据模型分析中，要验证命题 1-1 和命题 1-2 的具体内在逻辑关系，通过式（1-11）、式（1-13）及式（1-20）得出以相对价格为中心的基础计量模型。

部门产出、就业份额取决于相对价格水平：

$$\ln(SH) = \alpha_1 + \beta_1 \ln(P) + \gamma_1 \ln(control) + \varepsilon_{it} \qquad (1-21)$$

相对价格取决于相对生产率：

$$\ln(P) = \alpha_2 + \beta_2 \ln(LP) + \varepsilon_{it} \qquad (1-22)$$

部门产出、就业份额取决于相对生产率：

$$\ln(SH) = \alpha_3 + \beta_3 \ln(LP) + \gamma_3 \ln(control) + \varepsilon_{it} \qquad (1-23)$$

其中，部门份额 SH 分为服务业占非农产出份额 SHR_{S_SI}、服务业占国民经济产出份额 SHR_{S_G}、服务业占非农就业份额 SHL_{S_SI}、服务业占国民经济就业份额 SHL_{S_G}；服务业相对价格 P 分为服务业与工业相对价格 P_{S_I}、服务业与工农相对价格 P_{S_IA}；相对劳动生产率 LP 分为工业与服务业的相对生产率 LP_{I_S}、工农与服务业的相对生产率 LP_{IA_S}；控制变量 $control$ 分为 Gov_{it}、fd_{it}、inv_{it}、fdi_{it}、$trade_{it}$、$pgdp_{it}$；ε_{it} 为随机误差项。

二、指标选取及数据处理

（一）被解释变量

本章选取产业结构的变量指标为服务业的部门份额和服务业的就业份额，同时考虑到中国的农业是个很特殊的部门，前者分为非农部门份额（$SHRS\_SI$）及三次产业部门份额（$SHRS\_G$）；后者同样分为非农就业份额（$SHLS\_SI$）及三次产业就业份额（$SHLS\_G$）。

（二）解释变量

本章基于研究劳动生产率、价格因素对产业结构的内在逻辑，选取了部门间的相对劳动生产率和相对价格水平作为核心解释变量，具体分为制造业相对服务业的劳动生产率（LPI_S）、工、农部门相对服务业的劳动生产率（$LPIA\_S$）；服务业相对制造业的价格水平（PS_I）、服务业相对工、农部门的价格水平（PS_IA）。

（三）控制变量

本章选取的控制变量如下：（1）财政制度。在财政分权体制中，地方政府与中央政府之间财权事权不匹配的背景下，地方政府的"唯 GDP 论"必将对地区的经济发展发挥"看得见的手"的作用，也有人视其为"政府干预程度"，体现了政府的职能之一，本章则采用地方公共财政支出占国内生产总值（GDP）的比重作为替代变量。（2）金融发展。对金融发展的考量主要从金融总量、金融结构及金融效率出发，姚华和宋建对中国金融发展与产业结构升级进行了多指标交叉协整检验，采用年末金融机构各项贷款余额占 GDP 比重，作为衡量金融发展的指标。（3）固定资产投资。采用固定资本形成率分析对产业结构的影响，即固定资产投资完成额占 GDP 比重。（4）开放程度。按照当年汇率将各省份历年外商直接投资（FDI）折算成人民币，然后核算其占 GDP 比重，可以剔除物价因素的影响。（5）国际贸易。按照当年汇率核算，地区进出口总额占 GDP 比重。（6）经济发展。人均收入水平用实际人均 GDP 代表经济发展程度，其中 1984 年的价格为不变价格。

三、数据来源及处理

基于数据的可得性，本章选取了我国 31 个省份 1984～2014 年的数据，并分为三大区域。[①] 原始数据来源于《中国统计年鉴》《中国劳动统计年鉴》《中经网统计数据库》和《中国经济与社会发展统计数据库》，部分省份个别年份数据缺失[②]，所以本章实证数据为非平衡面板。将各产业的物价指数作为行业的价格水平。[③] 变量说明及其统计性描述见表 1 - 1。

表 1 - 1　　　　　　　　　　变量说明及统计性描述

变量名称	变量代码	观测值	平均值	标准差	最小值	最大值
相对价格水平	P_{S_I}	961	1.476924	0.5113846	0.6433	3.4436
	P_{S_IA}	961	1.362817	0.4747938	0.6216	3.376

---

　　① 本章只考虑劳动力，虽没有将资本等其他生产要素纳入产业结构模型，但是不影响最后结论的得出，且 1985 年鲍莫尔在经验分析中用全要素生产率（TFP）与用劳动力进行的部门分类得到了相同的结果。

　　② 河北、浙江、福建、海南、湖北、重庆 1984 年三次产业就业人数缺失，黑龙江 2011～2014年三次产业就业人数缺失，采用移动平均法将数据补齐；西藏 1984～1997 年，2013～2014 年外商直接投资数据缺失。

　　③ 具体核算方法：以第二产业为例，第二产业增加值以 1984 年产值为基期，第二产业值实际增加值 = 第二产业增加值指数（上年 = 100）× 上一期第二产业产值，第三产业实际产值及实际 GDP都用同样的方法得到。GDP 平减指数 = 名义 GDP/实际 GDP。

续表

变量名称	变量代码	观测值	平均值	标准差	最小值	最大值
部门产业份额	SHR_{S_SI}	961	45.29739	8.655914	24.6664	78.5338
	SHR_{S_G}	961	36.14157	8.383643	17.242	77.9484
相对劳动生产率	LP_{I_S}	961	2.180627	0.9586525	0.7107	6.9402
	LP_{IA_S}	961	0.9326994	0.538002	0.0657	3.355
部门就业份额	SHL_{S_SI}	961	54.12026	10.85749	27.987	83.88825
	SHL_{S_G}	961	27.17919	10.63937	2.834656	77.32342
财政制度	Gov	960	17.45143	13.45244	4.917123	129.1443
金融发展	fd	961	0.9781281	0.3155535	0.3157256	2.555157
固定资产投资	inv	961	43.30967	19.9525	15.26967	124.2211
开放程度	fdi	933	2.458609	3.195928	0.0010235	24.41665
国际贸易	$trade$	957	0.2831548	0.4421131	0.0143457	3.823671
经济发展	$pgdp$	961	265.5455	66.86753	105.028	507.0567

四、结果分析

利用 1984~2014 年我国 31 个省份的统计数据进行参数估计，考虑到数据为面板数据，在估计方法上分别采用固定效应模型、随机效应模型及 OLS 模型进行回归。而在选择使用固定效用还是随机效应模型时，豪斯曼（Hausman）检验显示固定效应模型优于随机效益模型，故在表 1–2、表 1–3、表 1–4 及表 1–5 中只列出固定效用模型回归结果。

（一）全国实证结果

表 1–2 给出了全国层面的估计结果，从模型的检验看，各模型都很显著，具有很强的解释力。可以看出，无论是部门相对产值份额还是部门相对就业份额，对相对价格水平及相对劳动生产率的相对弹性都具有明显的促进作用，而且相对劳动生产率决定部门相对价格。前文的命题 1–1、命题 1–2 得到了充分验证。

表1—2　全国范围内实证检验结果

项目	lnS_SI	lnS_GDP	lnSL_SI	lnSL_SAI	lnP_SI	lnP_SAI	lnS_SI	lnS_GDP	lnSL_SI	lnSL_SAI
估计方法	面板数据的多元回归模型									
模型形式	固定效应不变系数模型									
模型	(1)	(2)	(3)	(4)	(5)	(6)	(7)	(8)	(9)	(10)
lnP_SI	0.383*** (24.06)		0.211*** (11.01)							
lnP_SAI		0.471*** (24.71)		0.363*** (11.14)						
lnR_IS					0.350*** (16.62)		0.060*** (4.14)		0.335*** (35.30)	
lnR_AIS						0.381*** (19.35)		0.068*** (3.95)		0.572*** (37.81)
lnGov	0.073*** (4.78)	0.052*** (3.04)	0.075*** (4.09)	0.004 (0.13)	-0.016 (-0.58)	0.035 (1.37)	0.067*** (3.46)	0.068*** (3.06)	0.070*** (5.55)	0.020 (1.04)
lnfd	0.118*** (7.87)	0.143*** (8.39)	0.040** (2.23)	0.147*** (5.06)	0.294*** (11.36)	0.246*** (10.37)	0.238*** (13.31)	0.280*** (13.51)	0.075*** (6.38)	0.154*** (8.46)
lninv	-0.122*** (-10.61)	0.004 (0.29)	0.004 (0.29)	0.229*** (10.29)	-0.054** (-2.45)	-0.090*** (-4.53)	-0.122*** (-8.04)	-0.008 (-0.44)	-0.081*** (-8.15)	0.075*** (4.91)
lnfdi	0.015*** (5.80)	0.037*** (12.53)	0.031*** (9.89)	0.053*** (10.51)	0.012** (2.53)	0.011** (2.56)	0.025*** (7.24)	0.047*** (12.24)	0.018*** (8.05)	0.041*** (12.08)

续表

项目	(1) lnS_SI	(2) lnS_GDP	(3) lnSL_SI	(4) lnSL_SAI	(5) lnP_SI	(6) lnP_SAI	(7) lnS_SI	(8) lnS_GDP	(9) lnSL_SI	(10) lnSL_SAI
估计方法					面板数据的多元回归模型					
模型形式					固定效应不变系数模型					
模型	(1)	(2)	(3)	(4)	(5)	(6)	(7)	(8)	(9)	(10)
lntrade	0.008 (1.13)	0.025*** (2.99)	0.013 (1.45)	0.061*** (4.26)	0.033** (2.46)	0.015 (1.23)	0.023** (2.48)	0.041*** (3.78)	0.012** (2.02)	0.033*** (3.50)
lnpgdp	0.111*** (6.58)	0.077*** (4.02)	-0.037* (-1.83)	-0.182*** (-5.53)	-0.140*** (-4.45)	-0.080*** (-2.71)	0.019 (0.87)	-0.031 (-1.19)	0.069*** (4.86)	0.061*** (2.70)
_cons	3.322*** (24.13)	2.915*** (18.66)	3.913*** (23.59)	3.425*** (12.82)	1.198*** (4.77)	1.069*** (4.68)	3.972*** (22.83)	3.692*** (18.52)	3.486*** (30.73)	2.752*** (15.70)
N	930	930	930	930	930	930	930	930	930	930
r2_a	0.590	0.748	0.531	0.748	0.615	0.645	0.337	0.582	0.778	0.890
F	196.633	398.910	155.310	399.021	217.700	246.311	72.850	190.449	469.234	1075.542

注：（1）括号内数字表示 t 统计量的估计值；***、**、* 分别表示 1%、5%、10% 的显著性水平；（2）所有计量模型均采用面板数据的多元线性模型、固定效应不变系数模型。本章以下各表同。

资料来源：作者通过 Stata14 计算整理，本章以下各表同。

　　具体而言，表 1-2 中模型（1）和模型（2）显示服务业相对工业（或者相对工、农业）的价格水平对服务业占非农（或者整个国民经济）的部门产值份额之间的弹性分别为 0.383 和 0.471，也就是说服务业相对价格每变动 1%，则服务业的部门份额分别变动 0.383%、0.471%；从模型（3）和模型（4）考察服务业相对价格对服务业占非农（或者就业总人数）就业比之间的关系，可以看出两者之间的相对弹性分别为 0.211、0.363；模型（7）和模型（8）估计结果得出，工业（或者工、农业）相对服务业的劳动生产率与服务业的部门产值份额提升具有显著决定作用，其两者相对弹性分别为 0.060、0.068；模型（9）和模型（10）估计结果显示，工业（或者工、农业）相对服务业的劳动生产率的提升有利于部门间劳动力向服务业转移，两者相对弹性分别为 0.335 和 0.572。最为重要的两个核心变量服务业相对工业（或者工、农业）价格水平与工业（或者工、农业）相对服务业的劳动生产率之间的内在关系，由模型（5）和模型（6）可以看出，两者之间具有显著的正相关性，也就是工业（或者工、农业）相对生产率的提升促使了服务业相对价格的提升，两者之间的具体弹性系数为 0.350 和 0.381。

　　本章的核心思路是考察中国产业结构调整中是否存在"鲍莫尔—鲍温效应"，即"服务业成本病"的存在。梳理计量估计结果的内在逻辑，也就是工业（或者工、农业）相对服务业的劳动生产率决定服务业相对工业（或者工、农业）价格水平的提升，同时相对价格水平的提升进一步促使服务业占非农（或者整个国民经济）的部门产值份额，以及服务业占非农（或者就业总人数）就业比重的提升，也就是价格水平提升使得生产要素由高劳动生产率部门（工业）流向低劳动生产率部门（服务业），即命题 1-1 和命题 1-2 的基本结论。前文分析了中国产业结构演变的事实，发现中国产业结构存在"服务业之谜"现象，结构调整的过程符合"鲍莫尔—鲍温效应"的内在逻辑。服务业部门份额的提升，同时伴随着"服务业成本病"，促使生产要素向较低生产率部门的流动，进而导致了经济增速放缓。

此外，综合各个模型估计结果，就全国层面数据而言，可以看出财政制度、金融发展、开放程度及国际贸易无论是对我国服务业部门份额还是对服务业部门就业份额都具有明显的促进作用，而固定资产投资作用不明显。

（二）稳健性检验

从基准模型看，理论部门产业结构中"非均衡增长"的结论得到了验证，利用我国地区的面板数据作为基准模型的结果，会不会随着地区差异以及产业结构调整发生变化，尤其是考虑到农业在产业结构调整中的特殊性，仍需要进行稳健性检验。同时，考虑到传统的面板回归会遇到各种内生性问题，本书采用系统广义矩估计（GMM）方法。虽然上述分析结果在一定程度上验证了理论假说"鲍莫尔—鲍温效应"的存在，但是仍然面临着一些问题。其中一个突出的问题就是东、中、西部地区的工业化水平差异较大，在经济转型过程中，服务业部门份额的提升究竟是提高经济增长速度的"结构红利"，还是降低经济增长速度的"成本病"？为了有效解决这个问题，本章将分区域进行估计。

表1-3至表1-5给出了分区域的实证检验结果。东、中、西部地区的服务业相对工业（工、农业）的价格水平与服务业占非农（或者整个国民经济）的部门产值份额以及与服务业占非农（或者就业总人数）就业比重的相对弹性具有显著的正相关关系；工业（工、农业）相对服务业的劳动生产率水平与服务业占非农（或者整个国民经济）的部门产值份额以及与服务业占非农（或者就业总人数）就业比重的相对弹性具有显著的正相关关系；工业（工、农业）相对服务业的劳动生产率水平决定服务业相对工业（工、农业）的价格水平的提升。① 这与本章的命题1-1和命题1-2相吻合，同时也证明了中国产业结构演进中的"鲍莫尔—鲍温效应"，即"结构—速度—效率"之间的内在逻辑。

---

① 这里是整体而言的结论，特殊情况是在西部地区的相对劳动生产率水平与部门份额之间具有负相关关系，也就是后文所要讨论的产业结构调整中的"结构红利"。

表1-3 东部地区实证检验结果

变量	(1)	(2)	(3)	(4)	(5)	(6)	(7)	(8)	(9)	(10)
$\ln P\_SI$	0.303 *** (10.93)		0.271 *** (8.33)							
$\ln P\_SAI$		0.459 *** (18.78)		0.444 *** (7.17)						
$\ln R\_IS$					0.436 *** (15.18)		0.033 (1.50)		0.313 *** (18.79)	
$\ln R\_AIS$						0.338 *** (11.91)		0.094 *** (4.51)		0.638 *** (32.38)
$\ln Gov$	0.186 *** (7.21)	0.157 *** (7.09)	0.211 *** (6.95)	0.128 ** (2.27)	-0.071 * (-1.79)	-0.008 (-0.18)	0.177 *** (5.84)	0.151 *** (4.84)	0.167 *** (7.24)	0.145 *** (4.96)
$\ln fd$	0.124 *** (5.05)	0.074 *** (3.41)	-0.039 (-1.34)	-0.027 (-0.49)	0.364 *** (10.55)	0.347 *** (9.37)	0.235 *** (8.98)	0.244 *** (8.95)	0.058 *** (2.92)	0.036 (1.40)
$\ln inv$	-0.187 *** (-10.35)	-0.099 *** (-6.39)	-0.089 *** (-4.19)	0.147 *** (3.75)	-0.111 *** (-4.02)	-0.154 *** (-5.11)	-0.211 *** (-10.03)	-0.154 *** (-6.94)	-0.137 *** (-8.53)	-0.044 ** (-2.10)
$\ln fdi$	0.053 *** (9.55)	0.065 *** (14.30)	0.047 *** (7.33)	0.055 *** (4.72)	0.052 *** (6.50)	0.060 *** (7.42)	0.078 *** (12.89)	0.096 *** (16.13)	0.042 *** (9.19)	0.056 *** (9.94)
$\ln trade$	-0.041 *** (-3.76)	-0.012 (-1.29)	0.007 (0.54)	0.074 *** (3.06)	0.005 (0.30)	0.008 (0.42)	-0.027 ** (-2.11)	0.002 (0.18)	-0.016 (-1.60)	-0.012 (-0.95)
$\ln pgdp$	0.033 (1.06)	0.016 (0.59)	-0.019 (-0.52)	-0.205 *** (-3.01)	-0.296 *** (-6.59)	-0.299 *** (-6.03)	-0.125 *** (-3.67)	-0.175 *** (-4.78)	0.035 (1.36)	0.092 *** (2.66)
$\_cons$	3.604 *** (15.16)	3.250 *** (15.90)	3.616 *** (12.98)	3.496 *** (6.73)	2.406 *** (7.08)	2.616 *** (7.23)	4.721 *** (18.29)	4.710 *** (17.65)	3.508 *** (17.80)	2.565 *** (10.21)

续表

变量	(1)	(2)	(3)	(4)	(5)	(6)	(7)	(8)	(9)	(10)
N	338	338	338	338	338	338	338	338	338	338
r2_a	0.744	0.891	0.655	0.708	0.829	0.803	0.650	0.784	0.801	0.921
F	141.990	395.153	93.877	118.919	235.232	198.387	91.940	177.277	195.672	561.082

表1-4 中部地区实证检验结果

变量	(1)	(2)	(3)	(4)	(5)	(6)	(7)	(8)	(9)	(10)
$\ln P\_SI$	0.601*** (15.93)		0.177*** (3.48)							
$\ln P\_SAI$		0.788*** (12.36)		0.455*** (5.47)						
$\ln R\_IS$					0.136*** (3.23)		0.072** (2.05)		0.417*** (21.24)	
$\ln R\_AIS$						0.126*** (3.09)		-0.132** (-2.57)		0.613*** (15.94)
$\ln Gov$	0.058* (1.86)	0.116*** (2.89)	0.068 (1.61)	-0.041 (-0.79)	-0.128** (-2.40)	0.003 (0.07)	-0.018 (-0.41)	0.100* (1.94)	0.043* (1.73)	0.005 (0.13)
$\ln fd$	-0.122*** (-3.54)	-0.086* (-1.89)	-0.088* (-1.90)	0.058 (0.97)	0.230*** (4.01)	0.174*** (3.84)	0.016 (0.33)	0.116** (2.04)	-0.045* (-1.66)	-0.019 (-0.44)

续表

变量	(1)	(2)	(3)	(4)	(5)	(6)	(7)	(8)	(9)	(10)
lninv	-0.154*** (-5.99)	-0.014 (-0.43)	0.067* (1.94)	0.317*** (7.17)	0.219*** (4.92)	0.167*** (4.41)	-0.019 (-0.50)	0.242*** (5.10)	-0.072*** (-3.45)	0.092** (2.58)
lnfdi	0.017*** (3.48)	0.051*** (8.03)	0.043*** (6.50)	0.072*** (8.69)	0.016* (1.84)	0.015** (2.32)	0.027*** (3.74)	0.070*** (8.68)	0.021*** (5.16)	0.061*** (9.98)
lntrade	0.016 (0.90)	-0.021 (-0.93)	-0.066*** (-2.84)	-0.073** (-2.50)	0.023 (0.75)	-0.014 (-0.59)	0.028 (1.08)	-0.054* (-1.88)	0.004 (0.26)	-0.025 (-1.15)
lnpgdp	0.171*** (4.96)	0.293*** (6.58)	0.018 (0.38)	-0.018 (-0.30)	-0.076 (-1.26)	-0.050 (-1.04)	0.122** (2.42)	0.162*** (2.71)	0.138*** (4.89)	0.182*** (4.05)
_cons	3.022*** (10.71)	1.382*** (3.79)	3.206*** (8.43)	2.034*** (4.28)	0.281 (0.58)	-0.100 (-0.27)	3.196*** (7.87)	1.338*** (2.88)	3.048*** (13.46)	1.904*** (5.47)
N	244	244	244	244	244	244	244	244	244	244
r2_a	0.618	0.742	0.534	0.839	0.633	0.711	0.209	0.581	0.835	0.914
F	58.147	101.595	41.753	182.402	61.957	87.398	11.184	50.187	177.385	368.647

表1-5　西部地区实证检验结果

变量	(1)	(2)	(3)	(4)	(5)	(6)	(7)	(8)	(9)	(10)
lnP_SI	0.269*** (11.79)		0.078*** (2.61)							
lnP_SAI		0.361*** (11.00)		0.249*** (4.53)						

续表

变量	(1)	(2)	(3)	(4)	(5)	(6)	(7)	(8)	(9)	(10)
lnR_JS					0.275*** (8.10)		0.002 (0.13)		0.287*** (22.19)	
lnR_AIS						0.349*** (10.49)		-0.008 (-0.28)		0.521*** (19.22)
lnGov	0.012 (0.60)	-0.043 (-1.65)	-0.020 (-0.79)	-0.034 (-0.78)	-0.018 (-0.43)	0.002 (0.06)	-0.001 (-0.04)	-0.044 (-1.45)	0.007 (0.44)	-0.027 (-0.87)
lnfd	0.187*** (8.52)	0.217*** (7.40)	0.103*** (3.58)	0.197*** (4.01)	0.205*** (4.34)	0.161*** (3.84)	0.247*** (9.71)	0.277*** (8.22)	0.100*** (5.57)	0.230*** (6.76)
lninv	-0.063*** (-3.39)	0.080*** (3.17)	0.109*** (4.45)	0.329*** (7.81)	0.031 (0.71)	-0.002 (-0.06)	-0.020 (-0.83)	0.129*** (4.21)	-0.019 (-1.15)	0.166*** (5.34)
lnfdi	-0.002 (-0.71)	0.015*** (3.19)	0.019*** (4.17)	0.044*** (5.70)	-0.013* (-1.67)	-0.013* (-1.96)	-0.002 (-0.51)	0.015*** (2.67)	0.004 (1.25)	0.025*** (4.54)
lntrade	0.036*** (3.61)	0.062*** (4.55)	0.017 (1.26)	0.084*** (3.73)	-0.009 (-0.41)	-0.020 (-1.04)	0.029** (2.46)	0.053*** (3.34)	0.032*** (3.75)	0.084*** (5.27)
lnpgdp	0.132*** (5.89)	0.061** (2.02)	-0.008 (-0.28)	-0.120** (-2.38)	-0.049 (-0.97)	0.013 (0.29)	0.095*** (3.49)	0.006 (0.15)	0.077*** (4.03)	0.079** (2.10)
_cons	3.348*** (17.37)	3.182*** (12.20)	3.808*** (15.02)	2.861*** (6.56)	0.181 (0.42)	0.175 (0.46)	3.464*** (15.05)	3.328*** (10.91)	3.572*** (22.00)	2.635*** (8.54)
N	348	348	348	348	348	348	348	348	348	348
r2_a	0.530	0.669	0.504	0.765	0.464	0.495	0.331	0.548	0.797	0.883
F	58.364	102.916	52.892	164.378	45.568	51.201	27.083	62.650	197.262	375.286

上述三个区域也表现出一些区域性特征。与全国平均水平 0.383（0.471）相比，东、中、西部服务业相对工业（工、农业）的价格水平与服务业占非农（或者整个国民经济）的部门产值份额的相对弹性，分别为 0.303（0.459）、0.601（0.788）、0.269（0.361）。服务业的相对份额每提升 1%，服务业的相对价格将会提升几个百分点，可以看出东部地区的相对价格水平提升高于全国平均水平、中部地区及西部地区，西部地区处于东部与中部地区之间而且高于全国平均水平。基于这种情况，可以从工业化进程视角进行分析，东部地区服务业尤其是现代服务发展迅猛，基本处于工业化后期甚至达到了后工业化阶段，较低劳动生产率的服务业部门份额的提升带来相对价格水平的提高；中部地区经济增长还主要依靠工业的发展，相对服务业的发展，工业则是该地区的"支柱产业"，较高劳动生产率的工业部门带来的相对价格提升不是很明显；西部地区经济发展落后，处于工业化初期，某些地区甚至处于前工业化阶段，工业化进程缓慢，西部大开发政策的实施促使了西部地区旅游业等服务业的迅猛发展，从某种程度上讲服务业的发展速度高于工业，这也是导致西部地区服务业相对价格与服务业部门份额间相对弹性较低的原因。

为了考察部门间生产要素（劳动力）的流动，我们可以分析服务业相对工业（工、农业）的价格水平与服务业占非农（或者就业总人数）就业比之间的相对弹性，东、中、西部两者之间的相对弹性为 0.271（0.444）、0.177（0.455）、0.078（0.249），说明服务业相对价格水平的提升促使了劳动力由工业（或是工、农业）部门向服务业部门转移。而弹性系数的大小说明我国各个地区这种生产要素流动速度的高低，可见相对价格水平同等变化比例下，中部地区的要素由工业部门流向服务业部门的速度更快，其次是西部，而东部地区产业结构趋于合理化，生产要素跨部门流动速度低于全国平均水平 [0.211（0.363）]。

从东、中、西部地区的实证结果看，服务业相对工业（或者工、农业）价格水平与工业（或者工、农业）相对服务业的劳动生产率具有正向作用，可以得出相对劳动生产率决定相对价格水平的结论。相对劳动生产率的高低将决定部门产值份额或者部门就业比重提高与否，因此要考察工业（或者工、农业）相对服务业的劳动生产率与服务业的部门产值份额以及服务业占非农（或者就业总人数）就业比。在东部地区、中部地区，相对劳动生产率与部门份额具有显著的正向关系，即工业（或者工、农业）相对服务业的劳动生产率的不断提升，导致服务业相对工业（或者工、农业）价格水平提高，进而使服务业占非农（或者整个国民经济）的部门产值份额上升，这就是"鲍莫尔—鲍温效应"的体现。同时，工业（或者工、农业）相对服务业的劳动生产率与服务业占非农（或者就业总人数）就业比之间的相对弹性，全国的相对弹性为 0.313（0.638），东、中部地区两者之间的相对弹性分别为 0.417（0.613）、0.287（0.521），进一步促使了"服务业成本病"的出现。在西部地区，我们发现工业（或者工、农业）相对服务业的劳动生产率与服务业占非农（或者整个国民经济）的部门产值份额之间是一种负向的关系，而工业（或者工、农业）相对服务业的劳动生产率与服务业占非农（或者就业总人数）就业比却是一种正向的促进关系，也就是说西部地区工业劳动生产率的相对提高，使得生产要素不断流向服务业部门，而服务业的部门份额却出现下降趋势，这可能是受到在工业化初期产业结构调整中"结构红利"因素的影响，也就是说在西部地区"服务业成本病"现象不明显。

第四节　结论与启示

在工业化向城市化发展的进程中，服务业比重的提升是产业结构调整的重要趋势。而对于这一趋势对经济增长的影响，鲍莫尔的"非均衡"理论对其进行了诠释，认为可能会出现"服务业成本病"，进而出现经济增长的"结构性减速"，这对于"新常态"下经济政策的制定具有重要意义。本章在梳理了"鲍莫尔—富克斯假说""鲍莫尔—鲍温效应"核心理论的基础上，构建了理论模型，通过实证检验，得出了以下结论。

第一，生产率增长率发展的"非均衡性"，致使产业结构调整中出现"鲍莫尔成本病"现象。在三次产业中，制造业部门的生产率进步速率较快，其占国民经济比重越大，则整个国民经济发展速度就越快。结合本章的理论分析和实证检验结果，发现服务业部门的生产力发展"滞后"，而服务业在整个国民经济中的名义产出份额及就业份额不断增加，从而"拉低"了整个国民经济的平均生产率，进而使得经济发展速度降低，处于"低迷"状态，则会出现产业结构演变的"鲍莫尔—鲍温效应"，也就是"鲍莫尔成本病"现象。

第二，鲍莫尔"非均衡增长理论"的核心是相对劳动生产率通过价格传导机制作用于产业名义份额及劳动份额来实现的。其传导机制为：劳动生产率与相对价格之间成反比，服务业部门生产率的发展相对"滞后"，使得服务部门的价格或者成本不断地攀升，在需求价格无弹性时，也就是在"服务业之谜"的前提下，服务业部门的产出份额将不断地提升。在整个国民经济中，服务业部门的比重持续增加，整个经济的平均生产率降低，这种生产率的"非均衡性"实现了产业结构间的调整。同时，伴随着劳动力要素的部门间流动，形成了一个"效率—结构—速度"一体的理论体系。

第三，我国的区域间经济发展不均衡导致区域间不同程度地出现"成本病"现象。在经济发达的东部地区，尤其是沿海各个省份，随着现代服务业的发展所占国民经济比重越来越高，经济速度发展迟缓，明显存在"成本病"现象，中部地区也有不同程度的"成本病"现象存在。在经济发展相对落后的西部，服务业发展相对迟缓，对地区经济发展影响较小，"成本病"现象不显著。

基于本章的研究结论，关于"新常态"下经济增长与产业结构调整的问题，我们可以得到以下启示。

第一，经济"新常态"下，要高度重视经济增长与产业结构调整中"服务业成本病"之间的"负相关"关系，在"稳增长"与"调结构"之间把握战略平衡。在过去的40多年里，中国实现了经济的飞速发展，旧的发展模式显然已不再适用，亟须新的发展模式。因此，经济"新常态"下，我们需要把握经济发展的客观规律，辩证地看待"速度"与"结构"之间的关系，尤其在增速换挡期，保持经济在合理的运行区间，加快产业结构的战略性调整。

第二，要理性看待产业结构调整中的"服务业成本病"现象，不要一味地视其为一种"病态"。工业部门生产率的不断提升，形成了更大规模的产能，这就需要更大规模的服务业，尤其是生产性服务业与之相匹配。而服务业部门产值份额和就业份额的不断提升，也是工业部门生产率提升的表现。从这个层面上讲，服务业部门份额提升缓慢有助于经济增速，但是也伴随了工业发展的低效率及缓慢的工业化进程。发达国家的经济发展历程表明，服务业部门份额提升与增速放缓是经济发展更高阶段的客观规律，也是产业升级的必由之路。如果服务业部门的提升能够形成更高水平的工业部门生产率，进而弥补服务业部门提升带来的经济增速放缓，中国就有可能走出

"调结构"与"转方式"的两难选择，实现两者之间良性互动。

　　第三，中国经济在向发达国家追赶的当下，体制性、结构性的问题日益凸显，这些问题既阻碍未来经济发展，也是构筑经济潜在增长的动力。因此，要以创新驱动建设释放生产率提升红利，以利于我国经济提质增效和转型升级，重塑经济增长的新动力。

| 第二章 | 协调发展：政府发展战略、产业发展与产业结构变迁 |

本章通过构造理论模型，分析政府主导的发展战略影响资本和劳动力的配置，从而影响产业发展以及产业结构调整，并利用 1984～2015 年省际数据实证检验了发展战略影响产业发展以及产业结构的效应。结果发现，产业发展战略提升了各产业的资本深化程度，对于中国产业发展以及产业结构有很大的主导作用，具体来说，产业发展战略促进了各产业的发展，其中对第二产业发展的促进效应最大，但产业的发展存在内部滞后效应；发展战略可以显著地促进产业结构高级化，但是对于产业结构合理化和有效产业结构存在负向作用，即不利于资本—劳动在产业中的配置以及经济增长的结构效应，同时，产业结构调整也存在明显的滞后效应。本章具体安排如下：第一节为引言与文献综述；第二节构建理论模型，说明发展战略影响要素的配置，从而影响产业发展；第三节从理论模型中定义发展战略指标以及其他相关变量；第四节通过实证结果分析，说明发展战略对于产业结构的影响程度；第五节为结论与启示。

第一节　引言与文献综述

国家在不同的发展阶段会制定不同的发展战略，由于资源要素是稀缺的，在制定产业发展战略的同时，会面临资源要素等各方面的约束。特别是在国际经济竞争程度日益增强的背景下，每个国家需要根据本国国情对发展哪些产业做出选择，这种选择的结果表现为不同的产业发展模式，进而影响要素在不同产业间的配置。经济增长理论认为，资本、劳动力、技术进步是经济增长的源泉，要素在产业中的配置会影响产业发展模式，进而影响经济增长。无论资源配置是否合理，都会以某种方式呈现出来，而产业结构就是资源配置所形成的产业发展模式。按照配第—克拉克定理①，劳动力在不同部门间转移，结果显示出三次产业的演进规律。因此，经济增长过程中，各种资源配置在不同部门间进行配置，这种配置无论是自发的还是人为的，或者是按照市场规律还是政府导向，最终都会形成部门内部以及部门之间的替代。要素跨部门间的转移如果按照市场自发调节进行配置，根据新古典经济学的观点，最终会达到帕累托最优的配置，那么产业或者部门间也会达到一种均衡状态。然而，要素在产业发展或者产业结构的变化过程中并不一定是自发配置的，即存在"经济楔子"②。如果这种自发转移受到某种干扰，比如市场环境、政府的干预、自然环境、地域限制等因素的影响，要素并没有从低要素报酬部门向高要素报酬部门转移，那么会造成要素配置扭曲，表现为非均衡的产业发展模式。经济在实际发展过程中，是否会如新古典经济学所描述的那样，政府干预是无效的，甚至是"帮倒忙"？政府干预会造成要素配置的扭曲，但这种扭曲是否会造成产业发展不合理，是否不利于某些产业的发展？政府干预的发展战略影响产业结构变动，这种"结构效应"是否是经济增长中的"结构红利"？因此本章聚焦政府发展战略对资本和劳动投入在产业中配置组合的影响，建立发展战略影响产业发展的理论和实证模型，揭示发展战略在产业发展过程中的主导作用。

我国已经实现从落后的农业经济向工业经济的大转型，并已跨入工业化中期阶段③。在经济改革初期阶段，由于历史和现实发展状况，经济发展基础薄弱，因此国家实行有计划的市场经济，按照国家发展计划和战略，将有限的资源要素分配到国家规划中优先发展的部门和地区，形成了适应当时阶段的发展方式以及产业结构形式，劳动力、资本和自然资源等生产要素在不同部门间的供给及使用导致了产业结构的变动（Syrquin & Chenery，1989）。产业结构的演进受到政府的引导，取决于政府主导产业的变化和发展（张冰、金戈，2007）。

---

① 配第—克拉克定理对40多个国家和地区不同时期三次产业的劳动投入产出资料进行了整理和归纳，总结出：随着经济发展和人均国民收入水平的提高，第一产业国民收入和劳动力的相对比重逐渐下降；第二产业国民收入和劳动力的相对比重上升，经济进一步发展，第三产业国民收入和劳动力的相对比重也开始上升。

② "经济楔子"是指阻碍市场自发配置的各种影响因素，会阻碍资源要素自发配置。

③ 按照"霍夫曼工业化经验法则"划分不同的工业化阶段。

　　在实际经济发展中，政府可以根据发展战略制定行政命令来强制性主导产业发展的路径，但是这种主导性的变化是否合理，或者说是否有利于经济发展？学界对于该问题存在分歧，特别是进入 21 世纪后，产业结构调整过程中政府和市场的关系成为讨论的焦点。一种观点认为政府发展战略在产业发展过程中会产生负面影响，不利于经济社会的发展。如果追求优先发展重工业的赶超战略，那么该国生产要素存量配置结构必将违背由本国的要素禀赋结构决定的比较优势，从而导致国内的赶超企业缺乏自生能力，因此政府必须以扭曲市场最优配置的方式保护补贴缺乏自生能力的企业（王坤宇，2017）。林毅夫将发展战略区分为两种：一是符合地区比较优势的发展战略；二是违反地区比较优势的发展战略，并且研究发现重工业优先发展战略导致了中国更差的经济绩效（Lin，2003）。中国产业结构变化在要素配置上表现为越来越多的资源被配置到资本密集型部门和东部地区（林毅夫、陈斌开，2013）。这种集中力量办大事的发展战略，也造成了一定的要素配置和产业问题的出现，政府鼓励重工业等资本密集型产业发展的各种战略政策导致该产业部门的资本密集程度过高（王金照，2010）。在产业结构转型的过程中，中国产业间、区域间存在的不协调，以及各产业内部的若干矛盾和问题不断凸显。特别是工业比重偏高和服务业发展不足、工业制造业低端化、重化工业比重偏大、产能过剩、公共性和生产性服务业发展不足、产业结构地区趋同等问题比较突出。这些产业发展过程中的突出问题很大程度上与国家发展战略有关（林毅夫、陈斌开，2013）。江飞涛和李晓萍（2010）指出，在发展和转型中的国家存在的所谓"市场失灵"，实则多是"政府失灵"或"制度失灵"，实施直接干预市场型的产业政策只会使问题更为严重。麦克米伦等（Mcmillan et al.，2014）发现，与亚洲国家不同，拉丁美洲国家在 1990～2005 年以及非洲国家在 1990～2000 年期间，政府主导的产业结构调整对于经济增长率存在负向作用。另一种观点认为，由于市场不完善、市场失灵以及我国特殊国情等原因，政府干预在产业结构调整中的效果更为明显，政府发展战略有利于产业结构优化，并且所形成的产业发展模式在经济发展过程中对经济增长产生了很大的贡献。发展中国家由于市场体系和机制不完善，经济运行中普遍存在着非均衡现象，结构问题较为突出，加上技术相对落后和国际竞争力差等原因，政府对产业结构的调整发挥着更大的作用（罗勤，2001）。王皓（2009）分析了 2008 年国际金融危机对我国产业结构的影响，肯定了政府对调整结构的主导作用。要素在不同部门流动带来生产率的提升，称为"结构红利"。这种"结构红利"是经济持续增长的动力，因而产业结构优化升级可以促进经济增长（Peneder，2002）。迪特里希（Dietrich，2012）利用经济合作与发展组织（Organization for Economic Cooperation and Development，OECD）数据实证分析表明，产业结构对于经济增长有重要的作用。

上述研究表明发展战略对于产业发展存在影响，但并没有明确提出对每个产业具体影响情况，虽然中国实施了大量促进产业发展的战略，但是关于政府的产业发展战略影响产业发展的具体机制与效应，一直缺乏详细的理论模型以及实证分析。本章将从政府主导的发展战略影响资本和劳动投入在不同产业配置的视角，建立理论模型，并结合数据经验进行实证分析。

第二节　理 论 模 型

一、要素配置影响产业发展的微观视角

按照新古典经济学的观点，要素的报酬是要素在生产过程中的边际生产力价值，即资本的报酬 $r = P \cdot MP_K$，劳动力的报酬 $w = P \cdot MP_L$。在非均衡经济①中，要素在部门 i 的报酬小于要素在部门 j 的报酬，那么要素会从部门 i 转移到部门 j。这种要素跨部门间的转移是可以通过市场自发调节的，如果这种自发转移受到某种干扰，比如市场环境、政府干预、自然环境、地域限制等因素的影响，要素并没有从低报酬部门向高报酬部门转移，就会影响部门的发展，从而影响经济体中产业发展的模式。在我国，政府是影响投入要素流动的最主要的非市场因素之一，要素流动过程中由于政府干预或者政府主导产业发展进程，要素不能按照边际生产效率规律跨部门之间流动，于是形成了政府主导的产业发展模式。

从微观视角来看，在一个竞争性的市场中，企业在一定技术水平下，面临成本预算线的约束，按照竞争市场厂商最优生产条件，会在成本预算线与生产函数相切的位置选择生产要素的投入量进行生产。如果厂商生产两种产

---

① 非均衡经济是指一个经济体中不同部门或者产业，其要素生产力或者回报率是不同的。

品，投入资本和劳动两种要素，在市场达到均衡时的条件为：

$$\lambda_1 = \lambda_2 = \frac{r}{MP_K} = \frac{w}{MP_L}$$

其中，r、w分别为资本和劳动的要素价格，λ为拉格朗日乘数，一般表示单位投入所带来的效用或者报酬，此处为生产产品1和产品2投入要素单位报酬，均衡时两者相等。

具体来说，如图2-1所示，设定代表竞争性厂商面临成本预算线为AB，生产等产量线为Q_1，投入要素为资本K、劳动L，达到均衡时，预算线与等产量线相切于E_1^*，在均衡处的条件为边际产出比等于要素价格比，具体形式可写为：

$$\frac{MP_K}{MP_L} = \frac{r}{w} = \lambda_1 = \lambda_2$$

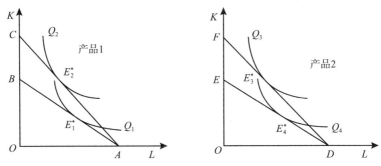

图2-1 代表竞争性厂商生产两种产品比较静态变动

在某一时期T，如果市场中资本更多流向商品1的生产，那么在商品1的生产中，资本K的价格r相对降低，那么竞争性厂商生产产品1面临的成本预算线会发生变化，由AB调整为AC，生产等产量线为Q_2，那么厂商会改变要素投入，在E_2^*处达到均衡，可以证明在E_2^*处的产品产量要高于E_1^*处的产量。由于厂商生产产品1中投入的资本增多，那么生产产品2的时候资本就会相对减少，[①] 而劳动就相对增加，生产产品2时，成本预算线会发生变化，由DF调整为DE，生产等产量线为由Q_3变动为Q_4，那么厂商会改变要素投入，在E_4^*处达到均衡。

———————————

① 此处假设经济体中投入要素总量不变。

通过上面的分析，从微观企业产品和要素市场分析引申到产业，如果政府按照发展战略，把更多的资本 K 集中投入资本密集的产业生产中，把劳动投入要素更多地配置到劳动密集型产业中，那么资本密集型和劳动密集型产业就会因为符合本行发展的"技术优势"得到快速发展，产业在经济体中的份额逐渐提升，最终表现出某种产业发展模式。

二、理论模型与方法

为了分析政府"有形之手"所决定的发展战略对于产业发展以及产业结构调整的影响，引入总量生产函数，假设总量生产函数为规模报酬不变的柯布—道格拉斯生产函数（Cobb-Douglas production function），生产函数具体形式如式（2-1）所示：

$$Y = AK^{\alpha}L^{\beta} \tag{2-1}$$

其中，生产函数为一次齐次函数，即 $\alpha + \beta = 1$，α 和 β 分别为资本产出弹性、劳动产出弹性，Y 表示产出，K 表示资本投入，L 表示劳动投入量。A 在一般情况下表示技术进步，也称为索洛剩余。根据总量生产函数设计各产业的生产函数模型，函数具体形式如式（2-2）所示：

$$Y_j = A_j K_j^{\alpha_j} L_j^{\beta_j} \tag{2-2}$$

其中，j 表示各产业，α_j 和 β_j 分别为 j 产业的资本产出弹性与劳动产出弹性，Y_j 表示 j 产业的产出，K_j 和 L_j 分别表示产业 j 中资本投入以及劳动投入量。各产业生产函数也遵循规模报酬不变的假设，即 $\alpha_j + \beta_j = 1$。

式（2-1）和式（2-2）变形为人均形式，如式（2-3）所示：

$$\frac{Y}{L} = A\left(\frac{K}{L}\right)^{\alpha} \tag{2-3}$$

其中，K/L 表示为生产过程中两种投入要素资本与劳动的配置组合，也可以表示人均资本以及资本深化，不同的产业 K_j/L_j 是不同的，并且产业 j 的 K_j/L_j 与该地区的 K/L 的比值在不同地区也不同，从上文中的分析中，地区的发展战略不同，产业侧重存在差异，不同地区的资本投入与劳动投入在政府主导的产业发展战略中存在差异，因此，可以用 PCI（policy choose index，PCI）来度量发展战略影响资本与劳动投入在产业中配置的一种指标，反映地区政府为发展 j 产业所实施的发展战略选择，发展战略会影响资本与劳动在不同产业中的配置组合，一个产业的资本劳动比率与地区的资本劳动比率的比值，反映该产业的经济发展战略对自身比较优势的偏离程度，具体形式如式（2-4）所示：

$$PCI_j = \frac{K_j/L_j}{K/L} = \left(\frac{Y_j}{L_j}\right)^{1/\alpha_j} \left(\frac{Y}{L}\right)^{-1/\alpha} \left(\frac{A^{1/\alpha}}{A_j^{1/\alpha_j}}\right) \qquad (2-4)$$

由式（2-4）可以得到式（2-5）、式（2-6）：

$$\frac{Y_j}{L_j} = (PCI_j)^{\alpha_j} \left(\frac{Y}{L}\right)^{\alpha_j/\alpha} \left(\frac{A_j}{A^{\alpha_j/\alpha}}\right) \qquad (2-5)$$

$$y_j = y^{\alpha_j/\alpha} (PCI_j)^{\alpha_j} \left(\frac{A_j}{A^{\alpha_j/\alpha}}\right) \qquad (2-6)$$

其中，y_j 表示产业 j 的劳动产出效率（j 产业产出与 j 产业就业人口比值），y 为地区人均产出（产出与常住人口比值），从式（2-6）中可以发现，产业 j 的劳动产出效率受到该产业的资本—劳动组合（PCI_j）、地区人均产出 y 以及技术进步的影响。在产出—资本弹性 $\alpha_j > 0$ 时，PCI_j 对于产业 j 的劳动产出效率有正向作用，也就是说政府主导的发展战略会影响资本与劳动投入在不同产业中的配置，可以提升劳动生产率水平。发展战略的意义在于对一些产业进行扶持，改变该产业的资本—劳动比率，可以提高产出效率水平，大大增加该产业在国民经济中的比重，从而影响产业结构调整。

发展战略对产业发展的影响机制，同样也适用于地区经济范畴，在文中 PCI_j 影响产业发展的作用机制可以引申为地区发展战略对于本地区产业发展的影响，国内区域经济发展态势和趋势具有明显差异，各地区在选择自身经济发展战略过程中也必然面临政策选择问题。地区经济选择的发展战略如果影响了要素在产业中的配置，将使发展战略扶持的产业部门的发展速度高于其他部门，产业结构随之而变。为了研究的需要和数据可得性，可以建立一个基于省域面板数据的模型，来分析发展战略对地区产业发展的影响，定义具体形式如式（2-7）所示：

$$PCI_{ijt} = \frac{K_{ijt}/L_{ijt}}{K_t/L_t} \qquad (2-7)$$

其中，i 表示省份，t 为时间，j 表示产业部门，式（2-7）可以改写为式（2-8）：

$$y_{ijt} = (PCI_{ijt})^{\alpha_j} (y_t)^{\alpha_j/\alpha} \frac{A_j}{(A)^{\alpha_j/\alpha}} \qquad (2-8)$$

其中，y_{ijt} 表示地区 i 的产业部门 j 在时期 t 的劳动产出率，y_t 表示全国时期 t 劳动产出率，对于式（2-8）两边取对数，可化简为线性回归方程等式，即式（2-9）：

$$TS = \sum_{j=1}^{3} y_j \times i = y_j \times 1 + y_j \times 2 + y_j \times 3 \qquad (2-9)$$

式（2-9）说明不同省份的各行业劳动产出率受到该地区各产业资本—劳动配置和全国劳动产出率以及其他因素的影响。通过各省份和全国的GDP、资本投入和劳动投入数据，可以测算出回归方程中的参数，从而得到用资本—劳动组合测算的地区政府发展战略指标对于本地区产业发展的贡献程度。从式（2-6）的分析中可知，如果政府实施产业政策重点扶持某一产业，增加对该产业的资本投入，该产业的资本—劳动比率提升之后，就会使得该产业超过其他产业的发展速度，从而改变产业结构的演化路径，提升地区整体劳动产出效率水平，因此可以预期回归方程中的参数 β_1 为正数。例如，2008 年全球金融危机以后，我国面临 GDP 增速下降的问题，制定了大力发展战略性新兴产业的政策。[①]

另外，随着整体的劳动产出效率提升，商品和要素市场更加完善，资本和劳动等投入要素在不同地区可以自由流动，全国劳动产出水平的提升对于国内不同省份的产出劳动效率也应该存在促进作用，所以回归参数 β_2 在理论上也是正的。

第三节　实　证　策　略

一、模型设定

根据上文的讨论以及为了检验理论模型中在实际经验中的应用，除了理论模型所涉及的变量之外，从供给角度分析，投入要素配置是产业发展以及产业结构的演进最根本的影响因素，所以除了在模型中纳入用资本—劳动配置组合测度的政府发展战略的指标（PCI）之外，也将技术进步、金融发展、国际贸易、政府支出等因素纳入模型之中，建立基础模型回归方程，即

[①] 2008 年，全球金融危机爆发后，我国面临国际需求下降，出口压力增加，GDP 增速下降等问题，政府制定大力发展战略性新兴产业（光伏、LED 等产业）的发展战略，采取金融支持、财政性支出投入以及其他补贴或者政策优惠等行政性手段，增加对发展产业的资本投入，使得重点扶持产业发展速度明显超过其他产业。

式（2-10）：

$$y_{ijt} = \beta_0 + \beta_1 PCI_{ijt} + \beta_2 y_{it} + \beta_3 finance_{it} + \beta_4 gov_{it} + \beta_5 fdi_{it} + \beta_6 trade_{it} + \varepsilon$$

$$(2-10)$$

其中，PCI 为测度发展战略影响资本与劳动投入在产业中配置的指标；y 为整体劳动产出效率，此处可以描述为技术进步；$finance$ 为金融发展水平，gov 表示政府支出，fdi 为外商直接投资，$trade$ 表示贸易指数，ε 为随机误差项。

产业发展以及结构变动是一种渐进的动态过程，要考虑这种动态效应，因此在实证分析中利用了 GMM 分析方法，GMM 模型中涉及滞后项和动态效应，建立 GMM 基础模型回归方程，如式（2-11）所示：

$$y_{ijt} = \beta_0 + \beta_1 y_{ijt-1} + \beta_2 PCI_{ijt} + \beta_3 y_{it} + \beta_4 finance_{it} + \beta_5 gov_{it}$$
$$+ \beta_6 fdi_{it} + \beta_7 trade_{it} + \mu_{it} + \eta_{it} + \varepsilon_{it}$$

$$(2-11)$$

其中，i 表示省份，t 为时期，j 为产业部门，其他变量与式（2-10）中的经济含义一致，η_{it} 为时间效应，μ_{it} 表示个体效应，ε_{it} 为随机误差项。

二、变量指标设定

（一）产业发展水平

在理论模型公式（2-8）中，y_{ijt} 表示地区 i 的部门 j 在时期 t 的劳动产出效率，可以表示该地区某时期行业的发展水平，分别有三次产业的劳动产出效率。

（二）产业结构指标

1. 产业结构合理化

描述产业结构合理化程度，采用干春晖等（2011）使用的 Theil 指数来衡量测算公式：$Theil = \sum_{i=1}^{3} \left(\frac{Y_j}{Y} \right) \ln \left(\frac{Y_j/L_j}{Y/L} \right)$，当 $TL=0$ 时，经济处于均衡状态，表示产业结构合理；如果 $Theil \neq 0$，表示产业结构偏离了均衡状态，说明产业结构不合理，$Theil$ 值越大，说明偏离均衡状态越严重，产业结构越不合理，在实证模型中，TL 为 $Theil$ 的倒数，TL 越大，说明产业结构越合理。

2. 产业结构高度化

采用学者李逢春（2012）测度产业结构高度化的方法，公式为：

$$TS = \sum_{j=1}^{3} y_j \times i = y_j \times 1 + y_j \times 2 + y_j \times 3, \text{其中} 1 \leq i \leq 3$$

其中，y_j 为第 j 产业产值占 GDP 比重，TS 的值越接近 1，说明产业结构高度化层次越低，值越接近 3，说明产业结构高度化层次越高。

3. 有效产业结构调整指数

为分析产业结构与经济增长的关系，设计了劳动力配置视角下的产业结构指标：有效产业结构调整指数（effective structure change，ESC）。

ESC 是综合了偏离—份额法（shift-share method，SSM）[①] 和绝对价值法（norm of absolute value，NAV）[②] 两种指标，弥补了偏离—份额法中包含劳动力不合理配置的缺点，改善了绝对价值法中不能体现部门劳动力生产率提高或者降低的弊端。从而可以利用对于经济增长有正向作用的"结构效应"来探究产业结构调整对于经济增长或者全要素生产率增长的贡献。ESC 的测算公式为：

$$ESC = 0.5 \times \sum_{i \in X} |S^{jT} - S^{j0}| X = \{j\} \quad such \quad that \quad C^j > 0$$

在 ESC 测算公式中只有 $C^j > 0$，才表示部门 j 对于经济增长的贡献。

（三）解释变量

政府发展战略（PCI）为测度发展战略影响资本与劳动投入在产业中配置的指标，一个产业的资本劳动比率与地区的资本劳动比率的比值，反映该产业的发展战略对自身比较优势的偏离程度，反映地区政府为发展 j 产业所实施的产业发展战略。

---

① 偏离—份额法 SSM 包含两种效应，生产率效应和部门转移效应，公式为，$SSM = \sum_{j=1}^{n} \dfrac{\overline{S^j} \Delta P^j}{P_0} + \sum_{j=1}^{n} \dfrac{\overline{P^j} \Delta S^j}{P_0} = \sum_{j=1}^{n} \left(\dfrac{\overline{S^j} \Delta P^j}{P_0} + \dfrac{\overline{P^j} \Delta S^j}{P_0} \right) = \sum_{j=1}^{n} C^j$，其中 $C^j = \dfrac{\overline{S^j} \Delta P^j}{P_0} + \dfrac{\overline{P^j} \Delta S^j}{P_0}$，表示为部门 j 对于劳动生产率的贡献。

② 绝对价值法 NAV 的测算公式为：$NAV = 0.5 \times \sum_{i=1}^{n} |S^{jT} - S^{j0}|$。

（四）控制变量

模型中加入了一些控制变量，finance 为金融发展水平的测度指标，利用年末金融机构各项贷款余额占 GDP 的比值测算；gov 表示政府支出，地方公共财政支出占 GDP 的比重可以作为政府支出的测算指标；fdi 为外商直接投资，用 fdi 与 GDP 的比值测算；trade 表示贸易指数，用进出口总额与 GDP 比值测度；地区经济发展水平（lnpgdp），表示经济发展水平对产业发展以及产业结构的影响，产业结构作为经济增长的一种表现形式，会受到经济发展水平的影响。根据已有的研究成果表明，人均 GDP 能够表示经济增长情况，因此本文选取人均 GDP 作为衡量经济增长的指标，利用前一期为基期，剔除价格的影响。具体内容见表 2 - 1。

表 2 - 1 模型中变量解释

变量名称	测算指标
技术进步水平（lnavy）	地区产出—劳动比值
金融发展水平（finance）	年末金融机构各项贷款余额与 GDP 的比值
政府支出（gov）	地方公共财政支出占 GDP 的比重
外商直接投资（fdi）	外商直接投资额与 GDP 的比值
贸易指数（trade）	进出口总额与 GDP 的比值
地区经济发展水平（lnpgdp）	人均 GDP 的对数

三、数据说明

（一）数据来源

本章采用中国省际面板数据，全部数据样本为我国 28 个省份 1984～2015 年数据，因为香港、澳门、台湾、海南、西藏和重庆部分数据缺失，因此剔除了上述地区的数据。各省份的产业增加值、GDP 指数、社会固定资本投资等各项数据来源于《中国科技统计年鉴》《中国工业经济统计年鉴》《中国统计年鉴》以及各省份的统计年鉴；劳动就业量来源于各省份的统计年鉴及《中国统计年鉴》《中国劳动统计年鉴》。资本存量的测算基础数据来源于《中国统计年鉴》《中国国内生产总值核算历史资料》以及各省份的统计年鉴。

（二）数据处理

为了剔除价格波动的影响，本次测算对各产业的增加值以及各省份的产值进行了平减，以1984年为基期，利用GDP指数对产值进行了处理。对于资本存量的测算，主要包括各省份三次产业、各省份总的资本存量以及全国的资本存量估算，借鉴了徐现祥（2007）的算法，利用各省份三次产业固定资产投入以及折旧额，测算了1984～2002年的资本存量数据，2003～2014年由于缺少折旧额，测算时借鉴了单豪杰（2008）所采用的10.96%的折旧率对资本投资进行折旧扣除，鉴于可获得的数据，各省份的资本存量和全国的资本存量测算是分开测算的。另外，在测算资本存量时，利用固定资本投资价格指数，以1984年为基期进行了剔除价格因素影响的处理。对于劳动投入的数据，三次产业劳动投入利用三次产业就业人口进行代替，需要注意的是1990年统计口径发生变化，但是并不影响总体分析。

需要说明的是，测算指标中用到的价格指数，GDP价格指数与资本存量价格指数不同，总的资本存量价格指数为固定资产投资价格指数，由于各个产业并没有资本投资价格指数，因此不同产业利用各自的价格指数进行替代，第一产业资本存量价格指数为农产品生产者价格指数，第二产业资本存量价格指数为工业生产者出厂价格指数，第三产业资本存量价格指数为总的减去一二产业。另外，在经验估计中，为了避免出现多重共线性、异方差等回归问题，人均GDP、劳动产出效率等绝对量进行取对数处理。

四、描述性分析

图2-2报告了我国1978～2014年产业结构调整过程中，产业结构合理化与高度化的变动趋势，由图2-2可以发现，改革开放初期，产业结构的泰尔指数下降明显，产业结构趋于合理化。从20世纪80年代到21世纪初，产业结构合理化出现大的波动，泰尔指数先上升后下降再上升，这一段时间是中国经济改革的关键时期，市场经济制度由探索阶段到成熟阶段，对中国产业变革产生了重大影响。进入21世纪后，产业结构的泰尔指数开始下降，产业结构趋于合理化。图2-2还报告了产业结构高度化指标，从产业结构高度化变动趋势可以看出，产业结构高度化呈现出缓慢增长的趋势，产业结

构高度化水平持续提升。从综合产业结构合理化与产业结构高度化的变动趋势可以看出，产业结构调整趋向越来越合理、越来越高级。

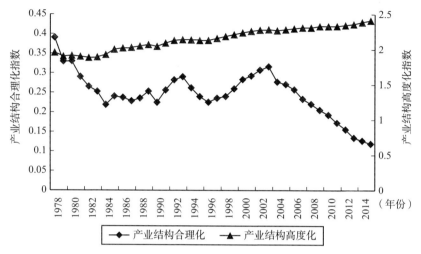

图 2 - 2　全国 1978 ~ 2014 年产业结构调整水平变动趋势

资料来源：根据国家统计局数据资料绘制。

图 2 - 3 描述了有效产业结构的变动情况，说明结构变动中，对于经济增长的贡献存在波动，特别是 20 世纪 80 年代，有效产业结构指数较大，对于经济增长的贡献也较大，与图 2 - 2 中产业结构变化相对应。随着近些年产业结构优化升级，产业发展中所形成的"结构效应"对于经济增长的贡献也逐渐提升，表现为图 2 - 3 中有效产业结构调整（ESC）数值的增长。

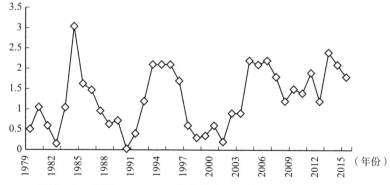

图 2 - 3　全国 1979 ~ 2015 年有效产业结构调整 ESC 变动趋势

资料来源：根据国家统计局数据测算。

第四节 结果分析

一、发展战略影响三次产业发展的实证结果

不同省份的各个经济因素存在差异，政府发展产业的侧重点也不同，政府发展战略和各种因素对产业发展以及产业结构的影响可能也会有差异，所以考虑到不同地区间存在异质性，在设计实证模型时引入了个体效应以及时间效应。

为了充分利用面板数据实证检验政府发展战略对于产业发展的影响，本章分别采用了静态面板数据模型和动态面板数据模型进行检验。表2-2给出了模型选择检验结果，异质性检验中，宏达（Honda）检验结果表明模型中存在异质性，因此应选择个体效应。在固定效应和随机效应的豪斯曼（Hausman）检验中，从检验结果中来看，个体效应满足固定效应模型的假设，因此在静态回归模型中选择了固定效应回归结果。

表2-2　　　　　　　　　　　　模型设定检验

项目	$H_0: \sigma_\mu = 0$ and $\sigma_\eta = 0$	$H_0: E(\mu =\mid X) = 0$
检验统计量	Honda 检验：	Hausman 检验：
	Normal = 32. 5485	Chi - square = 15. 7635
	P - value = 2. 1e - 03	P - value = 0. 0315
结论	模型中存在个体效应	模型中选择固定效应

注：根据 Stata 15. 0 结果整理。

动态面板数据模型的解释变量中加入了被解释变量指标的滞后一期，而静态面板数据则不考虑被解释变量的滞后项。在静态面板数据模型中，考虑到异方差和序列相关等误差问题，本章采用 FGLS 估计方法，FGLS 估计方法可以同时考虑到异方差和序列相关的问题。在动态面板数据中，由于加入了被解释变量的滞后一期作为解释变量，就会产生内生性的问题，利用阿雷利亚诺和邦德（Arellano & Bond，1991）提出的差分 GMM 估计方法可以较

好地解决内生性和面板数据异质性造成的误差，另外本章采取两步法差分GMM 估计，解决了面板数据异质性的问题。在回归结果中报告了误差性的自相关检验结果，同时利用 Hansen-J 过渡识别检验工具变量的有效性。

（一）对产业发展影响的静态面板估计

表2-3 报告了各产业中，政府发展战略（PCI）对产业发展的影响，回归结果（1）、（2）、（3）中的因变量分别为第一产业劳动产出率 $avey1$、第二产业劳动产出率 $avey2$、第三产业劳动产出率 $avey3$。从静态面板估计结果中，模型（1）、（2）、（3）投入要素资本—劳动配置组合（lnpci）对各行业的劳动产出率存在显著的影响，并且通过了1% 的显著性检验。对于第一产业，如果 lnpci 对第一产业中投入要素的干预指数提升 1 个百分点，那么第一产业劳动生产效率会提升 0.033 个百分点，政府对第二产业的干预指数提高 1%，第二产业的劳动生产效率会提高 0.294%，第三产业中政府的干预指数作用为 0.066%。政府在不同产业中的发展战略对于不同产业的影响程度是不同的，其中对于第二产业的作用最大，说明政府在过去的发展战略制定中，有效地促进了第二产业的劳动产出率的提高。地区产业劳动产出效率（lnavy）即技术进步对于三次产业的劳动产出率存在正向的促进作用，也就是说提升地区整体的劳动生产率（技术进步水平）可以提升每个产业的劳动生产率，并且在统计结果中通过了1% 的显著性检验，其对于第二产业的劳动生产率的影响是最大的，达到了 0.789%，另外也在验证了模型中参数 β_1、β_2 在理论上的预测为正的假设。

表2-3　　　发展战略影响三次产业发展的 FGLS 回归估计

变量	（1）	（2）	（3）
	$avey1$	$avey2$	$avey3$
lnpci	0.033 *** （4.11）	0.294 *** （18.64）	0.066 *** （3.82）
lnavy	0.605 *** （20.12）	0.789 *** （24.41）	0.479 *** （12.08）
ln$pgdp$	−2.473 *** （−5.30）	4.130 *** （8.34）	1.486 ** （2.38）
ln$pgdp2$	0.221 *** （5.17）	−0.375 *** （−8.26）	−0.126 ** （−2.21）

续表

变量	(1)	(2)	(3)
	avey1	avey2	avey3
gov	0. 005 *** (4. 49)	0. 003 *** (− 2. 73)	0. 009 *** (5. 44)
finance	− 0. 038 * (− 1. 73)	0. 053 ** (2. 29)	− 0. 076 *** (− 2. 66)
fdi	0. 013 *** (6. 05)	0. 012 *** (− 5. 54)	0. 006 ** (2. 06)
trade	0. 052 ** (2. 07)	0. 065 *** (4. 23)	− 0. 066 ** (2. 05)
cons	10. 316 * (1. 95)	− 4. 277 *** (− 17. 75)	− 6. 214 *** (− 8. 83)
N	829	857	847
Log	699. 2692	660. 4733	468. 6042
Wald	31642. 39 ***	61513. 19 ***	73153. 23 ***

注：根据 Stata 15. 0 结果整理，*** 、** 、* 分别表示 1%、5% 和 10% 显著性水平，括号内为 t 统计量。

对于控制变量而言，各自变量对于三次产业的劳动生产率的影响都通过了显著性检验，经济发展水平人均 GDP（$\ln pgdp$）与三次产业的劳动产出率存在非线性的关系，与第一产业存在 "U" 型关系，与二、三产业的劳动产出率存在倒 "U" 型关系。即随着经济水平的提升，第一产业的劳动产出率先下降后上升，二、三产业的劳动生产率先上升后下降，并且对于第二产业的劳动产出效率的影响最大，基本符合库兹涅茨（Kuznets）对于经济发展过程中产业结构演变的理论[①]。其他控制变量对于三次产业劳动产出率影响最大的是金融发展水平（finance）和贸易水平（trade），其中金融发展水平对于一、三产业的劳动产出率存在负向作用，对于第二产业存在正向作用，贸易水平提升可以促进一、二产业的劳动产出率，但是不利于第三产业的劳动产出效率。政府支出（gov）对于各产业的劳动生产率的贡献在数值上不

---

① 发达国家在经济增长过程中都发生了快速的经济结构转变。一是经济活动从农业先转向非农业活动，再从工业活动转向服务业；二是企业从个体中、小型企业转向全国性或跨国性大公司；三是劳动从农业部门转向非农业部门，农业与非农业部门的劳动力人数比例在下降。而不发达国家的经济结构变化缓慢，结构因素对经济增长的贡献较小，传统的经济结构把劳动力大都束缚在传统的农业生产部门，传统的生产技术和生产组织方式又阻碍着经济的增长。

大，外商直接投资（*fdi*）对一、二产业的劳动产出率的影响要大于第三产业。

（二）　对产业发展影响的动态面板模型估计

在现实经济发展过程中，经济的发展或者产业的发展存在内在的连贯性，一般存在影响的滞后性。很多国家或者地区产业的发展存在一定的动态演进过程，那么在实证模型中就要考虑这种动态影响，因此构建了包含因变量滞后项的动态实证模型，通过滞后期检验，本章选择滞后一期的估计结果，从 Sargan 检验结果来看，我们的设定是合理的，为了对 GMM 的权重矩阵有更好的估计，我们采用了二阶段估计方法，具体的回归估计如表 2－4 所示。各因变量的滞后一期（*L.*）对于当期的影响是很显著的，分别为 0.491、0.517、0.583，并且通过了 1% 的显著性检验，说明在产业发展过程中，本行业的劳动产出率存在这种动态特征。存在这种滞后影响的原因，一是政府干预改变了产业中当期的资本和劳动等生产要素的投入，要素投入之间的组合并不是立刻完成的，需要时间进行最优配置，因此劳动产出率的提升具有滞后效应；二是因为劳动产出效率提升是劳动力素质的提升，劳动力素质的提升依赖劳动者的学习，这种学习效应并不是在当期可以显现的，这就存在了一种滞后的动态效应。三次产业中政府发展战略（ln*pci*）对于一、二产业的影响是显著的，对于第三产业的影响并不明显，政府行为对于第二产业的劳动产出效率影响最大。

表 2－4　　发展战略影响三次产业发展的 diff-GMM 回归估计

变量	(4)	(5)	(6)
	*y*1	*y*2	*y*3
L.	0.491 ***	0.517 ***	0.583 ***
	(10.08)	(9.49)	(7.43)
ln*pci*	0.024 **	0.285 ***	0.011 ***
	(2.31)	(3.80)	（-3.16）
ln*avy*	0.279 ***	0.706 ***	0.437 ***
	(10.30)	(7.46)	（-2.07）
ln*pgdp*	-0.014	1.060 ***	0.039 ***
	-（-0.03）	(2.84)	（-3.05）
ln*pgdp*2	0.002	-0.095 ***	-0.003 **
	(0.04)	（-2.85）	(1.84)

变量	(4)	(5)	(6)
	y1	y2	y3
gov	0.002 ** (2.52)	0.006 *** (−6.86)	0.001 ** (1.55)
finance	− 0.022 (−0.83)	0.100 *** (4.15)	− 0.013 *** (2.28)
fdi	0.004 *** (2.70)	0.001 (0.42)	0.003 *** (2.43)
trade	0.048 (0.85)	0.147 ** (1.97)	− 0.106 (−1.16)
cons	− 2.967 ** (−2.24)	− 4.906 *** (−4.19)	− 2.437 (−1.07)
N	779	809	800
AR（1）	− 2.660	− 2.725	− 3.082
AR（2）	1.132	0.114	1.258
sargan	17.998 ***	19.188 ***	21.449 ***
Wald	68474.83 ***	91670.42 ***	20504.79 ***

注：根据 Stata 15.0 结果整理，***、**、* 分别表示1%、5%和10%显著性水平，括号内为 t 统计量。

二、发展战略影响产业结构的实证结果

（一）影响产业结构调整的静态面板估计

表2-5给出了政府发展战略对于产业结构调整的静态面板回归结果，回归方程估计结果（7）、（8）、（9）的被解释变量分别为产业结构合理化指数（Theil）[①]、产业结构高度化指数（TS）和有效产业结构调整指数（ESC），自变量中的政府发展战略测量数值不同于上文中所描述的三次产业各自的 PCI，这里测度的是地区的整体发展战略。在回归结果中，政府发展战略促进了产业结构高级化，对于产业结构合理化与有效产业结构存在负向作用。因为产业结构高度化描述的是第一产业比重下降，第二产业比重先上

① 产业结构合理化指数 Theil 为 TL，为上文中 tl 的倒数。

升后下降，第三产业比重逐渐增加，政府发展战略正是按照三次产业演进的规律干预资本和劳动在不同产业中的投入。而产业结构合理化描述了要素在各产业中的配置组合是否合理，有效产业结构调整指数是指产业结构变动中对于经济增长存在促进作用的那部分产业结构变化，从实证结果来看，政府的行为对于要素在产业中的配置组合以及有效的产业结构变动存在负向作用。其他自变量对于产业结构合理化以及产业结构高度化的影响都通过了显著性检验，但是对于有效产业结构调整指数（ESC）的影响并不显著。

表 2 – 5　　　　　　　　　发展战略影响产业结构的 FGLS 回归结果

变量	(7)	(8)	(9)
	Theil	*TS*	*ESC*
ln*pci*	– 0.075 *** (4.52)	0.058 *** (5.65)	– 0.015 * (1.75)
ln*avy*	0.154 *** (– 4.37)	0.012 *** (2.55)	0.005 *** (– 3.80)
ln*pgdp*	– 2.271 *** (5.49)	– 0.661 *** (– 2.59)	– 0.025 (0.36)
ln*pgdp*2	0.208 *** (– 5.47)	0.063 *** (2.68)	0.002 (– 0.30)
gov	– 0.002 * (– 1.69)	0.004 *** (– 6.29)	– 0.001 (– 0.24)
finance	0.026 (– 1.39)	0.043 *** (– 3.65)	0.006 ** (1.97)
fdi	0.004 ** (– 2.06)	0.003 ** (2.46)	0.001 * (1.82)
trade	– 0.054 *** (– 3.05)	– 0.037 *** (– 3.36)	0.001 (0.46)
cons	– 5.939 *** (– 9.12)	– 3.416 *** (– 8.38)	– 1.405 (– 1.28)
N	857	857	838
Log	822.9669	1236.818	2316.594
Wald	14196.94 ***	6317.98 ***	445.14 ***

　　注：根据 Stata 15.0 结果整理，*** 、** 、* 分别表示1%、5%和10%显著性水平，括号内为 t 统计量。

（二）影响产业结构调整的动态面板估计

通过表 2-6 给出的估计结果可以看出，各被解释变量的滞后项对于其本身存在明显的影响，说明产业结构的变动是一种渐进的动态过程。存在这种滞后影响的原因，一是投入要素达到合理的配置需要一定的时间，二是产业结构的演进是基于前期产业结构的演进方式，因此存在这种动态影响机制。政策发展战略提升了产业结构高度化水平，不利于产业结构合理化以及产业结构有效性。

表 2-6　　　　发展战略影响产业结构调整的 diff-GMM 回归估计

变量	(10)	(11)	(12)
	Theil	TS	ESC
L.	0.582 ***	0.685 ***	0.037 ***
	(9.13)	(20.75)	(2.38)
lnpci	−0.017 ***	0.014 ***	−0.008 *
	(−3.78)	(−2.27)	(1.68)
lnavey	0.050 ***	0.053 ***	0.011 ***
	(2.82)	(6.80)	(3.33)
lnpgdp	−0.414 *	−0.204 **	−0.031
	(1.74)	(−1.96)	(−0.25)
lnpgdp2	0.035 ***	0.020 **	0.003
	(−2.70)	(2.14)	(0.26)
gov	−0.016 **	0.015 ***	−0.011 ***
	(−2.22)	(−3.07)	(−2.66)
finance	0.012 **	0.032 **	0.023 **
	(2.37)	(2.55)	(1.98)
fdi	0.003 **	0.001 **	0.001 **
	(−2.43)	(1.97)	(2.09)
trade	−0.023 **	−0.020 **	0.002 **
	(−2.25)	(−2.54)	(1.99)
cons	−1.637 **	0.729 **	0.271 *
	(−2.16)	(2.60)	(1.75)
N	809	809	782
AR (1)	−2.878	−1.455	−3.011
AR (2)	1.432	0.938	0.331
sargan	17.101	21.182	19.448
wald	1197.53 ***	32444.73 ***	418.74 ***

注：根据 Stata 15.0 结果整理，*** 、** 、* 分别表示 1% 、5% 和 10% 显著性水平，括号内为 t 统计量。

三、稳定性检验

由于政府政策存在外在时滞效应，所以在具体的经验分析过程中，要考虑这种外在滞后效应的影响。因此，在实证分析中加入政府发展战略影响要素资本—劳动配置组合的滞后项，采用 2SLS 方法进行稳定性检验，并将解释变量的滞后项作为工具变量。表 2 - 7 和表 2 - 8 给出了实证结果，发现 PCI 对于各产业发展以及产业结构的影响没有发生变化，说明文章的实证结果是稳健的，并且政府政策确实存在外在时滞效应。

表 2 - 7　　　　　　　发展战略影响各产业发展的稳健性检验

变量	avey1	avey2	avey3
L.	0.718 *** (11.14)	0.534 *** (7.57)	0.877 ** (12.99)
$\ln pci_i$	0.018 *** (-3.12)	0.270 *** (3.46)	0.055 ** (1.97)
$\ln avey$	0.161 *** (5.03)	0.566 *** (6.45)	0.285 ** (2.36)
$\ln pgdp$	-0.128 (-1.45)	0.698 *** (2.86)	0.045 ** (-2.15)
$\ln pgdp2$	0.013 (0.49)	-0.065 *** (-2.99)	-0.022 ** (1.96)
gov	0.001 * (1.70)	0.005 ** (-2.48)	0.001 (-0.72)
$finance$	-0.025 (-0.95)	0.120 *** (3.32)	-0.031 * (-1.78)
fdi	0.002 ** (2.38)	0.006 ** (2.26)	0.005 ** (2.35)
$trade$	0.033 * (1.76)	0.174 ** (2.16)	-0.068 * (-1.82)
$cons$	-2.367 ** (-2.19)	-4.206 *** (-3.19)	-2.347 (-1.07)
N	779	809	800
IV	464	520	462
AR(1)	-2.862	-2.469	-3.092

续表

变量	*avey*1	*avey*2	*avey*3
AR（2）	1.038	0.218	1.174
sargan	20.054 ***	17.330 ***	20.864 ***

注：根据 Stata 15.0 结果整理，*** 、** 、* 分别表示 1%、5% 和 10% 显著性水平，括号内为 t 统计量。

表 2-8   发展战略影响产业结构调整的稳健性检验

变量	*Theil*	*TS*	*ESC*
L.	0.709 *** （6.20）	0.745 *** （11.80）	-0.016 ** （-1.96）
ln*pci*	-0.013 ** （2.36）	0.018 ** （-2.44）	-0.006 ** （2.35）
ln*avey*	0.047 ** （2.39）	0.042 ** （2.51）	0.011 *** （3.23）
ln*pgdp*	-0.500 ** （2.07）	-0.143 ** （-2.25）	-0.144 * （1.75）
ln*pgdp*2	0.044 ** （-2.06）	0.014 ** （2.33）	0.012 * （-1.61）
gov	-0.011 * （-1.75）	0.023 *** （-2.98）	-0.013 * （-1.81）
finance	0.006 ** （2.20）	0.018 ** （2.14）	0.002 （0.18）
fdi	0.002 *** （-2.94）	0.003 *** （2.70）	0.001 * （1.69）
trade	-0.061 ** （-2.34）	-0.018 ** （2.45）	0.005 ** （2.13）
cons	-1.327 ** （-2.16）	0.523 ** （2.60）	0.731 * （1.75）
N	779	779	754
IV	518	458	512
AR（1）	-2.721	-1.339	-2.570

· 48 ·

续表

变量	*Theil*	*TS*	*ESC*
AR（2）	1.540	0.911	0.350
sargan	21.820 ***	19.089 ***	21.172 ***

注：根据 Stata 15.0 结果整理，***、**、*分别表示1%、5%和10%显著性水平，括号内为t统计量。

第五节　结论与启示

本章通过建立理论模型，结合三次产业产值、就业人口、资本存量等数据构建了测算政府发展战略的指标以及衡量产业结构的不同指标，利用1984~2015年我国28个省份的面板数据进行实证分析，得到如下结论：从理论模型推导来看，各产业中资本—劳动配置组合水平的提升会促进本产业劳动产出率水平提高，政府行为这种"经济楔子"可以通过发展战略影响资本—劳动在不同产业中的组合，从而影响各产业发展。从实证结果来看，验证了理论模型中变量（PCI）系数为正的推论。要素之间的组合需要时间进行最优配置以及劳动者的学习效应，使得产业的劳动产出效率的提升存在内部动态机制。从政府发展战略影响产业结构调整的实证结果中发现，发展战略对于提升产业结构高度化水平存在明显的促进作用，而对产业结构合理化与有效产业结构水平存在负向作用，说明资本以及劳动投入在产业间的流动并不是合理的配置组合，资本劳动比率的提升虽然有利于产业发展，但是不能够提升要素配置水平，反而会对经济增长速度产生负向作用。动态面板的模型中产业结构调整也存在着动态滞后效应，产业结构的变化是对于前期结构的一种扬弃，在这种扬弃的过程中，结构的优化促进了产业发展中资本与劳动的耦合，这种耦合对于产业结构合理化、高度化以及产业结构有效性也存在促进作用。

从模型以及实证结果看出，各产业资本劳动比率的提升虽然有利于产业发展，但是这种资本—劳动比率的提升并不一定是好的，其会导致资源要素的错配，以及结构的不合理，反而不利于经济增长。只有在要素配置合理以及结构优化的前提下，提升资本深化，才能同时提升产业劳动产出率以及促进经济增长。从我国以往发展经验来看，政府拥有过多的资源配置权力，长期的政府制定发展战略的干预行为，虽然促进了各产业发展，但是也造成了结构的扭曲，从经济增速内部分解来看，政府的干预并没有提升促进经济增速的有效产业结构水平，反而存在不利影响。现阶段我国经济处于阶段性底部，如何通过结构优化提升经济增速是需要解决的问题，本章的结论为政府行为提供了参考：第一，虽然政府制定的发展战略有助于产业的发展，但是如果政府采取"有保有压"和"有扶有控"的产业发展战略，有效的产业结构水平并没有提升，可能会变得更为扭曲，从而造成经济增速变缓。因此，要制定顺应市场、不限制竞争、谨慎干预、可评估的有效产业政策，根据"比较优势"以及要素配置规律有效引导资源配置。第二，资源配置过程中应该遵循市场规律，处理好政府与市场的关系，在不存在市场失灵的情况下，尽量通过市场作用实现资源的优化配置。第三，由于体制缺陷和政策偏差，政府没有办法判定什么样的结构才是好的结构，应避免利用政府行政手段来"调结构"的做法。

绿色发展：环境污染对产业结构变动的传导机制研究

环境污染与经济协调发展已成为全球性问题。现有关于环境污染和产业结构变动的研究，多聚焦在环境污染与全要素生产率之间，而很少涉及环境污染与产业结构调整的内在传导机制。鉴于此，本章将环境因素纳入产业结构模型，分析结构变动的"成本效应"与"需求效应"的内在逻辑机制，以上述理论推导为依托，基于社会经济账户（socio-economic accounts，SEA）行业数据进行了实证检验。研究发现：产业结构调整体现为一种"价格效应"，而环境污染通过全要素生产率的"价格效应"机制与产业结构之间发生影响。实证结果证实了环境污染与行业价格指数之间存在"U"型关系，这主要是由生产性服务行业导致的；而环境污染与产业结构调整之间存在一种倒"U"型关系，而这主要是由劳动密集型行业所引起的。

第一节 引 言

环境污染、资源匮乏等问题日益成为各国共同面对的挑战，俨然已成为全球性问题，也是经济持续发展亟待解决的问题。联合国频频举办多国气候大会，2009 年在哥本哈根达成《哥本哈根协议》、2015 年巴黎气候会议制定了具有法律约束力的《联合国气候变化框架公约》，解决环境问题并实现各国经济可持续发展成为国际社会的共识。经济的高速增长往往伴随着资源利用效率降低、环境质量下降以及环境健康损失的下降（The World Bank，2009），环境问题归根结底是经济发展问题。尤其是金融危机之后，世界各国都积极通过产业结构优化升级推进经济复苏计划，如美国"再工业化"、德国"工业4.0"及中国"中国制造2025"等，而经济发展与产业结构优化升级依赖于技术进步、全要素生产率的提升（Acemoglu，2012；Benhabib et al.，2014）。生产效率提升有助于产业结构优化升级，学界对此已基本达成共识，而环境问题与生产率之间关系成为学界探讨的热点，对环境污染是否降低了企业的全要素生产率（TFP）水平展开激烈的争论。克里斯坦森等（Christainsen et al.，1981）、格雷等（Gray et al.，1993）认为环境污染给企业生产增加了新的约束条件，增加了企业的生产成本，企业竞争力降低，从而导致 TFP 下降；波特等（Porter et al.，1995）、格林斯通等（Greenstone et al.，2012）、安贝克等（Ambec et al.，2013）、王兵等（2008）、李树等（2013）则遵循"波特假说"，认为适当的环境规制可以促进企业增加投资，迫使企业进行技术创新，获得企业发展新优势，从而抵消因环境规制的成本上升，促进 TFP 的提升，李强（2017）则认为环境分权与全要素生产率之间存在一种倒"U"型关系；沃利等（Walley et al.，1994）、帕尔默等（Palmer et al.，1995）则认为两者之间不存在直接的关系，环境污染对 TFP 影响只是一种潜在的因素。可见，环境污染与企业生产率之间的研究没有形成有效定论，但是多数学者认同两者之间确实存在一定关系。

在产业结构调整方面，一种内在机制是从企业的生产效率视角分析，即部门内企业具有生产技术的异质性，生产单位商品的单位边际成本不一，生产产品成本的不同体现在市场上产品的价格上，因此产品数量差异化生产，在宏观上体现为部门结构的调整（Ngai，2007；Acemoglu，2008；宋建等，2017）。于是，有意思的问题出现了：既然环境问题与 TFP 之间的关系没有形成定论，那么环境污染通过什么内在机制作用于产业结构调整？在这种内在机制下，环境污染与产业结构调整之间是否存在"库兹涅茨曲线假说"（EKC）？

在可持续发展中，环境污染不仅是经济发展的内生变量，也是企业发展规模与效率的刚性约束。它通过两种效应发生作用：一方面，在技术水平不变的情况下，政府对污染企业实施环境规制，企业为了达到环保标准，将增加与环保相关的投资，为保证产出水平不变，企业将会增加要素的投入（劳动、资本等），要素投入成本（工资等）相应提高，即体现为"成本效应"或"规模效应"。另一方面，对企业实施环境规制相当于增加了新的生产约束，导致企业生产、管理等过程难度增加，具有一种生产约束效应。而环境污染的外部成本内部化，也就是社会承担的环境成本转嫁给企业承担，体现为产品价格的上涨，当部门间产品需求价格弹性较小时，表现为产业部门份额的不断提升，即存在一种"需求效应"。有意思的是，在产业结构研究中，鲍莫尔在1967年提出著名的"服务业成本病"假说，即工业相对于服务业部门生产率不断上升，各个部门的实际工资保持同步上涨，继而导致服务业部门成本不断上升，表现为一种服务业价格不断上涨的现象，宋建等（2017）实证验证了"成本病"发生的机理。尽管已有的文献对环境污染与产业结构变动关系做了一些探索性的研究，但是也没有详细地解释环境污染是通过一种"结构—速度—效率"的框架影响产业结构变动的。因此，本章提出了环境污染影响产业结构的作用机制，具体如图3-1所示。

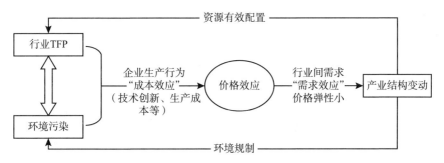

图3-1 环境污染影响产业结构变动机制示意

本章尝试从理论和实证两个维度研究环境污染、全要素生产率与产业结构之间的影响机制与内在逻辑关系。首先，把环境污染因素纳入生产率与产业结构调整机制的框架，从理论上解释变量之间的逻辑关系，得出理论假设；其次，利用国际细分行业面板数据分析制造业中劳动密集型、资本—技术密集型及服务业中生产性服务业、生活—公益性服务业的环境污染与产业结构的传导机制关系。与已有研究不同，本章的主要贡献有以下三点：一是从新的研究视角，分析证实了环境污染通过"价格效应"影响产业结构变动的传导机制；二是考虑环境污染问题的行业异质性，使得研究更加具体深入，证实了生产性服务行业导致全行业中环境污染与"成本效应"存在"U"型关系，而劳动密集型行业导致全行业中环境污染与产业结构调整的"需求效应"之间存在倒"U"型关系；三是在完成上述两项工作的基础上，回答了产业结构变迁中是否存在"库兹涅茨曲线假说"的问题。在环境污染日益严重的当下，本章的研究对政府部门针对不同的行业制定不同的环境政策具有重要的现实意义。

第二节　理论模型

基于恩盖和皮萨里德斯（Ngai & Pissarides，2007）、阿西莫格鲁等（Acemoglu et al.，2008）提出多部门模型，本章创新性地将环境问题纳入产业结构模型，分析环境污染影响下的 TFP 对行业产品价格的决定作用，也就是对企业生产过程中"成本效应"或"价格效应"的理论证实，而行业"价格效应"又通过"需求效应"作用于行业份额变动，最终导致经济增长的波动。具体模型如下：

一、需求与生产

假设经济活动中存在许多国家，每个国家具有 n 个不同的行业，行业内所有的企业生产的产品都在市场上销售。同行业内企业生产标准化产品，其中消费者对标准化产品的需求为 C_t。国家或者地区代表性消费者的效用采用跨期效用函数，即式（3－1）：

$$U = \int_0^\infty e^{-\beta t} \log(C_t) \, dt \qquad (3-1)$$

在各个国家经济活动中，通用产品部门生产单一的最终产品，由 n 个行业的最终产品加总而成。因此，通用部门采用 CES 生产函数形式，即式（3－2）：

$$Y_t = \left(\sum_{i=1}^n w_i Y_{i,t}^{(\sigma-1)/\sigma} \right)^{\sigma/\sigma-1} \qquad (3-2)$$

其中，各个行业最终产品之间的替代弹性 $\sigma \in [0, \infty)$，$\sigma = 1/(1-\rho)$，w_i 表示 i 行业在通用部门最终产品生产中的分配系数，即 i 行业的重要程度，并且 $w_i \geq 0$，$\forall i$ 与 $\sum_{i=1}^n w_i = 1$。

市场中企业投入不同的生产要素生产异质性的产品，存在 n 个行业，而且每个行业生产单一不同的产品，行业之间最终产品市场是完全竞争的。因此，我们假定各行业代表性企业生产技术为 CD 生产函数形式，如式（3－3）所示：

$$Y_{it} = \Omega_i(S_i) A_{i,t} K_{i,t}^{\alpha_K} L_{i,t}^{\alpha_L} E_{i,t}^{\alpha_E} \tag{3-3}$$

其中，Y_{it} 表示 i 行业的最终产品。$K_{i,t}$、$L_{i,t}$、$E_{i,t}$ 分别代表 i 行业生产最终产品的资本要素、劳动要素和能源投入，要素产出弹性分别为 α_K、α_L、α_E。本章研究环境污染对产业结构的影响，污染程度的加重会影响企业的产出，体现为除了 TFP 或生产技术之外的一种因素。环境污染函数 $\Omega_i(S_i)$ 是 S_i（如 CO_2、CO 等污染物）的减函数，即 $\Omega'_i(S_i) < 0$。各个行业企业生产过程中受到不同程度污染物的影响，增加了环境治理成本，从而降低了企业的真实技术进步率 A_i。

通用产品部门生产最终产品的过程，会受到资源配置的限制，除了对生产函数假定外，还需要对要素的变化进行定义。假定总产出用于消费和投资，而投入生产中资本折旧率为 δ，即资本运动方程为式（3-4）：

$$K_{t+1} = (Y_t - C_t) + (1 - \delta) K_t \tag{3-4}$$

企业生产过程中除了劳动力、资本要素的投入外，能源的投入也是必不可少的生产要素。考虑到能源要素投入也存在动态效应，产品部门企业生产中 t 时期所消耗的能源 E_t 为 $t+1$ 期能源储备 R_{t+1} 与 t 期能源储备 R_t 的差值，即 $R_{t+1} - R_t = -E_t$，其中基期的能源储备 $R(0) = R_0 > 0$，能源储备总量大于等于每期能源消耗之和 $R_0 \geqslant \sum_{t=0}^{\infty} E_t$。随着企业生产中能源的消耗，排放到空气中的污染物增加，同时部门企业通过增加环境治理的投入降低污染物的存量。依据诺德豪斯（Nordhaus，1994）的假定，空气中污染物的移除率为 φ、能源消耗过程中污染物的排放率为 ξ，则排放污染物的存量 S_t 满足式（3-5）：

$$S_{t+1} = (1 - \varphi) S_t + \xi E_t \tag{3-5}$$

最后，假定资本、劳动、能源要素在部门间自由流动，市场出清条件满足式（3-6）：

$$K_t = \sum_{i=1}^{n} K_{i,t}; \ L_t = \sum_{i=1}^{n} L_{i,t}; \ E_t = \sum_{i=1}^{n} E_{i,t} \tag{3-6}$$

二、一般均衡分析

行业内生产最终产品的代表性厂商通过最优的要素投入实现利润最大化。在要素成本的约束下，得到最优化的一阶条件，也即第 i 个行业的最终

产品价格与第 j 个行业的最终产品价格之比等于两个行业要素边际产量的反比，具体见式（3-7）。

$$\frac{p_{i,t}}{p_{j,t}} = \frac{\partial Y_{j,t}}{\partial K_{j,t}} \bigg/ \frac{\partial Y_{i,t}}{\partial K_{i,t}} = \frac{\partial Y_{j,t}}{\partial L_{j,t}} \bigg/ \frac{\partial Y_{i,t}}{\partial L_{i,t}} = \frac{\partial Y_{j,t}}{\partial E_{j,t}} \bigg/ \frac{\partial Y_{i,t}}{\partial E_{i,t}} \qquad (3-7)$$

其中，p_i 为市场均衡条件下 i 行业的最终产品价格。在式（3-2）CES 生产函数最优化条件下可得 $p_{i,t} = w_i \left(Y_t / Y_{i,t} \right)^{\frac{1}{\sigma}}$，然后将式（3-3）代入式（3-7），可得式（3-8）：

$$\frac{w_i \left(Y_t / Y_{it} \right)^{1/\sigma}}{w_j \left(Y_t / Y_{jt} \right)^{1/\sigma}} = \frac{Y_{j,t}}{K_{j,t}} \bigg/ \frac{Y_{i,t}}{K_{i,t}} = \frac{Y_{j,t}}{L_{j,t}} \bigg/ \frac{Y_{i,t}}{L_{i,t}} = \frac{Y_{j,t}}{E_{j,t}} \bigg/ \frac{Y_{i,t}}{E_{i,t}} \qquad (3-8)$$

进一步可以得到，行业间的资本要素配置比例为：

$$\frac{K_{i,t}}{K_{j,t}} = \frac{w_i}{w_j} \left(\frac{Y_{j,t}}{Y_{i,t}} \right)^{\frac{1}{\sigma}} \frac{Y_{i,t}}{Y_{j,t}} = \left(\frac{\tilde{w}_i}{\tilde{w}_j} \frac{Y_{i,t}}{Y_{j,t}} \right)^{\frac{\sigma-1}{\sigma}} \frac{L_{i,t}}{L_{j,t}}$$

$$= \frac{w_i}{w_j} \left(\frac{Y_{j,t}}{Y_{i,t}} \right)^{\frac{1}{\sigma}} \frac{Y_{i,t}}{Y_{j,t}} = \left(\frac{\tilde{w}_i}{\tilde{w}_j} \frac{Y_{i,t}}{Y_{j,t}} \right)^{\frac{\sigma-1}{\sigma}} \frac{E_{i,t}}{E_{j,t}}$$

$$= \frac{w_i}{w_j} \left(\frac{Y_{j,t}}{Y_{i,t}} \right)^{\frac{1}{\sigma}} \frac{Y_{i,t}}{Y_{j,t}} = \left(\frac{\tilde{w}_i}{\tilde{w}_j} \frac{Y_{i,t}}{Y_{j,t}} \right)^{\frac{\sigma-1}{\sigma}}$$

其中，$w_i = \tilde{w}_i^{\frac{\sigma-1}{\sigma}}$，$w_j = \tilde{w}_j^{\frac{\sigma-1}{\sigma}}$。将式（3-3）代入式（3-8），可得各个行业间的要素配置比例，如式（3-9）所示：

$$\frac{K_{i,t}}{K_{j,t}} = \left(\left(\frac{\tilde{w}_i}{\tilde{w}_j} \frac{\Omega_i(S_i)}{\Omega_j(S_j)} \frac{A_{i,t}}{A_{j,t}} \frac{L_{i,t}^{\alpha_2}}{L_{j,t}^{\alpha_2}} \frac{E_{i,t}^{\alpha_3}}{E_{j,t}^{\alpha_3}} \right)^{\frac{\sigma-1}{\sigma}} \right)^{\frac{\sigma}{\sigma-\alpha_1(\sigma-1)}}$$

$$\frac{L_{i,t}}{L_{j,t}} = \left(\left(\frac{\tilde{w}_i}{\tilde{w}_j} \frac{\Omega_i(S_i)}{\Omega_j(S_j)} \frac{A_{i,t}}{A_{j,t}} \frac{K_{i,t}^{\alpha_1}}{K_{j,t}^{\alpha_1}} \frac{E_{i,t}^{\alpha_3}}{E_{j,t}^{\alpha_3}} \right)^{\frac{\sigma-1}{\sigma}} \right)^{\frac{\sigma}{\rho-\alpha_2(\sigma-1)}} \qquad (3-9)$$

$$\frac{E_{i,t}}{E_{j,t}} = \left(\left(\frac{\tilde{w}_i}{\tilde{w}_j} \frac{\Omega_i(S_i)}{\Omega_j(S_j)} \frac{A_{i,t}}{A_{j,t}} \frac{K_{i,t}^{\alpha_1}}{K_{j,t}^{\alpha_1}} \frac{L_{i,t}^{\alpha_2}}{L_{j,t}^{\alpha_2}} \right)^{\frac{\sigma-1}{\sigma}} \right)^{\frac{\sigma}{\sigma-\alpha_3(\sigma-1)}}$$

由式（3-8）和式（3-9），可得行业间的要素配置比率，如式（3-10）所示：

$$\frac{K_{i,t}}{K_{j,t}} = \frac{L_{i,t}}{L_{j,t}} = \frac{E_{i,t}}{E_{j,t}} = \left(\frac{\tilde{w}_i}{\tilde{w}_j} \frac{\Omega_i(S_i)}{\Omega_j(S_j)} \frac{A_{i,t}}{A_{j,t}} \right)^{\frac{\sigma-1}{\sigma-(\sigma-1)(\alpha_1+\alpha_2+\alpha_3)}}$$

$$= \left(\frac{w_i}{w_j}\right)^{\frac{\sigma}{\sigma-(\sigma-1)(\alpha_1+\alpha_2+\alpha_3)}} \left(\frac{\Omega_i(S_i)}{\Omega_j(S_j)}\frac{A_{i,t}}{A_{j,t}}\right)^{\frac{\sigma-1}{\sigma-(\sigma-1)(\alpha_1+\alpha_2+\alpha_3)}} \equiv \Psi_{i,j}(S_{i,j})$$

$$(3-10)$$

由式（3-7）和式（3-8）可得部门份额比例，如式（3-11）所示：

$$\frac{SectorShare_i}{SectorShare_j} = \frac{p_{i,t}Y_{i,t}}{p_{j,t}Y_{j,t}} = \Psi_{i,j}(S_{i,j}) \qquad (3-11)$$

由式（3-3）和式（3-10），可以得出部门间的相对价格，见式（3-12）：

$$\frac{p_{i,t}}{p_{j,t}} = \frac{\Omega_j(S_j)A_{j,t}}{\Omega_i(S_i)A_{i,t}} \qquad (3-12)$$

对式（3-12）取对数，然后对时间 t 求导。可以得出 i 行业相对 j 行业的价格指数增长率，如式（3-13）所示：

$$\dot{p}_i - \dot{p}_j = [\dot{\Omega}_j(S_j) - \dot{\Omega}_i(S_i)] + (\dot{A}_j - \dot{A}_i) \qquad (3-13)$$

从式（3-12）和式（3-13）可以看出，决定产品价格指数的因素主要是全要素生产率和环境的污染程度。i 行业企业全要素生产率 A 的下降，导致了价格指数上升，当行业中污染程度 S 增加时，生产函数中的 $\Omega(S)$ 逐渐下降，企业的生产成本增加，表现为价格指数的不断攀升。由此得出了本章的第一个命题。

命题 3-1：不同行业最终产品的相对价格（$p_{i,t}/p_{j,t}$）依赖代表性企业的相对生产效率（$A_{j,t}/A_{i,t}$）及环境污染程度（S_t），两者呈现反向关系。若 i 行业全要素生产率较低时，行业最终产品的价格指数增加，而随着环境污染程度的增加，环境污染函数 $\Omega_i(S_i)$ 减少，导致企业生产成本不断上升，体现为最终产品价格的上升，即存在一种"成本效应"。

进一步分析生产要素的行业间流动，由式（3-10）可得各个行业之间劳动要素、资本要素之比相等，满足经济增长的"卡尔多事实"。为了分析环境污染如何影响行业就业，由式（3-10）可得式（3-14）：

$$\ln\left(\frac{L_{i,t}}{L_{j,t}}\right) = a + b\left(\ln\frac{\Omega_j(S_j)}{\Omega_i(S_i)} + \ln\frac{A_{j,t}}{A_{i,t}}\right) \qquad (3-14)$$

其中，$a = \frac{\sigma}{\sigma-(\sigma-1)(\alpha_1+\alpha_2+\alpha_3)}\ln\left(\frac{w_i}{w_j}\right)$，$b = \frac{1-\sigma}{\sigma-(\sigma-1)(\alpha_1+\alpha_2+\alpha_3)}$。两边取对数并求导，可得行业间劳动增长率关系，如式（3-15）所示：

$$(\dot{L}_i - \dot{L}_j) = b[\dot{\Omega}_j(S_j) - \dot{\Omega}_i(S_i)] + b(\dot{A}_j - \dot{A}_i) \qquad (3-15)$$

由式（3-12）和式（3-14）得出式（3-16）：

$$\ln\left(\frac{L_{i,t}}{L_{j,t}}\right) = a + b\ln\left(\frac{p_{i,t}}{p_{j,t}}\right) \qquad (3-16)$$

也就是说行业之间的替代弹性小于1时，即 $\sigma < 1$ 时，行业之间相对比重的变化与行业之间的相对价格呈正相关关系。由前文分析可知，环境污染程度的增加、行业生产率的降低都会促使行业内企业生产成本增加，也就是体现在产品价格水平上。行业就业结构的变动机制则体现为劳动更多地流向了生产率较低的行业，环境污染进一步促使更多劳动力流向该行业。由式（3-10）与式（3-11），得出式（3-17）与式（3-18）：

$$\ln\frac{SectorShare_i}{SectorShare_j} = a + b\left(\ln\frac{\Omega_j(S_j)}{\Omega_i(S_i)} + \ln\frac{A_j}{A_i}\right) \qquad (3-17)$$

$$(\dot{SectorShare}_i - \dot{SectorShare}_j) = b\left[\dot{\Omega}_i(S_t) - \dot{\Omega}_j(S_t)\right] + b(\dot{A}_i - \dot{A}_j)$$

$$(3-18)$$

式（3-17）得出了产业结构变动的机制。部门份额的不断提升，更多地体现为一种"价格效应"，而不同部门之间价格的不断攀升是由行业的生产率低下导致的，环境污染通过这种机制促使产业结构发生变动。为了考察环境污染与产业结构之间存在何种具体关系，需要对环境污染程度 S 求导数，可得式（3-19）。

$$\frac{\partial\ln\frac{SectorShare_i}{SectorShare_j}}{\partial S} = b\left(\frac{\Omega_j'(S_j)}{\Omega_j(S_j)} - \frac{\Omega_i'(S_i)}{\Omega_i(S_i)}\right) = b\frac{\Omega_j'(S_j)\Omega_i(S_i) - \Omega_j(S_j)\Omega_i'(S_i)}{\Omega_j(S_j)\Omega_i(S_i)}$$

$$(3-19)$$

进一步讨论环境污染程度 S 与产业结构变动之间的关系，为了分析简便，且不失一般性，本章假定 $\Omega(S) = e^{1/S}$（其中，满足 $\Omega_i'(S_i) < 0$），可以得到式（3-20）：

$$\frac{\partial\ln\frac{SectorShare_i}{SectorShare_j}}{\partial S} = b\frac{-\frac{1}{S_j^2}e^{1/S_j}e^{1/S_i} + \frac{1}{S_i^2}e^{1/S_j}e^{1/S_i}}{e^{1/S_j}e^{1/S_i}} = b\left(\frac{S_j^2 - S_i^2}{S_i^2 S_j^2}\right) \quad (3-20)$$

在行业产品替代弹性小于1的情况下（即 $\sigma < 1$ 时），分析环境污染程度对产业结构变动的影响。当 $S_i < S_j$ 时，$\partial\ln\frac{SectorShare_i}{SectorShare_j}\Big/\partial S > 0$；当 $S_i > S_j$ 时，$\partial\ln\frac{SectorShare_i}{SectorShare_j}\Big/\partial S < 0$，可以得出 $\partial^2\ln\frac{SectorShare_i}{SectorShare_j}\Big/\partial S^2 < 0$，也就是随着部

门相对污染程度的加深，与产业结构变动之间呈现一种倒"U"型关系。在行业产品替代弹性大于1的情况下（即 $\sigma > 1$ 时），得出 $\partial^2 \ln \dfrac{SectorShare_i}{SectorShare_j} \Big/ \partial S^2 > 0$，从而可以得出，在产品替代弹性大于1的行业中，随着产业份额的不断提升，环境污染程度增加，两者之间存在一种"U"型关系。从而得出本章的第二个命题：

命题3－2：行业份额与就业份额增长率取决于行业的最终产品相对价格的增长率，而相对价格又是由行业的生产率水平决定的，同时受到环境污染的影响。可见，产业结构调整传导机制为，环境污染影响行业实际生产率水平，导致生产成本上升，产品价格攀升，体现为一种"价格效应"。当行业产品替代弹性小于1时，环境污染与产业结构调整之间存在一种倒"U"型关系；当行业产品替代弹性大于1时，两者之间则呈现"U"型关系。

第三节 实证策略

一、计量模型

基于前文的理论分析，可知环境污染、产业结构与经济增长之间的内在逻辑关系：行业份额的提升取决于行业间相对价格的提升，体现为一种"价格效应"；行业间的相对价格又取决于行业间的相对生产率。而环境污染通过这种传导机制影响行业的 TFP，从而对行业份额及就业份额产生影响。所以，对于三者之间关系的验证需要分为两个阶段：先验证环境污染影响的情况下行业相对价格决定行业份额的提升，再验证相对价格又取决于相对生产率。因此，本章的计量模型设定如下：

产业结构变动取决于相对价格水平的计量方程：
$$\ln(SectorShare) = \alpha_1 + \beta_1 \ln(P) + \gamma_1 \ln(control) + \varepsilon_{it} \qquad (3-21)$$

相对价格取决于相对生产率的计量方程：
$$\ln(P_i) = \alpha_2 + \beta_2 \ln(TFP_i) + \eta_{21} \ln(EP) + \eta_{22} \big[\ln(EP)\big]^2 + \gamma_2 \ln(control) + \varepsilon_{it}$$
$$(3-22)$$

相对生产率决定产业结构变动的计量方程：
$$\ln(SectorShare) = \alpha_3 + \beta_3 \ln(TFP) + \eta_{31} \ln(EP) + \eta_{32} \big[\ln(EP)\big]^2 + \lambda_3 \ln(TFP)$$

$$\times \ln(EP) + \lambda_3 \ln(TFP) \times \left[\ln(EP)\right]^2 + \gamma_3 \ln(control) + \varepsilon_{it}$$

$$(3 - 23)$$

其中，部门份额 $SectorShare(SHR_{i\_I})$ 为各个部门行业的总行业占比；相对价格 P 为各个行业总产出价格指数比；TFP 为行业全要素生产率水平；控制变量（$control$）包括 Gov_{it}、fd_{it}、inv_{it}、fdi_{it}、$trade_{it}$、$pgdp_{it}$；ε_{it} 为随机误差项。

二、变量与数据

（一）被解释变量

本章研究的是环境污染影响产业结构的传导机制，产业结构变动这一变量则为核心变量。很多学者将产业结构变动定义为三大产业层面的份额变动，通常选取第三产业增加值与第二产业增加值比重衡量，而按照"新结构经济学"理论，后发国家应该遵循比较优势，一味地追求类似发达国家"服务业化"的产业结构是欠妥的。因此，本章从行业层面分析产业结构变动影响，选取各个行业工业总产值的总行业占比作为产业结构变动指标（SHR_{i_I}），这样就体现了产业结构演化遵循比较优势原则。

（二）解释变量

本章研究的内在机制是研究环境污染、行业生产率及价格因素对产业结构的影响，旨在说明环境污染与产业结构变动之间的内在逻辑关系。为体现行业之间污染程度的不同，选取各行业中 CO_2、CH_4、N_2O 排放量作为环境污染指标（EP_i）；行业的价格指数为 P_i，具体核算公式为本期行业工业总产值除以行业上一期的工业总产值与本期总产值指数的乘积；全要素生产率（TFP）的测算方法多样，主要包括参数法和非参数法，前者主要为增长核算法、随机前沿生产函数法（SFA）等，后者主要为指数法、数据包络分析法（DEA）等。本章同时采用 SFA 与增长核算法测算 TFP，采用多种方法核算以增加估计结果稳健性。

（三）控制变量

除了环境污染、全要素生产率等核心变量之外，影响产业结构变动的因素还有很多，尤其是国家或地区层面的因素。为了增强实证结果的稳健性，在实证分析中加入了国家或地区层面的控制变量。具体的控制变量如下：一是资本深化（*kl*），采用各个行业中实际固定资本存量与从业人员数之比度量；二是经济发展水平（*pgdp*），采用各国（地区）的人均实际 GDP 衡量地区的经济发展程度；三是开放程度（*fdin*），采用净流入（*FDI*）占 GDP 比重来衡量；四是国际贸易（*export*），选取了各国（地区）出口的商品和服务在 GDP 中占比来衡量；五是人力资本（*ete*），选取各国（地区）的高等教育支出占政府教育支出作为人力资本的代理变量。

（四）数据说明

本章选取了 WIOD 中 SEA 数据库中 40 个国家或地区 1995 ~ 2011 年的行业数据，控制变量则主要来自《世界银行数据库》。结合其他学者的相关研究进一步对数据进行分类，本章将工业分为劳动密集型、资本—技术密集型行业，服务业分为生产性服务业、生活—公益性服务业行业进行实证分析，如表 3 - 1 所示。

表 3 - 1　　　　　　　　　　行业分类及代码

产业	行业分类	行业名称	行业代码
工业	劳动密集型	食品、饮料和烟草	15t16
		纺织、纺织品	17t18
		皮革及鞋类制品	19
		木材及其制品	20
		纸浆、纸张、纸制品、印刷和出版	21t22
	资本—技术密集型	采掘业	C
		焦炭、炼油产品和核燃料	23
		化学品及化学产品	24
		橡胶和塑料制品	25
		其他非金属矿产制品	26
		基本金属及金属制品	27t28
		机械、电气	29
		电器和光学设备	30t33
		运输设备	34t35
		其他制造；再生产品	36t37
		电力、燃气及水的供应	E
		建筑物	F

续表

产业	行业分类	行业名称	行业代码
服务业	生产性服务业	批发贸易、经纪贸易（汽车和摩托车除外）	51
		内陆运输	60
		水上运输	61
		航空运输	62
		邮电通信	64
		金融业	J
		机械设备租赁及相关商业活动	71t74
	生活—公益性服务业	汽车和摩托车销售及维修；燃料零售	50
		零售业（汽车和摩托车除外），家用物品维修	52
		餐饮业	H
		其他辅助运输活动；旅行社活动	63
		房地产行业	70
		公共管理和国防，社会基本保障	L
		教育	M
		卫生和社会工作	N
		其他社区、社会及个人服务业	O
		家庭服务业	P

资料来源：WIOD 数据库。

第四节　结果分析

一、环境污染影响产业结构传导机制的实证结果

本章在计量模型的选择方面，F 检验和豪斯曼检验结果表明固定效应模型为最优模型。考虑到核心变量的内生性问题，采用 2SLS 方法进行稳定性的检验，其中分别将价格指数及 TFP 的滞后一期作为工具变量。表 3-2 对环境污染与产业结构变动内在机制进行了估计，从模型 1 的回归结果看，行业价格指数与产业结构变动在 1% 的显著性水平下显著为正值，两者之间的

弹性为 0.048，也就是价格指数提高 1% 会带动产业比重提升 0.048%。模型 2 考察的是行业生产率水平与价格指数之间的关系，将环境污染也作为重要核心解释变量分析对行业价格指数的影响。显然，估计结果证实了行业 TFP 的下降导致了价格指数的不断上升。而本章关心的环境污染变量的一次项的估计系数在 1% 的显著水平下显著为负值，二次项的系数在 1% 的显著水平下显著为正值，环境污染与行业价格指数之间存在一种"U"型关系。模型 3 进一步分析行业 TFP 与产业结构变动之间的关系，证实了行业 TFP 的提升与行业部门份额呈负相关，在 1% 的显著性水平下显著为 - 0.643。环境污染对产业结构变动的一次项在 1% 的显著性水平下为正值，二次项在 1% 的显著性水平下为负值。这说明环境污染与产业结构之间存在一个拐点，在达到拐点之前，环境污染的加重促进了产业结构调整或部门份额的提升，但是当达到并超过这个拐点后，环境污染的恶化对部门份额的提升产生了抑制作用，不利于产业结构调整。

表 3 - 2　　　　　　　　　　环境污染与产业结构调整的估计结果

被解释变量	FE			2SLS		
	模型 1	模型 2	模型 3	模型 1	模型 2	模型 3
$\ln(P)$	0.048 *** (9.88)			0.021 ** (2.54)		
$\ln(TFP)$		- 0.136 *** (- 8.59)	- 0.643 *** (- 11.53)		- 0.163 *** (- 9.33)	- 0.659 *** (- 11.94)
$\ln(EP)$		- 0.131 *** (- 3.00)	0.071 * (1.65)		- 0.847 *** (- 5.52)	0.115 ** (2.56)
$[\ln(EP)]^2$		0.007 *** (2.66)	0.003 (1.15)		0.048 *** (5.44)	0.000 (0.02)
$\ln(TFP) \times \ln(EP)$			0.114 *** (7.89)			0.133 *** (8.80)
$\ln(TFP) \times [\ln(EP)]^2$			- 0.005 *** (- 5.56)			- 0.007 *** (- 6.41)
$\ln(kl)$		- 0.265 *** (- 11.61)	- 0.080 *** (- 4.77)		- 0.275 *** (- 11.49)	- 0.051 *** (- 2.80)
$\ln(fdin)$		- 0.022 *** (- 8.50)	0.002 (1.21)		- 0.022 *** (- 8.24)	0.003 (1.41)
$\ln(ete)$	0.061 *** (4.34)	- 0.306 *** (- 10.02)	0.071 *** (3.11)	0.069 *** (4.66)	- 0.308 *** (- 9.67)	0.107 *** (4.39)

续表

被解释变量	FE			2SLS		
	模型1	模型2	模型3	模型1	模型2	模型3
$\ln(pgdp)$	-0.106^{***} (-20.23)	0.068^{***} (4.55)	-0.147^{***} (-12.36)	-0.109^{***} (-19.73)	0.061^{***} (3.87)	-0.161^{***} (-13.23)
$\ln(export)$	0.015 (1.05)	0.148^{***} (5.95)	0.062^{***} (3.02)	0.022 (1.51)	0.149^{***} (5.74)	0.076^{***} (3.80)
常数项	1.093^{***} (18.27)	-1.998^{***} (-8.36)	0.745^{***} (3.56)			
N	13390	3751	4045	12494	3580	3556
R^2	0.036	0.139	0.225	0.038	0.060	0.221
F	112.812	58.957	93.352	103.362	56.747	82.537

注：括号内数字表示 t 统计量的估计值；***、**、* 分别表示 1%、5%、10% 的显著性水平。

为了回答环境污染是否影响行业生产率水平的问题，本章在模型设计里加入了生产率与环境污染之间的交互项。从计量经济学原理看，行业生产率对行业份额的偏效应（保持其他变量不变）为 $-0.643 + 0.114\ln(EP) - 0.005[\ln(EP)]^2$，实证结果得出行业生产率与环境污染变量一次交互项系数在 1% 显著水平下为 0.114，二次项交互项系数也在 1% 的显著水平下为 -0.005。这意味着环境污染越严重，增加一单位生产率导致行业份额增长呈现一种先上升后下降趋势。换言之，行业生产率与环境污染程度之间存在交互效应，两者之间相互作用导致产业结构呈现一种倒"U"型关系。根据样本数据统计可得环境污染指标的均值为 7.659，进一步可算出生产率与行业份额之间的偏效应为 -0.063，说明了环境污染与行业生产率之间存在一种交互效应，行业生产率每提升一单位行业份额降低 0.063 个百分点，这也验证了命题 3-2 的结论。图 3-2 刻画了在不同行业生产率水平下，环境污染程度与行业份额之间的关系。① 可以清晰地看出，随着环境污染程度的恶化，产业份额变化先上升后下降，而在不同生产率水平下所呈现的凸性程度不一样，高生产率水平下环境污染与产业份额所呈现的倒"U"型特征更加

---

① 通过实证结果，将行业生产率、环境污染程度与行业份额之间的关系式表示为：$z = -0.643x + 0.071y + 0.003y^2 + 0.114xy - 0.005xy^2 + 0.745$。本章只是刻画三者之间的关系，故没有将其他变量取均值后代入回归方程，其结果只是常数项的变化。

明显。产业结构演变出现的这种特征可能的原因有两方面：一方面，环境污染给企业生产增加了新的约束条件，从而使得企业生产成本不断增加，而企业竞争力逐渐减低，行业的 TFP 下降（Christainsen，1981；Gray，1993），在行业之间产品的需求价格弹性较小时，则表现为产业份额的提升；另一方面，环境污染程度增加到一定程度时可以促进企业增加投资，迫使企业进行技术创新，获得企业发展新优势，从而抵消因环境规制的成本上升，促进 TFP 的提升（Porter et al.，1995；Greenstone et al.，2012；Ambec et al.，2013；王兵等，2008；李树等，2013），在行业之间产品的需求价格弹性较小时，则表现为产业份额的下降。

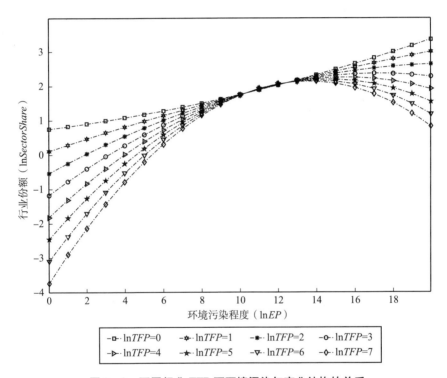

图 3 - 2　不同行业 TFP 下环境污染与产业结构的关系

资料来源：作者根据表 3 - 2 回归结果 Matlab 绘制而成。

　　本章的计量结果与理论分析相吻合，其内在逻辑为：行业的相对生产率水平低下，导致行业产品价格水平的不断提升，同时受到环境污染的影响，增加了企业的生产成本，所表现出的就是价格水平的进一步攀升，从而导致了产业部门份额及就业份额的提高。这种产业结构调整的"价格效应"，实质就是生产要素由高生产率的行业流向了低生产率行业。同时，也验证了在行业产品替代弹性小于 1 的情况下，环境污染与产业结构调整之间存在一种倒"U"型关系，从而证实了前文所提出的命题 3-1 与命题 3-2。为了检验实证模型是否有遗漏变量或者解释变量与被解释变量因存在因果关系导致的内生性问题，行文采用两阶段最小二乘法（2SLS）进一步估计分析。从TFP 对价格水平以及 TFP 对产业结构变量的估计系数看，都在 1% 的显著性水平下显著为负，分别为 -0.163 与 -0.659；环境污染对价格水平回归结果的二次项也在 1% 显著水平下通过，环境污染与产业结构变量的估计系数以及生产率与环境污染的交互项，结果都比较显著。可以看出，在验证环境污染与产业结构变动传导机制的 FE 与 2SLS 模型回归系数相差甚微，而且都显著性通过检验，也就是说核心变量的内生性问题不会对估计结果造成实质性的影响。

此外，分析下影响产业结构调整的控制变量回归结果，资本深化与产业结构变动变量之间显著为负值，表明各个行业份额的提升更多是由劳动力投入高于资本要素投入带来的结果，也就说从要素结构看，行业份额的提升更多是劳动要素的提升。国家开放程度与行业产业结构的回归结果不显著，但是系数为正值，也就是国家的开放在一定程度上促进了产业结构的调整。人力资本变量的估计结果显著为正值，表明各国增加人力资本投资可以促进产业份额的提升。国际贸易变量估计结果显著为正值，表明国家参与国际分工程度越大，对本国各行业的份额提升越具有正向的促进作用。

二、稳健性检验

本章的核心内容是要验证环境污染通过全要素生产率机制影响产业结构变动，全要素生产率的度量也至关重要，为了使研究结果更加稳健则采用SFA 核算法对 TFP 重新核算并进行实证检验。除了对整体样本考察之外，考虑到环境污染具有行业异质性，本章进一步将制造业分为劳动密集型、资本—技术密集型行业，服务业分为生产性服务业、生活—公益性服务业行业，分别进行实证检验，具体结果见表 3-3 和表 3-4。

表 3 - 3　　稳健性检验：制造业行业产业结构变动机制实证结果

被解释变量	劳动密集型行业			资本—技术密集型行业		
	模型 1	模型 2	模型 3	模型 1	模型 2	模型 3
$\ln(P)$	0.255 *** (3.49)			0.528 *** (8.97)		
$\ln(TFP)$		-0.349 (-1.58)	3.744 *** (2.81)		-0.142 (-1.44)	2.125 ** (2.19)
$\ln(EP)$		0.446 * (1.76)	2.299 *** (4.82)		0.385 (1.37)	1.263 *** (2.66)
$[\ln(EP)]^2$		-0.033 * (-1.91)	-0.147 *** (-4.83)		-0.024 (-1.25)	-0.076 ** (-2.47)
$\ln(TFP) \times \ln(EP)$			-1.255 *** (-3.81)			-0.595 ** (-2.36)
$\ln(TFP) \times [\ln(EP)]^2$			0.079 *** (3.92)			0.037 ** (2.29)
$\ln(kl)$		控制	控制		控制	控制
$\ln(fdin)$	控制	控制	控制	控制	控制	控制
$\ln(ete)$	控制	控制	控制	控制	控制	控制
$\ln(pgdp)$	控制	控制	控制	控制	控制	控制
$\ln(export)$	控制	控制	控制	控制	控制	控制
常数项	4.625 *** (11.87)	-4.731 *** (-3.93)	-3.339 * (-1.75)	4.031 *** (10.12)	-4.886 *** (-4.23)	-1.421 (-0.83)
N	136	117	126	136	115	124
R^2	0.624	0.259	0.867	0.688	0.164	0.694
F	35.201	3.668	59.545	46.836	2.037	20.397

注：括号内数字表示 t 统计量的估计值；***、**、* 分别表示 1%、5%、10% 的显著性水平。

表 3 - 4　　稳健性检验：服务业行业产业结构变动机制实证结果

被解释变量	生产性服务业行业			生活—公益性服务业行业		
	模型 1	模型 2	模型 3	模型 1	模型 2	模型 3
$\ln(P)$	0.092 * (1.83)			0.125 ** (2.08)		
$\ln(TFP)$		- 0.469 ** (- 2.47)	- 5.443 ** (- 2.40)		- 0.146 * (- 1.75)	- 3.835 *** (- 2.92)
$\ln(EP)$		- 1.556 *** (- 3.24)	- 2.173 ** (- 2.50)		0.270 (0.74)	- 1.816 *** (- 2.93)
$[\ln(EP)]^2$		0.092 *** (3.04)	0.126 ** (2.39)		- 0.012 (- 0.46)	0.122 *** (2.72)
$\ln(TFP) \times$ $\ln(EP)$			1.114 ** (2.06)			1.076 *** (2.84)
$\ln(TFP) \times$ $[\ln(EP)]^2$			- 0.059 * (- 1.88)			- 0.075 *** (- 2.74)
$\ln(kl)$		控制	控制		控制	控制
$\ln(fdin)$	控制	控制	控制	控制	控制	控制
$\ln(ete)$	控制	控制	控制	控制	控制	控制
$\ln(pgdp)$	控制	控制	控制	控制	控制	控制
$\ln(export)$	控制	控制	控制	控制	控制	控制
常数项	2.441 *** (8.72)	3.095 * (1.77)	11.388 *** (3.28)	1.304 *** (4.11)	- 3.844 *** (- 2.74)	8.105 *** (3.64)
N	136	105	114	136	117	145
R^2	0.166	0.449	0.495	0.126	0.427	0.232
F	4.219	7.531	7.942	3.058	7.832	3.716

注：括号内数字表示 t 统计量的估计值；***、**、* 分别表示 1%、5%、10% 的显著性水平。

从表 3 - 3 的实证结果看出，劳动密集型行业、资本—技术密集型行业中价格指数对产业结构变动回归结果，均在 1% 显著性水平下显著为正值，说明产业结构调整无论是在劳动密集型行业还是资本—技术密集型行业中都体现为一种"价格效应"，而且在资本—技术密集型行业中"价格效应"更为明显（0.528）。从环境污染与行业 TFP 影响行业价格指数的回归结果看，行业 TFP 与价格指数之间为负向关系。环境污染程度与价格指数回归项系数为正值，二次项为负值，劳动密集型行业回归结果更加显著。前文分析得出，在整个行业中环境污染的加重，促使企业生产成本提升，价格指数上涨，存在一种"U"型关系，而在制造业中无论是劳动密集型行业还是资本—技术密集型行业，结果显示环境污染对价格指数关系是先升后降，即为一种倒"U"型关系。从环境污染与产业结构变动的实证结果看，行业的 TFP 水平与产业结构变动关系，劳动密集型行业与资本—技术密集型行业均在 1% 的显著性水平下显著，分别为 3.744 和 2.125。这不能说明两者之间是绝对的正向关系，需要分析行业生产率对产业份额的偏效应，劳动密集型和资本—技术密集型行业的偏效应分别为 $3.744 - 1.255\ln(EP) + 0.079[\ln(EP)]^2$ 和 $2.125 - 0.595\ln(EP) + 0.037[\ln(EP)]^2$。通过数据统计可得，两种行业中环境污染程度均值分别为 8.244 单位和 6.426 单位，从而劳动密集型行业生产率对产业份额的偏效应为 −1.233，资本技术密集型行业生产率对产业份额的偏效应为 −0.069，进一步验证了命题 3−2 中行业生产率与产业份额之间关系。

从劳动密集型行业与资本—技术密集型行业中环境污染变量对产业结构变量的回归结果看，一次项系数为正值，二次项系数为负值，而且劳动密集型行业在 1% 的显著性水平下通过检验。这并不能严格证实环境污染与行业份额之间存在一种倒"U"型关系，需要进一步处理。[①]图 3−3 刻画了环境污染与产业结构之间的关系，生产率则固定在均值 1.1 单位水平上。这一估计结果表明，重新核算核心变量行业 TFP 水平后，无论是劳动密集型行业还是资本—技术密集型行业，都能证实环境污染与产业结构调整之间均存在一种倒"U"型关系。不会因为不同行业要素密集度或度量变量的不同而不同，这进一步增加了本章所提出命题结果的稳健性。

---

① 与前文处理一致，劳动密集型与资本—技术密集型行业生产率、环境污染程度与行业份额之间的关系式分别为：$z = 3.744x + 2.299y - 0.147y^2 - 1.255xy + 0.079xy^2 - 3.339$ 和 $z = 2.125x + 1.263y - 0.076y^2 - 0.595xy + 0.037xy^2 - 1.421$。

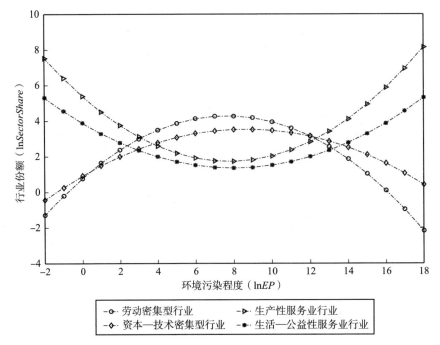

图 3-3　不同行业环境污染与产业结构的关系

资料来源：作者根据表 3-2、表 3-3 回归结果在 $\ln TFP = 1.1$ 的均值下绘制。

表 3-4 的实证结果表明，生产性服务业、生活—公益性服务业的价格指数与产业结构变量之间为正向关系，分别在 10% 和 5% 的显著性水平下通过检验，因此在服务业中产业结构的调整也体现为一种"价格效应"。环境污染与价格指数之间的关系在生产性服务业与生活—公益性服务业出现了差异，前者二次项系数在 1% 的显著性水平下为正值，后者为负值。生产性服务业中环境污染与价格指数之间的"U"型关系，与全行业所呈现的特征相同，而劳动密集型、资本—技术密集型均与全行业特征相反。当环境污染较低时，生产性服务业行业生产率提升大于环境污染所带来的生产成本的增加，从而价格指数逐渐下降；当环境污染超过一定程度时，行业生产率的提升不足以满足环境污染成本时，企业的生产成本不断增加，从而导致行业价格指数的不断攀升。生活—公益性服务业的二次项系数为负值，但是显著性通不过，也就是该行业中环境污染与价格指数之间不存在明显的倒"U"型关系。可以看出，生产性服务业所呈现的这种"U"型关系导致了在全行业层面，环境污染与价格指数之间呈现"U"型特征。进一步分析服务行业的

模型 3 中环境污染与产业结构调整机制，与以上的分析相同，生产性服务业行业和生活—公益性服务业行业的偏效应分别为 $-5.443 + 1.114\ln(EP) - 0.059[\ln(EP)]^2$ 和 $-3.835 + 1.076\ln(EP) - 0.075[\ln(EP)]^2$，两种行业的环境污染程度均值分别为 6.922 和 6.044，从而计算出生产性服务业生产率与行业份额的偏效应为 -0.559，生活—公益性服务业生产率与行业份额的偏效应为 -0.071。可见，命题 3－2 结论在服务业行业中也得到了证实。进一步分析，在服务业中环境污染与行业份额变动关系，[①] 在服务业中，无论是生产性服务业还是生活—公益性服务业，环境污染程度与行业之间存在"U"型关系（见图 3－3），前文分析中在制造业内部以及整体样本中环境污染与产业结构变量之间为倒"U"型关系。相比而言，劳动密集型行业倒"U"型顶点高于资本—技术密集型行业，从而可知全行业中两者之间存在这种关系主要是由制造业中劳动密集型行业导致的。

通过表 3－3 和表 3－4 对制造业中劳动密集型行业与资本—技术密集型行业、服务业中生产性服务业行业与生活—公益性服务业行业的分析得出，各行业的 TFP 水平与价格指数之间均为负相关关系，生产性服务业的系数最大为 -0.469，之后是劳动密集型行业，可以看出服务业行业生产率单位变动导致行业价格指数提升效应高于制造业。虽然在劳动密集型行业、资本—技术密集型行业以及生活—公益性行业中环境污染与价格指数之间存在倒"U"型关系，但是显著性不高，全行业中存在的"U"型关系更多的是生产性服务行业所决定的。进而从细分行业视角证实了命题 3－1 的结论。从行业价格指数与产业结构调整的回归结果看，所有行业都为显著的正向关系，劳动密集型行业、资本—技术密集型行业、生产性服务业行业及生活—公益性服务业行业系数分别为 0.255、0.528、0.092、0.125，也就是各行业每提升 1% 价格指数分别提高 3.922%、1.894%、10.870%、8%，即产业结构调整中的"价格效应"服务业行业更加明显。可见，行业生产率决定行业的价格指数，而产业结构调整更多体现为一种"价格效应"，在产业结构不断服务业化的过程中势必会体现为行业整体生产率的下降，也就是"结构"与"速度"之间不能兼得，从而可以得出行业生产率决定产业结构调整，而环境污染也通过这种"价格效应"的传导机制作用于产业结构调

---

① 生产性服务业与生活—公益性服务业行业生产率、环境污染程度与行业份额之间的关系式分别为：$z = -5.443x - 2.173y + 0.126y^2 + 1.114xy - 0.059xy^2 + 11.388$ 和 $z = -3.835x - 1.816y + 0.122y^2 + 1.076xy - 0.075xy^2 + 8.105$。

整，在各个细分行业得到了证实，这与命题 3 - 2 相吻合。而环境污染与产业结构调整中所呈现的倒"U"型关系，是由劳动密集型行业环境污染成本增加导致企业生产成本上升导致的。从而，本章对环境污染影响产业结构调整的传导机制进行了进一步证实。

第五节　结论与启示

　　本章从生产率决定产业结构调整模型基础上，将环境污染纳入产业结构调整机制，从而从理论上分析环境污染的传导机制，探讨对产业结构调整的具体影响。利用国际细分行业的 SEA 行业数据，实证检验了行业 TFP 及环境污染对行业相对价格、产业结构调整的影响，得出了以下结论：

　　第一，以理论和实证证实了环境污染影响产业结构调整的机制。核心逻辑为行业生产率通过价格机制作用于行业产出份额或就业份额。具体为：行业的 TFP 水平与价格指数之间呈现反向关系，而随着环境污染的恶化影响企业的生产成本，体现为行业的价格指数不断攀升，产业结构发生变动。第二，全行业中环境污染与价格指数之间存在一种"U"型关系，而这种特征是由生产性服务业行业所导致的。从细分行业视角分析得出，当环境污染较低时，生产性服务业 TFP 提升高于环境污染所带来的企业成本的增加，价格指数逐渐下降；当环境污染进一步恶化时，生产性服务业 TFP 提升不足以弥补环境成本的上升，就体现为价格指数的不断上升，从而呈现"U"型特征。第三，环境污染与产业结构调整之间存在一种倒"U"型关系，这主要是由劳动密集型行业导致的。在制造业中产品替代弹性较小，当环境污染较低时，环境污染规模的增加有利于产业部门份额的提升；而当环境污染规模较大时，环境污染规模的增加抑制了产业部分份额的提升，这种机制更多地体现在制造业中的劳动密集型行业中。在服务业中产品替代弹性较大，环境污染与产业结构之间呈现"U"型特征。

　　结合本章的结论，得到以下启示：经济发展必然伴随着环境污染，因此要协调好工业化进程与环境污染之间的关系。从政府的角度来说，针对不同行业，应综合考虑行业产出、环境污染等因素制定行业发展的体制框架与政策制度，不能"一刀切"。在产业结构调整中，针对污染严重的制造业部门行业，如劳动密集型行业，应根据行业特征制定相对严格的环境规制，以促进行业产出、提升行业份额；针对污染相对较少的服务业部分行业，如生产性服务业，应制定鼓励性的环境政策，从资金、技术等方面提供支持以提高环保型行业发展的积极性。从企业的视角来说，不应该被动地接受环境污染带来的成本不断上升，要从自身出发，增加治理污染的科技投入，通过企业技术不断地创新提升全要素生产率水平，以降低环境污染所带来的阻碍作用。

第四章

开放发展：FDI 溢出效应影响我国产业结构变迁的理论分析与实证研究

本章基于鲍莫尔（Baumol）提出的"非均衡经济增长模型"，将 FDI 溢出效应带动的劳动生产率的相对增长率和非外资效应影响的劳动生产率的相对增长率纳入模型，然后基于我国 1984~2013 年的相关数据进行实证检验。结果显示：在长期内，FDI 溢出效应对服务业与制造业相对价格、服务业相对就业比、服务业相对产出比都具有正向的促进作用，且存在长期稳定的关系；在短期内，FDI 溢出效应对服务业相对价格、服务业相对产出产生正向的促进作用，但统计量不显著，其对服务业相对就业会产生与长期相悖的结论，使得劳动力短暂地流向制造业部门。同时，国家的开放程度、政府支持力度以及固定资产投资率也对产业结构调整产生不同的作用。根据上述结果，本章提出了"新常态"下我国产业结构调整的对策建议。通过梳理国内外学者对 FDI 与产业结构调整的相关研究，发现国内的研究相对国外存在很大的不足：首先，国内的大多数研究主要集中于 FDI 的产业间流向、因果关系以及对我国经济增长和产业结构的影响等问题，而国外学者则对 FDI 与产业结构调整的内在机理做了深入研究；其次，研究 FDI 与我国产业结构调整没有将对劳动生产率的溢出效应内生化，而且很少有学者将 FDI 溢出效应对劳动生产率增长率进行模型化探析，为此本章将其纳入理论模型分析，对其溢出效应进行理论探讨。

第一节 引 言

改革开放 30 年，我国 GDP 的年平均增长率达到了 9.7%（刘树成，2009），被称为"中国奇迹"。而 2014 年我国经济增速为 7.4%，经济发展保持稳定态势，产业结构进一步优化调整，服务业增加值占比 46.7%，发展势头显著，我国经济发展进入新常态。随着投资环境的改善，我国吸引了大量的海外投资，成为全球第二大经济体，与此同时，我国成为全球吸收外资最多的国家，取代了美国占据 11 年的地位。[①]

自 1993 年我国实行外汇制度改革后，国外的大量资金涌入，产业结构发生了深刻变化。1984~2014 年，服务业名义增加值比重由 24.8% 上升为 48.2%，提高了近 24 个百分点；第二产业名义增加值则呈现先上升后下降的趋势，由 1984 年的 43.1% 上升为 2006 年的 48.0%，之后 2014 年下降为 42.6%；第一产业名义增加值持续下降，由 1984 年的 32.1% 下降为 2014 年的 9.2%，下降了近 23 个百分点。与此同时，产业间的就业比重也发生了变化，服务业的就业比重由 1984 年的 16.1% 上升为 2013 年的 38.5%，提高了 22.4 个百分点；第二产业就业比重则由 1984 年的 19.9% 上升为 2013 年的 30.1%，提高了 10.2 个百分点；而第一产业则由 1984 年的 64.0% 下降为 2013 年的 31.4%，并且从 1994 年开始服务业就业比重超过第二产业，从 2011 年开始服务业就业比重超过第一产业（见图 4-1 和图 4-2）。于文超（2015）对这种产业结构名义变化进行了研究，但是这种名义值对产业结构调整的分析，在某种程度上有失偏颇。从图 4-3 中可以清晰地看出，随着 FDI 实际利用额（剔除物价因素）的变化，第三产业占非农实际比重在 1984~1992 年基本维持稳定水平，自 1993 年开始第三产业的实际比值大幅下降后，又维持稳定状态，可以认为第三产业的实际产出比重不变，由于 1997 年东南亚金融危机我国对外实行人民币不贬值政策，致使 2001 年前后受到其"延迟效应"的影响。2009 年前后受到"次债危机"影响，第三产业占非农名义比重出现了短暂的下降，但是整体趋势是稳定上升的。可以看出，随着 FDI 实际利用额的变动趋势，第三产业占非农实际比重保持恒定，而名义比重总体变动走势与其高度吻合。基于以上分析，从不同的角度得出：FDI 对产业结构调整的影响程度和方向是不一致的，到底 FDI 对产业结构调整具有怎样的内在影响机制？FDI 技术溢出效应怎样才能更符合中国当下的发展？为了促

---

① 据联合国贸易与发展会议（UNCTAD）发布数据，2014 年中国吸收海外投资额约达 1276 亿美元，较 2013 年的 1239 亿美元增加了 37 亿美元；而美国 2014 年所获得的海外投资，则从 2013 年的 2308 亿美元减少到 860 亿美元。资料来源：http://unctadstat.unctad.org/wds/TableViewer/tableView.aspx? ReportId =89。

进产业结构进一步优化，推进 FDI 合理利用与产业结构调整之间的协调融合，如何实现 FDI 的技术溢出效应？本章将基于这些问题进行理论和实证分析。

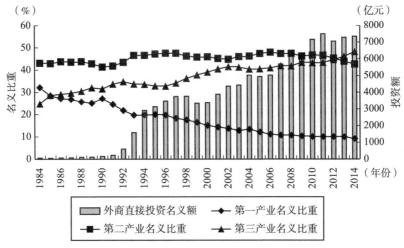

图 4 – 1　1984～2014 年各个产业名义比重及外商直接投资名义额

资料来源：根据 1984～2014 年《中国统计年鉴》整理所得。

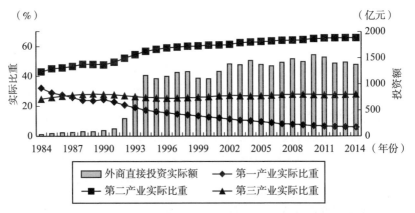

图 4 – 2　1984～2014 年各个产业实际比重及外商直接投资实际额

资料来源：根据 1984～2014 年《中国统计年鉴》整理所得。

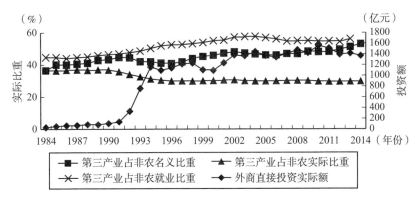

图 4 - 3　1984 ~ 2014 年外商直接投资实际额与第三产业占非农名义、实际及就业比重

资料来源：根据 1984 ~ 2014 年《中国统计年鉴》整理所得。

外商直接投资不仅带来了资金、技术、管理经验、信息等重要的生产要素，更重要的是通过这些要素的注入与组合，改善了原有企业和产业的资源配置状况，提高了资源配置效率和产业的发展水平。外商投资企业的进入带来了外部的挑战和冲击，加大了本国产业的竞争程度，进而促进了本国企业技术水平的进步和生产效率的提升，进一步促进了产业结构的调整。同时，外商直接投资通过增加东道国的资本存量，使一个国家或地区可以雇佣更多的劳动力，降低失业率，促进经济的增长。这也引起了国内外许多学者的关注，尤其是我国步入经济发展"新常态"后，"调结构、转方式、促发展"也成为学术界研究的热点。"十二五"规划提出"适应我国对外开放由出口和吸收外资为主转向进口和出口、吸收外资和对外投资并重的新形势"，可以看出在经济发展的当下，外资对一国经济发展的重要程度，从外商直接投资的视角研究产业结构调整的内在机制具有重要的现实意义。

第二节　文献述评

19 世纪 60 年代，外国投资开始在西方发达国家出现，FDI 的理论研究大体沿着两个方向发展：一个是 FDI 的形成成因及决定机制方向；另一个是 FDI 对东道国和投资国的影响，包括产业结构调整和优化等。

在世界各国之间经济密切往来，相互交织在一起的大背景下，学术界对 FDI 的研究掀起了革命性的浪潮，国内外的不同学者从不同的视角和层面对其进行了研究。众多学者从 FDI 对东道国资本形成和资本供给方面研究，一致认为 FDI 对国内投资会产生"挤入效应"，并在很大程度上能够促进资本的形成（Ragnar Nurkse，1953；Caves，1974；Vanloo，1977；Luiz，1999；王小鲁和樊纲，2000；杨柳勇和沈国良，2002），程培堽、周应恒、殷志扬（2009）则认为"挤入效应"与"挤出效应"间存在一个 FDI 的临界规模。同时，也验证了钱纳里和斯特劳特（Chenery & Strout，1966）提出的"双缺口理论"的内在机理。但是，唐苏梅和塞尔瓦纳坦（Sumei Tang & Selvanathan，2008）、王志鹏和李子奈（2004）的研究却得不出这种效应或者结果不显著。另一些学者也从 FDI 对经济增长和技术外溢方面进行了探析，如增加东道国资本新品种（De Mello，1997）、提高资本存量的边际生产力及知识外溢（Chen，1995）、应用内生经济增长框架（程惠芳，2002）、运用多维方差分析模型（武剑，2002）等，认为 FDI 可以通过不同的路径和机制来促进经济的增长；对于技术外溢研究主要通过新古典经济模型（Solow，1956；Swan，1956）以及新增长理论基于人力资本的内生增长模型（Lucas，1988，1993）、基于干中学的内生增长模型（Romer，1986；Young，1991）、基于 R&D 的内生增长模型（Romer，1986；Grossmen & Helpmen，1991）来实现。部分学者也对我国的 FDI 技术外溢进行了实证检验（何洁，2000；沈坤荣、耿强，2001；包群、赖明勇，2003；赖明勇，2005）。

FDI 对东道国产业结构的影响也是国内外学者研究的热点，有学者（Markusen & Venables，1999）基于关联效应的存在性，认为 FDI 可以促使发展中国家的产业调整，通过向跨国企业学习，成为其供应链的一部分，促使本产业企业与外商形成相互竞争，甚至相互挤出，进一步实现结构的升级。王然、燕波、邓伟根（2010）也从产业关联视角，通过 FDI 的前向关联和后向关联分析行业的创新能力。跨国公司对东道国特定产业进行投资也会有不同的影响，有学者（Hunya，2002）对罗马尼亚制造业吸收 FDI 进行研究，发现外商直接投资的企业与东道国出口的企业相一致，然而并没有促使本国优势产业的提升；有学者（Akbar & Bride，2004）以银行业为例，研究 FDI 与发展中国家经济发展关系，认为以市场为导向的 FDI 有利于转轨期国家经济的发展，而以资源为导向的 FDI 则不利于东道国的技术进步和国民福利的增加，所以东道国选择什么样的 FDI 将对本国产业发展产生不同影响。另外，有学者（Lipsey，2000）对发达国家的外资流向和产业结构进行了研究，分析了各个产业对外资的利用程度。不同的因素对 FDI 具有不同的作用，市场容量、基础设施建设和优惠政策都会促进 FDI 吸收，劳动成本增加则不利于其吸收（Dunning，1993；Cheng & Kwan，2000）。唐帅、宋维明（2014）认为 FDI 对我国造纸产业的技术进步具有正向促进作用，并且技术溢出效应短期内存在时滞，表现为一种长期的技术积累效应。这些研究都是基于 FDI 对某个产业的影响机制或者就其形成因素进行的分析，对产业间很少涉及，更不能体现产业间结构的调整及优化。

有学者研究 FDI 与东道国企业竞争力时发现，FDI 对同一地区非同一行业发展具有促进作用，而对同一行业的其他企业具有负面作用，其原因可能是不同行业间受到技术、市场、管理等溢出效应的影响不同，相同产业内企业相互竞争导致萎缩（Zhou et al.，2002）。在服务业 FDI 与制造业作用机理方面，有学者（Markusen，2005）利用了中间投入品，分析服务业对工业中制造的影响机制，一般均衡的结论是在自由开放的国际贸易环境中，FDI 可以促使区域内制造业水平的提高，同时也利于专业知识和经验技能在东道国的溢出；有学者（Fernandes & Paunov，2008）认为服务业 FDI 可以显著提高制造业的生产效率，相比传统的制造业，知识密集型 FDI 的引入和发展成为现代制造业在服务环节的重要组成部分。

在国内的研究方面，有学者对跨国公司的投资流向进行分析，认为 FDI 主要投向了资本密集型和技术密集型产业，劳动力成本不再是决定性因素，也促使中国的产业结构向更高的资源配置效率转化（张帆等，1999；胡祖六，2004），魏后凯、贺灿飞、王新（2001）则以秦皇岛市为例，分析了外商在华投资的动机和区位选择。卢荻（2003）进一步将中国 FDI 模式细分为以劳动密集型为主的"广东模式"和以资本密集型为主的"上海模式"，从产业升级与区域发展角度，分别探析了两种模式的优劣。在 FDI 与产业结构影响的理论分析层面，郭克莎（2000）认为外商直接投资在产业中存在结构倾斜性，加剧了产业结构的偏离，从而提高了产业竞争力，而在工业方面，这种倾斜性助长了消费品工业的过度扩展和技术密集型产业的发展；江小涓（2002）则认为 FDI 对我国产业结构影响不明显，不是决定其调整的决定性因素。部分学者（方勇、张二震，2002；陈迅、高远东，2006；李文臣、刘超阳，2010）通过实证对 FDI 与产业结构间影响进行分析，得出 FDI 对各个产业的影响程度不同，导致产业结构变动，同时认为产业结构变动不仅受到 FDI 增长量的影响，也受东道国的环境、资源等方面的制约。在 FDI

促进产业升级方面的研究，高峰（2002）从制造业的产业集中度、服务业的发展水平和三次产业的结构偏差角度分析 FDI 利用程度，认为 FDI 能够促进产业结构的高度化、合理化、高效化。另有学者从其他角度和层面对 FDI 促进产业升级进行分析，如资本供给与技术提升角度（张远峰、郭凤，2004）、技术外部性机制和货币外部性机制角度（竺彩华，2008），都得出了 FDI 能促进产业结构升级的结论；FDI 的溢出效应也能促进产业集群的形成及其稳定发展（盖骁敏，2011；张伟等，2013），FDI 将流向产业集聚程度较高的行业，处于产业链上游或者下游的内资企业能够获得更多的技术溢出（张宇、蒋殿春，2006，2008）。丁明智（2005）认为外商直接投资对就业影响为正向效应，但就业增长主要靠国内投资拉动，从三次产业角度看，外商直接投资在第三产业中的就业增长效应较显著。

第三节　理　论　模　型

本章以鲍莫尔（1967）提出的"非均衡经济增长模型"为基础，分析 FDI 对我国产业结构的影响机制。在鲍莫尔模型中，制造业为"进步部门"，服务业为"停滞部门"，停滞部门的生产率增长落后于进步部门，从而形成一个生产率增长内在不均衡的经济体。因此，假定在产业结构调整中存在两个部门：一是工业部门（I），二是服务业部门（S）；服务业的生产率不作"停滞"假设，[①] 分别用 r_S、r_I 表示服务业和制造业的生产率的增长率水平。为了使模型更加简化地来分析产业结构的变动，假定生产过程中只投入劳动（L）一种生产要素，[②] 则两部门的生产函数如式（4-1）、式（4-2）所示：

$$Q_{St} = aL_S^\rho e^{r_S t} \qquad (4-1)$$

$$Q_{It} = \varphi_{FDI}(b)L_I^\rho e^{r_I t} \qquad (4-2)$$

其中，ρ 为产出弹性，$\rho > 1$ 即服务业和制造业存在规模经济，$r_I = r_I^* + b$ 表示制造业部门实际的劳动生产率的增长率，其中包括 FDI 溢出效应影响

的劳动生产率的增长水平和非 FDI 影响的劳动生产率的增长水平，且 $r_I = \alpha\ln\varphi_{FDI}(b) + \beta\ln L_I + C$，$r_S = \gamma\ln L_S + C$ 表示服务业部门实际劳动生产率的增长率。Q_{St} 和 Q_{It} 分别为在 t 时服务业部门劳动投入 L_S 及工业部门劳动投入 L_I 的产出量。a 为技术参数；FDI 带来资金、管理、知识等生产要素的溢出效应，改善了本国企业的资源配置效率，进而提升产业的技术水平，两部门总的劳动力 $L_I + L_S = L$，并且劳动力可以在两部门间自由流动。本章假设制造业存在 FDI 的溢出效应，而服务业不存在，并通过其改变生产要素的使用效率，即资本函数 $\varphi_{FDI}(b)$，进而影响产出增长，且两者之间存在指数关系，即制造业的技术水平如式（4-3）所示：

$$\varphi_{FDI}(b) = ce^b \qquad (4-3)$$

其中，c 为除 FDI 溢出效应之外的其他因素对技术水平的影响系数；b 为 FDI 的实际利用程度，即判断 FDI 的溢出效应。$0 < \varphi_{FDI}(b) < 1$，$\varphi'_{FDI}(b) > 0$，即 FDI 的利用程度越高，$\varphi_{FDI}(b)$ 就越大。

假定制造品为计价产品，即 $p_I = 1$，劳动力的工资是由其供需状况决定的，在不断竞争的市场中，利润最大化的条件是单位劳动的边际产品价值等于单位劳动的工资水平。于是，两部门的利润函数如式（4-4）和式（4-5）所示：

$$\pi(L_S) = p_S Q_{St} - W_S L_S \qquad (4-4)$$

$$\pi(L_I) = p_I Q_{It} - W_I L_I \qquad (4-5)$$

对式（4-4）和式（4-5）求利润最大化一阶条件，如式（4-6）和式（4-7）所示：

$$\frac{\partial\pi(L_S)}{\partial L_S} = \alpha\rho p_S L_S^{\rho-1} e^{r_S t} - W_S \qquad (4-6)$$

$$\frac{\partial\pi(L_I)}{\partial L_I} = \varphi_{FDI}(b)\rho p_I L_I^{\rho-1} e^{r_I t} - W_I \qquad (4-7)$$

当市场出清时两部门工资水平相等，记为 W，则由式（4-6）和式（4-7）可得式（4-8）：

$$W = \alpha\rho p_S L_S^{\rho-1} e^{r_S t} = \varphi_{FDI}(b)\rho p_I L_I^{\rho-1} e^{r_I t} \qquad (4-8)$$

由此，可以得到服务部门与制造部门的相对价格，如式（4-9）所示：

$$p_{SI} = \frac{p_S}{p_I} = \frac{c}{\alpha} e^b \left(\frac{L_I}{L_S}\right)^{\rho-1} e^{(r_I - r_S)t} \qquad (4-9)$$

然后，探析服务业的相对价格随时间变化情况，即相对价格对时间求导，可得式（4-10）：

$$\frac{\partial p_{SI}}{\partial t} = A(r_I - r_S)e^{(r_I - r_S)t} \tag{4-10}$$

其中，$A = \frac{c}{\alpha}e^b (L_I/L_S)^{\rho-1} > 0$，$p_{SI}$ 为服务业的相对价格，即服务产品价格与制造产品的价格之比。由此得出本章的第一个结论：

结论 4-1：若制造业劳动生产率的增长率高于服务业劳动生产率的增长率，即 $r_I > r_S$，随着时间推移，服务业的相对价格将不断上涨；FDI 带来的溢出效应，也将会导致服务相对价格的进一步提升。

若假定在整个劳动力市场上，劳动力数量 L 是保持不变的，则服务业部门和制造业部门的劳动力份额如式（4-11）、式（4-12）和式（4-13）所示：

$$\frac{L_S}{L} = \frac{1}{1+B} \tag{4-11}$$

$$\frac{L_I}{L} = \frac{B}{1+B} \tag{4-12}$$

$$W = c\rho \left(\frac{BL}{1+L}\right)^{\rho-1} e^{r_I t + b} \tag{4-13}$$

其中，$B = \left[\frac{\alpha}{ce^b}e^{(r_S - r_I)t}\right]^{\frac{1}{\rho-1}} > 0$，$B_t' = \left[\frac{\alpha}{ce^b}\right]^{\frac{1}{\rho-1}}\frac{r_S - r_I}{\rho-1}e^{(r_S - r_I)t}$，若制造业和服务业中都存在规模经济，且制造业劳动生产率的增长率大于服务业劳动生产率的增长率，则 $B_t' < 0$，即 B 随着时间而下降。由此得出本章的第二个结论：

结论 4-2：FDI 的流入以及制造业相对劳动生产率的提高都能带来工资水平的不断提高，但是增长的幅度是减少的；由于制造业劳动生产率的增长率大于服务业劳动生产率的增长率，使得生产要素（劳动）由工业部门流向服务业部门；FDI 的溢出效应将进一步加大生产要素（劳动）在部门间的流动程度。

假定两个部门中只有劳动一种生产要素，所以在生产过程中所消耗的成本就等于劳动力的工资，进一步可以得出两部门的产出份额比就为劳动力之比，如式（4-14）所示：

$$\frac{R_{St}}{R_{It}} = \frac{L_S}{L_I} = \frac{1}{B} = \left[\frac{\alpha}{ce^b}e^{(r_S - r_I)t}\right]^{\frac{1}{1-\rho}} \tag{4-14}$$

由此得出本章的第三个结论：

结论 4 - 3： 由于两部门间劳动生产率的不均衡增长，使得制造业部门的就业和产出份额不断减少，而服务业的就业和产出份额相对提高；随着 FDI 的流入带来的溢出效应，将会使得服务业相对制造业产出份额比进一步提高，从而促进产业结构的调整。

第四节 实证策略

一、实证模型的构建

本章在理论模型部分将制造业劳动生产率的增长率进行了分解，分为受到 FDI 的溢出效应影响和非 FDI 对劳动生产率的影响两部分，分别探讨了其对服务业与制造业的相对价格、服务业与制造业的就业比和两部门的产出份额比，进而分析 FDI 溢出效应对产业结构调整的影响。因此，根据以上结论，设定以下基本计量模型：

假定 1 的基本模型：

$$\ln p_{Slt} = c_1 + \alpha_1 r_{FDISt} + \beta_1 r_{ISt}^* + \gamma_1 control + \mu_1 \qquad (4-15)$$

假定 2 的基本模型：

$$\ln L_{Slt} = c_2 + \alpha_2 r_{FDISt} + \beta_2 r_{ISt}^* + \theta_2 \ln R_{Slt} + \gamma_2 control + \mu_2 \qquad (4-16)$$

假定 3 的基本模型：

$$\ln R_{Slt} = c_3 + \alpha_3 r_{FDISt} + \beta_3 r_{ISt}^* + \gamma_3 control + \mu_3 \qquad (4-17)$$

制造业生产率分解模型：

$$r_{lt} = \theta_1 b + \theta_1 \ln L_{lt} + C + \mu \qquad (4-18)$$

其中，模型中 r_{FDIS} 为 FDI 的溢出效应带来的制造业劳动生产率的增长率与服务业劳动生产率的相对增长率水平，即 $r_{FDIS} = b^*/r_S$；r_{IS}^* 为非外资效应促进制造业劳动生产率的增长率与服务业劳动生产率的相对增长率水平，即 $r_{IS}^* = r_I^*/r_S$；其中 b 为 FDI 的技术溢出效应参数，r_I^* 为制造业中非 FDI 影响劳动生产率的增长率，然后，进一步通过"干中学"模型对制造业劳动生产率的增长率进行分解，如式（4-18）所示，且 $r_I^* = \theta_1 \ln L_{lt} + C$，$b^* = \theta_1 b$；control 为模型中的控制变量，以便更加准确地识别 FDI 的溢出效应对产业结构调整的影响。

二、实证变量选择和数据来源

（一）变量定义

（1）服务业与制造业相对价格（p_{SI}）。以 1984 年为基期，通过两产业产值增加指数（上年 = 100），推算出各个产业的 GDP 平减指数，分别记作服务业和制造业的价格；服务业相对就业比（L_{SI}），即服务业的就业人数除以两产业的就业人数之和；服务业相对产出份额比（R_{SI}），即服务业产出除以非农的比重。

（2）FDI 溢出效应的劳动生产率的相对增长率（r_{FDIS}）及非外资效应的劳动生产率的相对增长率（r_{IS}^*）。先通过式（4 - 18）进行回归分析，得到 r_I^* 和 b^*，同时除以 r_S 得到 r_{FDIS} 和 r_{IS}^*。

（3）控制变量。为了更好地体现 FDI 的溢出效益对产业结构调整的影响，本章选取了三个必要的控制因素。一是国家开放程度（IER），通过进出口的数额与 GDP 的比值核算；二是政府支持力度（GPR），通过政府的财政支出与 GDP 的比值核算；三是固定资产投资率（IFA），其值为全社会固定资产投资额与 GDP 之比。以上通过比值核算剔除了物价因素对变量的影响。

（二）数据来源及处理

本章选取 1984～2013 年的数据，来源于历年《中国统计年鉴》。为了剔除物价因素对各个变量的影响，以 1984 年作为基期，通过核算 GDP 平减指数，对所需变量进行核算。主要变量的描述性统计见表 4 - 1。

表 4 - 1　　　　　　　　变量描述性统计分析

变量	均值	标准差	最大值	最小值
服务业与制造业相对价格（p_{SI}）	1.78	0.39	2.48	1.14
服务业相对就业比（L_{SI}）	0.52	0.05	0.58	0.44
服务业相对产出比（R_{SI}）	0.45	0.03	0.51	0.40
FDI 溢出效应的劳动生产率的相对增长率（r_{FDIS}）	0.05	1.08	3.98	- 3.34

续表

变量	均值	标准差	最大值	最小值
非外资效应的劳动生产率的相对增长率（r_{IS}^*）	2.14	2.40	9.73	0.20
国家开放程度（IER）	40.83	12.58	65.17	22.92
政府支持力度（GPR）	17.53	3.97	24.65	11.15
固定资产投资率（IFA）	41.46	15.11	78.46	24.20

注：第二产业增加值以 1984 年作为基期，第二产业值实际增加值 = 第二产业增加值指数（上年 = 100）×上一期第二产业产值，第三产业实际产值及实际 GDP 都用同样的方法得到。GDP 平减指数 = 名义 GDP/实际 GDP。

从表 4 - 1 可以看出，FDI 溢出效应的劳动生产率的相对增长率（r_{FDIS}）的均值为 0.05，最大值为 3.98，方差较小；非外资效应的劳动生产率的相对增长率（r_{IS}^*）均值为 2.14，方差同样较小；控制变量方差相对较大，分布不均匀。

第五节 结果分析

为判断 FDI 的溢出效应对产业结构调整能否产生促进作用，以及从长期来看这种效用是否稳定，我们需要对其进行协整检验。关于协整的检验主要有 E-G 两步法和约翰森（Johansen）多重检验法，由于约翰森协整检验不必划分内生、外生变量，同时可给出全部协整关系，功效更稳定，本章采取约翰森多重检验法对变量进行协整检验。

一、变量的平稳性检验

首先对序列的平稳性进行检验，以免出现"伪回归"，也就是单位根检验。对于序列的平稳性检验方法有 DF 检验、ADF 检验、PP 检验等，但是当一阶差分序列移动平均多项式具有较大负根时，这些传统检验方式存在严重的偏差（Perron & Ng，1996），之后有学者（Ng & Perron，2001）又对检验统计量进行了完善，即 NP 检验，该检验统计量相比其他统计量稳健性更强，从而避免水平扭曲，检验功效更高。本章采用 1984～2013 年数据，并采用 NP 平稳性检验，具体结果如表 4 - 2 所示。

表 4 - 2   **变量平稳性的 NP 检验**

变量	MZ_a	MZ_t	MSB	MPT	检验类型
$\ln p_{SI}$	1.34227	1.38556	1.03225	78.3033	(1, 0, 0)
$\ln L_{SI}$	-1.30056	-0.63951	0.49172	14.3557	(1, 0, 1)
$\ln R_{SI}$	-2.45021	-0.76393	0.31178	8.30226	(1, 0, 1)
r_{FDIS}	-13.9543 ***	-2.63842 ***	0.18908 **	1.76712 **	(1, 0, 0)
r_{IS}^*	-11.3932 **	-1.84172 *	0.16165 ***	4.01474 *	(1, 0, 0)
$\ln IER$	-1.22012	-0.6816	0.55864	16.9034	(1, 0, 0)
$\ln GPR$	-6.76805	-1.76823 *	0.26126 *	3.85868 *	(1, 0, 1)
$\ln IFA$	0.11551	0.04847	0.41962	15.6617	(1, 0, 1)
$D\ln p_{SI}$	-12.3038 **	-2.40421 **	0.1954 **	2.27876 **	(1, 0, 0)
$D\ln L_{SI}$	-9.0182 **	-1.93545 *	0.21462 **	3.39933 *	(1, 0, 0)
$D\ln R_{SI}$	-11.7788 **	-2.36465 **	0.20075 **	2.31617 **	(1, 0, 0)
Dr_{FDIS}	-24.4934 ***	-3.49939 ***	0.14287 ***	1.00072 ***	(1, 0, 1)
Dr_{IS}^*	-13.4406 ***	-2.15108 **	0.16004 **	3.35748 *	(1, 0, 0)
$D\ln IER$	-13.3415 **	-2.56278 **	0.19209 **	1.91217 **	(1, 0, 0)
$D\ln GPR$	-6.7165 **	-1.82623 *	0.2719 *	3.66911 *	(1, 0, 0)
$D\ln IFA$	-11.9824 **	-2.44005 **	0.20364 **	2.07401 **	(1, 0, 0)
1% 显著性水平临界值	-13.8	-2.58	0.174	1.78	
5% 显著性水平临界值	-8.1	-1.98	0.233	3.17	
10% 显著性水平临界值	-5.7	-1.62	0.275	4.45	

注：（1）*、**、*** 分别表示在 10%、5%、1% 显著性水平下拒绝原假设，即在相应的显著性水平下认为变量是平稳的；（2）单位根检验模型（C，T，L），其中 C 为截距项，如果存在则为 1，不存在为 0；T 表示时间趋势，如果存在则为 1，不存在为 0；L 表示滞后阶数，根据 SIC 准则进行筛选。（3）D 表示变量的一阶差分。

从表 4 - 2 中可以看出，FDI 溢出效应的劳动相对增长率（r_{FDIS}）和非外资效应的劳动相对增长率（r_{IS}^*）两个统计量分别在 5% 和 1% 的显著性水平下拒绝存在单位根的原假设，由此得到 r_{FDIS}、r_{IS}^* 序列都是平稳的。服务业与制造业相对价格（p_{SI}）、服务业相对就业比（L_{SI}）、服务业相对产出比（R_{SI}）、国家开放程度（IER）、政府支持力度（GPR）和固定资产投资率（IFA）六个统计量在 10% 的显著性水平下也不能拒绝存在单位根的假设，但是服务业与制造业相对价格（p_{SI}）、服务业相对产出比（R_{SI}）、国家开放程度（IER）和固定资产投资率（IFA）的一阶差分能在 5% 的显著水平下拒绝存在单位根的原假设，因此，这四个变量是一阶单整的。另外，服务业相对就业比（L_{SI}）和国家开放程度（IER）平稳性不很明显，但是其一阶差分序列能在 10% 的显著性水平下通过检验，因此，可以认为这两个变量也是一阶单整的。

二、变量的协整检验

根据上文可知，各个变量都是一阶单整序列，接下来对其进行协整检验。采取约翰森多重检验法对变量 p_{SI}、L_{SI}、R_{SI}、r_{FDIS}、r_{IS}^*、IER、GPR、IFA 进行协整检验，具体结果如表 4－3 所示。

表 4－3　　　　　　　　　　　约翰森协整检验结果

模型	Eigenvalue	Trace Statistic	0.05 Critical Value	0.01 Critical Value	Prob. ***	Hypothesized No. of CE（s）
式（4－15）	0.8140	115.5170	95.7537	104.9615	0.0011	None **
	0.5758	70.1010	69.8189	77.8188	0.0475	At most 1 *
	0.5006	46.9462	47.8561	54.6815	0.0607	At most 2
式（4－16）	0.9744	242.6491	125.6154	135.9732	0.0000	None **
	0.8738	143.6953	95.7537	104.9615	0.0000	At most 1 **
	0.7427	87.8111	69.8189	77.8188	0.0010	At most 2 **
	0.6194	51.1538	47.8561	54.6815	0.0237	At most 3 *
	0.4629	25.0747	29.7971	35.4582	0.1588	At most 4
式（4－17）	0.9646	166.1872	95.7537	104.9615	0.0000	None **
	0.6807	75.9834	69.8189	77.8188	0.0148	At most 1 *
	0.5651	45.1627	47.8561	54.6815	0.0876	At most 2

注：*、** 分别表示在 5% 和 1% 显著水平下拒绝原假设，*** 表示 MacKinnon-Haug-Michelis（1999）P 值。

从表 4－3 中可以看出，式（4－15）在 1% 显著性水平下，存在 3 个协整关系的原假设都被接受，而且，在 5% 显著性水平下，存在 4 个协整关系也能通过。同样，式（4－16）和式（4－17）也存在协整关系，由此可以得到三个模型的标准协整方程。由此得知，这些变量之间存在协整（co-integration）关系，建立一个包含 co-integration 关系的向量误差修正模型（vector error correction model），估计得出各个变量间的（长期）协整关系，得到各个模型标准协整方程如下：

式（4－15）的标准化协整方程：

$$ECM_1 = \ln p_{SIt} - 0.063221 r_{FDISt} - 0.058832 r_{ISt}^* - 0.342448 \ln GPR_t$$
$$- 0.245302 \ln IER_t - 0.191529 \ln IFA_t \qquad (4-19)$$

式（4－16）的标准化协整方程：

$$ECM_2 = \ln L_{SIt} - 0.458413 r_{FDISt} - 0.146289 r_{ISt}^* + 9.457105 \ln R_{SIt}$$
$$- 1.715235 \ln GPR_t - 1.681622 \ln IER_t - 0.616188 \ln IFA_t \qquad (4-20)$$

式（4－17）的标准化协整方程：

$$ECM_3 = \ln R_{SIt} - 0.077650 r_{FDISt} - 0.031230 r_{ISt}^* - 0.255326 \ln GPR_t$$
$$- 0.135279 \ln IER_t - 0.018610 \ln IFA_t \qquad (4-21)$$

从相对价格与生产率的内在机制，结合式（4－19）可以看出，服务业与制造业相对价格（p_{SI}）与 FDI 溢出效应的劳动相对增长率（r_{FDIS}）和非外资效应的劳动相对增长率（r_{IS}^*）之间都存在长期协整关系，而且这关系都是显著的正向关系，非外资效应对相对价格的影响为 0.0558832 单位，FDI 溢出效应相对服务业劳动生产率增长率每增加 1 单位，将促使服务业相对制造业的价格提高 0.063221 单位，由此证明了理论部分的结论 4－1，FDI 的溢出效应进一步促进相对价格的提升。

从生产率对就业比重影响来看，式（4－20）显示 FDI 溢出效应的劳动相对增长率（r_{FDIS}）对服务业相对就业比（L_{SI}）也具有明显的促进作用，FDI 溢出效应变动 1 单位，服务业相对就业比就相对提高 0.458413 单位，虽非外资效应的劳动相对增长率对就业产生正向作用，但是远不及 FDI 的溢出效应，从而验证了理论部分的结论 4－2。

从生产率对产出比影响看，式（4－21）可以得出服务业相对产出份额比（R_{SI}）也受到 FDI 溢出效应的劳动相对增长率（r_{FDIS}）的正向促进作用，r_{FDIS} 变动 1 单位，服务业的产出比重就增加 0.077650 单位，非外资效应的劳动相对增长率（r_{IS}^*）对服务业相对产出比也具有正向作用，可以得出结论：随着制造业部门劳动生产率的增长率高于服务业部门，服务业的份额比重将会不断增加，FDI 流入制造业进一步促进服务业份额比重提升，从而促进产业结构的调整。

另外，从三个模型的回归结果可以看出，国家开放程度、政府的支持力度和固定资产投资率的提高，也会提升服务业与制造业相对价格，促使劳动力由制造业部门流向服务业部门，使服务业的产出份额比重增加，产业结构发生调整，进一步实现产业结构的优化升级。

三、误差修正模型（ECM）的建立

从单位根检验来看，各个变量都是一阶差分平稳的，而且协整检验表明长期内存在协整关系，短期内可能会出现失衡，因此本章建立 FDI 溢出效应的劳动相对增长率与产业结构调整长期平衡方程的短期调整动态模型，如下所示：

式（4－15）的基本检验模型：

$$\Delta \ln p_{SIt} = c_1 + \alpha_1 \Delta r_{FDIt} + \beta_1 \Delta r_{ISt}^* + \gamma_{11} \Delta \ln GPR_t + \gamma_{12} \Delta \ln IER_t$$
$$+ \gamma_{13} \Delta \ln IFA_t + \delta_1 ecm_{t-1} + \varepsilon_t \qquad (4-22)$$

式（4－16）的基本检验模型：

$$\Delta \ln L_{SIt} = c_2 + \alpha_2 \Delta r_{FDIt} + \beta_2 \Delta r_{ISt}^* + \theta_2 \Delta \ln R_{SIt} + \gamma_{21} \Delta \ln GPR_t$$
$$+ \gamma_{22} \Delta \ln IER_t + \gamma_{23} \Delta \ln IFA_t + \delta_2 ecm_{t-1} + \varepsilon_t \qquad (4-23)$$

式（4－17）的基本检验模型：

$$\Delta \ln R_{SIt} = c_3 + \alpha_3 \Delta r_{FDIt} + \beta_3 \Delta r_{ISt}^* + \gamma_{31} \Delta \ln GPR_t + \gamma_{32} \Delta \ln IER_t$$
$$+ \gamma_{33} \Delta \ln IFA_t + \delta_3 ecm_{t-1} + \varepsilon_t \qquad (4-24)$$

其中，各个模型中 ecm 为误差修正项。用普通最小二乘法对式（4－22）、式（4－23）和式（4－24）进行参数估计，可以得到每个误差修正模型的参数估计结果，如表4－4所示。

表4－4　　　　　　　　　　　误差修正模型的参数估计

项目	式（4－22）					
	α_1	β_1	γ_{11}	γ_{12}	γ_{13}	δ_1
Coefficient	0.0051 （1.25）	0.0058 （1.83*）	－0.2129 （－1.83*）	－0.1267 （－2.23**）	－0.1091 （－1.53）	0.2390 （3.19***）

项目	式（4－23）					
	α_2	β_2	γ_{21}	γ_{22}	γ_{23}	δ_2
Coefficient	－0.0001 （－0.04）	0.0021 （1.28）	－0.0686 （－1.17）	－0.0043 （－0.15）	－0.0311 （－0.77）	0.1597 （1.41）
项目	式（4－24）					
	α_3	β_3	γ_{31}	γ_{32}	γ_{33}	δ_3
Coefficient	0.0027 （1.07）	0.0024 （1.27）	0.0625 （1.08）	－0.0577 （－1.76*）	－0.1156 （－2.69**）	0.2611 （2.45**）

注：*、**、*** 分别表示在 10%、5% 和 1% 显著性水平下的显著性，由 Eviews 6.0 软件给出。

从表 4 - 4 中式（4 - 22）的回归结果看可以看出，无论是 FDI 溢出效应的劳动相对增长率（r_{FDIS}），还是非外资效应的劳动相对增长率（r_{IS}^*），都对服务业与制造业相对价格（p_{SI}）产生促进作用，且促进作用几乎相当，即短期内也与结论 4 - 1 相吻合，但是前者在统计量上不显著，后者在 10% 的显著水平下能通过。误差修正项 ecm 是显著的，其数值反映了对长期均衡偏离的调整，当短期波动偏离长期均衡时，则以 0.2390 的调整力度把非均衡状态调整到均衡状态。

从式（4 - 23）的误差修正模型的参数估计结果来看，FDI 溢出效应的劳动相对增长率（r_{FDIS}）和非外资效应的劳动相对增长率（r_{IS}^*）对服务业相对就业比（L_{SI}）的统计结果都不显著，而且在短期内 FDI 的溢出效应对服务业的就业人数增加产生了抑制作用，与长期关系相悖，这可能是受到 FDI "时滞效应" 的影响。

式（4 - 24）的统计结果显示，虽然统计量不显著，但 FDI 溢出效应的劳动相对增长率（r_{FDIS}）和非外资效应的劳动相对增长率（r_{IS}^*）同样产生正向促进作用。误差修正项 ecm 是显著的，其数值同样反映了对长期均衡偏离的调整。

由上文可知，在短期内，国家开放程度、政府支持力度和固定资产投资率的提高会使得服务业相对价格下降，劳动力短暂地由服务业向制造业部门流动，前者开放程度越高会使服务业的相对产出份额相应越高，而后两者则使得制造业的份额比重提升，产生与长期不同的效应机制。

第六节 结论与启示

本章首先以鲍莫尔（1967）提出的"非均衡经济增长模型"为基础，将 FDI 溢出效应的劳动相对增长率和非外资效应的劳动相对增长率放入模型，分析服务业与制造业相对价格、服务业相对就业比和服务业相对产出份额比的作用。在理论模型的基础上建立理论假设，然后利用皮萨冉等（Pesaran et al. ，2001）提出的平稳性分析法对 FDI 溢出效应与产业结构间的长期与短期关系进行检验，得出以下三点结论：

第一，从长期来看，FDI 溢出效应的劳动相对增长率与服务业相对价格、服务业相对就业以及服务业相对产出份额均存在稳定的长期关系，且 FDI 溢出效应每变动 1 个单位，相应的促使服务业相对价格提高 0.063221 单位、服务业相对就业提高 0.458413 单位、服务业相对产出份额提高 0.077650 单位。这说明 FDI 的引入，会促使服务业价格上升，劳动力要素流向低生产率部门，使得服务业的产出份额进一步提升，进而使产业结构得到调整，促进产业的优化升级。

第二，从短期来看，非外资效应的劳动相对增长率会促进服务业相对价格、服务业相对就业以及服务业相对产出的提高，而 FDI 溢出效应对服务业相对价格、服务业相对产出产生正向的促进作用，但统计量不显著，其对服务业相对就业会产生与长期相悖的关系，使得劳动力短暂的流向制造业，这可能是 FDI 的"时滞效应"导致的。

第三，从控制变量的分析来看，FDI 流向制造业从短期看政府支持力度越大、固定资本投资率越高，会使得制造业价格上升，部门的劳动力人数增加，产出份额将会提高，而国家开放程度越高越会降低部门产出；从长期看，会出现相悖结论，即服务业的价格不断上升、服务业部门劳动力不断增加、服务业部门产出不断提高。

我国经济发展进入"新常态"，推动产业结构转型升级成为当下重中之重，本章的模型分析和实证检验为我们提供了一些政策思考：第一，外商投资的结构性倾斜加大了我国产业间的结构偏差，FDI 主要集中在第二产业的制造业部门，这会导致劳动要素向服务业部门转移，全社会的劳动生产率下降，政府应积极引导优质外资的部门间流向，促进其对经济发展的推动作用；第二，政府应根据形势变化适时调整利用外资政策，加大支持力度，提高外资质量，进一步扩大国家的开放程度，共建"一带一路"新体系；第三，着力改善外资管理体系，"想要利用外资跑得更欢，首先是要松绑"，尽量减少外资审批，创新监管手段，建立外商直接投资全周期监管体制。

创新发展：中国金融发展与产业结构升级协整关系的多指标交叉研究

本章采用我国 1990～2014 年金融发展和产业升级相关数据，通过多指标的交叉协整检验方法对中国金融发展（"戈氏指标"和"麦氏指标"）与产业结构升级（产业结构优化和就业结构优化）之间的关系进行分析，结果显示：第一，从长期来看，我国的金融发展与产业结构升级之间的相对弹性存在长期稳定关系，无论是金融发展的"戈氏指标"还是"麦氏指标"都对产业结构优化率及就业结构优化率具有正向的敏感性；第二，在剔除物价因素后，金融发展对产业升级的影响更具真实性，一国的金融发展对就业结构的影响程度或敏感性远远大于其对产业结构的影响；第三，从短期来看，无论是选择金融相关率还是"麦氏指标"衡量产业结构优化，都具有正向的相对弹性，即短期内，两者都具敏感性，并以不同的调整力度把非均衡状态调整到均衡状态。在本章的最后，提出了相关政策建议。

第一节 引 言

西方经济学家对金融发展与经济增长的研究大致可以分为两大派别，即金融结构论（financial structuralist）与金融压抑论（financial repressionist）。在金融结构论中，戈德史密斯（Goldsmith，1969），通过金融相关率（FIR）定量评价各国金融发展水平，指出"金融结构变化是金融发展①的道路"，经济增长与金融发展之间存在着大致平行的关系，随着总量和人均实际收入

---

① 金融发展是指金融结构的变化，这种变化既包括短期的变化，也包括长期的变化；既是各个连续时期内的金融交易流量，也是对不同时点上金融结构的比较变化。

及财富的增加，金融上层结构的规模和复杂程度亦增大，同时金融发展能加速经济增长。在金融压抑论中，肖（Shaw，1973）与麦金农（McKinnon，1973）认为现金余额的实际收益率是资本形成及由此取得经济增长的关键性决定因素，提出并论证了金融抑制对经济增长的阻碍作用和金融深化与经济增长的关系。斯蒂格利茨（Stiglitz，1985）、梅耶尔（Mayer，1990）、莱文和罗伯特（Levine & Robert，1993）、莱文（Levin，1997）一致认为经济的发展与增长与金融发展有密不可分的联系。沃格勒（Wurgler，2000）发现更高金融发展水平的国家会增加对成长产业的投资，而减少对衰落产业的投资，具有较高的资金配置效率；在金融发展落后的国家，资金流向衰落产业，导致资金配置效率低下。在某种程度上说明产业升级是通过金融发展提高资金配置效率来实现的。卡林和梅耶尔（Carlin & Mayer，2003）较早对金融结构和产业增长关系进行了研究，认为不同国家的金融体系结构与产业活动有密切的关系，依靠银行系统融资的行业发展不尽相同。在金融发展水平较低的国家，银行依赖型的产业发展较快，且与银行集中度有正相关性；在金融发展水平高的国家，股权融资的行业比银行主导金融结构的国家发展更快。因此，他们认为应根据一国经济发展水平制定相应的金融结构政策，在经济发展水平高的国家，选择发展更多的直接融资市场；在经济发展缓慢的国家应健全银行系统，提高银行等金融机构的融资能力。有学者（Binh、Shin & Park，2005；Allen et al.，2006）认为在以技术密集型和高资本密集型产业为主导的国家，以市场为主导的金融体系更容易建立，发展得更快，相比以劳动密集型和低资本密集型主导的经济，其更依赖以银行为主导金融体系的建立。这同时也说明，一国对金融发展的需要决定了相应金融结构的建立，反映了该地区经济发展的特征。有学者（Jeanneney et al.，2006；Greenwood et al.，2010）认为金融发展与产业结构变动间是互为因果的关系，非单方向的关系。瓜里格里亚和庞塞特（Guariglia & Poncet，2008）研究论述了金融发展与产业结构的动态关系。阿吉翁等（Aghion et al.，2005）从股票市场分析上市公司的资金流动性和融资能力，认为股票的价格不能反映公司的发展业绩，造成优秀公司的融资成本过高，资金配置效率低下，影响公司的积极性，不利于新兴行业的出现。

在国内，对金融发展与产业结构关系的研究也是学界研究的热点，如刘世锦（1996）较早研究了两者的问题，指出金融发展要着眼于产业的升级和发展，并为其提供更好的服务，同时也将其作为金融发展创新成功与否的标准；伍海华和张旭（2001）从国际比较角度，探讨经济增长、产业结构与金融发展之间的内在联系，认为金融通过投资储蓄机制影响产业机构中的资金流量，进而影响产业结构，并提出经济金融化程度越高，金融发展对产业结构调整作用更明显；范方志和张立军（2003）通过实证发现我国金融结构的转变与各地区实体经济部门产业结构升级呈正相关；傅进和吴小平（2005）认为金融通过资金形成机制、资金导向机制和信用催化机制，改变资金的供给水平和配置结构，进而促进产业结构高级化；杨德勇和董左卉子（2007）系统分析了金融发展对产业结构调整的内在作用机制，研究发现金融结构与产业结构之间存在较高的相关性，而且其会随着经济货币化程度的提高而降低；钱水土和周永涛（2011）运用 GMM 系统估计方法检验了金融发展、技术进步与产业升级三者之间的关系，研究认为在控制了相关变量后，金融发展对技术进步和产业升级都具有正向的促进作用；苏建军和徐璋勇（2014）构建金融发展、产业结构升级与经济增长的多方程模型系统考察了三者之间的关系。其认为金融发展与经济增长二者互相影响，但作用方向具有差异性。金融发展规模是推动经济增长的有利因素，但金融效率严重制约了金融发展对经济增长的正向效应的发挥，快速发展的金融产业是产业结构升级的助推器。产业结构升级对金融发展起着巨大的拉动效应，金融发展是产业结构升级的重要外部支撑条件。丁一兵等（2014）提出金融发展能够对技术创新活动产生影响，进而改变一国的产业结构，一国的金融发展程度越高，其越可能通过影响本国的技术创新推动产业结构的优化。

综上所述，从国外研究情况看，西方学者主要研究金融发展与经济增长的关系，经济结构调整是产业发展的重要内容，所以可以借鉴其相关理论进行研究，同时各个学者对金融发展具有各自不同的度量。从国内看，大多数学者致力于研究金融发展与产业结构调整问题，而对金融发展与产业结构优化的内在机理进行理论和实证分析时，只关注金融发展的某一方面对产业结构的影响，且不同学者选取的衡量指标不同，同时也尚未形成标准化的实证分析模型，对于金融发展与产业结构升级的检验具有片面性。

研究金融发展与产业结构升级的关系，是当前实现产业转型升级，提高社会资金的供给水平和配置效率，实现产业结构高级化的重要研究内容，引起我们思考以下问题：到底选择什么样的金融发展和产业结构升级指标更能反映两者之间的关系？对于建立的模型有多大的解释力度及可靠性？两者是否具有长期稳定的协整关系？因此，本章将对金融发展与产业结构升级协整关系的多指标进行定量交叉检验。

第二节　实证策略

一、计量模型设定

在研究金融发展与产业升级的文献中，虽没有确定的模型，但整体来说大同小异。结合我国实际情况，本章采用对数函数形式分析指标的有效性及其影响程度，以体现采用金融发展不同指标对产业升级影响的不同敏感程度（即弹性），使其更具合理性。本章建立基本模型如下：

$$\ln IUR_{it} = \alpha + \beta_m \ln fd_{it} + \gamma_n \ln control_{nit} + \varepsilon_{it}$$

其中，IUR_{it} 表示产业结构升级指标，fd_{it} 表示金融发展指标，包括金融总量指标（FIR）、金融结构发展水平（FSR）和金融发展效率（FER），$control_{nit}$ 表示一系列控制变量，ε_{it} 为随机误差项。

考虑到产业升级的产业结构升级和就业结构调整、金融发展指标的"戈氏指标"和"麦氏指标"以及名义指标和实际指标的影响，为比较不同指标对产业升级影响的敏感程度，本章构建了6个计量检验模型：

模型 A－1：$\ln ISR = f(FIR, FSR, FER)$

$$\ln ISR_t = \alpha + \beta_1 \ln FIR_t + \beta_2 \ln FSR_t + \beta_3 \ln FER_t + \gamma_1 \ln IER_t + \gamma_2 \ln HCR_t + \varepsilon_t$$

（模型 A－1）

模型 A－2：$\ln ISR = f(MI, FSR, FER)$

$$\ln ISR_t = \alpha + \beta_1 \ln MI_t + \beta_2 \ln FSR_t + \beta_3 \ln FER_t + \gamma_1 \ln IER_t + \gamma_2 \ln HCR_t + \varepsilon_t$$

（模型 A－2）

模型 A－3：$\ln ISRV = f(FIRV, FSR, FER)$

$$\ln ISRV_t = \alpha + \beta_1 \ln FIRV_t + \beta_2 \ln FSR_t + \beta_3 \ln FER_t + \gamma_1 \ln IER_t + \gamma_2 \ln GPR_t + \varepsilon_t$$

（模型 A－3）

模型 A－4：$\ln ISRV = f(MIV, FSR, FER)$

$$\ln ISRV_t = \alpha + \beta_1 \ln MIV_t + \beta_2 \ln FSR_t + \beta_3 \ln FER_t + \gamma_1 \ln IER_t + \gamma_2 \ln GPR_t + \varepsilon_t$$

（模型 A－4）

模型 A – 5：$\ln ESR = f(FIRV, FSR, FER)$

$$\ln ESR_t = \alpha + \beta_1 \ln FIRV_t + \beta_2 \ln FSR_t + \beta_3 \ln FER_t + \gamma_1 \ln HCR_t + \varepsilon_t$$

（模型 A – 5）

模型 A – 6：$\ln ESR = f(MIV, FSR, FER)$

$$\ln ESR_t = \alpha + \beta_1 \ln MIV_t + \beta_2 \ln FSR_t + \beta_3 \ln FER_t + \gamma_1 \ln HCR_t + \varepsilon_t$$

（模型 A – 6）

二、变量选取

（一）金融发展指标

对于金融发展的考量，本章从金融总量指标、金融结构发展水平和金融发展效率三方面着手选取指标。

1. 金融总量指标

金融发展总规模主要考虑两大指标：

（1）金融相关率（financial interrelations ratio，FIR）[1]，又称"戈氏指标"，用来反映金融发展总量，其值是全部金融资产占 GDP 的比重，其中债券包括国家债券、金融债券等。具体计算公式如下：

$$FIR = (M_2 + 股票市价总值 + 债券期末余额 + 保费收入)/GDP$$

（2）麦氏货币指标，简称"麦氏指标"，用货币存量（M_2）与 GDP 之比表示，衡量一国经济货币化程度。具体计算公式如下：

$$MI = M_2/GDP$$

2. 金融结构发展水平（financial structure ratio，FSR）

金融结构由直接融资数额与间接融资数额之比表示。采用证券市场累计发行额（包括股票、债券）与金融机构发放的贷款额之比表示，即：

$$FSR = (股票累计筹资额 + 债券累计发行额)/金融机构贷款余额$$

---

① FIR 由戈德史密斯（Goldsmith）于 1969 年提出，有两种定义：其一，FIR 时段概念："某一时期一国全部金融工具的市场总值除以该国有形国民财富总值"（见戈德史密斯著，周朔译：《金融结构与金融发展》，上海三联出版社 1990 年版，第 38 ~ 39 页）；其二，FIR 时点概念："某一时点上现存金融资产总额（含有重复计算部分）与国民财富，即实物资产总额与对外净资产的和之比"（见戈德史密斯著，周朔译：《金融结构与金融发展》，上海三联出版社 1990 年版，第 23 页）。本章选取的是 FIR 时点概念。

3. 金融发展效率（financial efficiency ratio，FER）

一般用金融机构贷款余额与金融机构存款余额之比度量，该指标能准确反映金融系统资本配置的效率。

$$FER = 金融机构贷款余额 / 金融机构存款余额$$

（二）产业结构升级指标

由配第一克拉克定理及库兹涅茨理论可知，产业结构升级不仅表现在产业产值变动上，同时也体现在就业结构的变化上。包括两方面的指标：一是产业结构优化率（industrial structure ratio，ISR），$ISR =$（第二产业增加值和第三产业增加值）/GDP。二是就业结构优化率（employment structure ratio，ESR），$ESR =$（第二产业从业人员 + 第三产业从业人员）/总从业人员。

（三）控制变量指标

对控制变量的选择是个难点，也直接影响对产业结构升级模型解释力度。袁绍峰和吴洪鹏（2007）采用财政支出（地方财政支支余额）、国有经济比例（国有工业企业及国有控股工业产值/GDP）、人口教育程度（中等学校在校生数量）、经济开放程度（出口额/GDP）4 个控制变量研究产业结构与金融发展。冯根福、石军和韩丹（2009）同样也采用了 SGD（政府支出/GDP）和出口贸易额/GDP 两个控制变量。本章认为人力资本因素也是很重要的影响变量，用普通高校在校人数/总人口来表示。最终选取控制变量包括国家开放程度、政府支持力度和人力资本存量 3 个控制变量。具体计算如表 5 - 1 所示。

表 5 - 1   变量选取情况

变量名称	符号	公式
产业结构优化率	ISR	（第二产业增加值和第三产业增加值）/GDP
就业结构优化率	ESR	（第二产业从业人员 + 第三产业从业人员）/总从业人员
金融总量指标（戈氏指标）	FIR	（M_2 + 股票市价总值 + 债券期末余额 + 保费收入）/GDP
金融总量指标（麦氏指标）	MI	M_2/GDP
金融结构发展水平	FSR	（股票累计筹资额 + 债券累计发行额）/金融机构贷款余额
金融发展效率	FER	金融机构贷款余额/金融机构存款余额
国家开放程度	IER	（出口 + 进口）/GDP
政府支持力度	GPR	政府财政支出/GDP
人力资本存量	HCR	普通高校在校人数/总人口

（四）数据处理及说明

需要指出的是，受到通货膨胀因素的影响，某种程度上会导致主要指标变量与实际情况相悖，因此需要消除物价变动带来的不利影响。实际产值需要用物价指数进行核算，本章采用 GDP 平减指数①。在名义产值中扣除 GDP 平减指数，且三次产业与 GDP 具有不同的物价指数，按 1984 年的价格表示 GDP 及二、三产业实际值，从而得出二、三产业实际产值占实际 GDP 的份额，即产业结构实际优化率（ISRV），结果如图 5 - 1、图 5 - 2 所示。明显看到名义产业结构优化率（ISR）和实际产业结构优化率（ISRV）都具有一种单一稳定的趋势，但是实际产业结构优化率（ISRV）远远高于名义产业结构优化率（ISR），在 2013 年多达 8 个百分点。金融属于第三产业，所以我们在核算金融发展实际值时采用第三产业的物价指数，图 5 - 3 则对 1990 ~ 2014 年金融总量指标的"麦氏指标"和"戈氏指标"名义值及实际值进行对比，可以清晰地看出"麦氏指标"名义值高于实际值，"戈氏指标"名义值同样也高于实际值，两者之间的差距越来越大。由此看出，是否剔除物价因素对产业结构优化率的影响巨大。

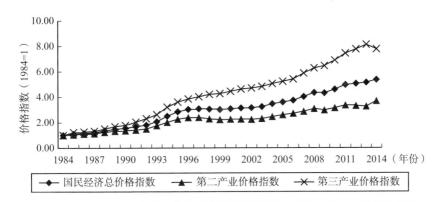

图 5 - 1　1984 ~ 2014 年国民经济总价格指数及第二产业、第三产业价格指数

---

① 虽然也有部分文献采用 CPI 指数等其他物价指数，但是作为实际产值核算的客观指标，GDP 平减指数更能全面客观地体现物价水平的真实变动。

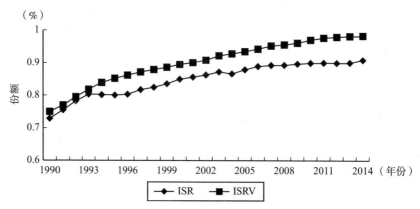

图 5 - 2　1990～2014 年产业结构优化率名义值及实际值

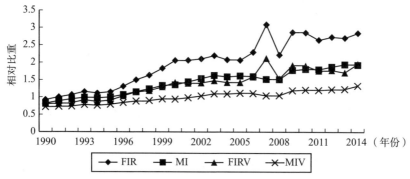

图 5 - 3　1990～2014 年金融总量指标的"麦氏指标"和"戈氏指标"名义值与实际值

　　通过表 5 -2 可以看出：以各种货币总量进行测量的名义指标值高于实际指标值，而在产业结构优化率中，实际产业优化率高于名义产业优化率。另外，我国金融发展所有主要指标呈现出一种明显的增长迹象，而且金融发展的增长幅度要快于其他产业升级影响因素的增长，结果是所有金融发展指标与产业结构优化率和就业结构优化率之比均显著上升。另外，为了消除物价因素对控制变量的影响，我们采用相对指标的形式进行分析。

表 5 -2　　　　　　　　中国金融发展与产业结构升级相关指标

指标	1990 年	1995 年	2000 年	2005 年	2010 年	2014 年
GDP 平减指数	1. 5629	2. 8546	3. 0791	3. 6035	4. 5990	5. 3587
第二产业物价指数	1. 3641	2. 2748	2. 2637	2. 6046	3. 1493	3. 6918

续表

指标		1990 年	1995 年	2000 年	2005 年	2010 年	2014 年
第三产业物价指数		1.7846	3.6130	4.4441	5.2218	6.8845	7.7726
产业结构优化率	*ISR*	0.7288	0.8004	0.8494	0.8788	0.8990	0.9083
	ISRV	0.7499	0.8516	0.8949	0.9349	0.9704	0.9832
就业结构优化率	*ESR*	0.3990	0.4780	0.5000	0.5520	0.6330	0.7050
金融总量指标 （戈氏指标）	*FIR*	0.9221	1.1495	2.0558	2.0640	2.8542	2.8451
	FIRV	0.8076	0.9082	1.4244	1.4244	1.9067	1.9615
金融总量指标 （麦氏指标）	*MI*	0.8192	0.9993	1.3568	1.6154	1.8078	1.9310
	MIV	0.7175	0.7895	0.9400	1.1148	1.2077	1.3313
金融结构发展水平	*FSR*	0.0062	0.0721	0.0692	0.0855	0.1154	0.0688
金融发展效率	*FER*	1.2559	0.9380	0.8026	0.6780	0.6672	0.7173
国家开放程度	*IER*	0.2978	0.3866	0.3958	0.6322	0.5024	0.4155
政府支持力度	*GPR*	0.1652	0.1122	0.1601	0.1835	0.2238	0.2384
人力资本存量	*HCR*	0.0018	0.0024	0.0044	0.0119	0.0166	0.0186

注：（1）*ISRV*、*FIRV*、*MIV* 分别为剔除物价因素影响的实际指标值。（2）产业结构优化率中，第二产业增加值以 1984 年产值基期，第二产业值实际增加值＝第二产业增加值指数（上年＝100）×上一期第二产业产值，第三产业实际产值及实际 GDP 都用同样的方法得到。GDP 平减指数＝名义 GDP/实际 GDP。（3）金融发展隶属第三产业，为此"戈氏指标"和"麦氏指标"采用第三产业价格指数剔除物价因素。（4）金融结构发展水平指标和金融发展效率指标都用金融数据核算，则名义指标和实际指标相等。（5）仅列出其中 6 年。

三、数据来源

本章数据取自《中国统计年鉴》《中国金融年鉴》以及中国人民银行官网，由于国债发行额、企业债券发行额、股票市价总值 1990 年以前数据的获取受到了限制，本章采用 1990~2014 年的数据进行分析。

第三节　结果分析

一、序列平稳性检验

表 5-3 提供了本章中所有变量的平稳性检验结果。从检验结果可以看

出，变量 *FIR*、*FIRV*、*MI*、*MIV* 及 *IER* 的水平值是不平稳的，但变量的一阶差分序列都平稳。而其余变量在水平条件下已经平稳，故所有变量在一阶差分后都是平稳序列。

表 5 - 3　　　　　　　　　序列的平稳性检验（ADF 检验）

变量	检验模型	ADF 值	临界值			P 值	结论
			10%	5%	1%		
ln*FIR*	(1, 0, 1)	- 1.6602	- 2.6388	- 2.9981	- 3.7529	0.4372	非平稳
ln*FIRV*	(1, 0, 1)	- 1.3191	- 2.6388	- 2.9981	- 3.7529	0.6028	非平稳
ln*MI*	(0, 0, 1)	1.4512	- 1.6088	- 1.9557	- 2.6649	0.9593	非平稳
ln*MIV*	(1, 0, 0)	- 0.5510	- 2.6355	- 2.9919	- 3.7379	0.8641	非平稳
ln*IER*	(0, 0, 0)	- 1.0114	- 1.6088	- 1.9557	- 2.6649	0.2712	非平稳
ln*ISR*	(0, 0, 0)	- 6.1258	- 1.6088	- 1.9557	- 2.6649	0.0000 ***	平稳
ln*ISRV*	(0, 0, 0)	- 17.4723	- 1.6088	- 1.9557	- 2.6649	0.0001 ***	平稳
ln*ESR*	(1, 1, 1)	- 3.8152	- 3.2486	- 3.6220	- 4.4163	0.0343 **	平稳
ln*FSR*	(1, 0, 0)	- 3.8471	- 2.6355	- 2.9919	- 3.7379	0.0078 ***	平稳
ln*FER*	(1, 0, 0)	- 3.3904	- 2.6355	- 2.9919	- 3.7379	0.0216 **	平稳
ln*GPR*	(1, 1, 1)	- 3.9521	- 3.2486	- 3.6220	- 4.4163	0.0261 **	平稳
ln*HCR*	(1, 0, 1)	- 1.7782	- 1.6082	- 1.9572	- 2.6743	0.0720 *	平稳
D（ln*FIR*）	(1, 0, 0)	- 7.3940	- 2.6388	- 2.9981	- 3.7529	0.0000 ***	平稳
D（ln*FIRV*）	(1, 0, 0)	- 7.6508	- 2.6388	- 2.9981	- 3.7529	0.0000 ***	平稳
D（ln*MI*）	(0, 0, 1)	- 3.0349	- 1.6085	- 1.9564	- 2.6694	0.0041 ***	平稳
D（ln*MIV*）	(0, 0, 1)	- 4.5821	- 2.6388	- 2.9981	- 3.7529	0.0015 ***	平稳
D（ln*IER*）	(0, 0, 0)	- 4.4245	- 1.6085	- 1.9564	- 2.6694	0.0001 ***	平稳

注：（1）*、**、*** 分别表示在 10%、5%、1% 显著性水平下拒绝原假设，即在相应的显著性水平下认为变量是平稳的。（2）ADF 单位根检验模型（*C*，*T*，*L*），其中 *C* 为截距项，如果存在则为 1，不存在为 0；*T* 表示时间趋势，如果存在则为 1，不存在为 0；*L* 表示滞后阶数，根据 SIC 准则进行筛选。（3）*D* 表示变量的一阶差分。

二、协整检验

本章采取约翰森（Johansen）多重检验法对各个变量进行协整检验，根据表 5 - 4 得知，在 5% 的显著水平下，所有模型中有两个协整关系的原假设被接受。模型 A－3 所有迹统计量值大于1% 水平的临界值，有5 个协整关系。

表5－4 约翰森协整检验结果

模型	Eigenvalue	Trace Statistic	0. 05 Critical Value	0. 01 Critical Value	Prob. ***	Hypothesized No. of CE（s）
A－1	0.946548	204. 0025	95. 75366	104. 9615	0	None **
	0.928053	136. 6363	69. 81889	77. 81884	0	At most 1 **
	0.833383	76. 10441	47. 85613	54. 6815	0	At most 2 **
	0.582748	34. 88709	29. 79707	35. 45817	0. 0119	At most 3 *
	0.333171	14. 78358	15. 49471	19. 93711	0. 0638	At most 4
A－2	0.940205	160. 3663	95. 75366	104. 9615	0	None **
	0.82372	95. 57896	69. 81889	77. 81884	0. 0001	At most 1 **
	0.672684	55. 65828	47. 85613	54. 6815	0. 0078	At most 2 **
	0.485673	29. 97122	29. 79707	35. 45817	0. 0477	At most 3 *
	0.457535	14. 6786	15. 49471	19. 93711	0. 0661	At most 4
A－3	0.958338	216. 9691	95. 75366	104. 9615	0	None **
	0.889287	143. 8714	69. 81889	77. 81884	0	At most 1 **
	0.859100	93. 25262	47. 85613	54. 6815	0	At most 2 **
	0.67123	48. 17939	29. 79707	35. 45817	0. 0002	At most 3 **
	0.624687	22. 59424	15. 49471	19. 93711	0. 0036	At most 4 **
	0.00236	0. 054354	3. 841466	6. 634897	0. 8156	At most 5
A－4	0.961762	199. 4532	95. 75366	104. 9615	0	None **
	0.866449	124. 3831	69. 81889	77. 81884	0	At most 1 **
	0.835754	78. 0778	47. 85613	54. 6815	0	At most 2 **
	0.587374	36. 53078	29. 79707	35. 45817	0. 0072	At most 3 **
	0.471737	16. 1709	15. 49471	19. 93711	0. 0395	At most 4 *
	0.062859	1. 493201	3. 841466	6. 634897	0. 2217	A－5
A－5	0.943313	130. 005	69. 81889	77. 81884	0	None **
	0.70884	63. 99032	47. 85613	54. 6815	0. 0008	At most 1 **
	0.599675	35. 61101	29. 79707	35. 45817	0. 0095	At most 2 **
	0.465568	14. 55499	15. 49471	19. 93711	0. 0689	At most 3

续表

模型	Eigenvalue	Trace Statistic	0.05 Critical Value	0.01 Critical Value	Prob. ***	Hypothesized No. of CE（s）
A – 6	0.931275	121.5847	69.8189	77.81884	0	None **
	0.746142	59.99902	15.4947	54.6815	0.0024	At most 1 **
	0.493438	28.46648	3.8415	35.45817	0.0706	At most 2

注：*、** 表示在 5% 和 1% 显著水平下拒绝原假设，*** 表示 MacKinnon-Haug-Michelis (1999) P 值。

三、ECM 模型的建立

从单位根检验来看，各个变量都是一阶差分平稳的，而且协整检验表明长期内存在协整关系，但短期内可能会出现失衡，因此本章中建立如下误差修正模型。

误差修正模型 B – 1 的基本检验模型：

$$\nabla \ln ISR_t = \alpha_1 + \beta_{11} \nabla \ln FIR_t + \beta_{12} \nabla \ln FSR_t + \beta_{13} \ln FER_t$$
$$+ \gamma_{11} \nabla \ln IER_t + \gamma_{12} \nabla HCR_t + \eta_1 ecm_{t-1} + \varepsilon_t \quad （模型 B – 1）$$

误差修正模型 B – 2 的基本检验模型：

$$\nabla \ln ISR_t = \alpha_1 + \beta_{21} \nabla \ln MI_t + \beta_{22} \nabla \ln FSR_t + \beta_{23} \ln FER_t$$
$$+ \gamma_{21} \nabla \ln IER_t + \gamma_{22} \nabla HCR_t + \eta_2 ecm_{t-1} + \varepsilon_t \quad （模型 B – 2）$$

误差修正模型 B – 3 的基本检验模型：

$$\nabla \ln ISRV_t = \alpha_3 + \beta_{31} \ln \nabla FIRV_t + \beta_{32} \nabla \ln FSR_t + \beta_{33} \ln \nabla FER_t$$
$$+ \gamma_{31} \nabla \ln IER_t + \gamma_{32} \nabla \ln GPR_t + \eta_3 ecm_{t-1} + \varepsilon_t \quad （模型 B – 3）$$

误差修正模型 B – 4 的基本检验模型：

$$\nabla \ln ISRV_t = \alpha_4 + \beta_{41} \nabla \ln MIV_t + \beta_{42} \nabla \ln FSR_t + \beta_{43} \nabla \ln FER_t$$
$$+ \gamma_{41} \nabla \ln IER_t + \gamma_{42} \nabla \ln GPR_t + \eta_4 ecm_{t-1} + \varepsilon_t \quad （模型 B – 4）$$

误差修正模型 B – 5 的基本检验模型：

$$\nabla \ln ESR_t = \alpha_5 + \beta_{51} \nabla \ln FIRV_t + \beta_{52} \ln \nabla FSR_t + \beta_{53} \ln \nabla FER_t$$
$$+ \gamma_{51} \nabla \ln HCR_t + \eta_5 ecm_{t-1} + \varepsilon_t \quad （模型 B – 5）$$

误差修正模型 B – 6 的基本检验模型：

$$\nabla \ln ESR_t = \alpha_6 + \beta_{61} \nabla \ln MIV_t + \beta_{62} \ln \nabla FSR_t + \beta_{63} \ln \nabla FER_t$$
$$+ \gamma_{61} \nabla \ln HCR_t + \eta_6 ecm_{t-1} + \varepsilon_t \quad （模型 B – 6）$$

四、实证分析

（一）长期结果分析

对各个模型 ECM 序列进行单位根检验，除了模型 A - 5 在 5% 的显著水平下平稳，其他均在 1% 显著水平下平稳，说明存在协整关系，得到各个模型标准协整方程如下：

模型 C - 1 的标准化协整方程：

$$ECM_1 = \ln ISR - 0.353995\ln FIR + 0.047536\ln FSR - 0.159248\ln FER$$
$$- 0.152632\ln IER + 0.061715\ln HCR \qquad （模型 C - 1）$$

模型 C - 2 的标准化协整方程：

$$ECM_2 = \ln ISR - 0.768832\ln MI - 0.225842\ln FSR - 0.885891\ln FER$$
$$+ 0.042558\ln IER + 0.046119\ln HCR \qquad （模型 C - 2）$$

模型 C - 3 的标准化协整方程：

$$ECM_3 = \ln ISRV - 0.207957\ln FIRV - 0.215817\ln FSR - 1.432569\ln FER$$
$$- 0.228092\ln IER - 0.132070\ln GPR \qquad （模型 C - 3）$$

模型 C - 4 的标准化协整方程：

$$ECM_4 = \ln ISRV - 0.196845\ln MIV - 0.078738\ln FSR - 0.271461\ln FER$$
$$- 0.030398\ln IER - 0.067207\ln GPR \qquad （模型 C - 4）$$

模型 C - 5 的标准化协整方程：

$$ECM_5 = \ln ESR - 1.000093\ln FIRV + 0.218677\ln FSR$$
$$+ 0.262150\ln FER + 0.099086\ln HCR \qquad （模型 C - 5）$$

模型 C - 6 的标准化协整方程：

$$ECM_6 = \ln ESR - 5.428178\ln MIV - 1.256386\ln FSR$$
$$- 6.387658\ln FER + 0.100743\ln HCR \qquad （模型 C - 6）$$

我国金融发展各个指标 FIR（$FIRV$）、MI（MIV）、FSR、FER 与产业结构升级 ISR（$ISRV$）、ESR 存在协整关系。同时，在不同金融指标"戈氏指标"与"麦氏指标"衡量下，为了能够检验金融发展对产业升级影响的敏感程度，各个模型中均分别采用相同的控制变量，得出金融相关率、"麦氏指标"与产业结构优化率、就业结构优化率的相对弹性显著正相关。金融发展效率和金融结构发展水平对产业结构优化率的提升也产生了促进作用，而在"戈氏指标"的衡量下，其对就业结构优化率产生了抑制作用，相反"麦氏指标"衡量具有促进作用。"麦氏指标"名义值核算的产业升级相对弹性（0.768832）明显高于"戈氏指标"核算的相对弹性（0.353995）；而实际值核算前者骤降，回归理性值（0.196845），后者小幅下降（0.207957）。从长期来看，剔除物价因素后，金融发展对产业升级的影响更具真实性，同时我们也可得出：在"戈氏指标"和"麦氏指标"衡量下，金融发展对产业升级长期具有促进作用；在"麦氏指标"衡量下，金融发展会促进劳动力的部门间流动，进一步促进产业升级。从模型 C-1 与模型 C-3 对比来看，金融相关率每变动一个单位，产业结构优化率的相对弹性由 0.353995 个单位下降为 0.207957 个单位，可见剔除物价因素后"戈氏指标"衡量回归一种理性值；同样在模型 C-2 与模型 C-4 中，产业结构优化率相对弹性由 0.768832 锐减为 0.196845，"麦氏指标"对产业结构影响敏感程度远远没有我们想象的那么高，所以应该理性地看待金融发展对产业升级的影响。从模型 C-3 与模型 C-5、模型 C-4 与模型 C-6 分析得到，在"戈氏指标"实际值衡量下，就业结构相对弹性约是产业升级相对弹性的 4.8 倍；在"麦氏指标"实际值衡量下，前者约是后者的 28 倍，可见，一国的金融发展对就业结构的影响程度和敏感程度远远大于其对产业结构的影响，金融的发展会促使生产要素（劳动力）高速流转、资源合理配置，提升产业的竞争力，最终促使产业结构得到优化和升级。

（二）短期结果分析

从表 5-5 中模型 B-1 与模型 B-2 的误差修正模型的参数估计结果来看，无论是选择金融相关率还是选择"麦氏指标"衡量产业结构优化，都具有正向的相对弹性，即短期内，两者都具敏感性，但后者统计量不显著。误差修正项 ECM 都是显著的，其数值反映了对长期均衡偏离的调整，当短期波动偏离长期均衡时，以两指标度量的模型中分别以 -0.221 和 0.061 的调整力度把非均衡状态调整到均衡状态。剔除物价因素后，模型 B-4 中"麦氏指标"衡量的金融发展与产业结构升级具有正向相对弹性，统计也是显著的，而模型 B-3 的金融相关率统计是不显著的。在就业结构方面，模型 B-5 可能受到"延迟效应"影响，"戈氏指标"核算的金融发展对就业结构产生了抑制作用，误差修正项 ECM 是显著的，其数值同样反映了对长期均衡偏离的调整，并以 0.079 的调整力度进行了长期均衡调整，而金融发展统计量没有通过检验。

表 5 – 5 误差修正模型的参数估计

项目	模型 B – 1				模型 B – 2			
	D ($\ln FIR$)	D ($\ln FSR$)	D ($\ln FER$)	ECM	D ($\ln MI$)	D ($\ln FSR$)	D ($\ln FER$)	ECM
	β_{11}	β_{12}	β_{13}	η_1	β_{21}	β_{22}	β_{23}	η_2
Coefficient	0.058 ** (2.97)	– 0.003 (– 0.62)	– 0.005 (– 0.09)	– 0.221 ** (– 3.52)	0.065 (1.19)	0.0001 (0.01)	0.030 (0.45)	0.061 * (1.68)
项目	模型 B – 3				模型 B – 4			
	D ($FIRV$)	D ($\ln FSR$)	D ($\ln FER$)	ECM	D (MIV)	D ($\ln FSR$)	D ($\ln FER$)	ECM
	β_{31}	β_{32}	β_{33}	η_3	β_{41}	β_{42}	β_{43}	η_4
Coefficient	0.008 (1.27)	0.009 ** (4.71)	0.070 * (2.51)	– 0.053 ** (– 7.46)	0.035 * (2.66)	– 0.005 ** (– 3.61)	0.043 * (2.64)	– 0.185 ** (– 11.58)
项目	模型 B – 5				模型 B – 6			
	D ($FIRV$)	D ($\ln FSR$)	D ($\ln FER$)	ECM	D (MIV)	D ($\ln FSR$)	D ($\ln FER$)	ECM
	β_{51}	β_{52}	β_{53}	η_5	β_{61}	β_{62}	β_{63}	η_6
Coefficient	– 0.034 (– 0.92)	0.016 (1.64)	– 0.047 (– 0.47)	0.079 * (2.39)	0.065 (0.69)	0.023 * (2.10)	– 0.071 (– 0.73)	– 0.024 * (– 2.38)

注：* 、** 分别表示在5% 和1% 显著性水平下的显著性，由 EViews 8.0 软件给出。

第四节 结论与启示

一、研究结论

本章基于我国 1990 ~ 2014 年金融发展和产业升级的相关数据，在金融发展分别在"戈氏指标"和"麦氏指标"衡量下以及考察剔除物价因素与否，对我国产业结构优化和就业结构优化指标的多指标交叉检验进行了长期和短期内的分析，得出了以下几点结论：

第一，从长期来看，我国的金融发展与产业结构升级之间的相对弹性存在长期稳定关系，无论是金融发展的"戈氏指标"还是"麦氏指标"都对产业结构优化率及就业结构优化率具有正向的敏感性。金融发展效率和金融结构发展水平对产业结构优化率的提升也产生了促进作用，而在"戈氏指标"的衡量下其对就业结构产生了抑制作用，相反"麦氏指标"衡量具有促进作用。

第二，从长期来看，剔除物价因素后，金融发展对产业升级的影响更具真实性。同时也可得出：在"戈氏指标"和"麦氏指标"衡量下，金融发展对产业升级长期具有促进作用，前者相对弹性小幅下降，后者下降明显，因此对于金融发展对产业升级的影响程度应该理性看待。在就业结构方面可以得出：相对"戈氏指标"，就业结构相对弹性是产业升级相对弹性的4.8倍；相对"麦氏指标"，前者相对弹性是后者的28倍。可见，一国的金融发展对就业结构的影响程度和敏感程度远远大于其对产业结构。

第三，从短期来看，无论是选择金融相关率还是选择麦氏货币指标衡量产业结构优化，都具有正向的相对弹性。即短期内，两者都具敏感性，并以不同的调整力度把非均衡状态调整到均衡状态。另外，可能受到"延迟效应"影响，"戈氏指标"核算的金融发展会对就业结构产生抑制作用。

二、启示

基于以上结论，为了更好地发挥金融在促进我国产业结构升级中的作用，本章提出以下几点政策建议：一是完善我国金融系统，促进各个区域间金融合作，以扩大金融发展的规模，进而促进产业结构升级。发展资本市场，提高直接融资比例，开发融资新渠道。通过完善金融服务体系，打造与本地区优势产业相关的金融服务产业，扩大金融规模。二是大力发展股票市场和债券市场，扩大直接融资比例。健全多层次资本市场体系，推进股票发行注册制改革，多渠道推动股权融资，发展并规范债券市场，支持企业运用短期融资券和中期票据等债务融资工具、发行中小企业集合债券，提高直接融资比重，充分发挥证券市场在促进产业结构合理化中的重要作用。三是充分发挥金融对新兴产业，特别是现代服务业的强力支撑效应。我国新兴产业发展滞缓，要逐步加大金融对现代服务业的支持力度，推动新兴产业的快速发展，使金融发展与产业结构高级化，形成良性的互动机制。

第六章

共享发展：区域城乡收入差距的动态收敛性与影响因素探究

本章基于省际人口迁移视角，研究了 1997～2016 年省际城乡收入差距的动态收敛问题。分析结果表明：我国省际城乡收入差距存在绝对 β 收敛和条件 β 收敛，均呈现出城乡收入差距收敛速度东部慢于中部而快于西部，且中部收敛速度高于全国平均水平。从分周期的"动态收敛"看，整个周期内无论是绝对收敛还是相对收敛均呈现"先下降后上升"的"V"型走势。进一步分析影响城乡收入不平等因素，发现人口迁移显著缩小收入差距，且通过户籍城镇化机制发生作用，迁入人口若能顺利转变为城镇人口则可缩小收入差距。而目前，我国迁移人口难以顺利取得城市户籍，缩小城乡收入差距作用不明显。这些发现对解决日益严重的城乡收入差距问题提供了有益的启示。本章从区域角度出发，首先验证了现阶段城乡收入差距的收敛性，其次就这种收敛性背后的影响因素，尤其是人口迁移给城乡收入差距收敛的区域差异进行了分析。本章结构安排如下：第一节为引言，第二节构建了理论模型，第三节为实证策略，第四节为结果分析，第五节是结论与启示。

第一节 引 言

改革开放以来，中国经济持续高速增长，形成了举世关注的中国模式，然而在我国经济快速发展的背后，蕴藏着许多问题，其中收入分配不均、城乡收入差距扩大成为社会关注的焦点。党的十九大报告指出，城乡区域发展和收入分配差距过大，仍是我们现阶段面临的困难和挑战。随着中国经济逐渐步入"结构性减速"的新阶段，"人口红利"逐渐消失，缩小城乡收入差距、提升劳动质量成为中国经济增长的迫切需要。数据显示，1978 年改革开放初期我国城乡收入倍差为 2.57，到 2016 年这一数据变为 2.72。2015 年中国居民收入的基尼系数为 0.462，而 2016 年为 0.465，相比 2015 年提高了 0.003。可见，城乡收入差距问题仍然存在，这种差距若持续扩大不仅会影响到中国经济转型及增长动力转换，甚至会滋生许多社会问题。另外，随着户籍制度改革和城镇化的建设，劳动力要素市场逐步放开，人口迁移呈加快态势。2010 年全国跨省份流动人口数量为 8587 万人，约占总人口的 38.8%。跨省份流动人口正在持续增加，2014 年全国跨省份流动人口数量达 9830 万人。人口迁移更多是由欠发达地区的农业部门，转向发达地区的工业、服务业部门，这势必对劳动力流入地的经济发展及产业结构调整产生重要影响。因此，劳动力跨区域流动也是一种结构性问题。劳动要素的自由流动，可以真实反映流动微观个体的理性决策，但现阶段我国采用大量"以产控人""以业控制"的方式，阻碍了劳动力自由流动。

城乡收入差距扩大和劳动力要素流动加速同时存在，带来了这样的问题：劳动要素流动对收入差距收敛如何产生影响？对不同区域而言，这种影响方向是否一致？根据新古典经济学、二元经济学理论，要素的边际产出具有递减的规律。因此，伴随着劳动力要素的城乡流动，会带来城乡收入差距收敛的效应。部分学者对劳动力流动与城乡收入差距收敛的关系进行了实证研究，得到了预期的结论，但仍有学者持相反观点，坚持劳动力要素流动拉大城乡收入差距的结论。因此，随着人口大规模迁移发生，我国城乡收入差距是扩大还是缩小，是趋于收敛还是发散，值得深入研究。

关于劳动力流动对城乡收入差距收敛性影响的学界有两种观点。第一类观点：有学者对人口迁移可以缩减城乡收入差距持质疑态度，认为在中国特有二元经济结构下，一方面存在户籍制度障碍，另一方面迁出地劳动流失不利于本地区的农业发展，这两方面原因共同导致了城乡收入差距的扩大（沈坤荣等，2006；田新民等，2009；Benjamin et al.，2011；蔡昉，2017）。第二类观点：有学者认为人口的流动可以使得相对贫困地区的居民，通过迁移获取更多的就业机会及更高的收入，进而减缓城乡收入差距。也就是说大规模的人口迁移可以提高生产效率，促进经济的发展，加快经济的收敛速度（Taylor et al.，1997；姚枝仲等，2003；陆铭等，2005；Razin et al.，2010；匡远配，2013）。此外，部分学者在肯定了人口流动缩小城乡收入差距收敛的基础上，进一步探索了影响城乡收入差距收敛的其他因素，如地方财政支出差异、教育和地区福利水平、固定资产投资及地区间的消费差距等。

通过以上的文献梳理，本章发现已有研究主要集中在以下两个方面：第一，人口流动对城乡收入差距收敛有一定影响，但影响方向存在争议；第二，人口流动因素只是城乡收入差距收敛的影响因素之一，而城乡收入差距的收敛性是各种因素共同作用的结果。从人口流动和城乡收入差距收敛关系的研究看，大多数研究都集中在国家层面，很少有学者从区域层面提供综合的分析框架对两者的关系进行分析。

第二节 理论模型

一、城乡收入差距收敛模型

在新古典经济理论增长的背景下，巴罗等（Barro et al.，1992）和曼昆等（Mankiw et al.，1992）提出了 β 收敛的概念。其内在逻辑是受到资本报酬递减规律的影响，贫穷国家或者地区相比富裕国家或地区具有更高的经济增长率。也就是经济发展的初始水平与经济增速之间存在一种负相关关系，所有国家或地区最终收敛于同等的人均收入水平。理论上，国家间或地区间想要具有相同的经济增长路径，实现经济"追赶"，达到经济均衡稳态，最重要的就是要具有完全相同的经济特征，如投资率、人口增长率、资本折旧率及生产函数等。在这样完全相同的经济体中，经济增长率与其离稳态的距离是成反比的。基于此，鲍莫尔（Baumol，1986）将 β 收敛的检验方程进行了定义：$g_i = \alpha_i + \beta y_{i0} + \mu$，当 $\beta < 0$ 时存在绝对 β 收敛。巴罗等（1992）进一步发展了该方程式，我们也对传统的 β 收敛模型加以适当改进，得到本章的城乡收入差距收敛模型。当稳态下的人均增长率 x_t^* 和有效劳动产出 y_t^* 保持不变时，基本条件 β 收敛回归方程可以简化为：

$$\frac{\ln(y_{i,t_0+T}) - \ln(y_{i,t_0})}{T} = B - \left(\frac{1-e^{-\beta T}}{T}\right)\ln(y_{i,t_0}) + \Psi X_{i,t} + \mu_{i,t} \quad (6-1)$$

其中，y_{i,t_0} 和 y_{i,t_0+T} 表示分别表示第 i 个经济体期初和期末的人均产出或收入，T 为时间跨度，常数项 B 在横截面上不变，β 为收敛速度，$\mu_{i,t}$ 为随机干扰项。另外，曼昆等（Mankiw et al.，1992）将人力资本加入标准的索罗

（Solow）模型中，推出相对收敛模型，如式（6-2）所示：

$$\ln y_{it} - \ln y_{i0} = (1-e^{-\lambda t})\ln y_i^* - (1-e^{-\lambda t})\ln y_{i0} = (1-e^{-\lambda t})\frac{\alpha}{1-\alpha-\beta}\ln(s_k)$$

$$+ (1-e^{-\lambda t})\frac{\beta}{1-\alpha-\beta}\ln(s_h) - (1-e^{-\lambda t})$$

$$\frac{\alpha+\beta}{1-\alpha-\beta}\ln(n+g+\delta) - (1-e^{-\lambda t})\ln y_{i0} \qquad (6-2)$$

其中，收敛速度 $\lambda = (n+g+\delta)(1-\alpha-\beta)$，$\alpha$、$\beta$ 为相应要素投入对产出的边际弹性，s_k、s_h 分别表示物质资本和人力资本投入的份额。技术和人口增长率分别为 g、n，折旧率为 δ。考虑人力资本因素后，经济增长的条件收敛性问题更具合理性。目前学术界对条件收敛研究所使用的不同控制变量尚无一致结论，因此本章应用经典收敛模型研究城乡收入差距的收敛性问题，得到城乡收入差距绝对 β 收敛回归方程式与相对 β 收敛回归方程式：

$$\gamma_{i,t} = \frac{gap_{i,t}}{gap_{i,t-1}} - 1 = \beta_0 + \beta_1 gap_{i,t-1} + \varepsilon_{i,t} \qquad (6-3)$$

$$\gamma_{i,t} = \frac{gap_{i,t}}{gap_{i,t-1}} - 1 = \beta_0 + \beta_1 gap_{i,t-1} + \beta_i X_{i,t} + \varepsilon_{i,t}, \ i=1,2,3,\cdots,N$$

$$(6-4)$$

其中，$X_{i,t}$ 表示与经济稳态有关的其他控制变量，如人力资本、对外开放度等。$gap_{i,t}$ 为 i 地区 t 期城乡收入差距，$\varepsilon_{i,t}$ 为随机误差项，β_0 为常数项，若 $\beta_1 < 0$，说明随着城乡收入水平的提升收入差距在缩小，不同个体间的城乡收入差距存在收敛，反之则发散。

二、人口迁移与城乡收入差距理论分析

近几十年，农民工进城务工俨然成为城乡人口流动模式。尤其是政府放松对农村劳动力流动的限制后，东部沿海发达城市出现了"民工潮"现象。由于城乡存在收入差距，农民工对生活质量的需求增加，导致大量的农村劳动力跨区域流动，一方面提升了农民工的收入水平，另一方面加剧了城市劳动力市场上的竞争，抑制了城镇居民收入水平的提升，在这两种机制的作用下，城乡收入差距缩小。

（一）城乡收入差距对人口迁移影响

假设在一个经济体中，分为经济发达和欠发达地区，分别记作 A、B，这里可以理解为东部与中西部地区，而假定两地经济结构差异不大。现实中户籍制度的存在，使得进城的农民工只能在城市工作，很难转变为城镇居民，享受不到各种福利待遇，加之受身份歧视及自身人力资本水平的限制，只能从事一些非技术工作。虽然劳动力市场上存在着一些壁垒和分割，但是整体而言农民工进城在很大程度上改善了生活水平的提升，所以假定两地区之间劳动力是可以自由流动的。中国这种特殊的城乡人口流动模式，主要表现为大量的农村劳动力向东部发达地区迁移，尤其是珠江三角洲、长江三角洲地区。由统计数据可以明显看出发达地区与欠发达地区城乡收入差距很明显，可见这种由 B 地区向 A 地区的迁移规模与两地的收入差距呈正相关。进一步分析，A 地区雇用了更多的农民工，而这部分农民工更多来自 B 地区，这将加大 A 地区劳动力市场的竞争程度，尤其是 A 地区农民工的流动速度，在一定程度上抑制了本地区农民工收入的增速。B 地区城镇单位主要是使用本地区的农民工，而本地农民因大部分外流到 A 地区，对本地区城市劳动力市场的冲击较小，加上欠发达地区企业所有制以非国有企业为主，导致 B 地区农民工的劳动收入提高不明显。而本书更加关注的是省级之间的劳动力流转问题，即 B 地区的农民工向 A 地区转移的一种影响机制效应。

在不考虑劳动力市场扭曲的情况下，劳动力在两地区迁移的条件为：劳动力的工资收入等于边际产品价值 MPL，而 MPL 遵循边际报酬递减规律。在图 6-1 中，第一、第二象限横轴分别表示 A、B 地区劳动力供需状况，纵轴为工资水平，D 为劳动力的需求曲线；第三象限描述劳动力资源是如何配置的，横轴向左表示 B 地区劳动力资源数量增加，纵轴向下表示 A 地区的劳动力资源数量增加。在劳动力资源总量一定的情况下，A 地区劳动力资源数量的增加就意味着 B 地区劳动力资源数量的减少。从图 6-1 中可以看出，假设不发生劳动力迁移，A、B 地区的劳动力资源数量为 L_{a1}、L_{b1}，工资水平为 W_{a1}、W_{b1}，且 $W_{a1} > W_{b1}$。劳动力可以跨区域流动的前提下，收入较低的 B 地区，劳动力的大量迁出，将使劳动力资源供给 OL_{b1} 下降到 OL_{b2}，工资水平 W_{b1} 上升到 W_{b2}；A 地区劳动力的大量迁入，将使劳动力资源供给 OL_{a1} 减少到 OL_{a2}，工资水平 W_{a1} 下降到 W_{a2}，形成一种新的均衡状态，此时，

A 地区和 B 地区之间的收入差距缩小。

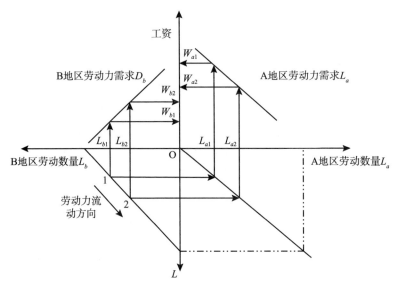

图 6-1 城乡收入差距对人口迁移的影响

总体来说，劳动力从农村到城镇迁移的收入效应包含两个方面：一方面，欠发达地区劳动力向发达地区转移，加剧了发达地区劳动力市场的竞争程度，使得本地区的劳动力数量和劳动边际产出发生变化，在一定程度上使得农民工与城镇居民收入差距有趋同趋势；另一方面，欠发达地区人口流出使得劳动生产率提高，从而增加了迁出地的收入水平。这种机制发生的情况下，随着劳动力的转移，城乡之间以及地区之间收入差距有不断缩小的趋势。因此可以得出以下命题：

命题 6-1：人口迁移可以缩小发达地区（或劳动迁入地）的城乡收入不平等，而欠发达地区（或劳动迁出地）在一定程度上也会缩小收入不平等。

（二）人口迁移对城乡收入差距的影响

基于以上分析，为了更加准确地说明省级之间人口流动与城乡收入差距的影响，本章构建了一个简单的分析框架，将农村劳动力分为农民工进城后变为城市户口的"市民化"或"城市化"以及农民工暂时性进城务工两种城乡人口流动模式。为简化分析，将时间设定为两个阶段，基期农村居民收入为 x、农业人口为 n、城镇居民收入为 y、城镇人口为 m。为了研究人口迁移对城乡收入的影响，需要对城乡收入差距进行度量，简单地采用城乡收入比来衡量，没有考虑到城乡之间人口结构，容易高估城乡之间的收入差距，而采用基尼系数，有学者认为其不适合二元结构下的城乡收入差距测算，缺乏可信度（王少平等，2008）。而泰尔指数能够反映城乡人口结构变化对收入差距的影响，真实地反映城乡差距水平，更多的学者（邓金钱，2017）采用该方法进行测度。泰尔指数用 T 表示，城市化率用 u 表示，则可以得到式（6-5）和式（6-6）：

$$T = \frac{xn}{xn + ym}\ln\left[\frac{xn/(xn + ym)}{n/(n + m)}\right] + \frac{ym}{xn + ym}\ln\left[\frac{ym/(xn + ym)}{m/(n + m)}\right] \quad (6-5)$$

$$u = \frac{m}{n + m} \quad (6-6)$$

在总人口保持稳定的前提下，转移的劳动力中仅有 a 部分由农村户口转为非农，实现了城市化。可见 a 部分的劳动力转移是城市化率的函数 $u(a)$，而农民工的市民化会进一步影响城乡收入差距，也就是泰尔指数体现为城市化率的一种函数 $T(u(a))$。

$$u(a) = \frac{m + a}{n + m} \quad (6-7)$$

通常而言，一般省份 $m < n$，即农村人口相对较多，直辖市 $m > n$，即城镇人口多。且通过式（6-7）可以看出，a 和 $u(a)$ 和单调性相同，即农民工的市民化促进了城市化率。进一步分析农民工进入城市后对城乡收入差距的影响，可以得出式（6-8）：

$$T(u(a)) = \frac{x(n - a)}{x(n - a) + y(m + a)}\ln\left[\frac{\frac{x(n - a)}{x(n - a) + y(m + a)}}{\frac{n - a}{n + m}}\right]$$

$$+ \frac{y(m + a)}{x(n - a) + y(m + a)}\ln\left[\frac{\frac{y(m + a)}{x(n - a) + y(m + a)}}{\frac{m + a}{n + m}}\right] \quad (6-8)$$

假定用 $gap_i = y/x$ 表示城乡收入差距，则式（6-8）可以表示为：

$$T(u(a)) = \frac{gap_i(1 - u)}{gap_i(1 - u) + u}\ln\left(\frac{gap_i}{gap_i(1 - u) + u}\right)$$

$$+ \frac{u}{gap_i(1 - u) + u}\ln\left(\frac{1}{gap_i(1 - u) + u}\right)$$

$$= \frac{(1-u)gap_i \ln(gap_i)}{gap_i(1-u)+u} - \ln[gap_i(1-u)+u] \qquad (6-9)$$

由式（6-9）可以得出，当 $gap_i = 1$ 时，城乡之间收入差距 $T(u(a)) = 0$，而当 $gap_i > 1$ 时，也就是城乡之间存在收入差距，将城乡收入差距对城市化求一阶导数可得式（6-10）：

$$\frac{\partial T(u, gap_i)}{\partial u} = \frac{-gap_i \ln(gap_i)}{[gap_i(1-u)+u]^2} - \frac{1-gap_i}{gap_i(1-u)+u} \qquad (6-10)$$

若 $\dfrac{\partial T(u, gap_i)}{\partial u} = 0$，$\hat{u} = -\dfrac{gap_i}{1-gap_i} - \dfrac{gap_i \ln gap_i}{(1-gap_i)^2}$，而当 $u < \hat{u}$ 时，

$\dfrac{\partial T(u, gap_i)}{\partial u} > 0$；当 $u > \hat{u}$ 时，$\dfrac{\partial T(u, gap_i)}{\partial u} < 0$。

可见，城市化率对城乡收入差距通过一种城乡之间的劳动力结构变化发生作用。随着农村劳动力逐渐向城市转移，在城市化水平较低的时期，泰尔指数随城市化水平的提高而上升；当城市化水平发展到一定阶段时，泰尔指数随城市化水平的提高而下降。即随着人口迁入规模的不断扩大，城市化水平有所转变，城乡收入差距趋势不断变化。可以得出命题6-2：

命题6-2：人口迁移通过城市化效应影响城乡收入差距的收敛性。若迁移人口能实现户籍城镇化，则会通过城市化率的传导机制缩小城乡收入的不平等；反之，城乡收入不平等现象则不会有明显的改善。

第三节　实　证　策　略

一、数据来源及处理

在实证分析中考虑到样本数据的可获得性与可比性，本章选取了1997～2016年我国31个省份的样本数据。本章对三大经济带的划分如下：东部地区包括（12个）：京、津、冀、辽、沪、苏、浙、闽、鲁、粤、桂、琼；中部地区包括（9个）：晋、吉、黑、蒙、皖、赣、豫、鄂、湘；西部地区包括（10个）：桂、川、渝、黔、滇、陕、甘、青、宁、新。原始数据来自历年《中国统计年鉴》、历年各省份统计年鉴、《新中国六十年统计资料汇编》

等，并对缺失数据使用全球统计数据分析平台（EPS）数据库进行了适当补充。考虑到价格波动因素的影响，所有名义收入变量以 1997 年为基期，采用城乡居民消费价格指数（CPI）进行平减，剔除价格性因素。

二、变量处理与模型设定

（一）变量选择

本章核心被解释变量为城乡收入差距（gap）和收敛增长率（gg），而城乡收入差距指标测算方法包括城乡收入比、基尼系数、泰尔指数等。三者的优劣前文已经提及，本章选取两种测度方法：一是借用孙敬水等（2010）、章元等（2011）的方法，选用城镇居民人均可支配收入与农村居民人均纯收入之比，作为度量城乡收入差距（gap）的指标，变量值越大，城乡收入差距就越大；二是考虑到城乡人口结构变化，选择能真实反映城乡收入差距水平的泰尔指数，作为城乡收入差距的合理性与否的测度（Theilindex），具体核算如式（6-5）所示。城乡收入差距的收敛性（gg）用收入差距的增长率进行测度，具体为（本期的城乡收入差距－上一期城乡收入差距)/上一期的城乡收入差距。

核心解释变量为净迁移率（imm）和城市化水平（csh），城市化水平（csh）采用城镇人口占总人口比重来衡量，而净迁移率测度则借鉴段平忠（2011）的计算方法，具体计算公式如式（6-11）、式（6-12）所示：

$$im_{pop} = pop_{i,t} - pop_{i,t-1} - n \times \left(\frac{pop_{i,t} + pop_{i,t-1}}{2} \right) \qquad (6-11)$$

$$imm = \frac{pop_{i,t} - pop_{i,t-1} - n \times \left(\frac{pop_{i,t} + pop_{i,t-1}}{2} \right)}{\frac{pop_{i,t} + pop_{i,t-1}}{2}} = \frac{2 \left(pop_{i,t} - pop_{i,t-1} \right)}{pop_{i,t} + pop_{i,t-1}} - n$$

$$(6-12)$$

在式（6-11）中，i 地区 t 时期的年末总人口减去 t-1 时期的年末总人口后，再减去该地区 t 时期即 i 地区 t 期自然增长人口数（自然增长率乘以该时期平均人口），即得到该地区在 t 时期的净迁移人口数，而净迁移率为净迁移人口与该期该地区平均人口的比值。采用这种方法测算各地区的净迁移人口数，其中涵盖了非户籍迁移和户籍迁移两种迁移数量的总和，能够反映迁移发生地区的实际迁移状况，而本章不再对暂时性迁移人口和永久迁移人口进行区分。

另外已有研究发现，影响城乡收入差距的因素主要分为五类：经济发展水平、社会保障制度、公共产品及基础设施、开放程度、政府政策因素。本章也选取了相关的控制变量：社会保障（bud），多采用政府支出占GDP比重来衡量，有学者采用政府转移支付占GDP比重来衡量，而本章采用地方财政支出占GDP比重测度；基础设施（road），采用每万人拥有公共交通车辆（标台）和等级公路里程作为代理变量；政府政策（inv），采用非国有企业投资占全部投资的比率衡量；开放程度（fdib），则采用外商直接投资占GDP的比重测度；人力资本水平（edu），采用平均受教育年限衡量，而平均受教育年限的计算方法，则借鉴周晓等（2003）的计算方法，其公式为：$e = n \sum_{i=1}^{5} Q_i h_i$，其中，$e$ 为总人力资本存量，n 为总劳动力人数，Q_i 为各种文化程度劳动力所占的比重，h_i 为教育折算系数，这里直接借用其核算的结果，即文盲、半文盲为 1.1，小学为 1.07，初中为 1.254，高中为 1.308，大专及以上为 1.634。具体变量描述性统计见表6-1。

表6-1   变量的定义及描述性统计

变量名称		指标核算	中位数	标准差	最小值	最大值
城乡收入差距	gap	城镇人均可支配收入/农村人均纯收入	2.92	0.65	0.94	5.60
收入差距增长率	gg	（收入差距本期－上一期）/本期收入差距	0.02	0.18	-0.63	1.92
泰尔指数	Theilindex	见式（6-5）	0.23	0.19	0	0.92
户籍城市化率	csh	城镇人口/总人口	35.12	21.70	0	89.6
净迁移率	imm	净迁入人口/平均人口	-0.05	0.03	-0.14	0.11
人力资本	edu	平均受教育年限	7.54	1.47	0.78	12.03
社会保障	bud	财政支出占GDP比重	0.20	0.16	0.05	1.35
开放程度	fdib	外商直接投资占GDP比重	0.01	0.01	0	0.06
政府政策	inv	非国有企业投资占比	0.68	0.11	0.33	0.88
人力保障	in	人均社会保险支出比	0.13	0.09	0.02	0.55
基础设施	road	人均公路里程	0.21	0.20	0.03	1.80

资料来源：作者根据城市统计年鉴数据整理所得。

（二）模型设定

在本章的理论分析部分，由经济增长收敛模型式（6 – 1）和式（6 – 2）推导出城乡收入差距的收敛模型式（6 – 13）绝对收敛方程，式（6 – 14）为条件收敛方程。而条件收敛式（6 – 14）是在绝对收敛式（6 – 13）的基础上假定影响稳态的特征变量 X，即式（6 – 13）是式（6 – 14）的长期趋势，而式（6 – 14）是式（6 – 13）的实现过程。在同质的经济体经济增长趋于绝对收敛，而与其他类型的经济体趋于发散的情形有时成为俱乐部收敛（club convergence），这种收敛强调各个国家和区域的结构特征差异。

$$gg_{i,t} = \beta_0 + \beta_1 gap_{i,t-1} + \varepsilon_{i,t} \quad i = 1, 2, 3, \cdots, N \qquad (6-13)$$

$$gg_{i,t} = \beta_0 + \beta_1 gap_{i,t-1} + \beta_2 csh_t + \beta_3 imm_t + \beta_4 csh_t \times imm_t + \beta_i X_{i,t} + \varepsilon_{i,t}$$
$$i = 1, 2, 3, \cdots, N \qquad (6-14)$$

本章将城乡收入差距收敛的理论模型简化式（6 – 13）和式（6 – 14）。式（6 – 15）为收入差距影响因素分析参照模型。

$$y_t = \beta_0 + \beta_1 csh_t + \beta_2 imm_t + \beta_3 csh_t \times imm_t + \beta_i X_{i,t} + \varepsilon_{i,t} \quad i = 1, 2, 3, \cdots, N$$
$$(6-15)$$

$gap_{i,t}$ 为 i 地区 t 期城乡收入差距，$\varepsilon_{i,t}$ 为随机误差项，β_0 为常数项，若 $\beta_1 < 0$，我们可以得到城乡收入差距存在收敛，反之则呈现发散，收敛意味着城乡收入差距逐渐缩小、发散意味着拉大。我国区域发展不平衡，尤其是东部发展速度较快，而西部地区经济相对落后，在一定程度上会呈现不同的收敛性。所以，本章在实证分析中加入各区域收敛检验，已验证我国是否存在俱乐部收敛效应。计量模型式（6 – 13）检验我国及各区域是否存在绝对收敛，模型式（6 – 14）加入核心解释变量城市化、净迁移率以及两者的交互项。由理论分析可知净迁移率可能会通过城市化会影响城乡收入差距，所以本章加入了两者的交互项，检验城乡收入差距相对收敛的存在性。模型式（6 – 15）是在式（6 – 14）的因素基础上加入了各类控制变量，主要是分析导致城乡收入差距（*gap*）或城乡收入不合理（*Theilindex*）的原因。

第四节　结果分析

一、城乡收入差距绝对收敛分析

由于存在户籍制度以及分割的劳动力市场，不同地区间劳动力无法自由流转，导致农村劳动力不能享受城市发展带来的红利，城乡收入差距拉大，表现为在不同时期内可能收敛速度不一样。这意味着不同时期内分别收敛于不同的稳态，即各地区的城乡收入差距满足"动态收敛"的特征，本章将研究时段分为 4 个时段：1997～2003 年、2004～2008 年、2009～2012 年以及 2012～2016 年。

从表 6－2 可以看出，在控制了时间和地区差异后，全国以及东、中、西部三个地区城乡收入差距滞后一期的系数在 1% 的显著性水平下显著为负，可以判断出在整个测算周期内全国整体上存在绝对 β 收敛。进一步分析各地区的回归结果，东、中、西部地区的回归系数依次为 －0.253、－0.623、－0.142，可见东部地区城乡收入差距收敛速度慢于中部地区而快于西部地区，而且中部地区收敛速度高于全国的平均水平（－0.282）。区域内部存在明显的绝对收敛，使得城乡收入差距逐渐缩小，但是地区收敛速度的差异性可能会导致区域间城乡收入差距的进一步扩大，区域之间仍存在较大差距。

表 6－2　　　　　　　　　城乡收入差距的绝对收敛结果

变量	全国	东部	中部	西部
$gap_{i,t-1}$	－0.282 *** （0.020）	－0.253 *** （0.038）	－0.623 *** （0.049）	－0.142 *** （0.021）
常数项	0.699 *** （0.056）	0.524 *** （0.089）	1.373 *** （0.115）	0.437 *** （0.072）
年份	控制	控制	控制	控制
观测值	587	209	171	207

续表

变量	全国	东部	中部	西部
拟合优度	0.355	0.497	0.749	0.423
F	15.524	9.309	22.438	6.827
时期	地区城乡收入差距的"动态绝对收敛"			
1997~2003 年	-0.517 *** (0.043)	-0.368 *** (0.075)	-0.950 *** (0.084)	-0.467 *** (0.049)
2004~2008 年	-0.122 *** (0.019)	-0.132 ** (0.056)	-0.253 *** (0.058)	-0.118 *** (0.029)
2009~2012 年	-0.087 *** (0.023)	-0.124 * (0.070)	-0.161 *** (0.053)	-0.058 (0.037)
2012~2016 年	-0.161 *** (0.029)	-0.204 *** (0.055)	-0.195 *** (0.064)	-0.105 ** (0.039)

注：（1）括号内数值表示标准误；***、**、* 分别表示 1%、5%、10% 的显著性水平；（2）所有模型均采用双向固定效应模型，全样本中年份虚拟变量均控制，本章只汇报个别年份（2003 年、2008 年、2012 年）结果；（3）分时期回归结果，只列出绝对收敛系数项，其余均控制。

从分周期的"动态绝对收敛性"来看，全国及各地区在 1997~2003 年、2004~2008 年及 2009~2012 年城乡收入差距的收敛速度逐渐减低，2012~2016 年周期内收敛速度增加，整个经济周期内收敛速度呈现"先下降后上升"的"V"型走势，其中全国回归系数均在 1% 的显著水平下为 -0.517、-0.122、-0.087 及 -0.161。本章认为 2003 年前城乡收入差距收敛速度达到最大，首先是因为经济发展不均衡导致城乡之间收入差距基数相差悬殊，其次是农村剩余劳动力大量流向城镇，缩小了收入差距，更重要的是农业进入新的改革阶段，对农产品价格实施补贴；2004~2008 年城乡收入差距的收敛速度持续下降，主要是 2003 年后政府对"三农"问题的重视，减轻农民负担；2009~2012 年，国家通过城乡医疗保障、农业税减免及农村基础设施建设，进一步缩小城乡收入差距；而 2012 年后，党的十八大提出"推动城乡发展一体化"、推进"四化同步"等政策，不断提升农民收入，则城乡收入差距的收敛速度表现为上升趋势。但从长期来看，城乡之间仍然存在明显的收入差距。

因此，应该更加关注区域发展平衡性问题。林毅夫等（2003a）认为北京、天津、上海对全国范围内经济整体影响较大，所以本章在实证分析中将其剔除后进行实证分析，而结果与现有结果差距不大，所以不再列出剔除上述三个直辖市的结果。泰尔指数可以描述区域城乡收入是否合理，我国东、中、西部地区的泰尔指数分布情况如图 6 - 2 所示。总体来说，全国整体和东、中、西部各区域地带间的经济发展差距呈不断缩小的趋势。另外，东部地区区域内各省份经济发展差距大于中西部地区，城乡收入差距不合理性相对较小；而中部和西部地区区域内各省份的经济发展较为落后，城乡收入差距不合理性相对较大。这一结果与表 6 - 2 的地区间的收敛结果是相对应的。

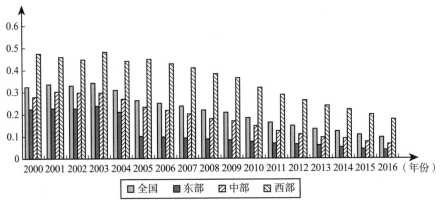

图 6 - 2　2000 ~ 2016 年全国及地区的泰尔指数

二、城乡收入差距条件收敛分析

为了分析地区间的条件收敛，本章进一步加入劳动迁移率、城市化水平以及城市化水平与劳动迁移率的交互项这三个核心解释变量，同时加入了人力资本、社会保障、政府政策、人力保障及开放程度等控制变量，检验是否存在城乡收入差距的条件 β 收敛。实证结果显示，城乡收入差距的滞后一期的系数仍为负，且都在 1% 水平下显著通过检验，即存在条件 β 收敛。全国及东、中、西部地区系数分别为 - 0.263、- 0.214、- 0.522、- 0.125，其中，中部地区的条件收敛速度最大，而西部地区的条件收敛速度最小，这与绝对收敛结果相一致。可见，城乡收入差距在地区内部是逐渐缩小的，但是地区间差距仍是拉大的，区域发展不平衡问题仍不可忽视，这种不平衡更多地表现为人口集聚和经济集聚发展的不平衡。进一步分析，从全国结果看出劳动要素的净迁移率对城乡收入差距具有显著的作用，净迁移率每增加一单位则城乡收入差距缩小 2.278 单位，而城市化的提升也显著缩小了城乡之间的差距。在现实中，劳动力向城市转移，并不一定能转变为市民，而只有获得城市户籍的劳动力才能提升城市化率。净迁移率与城市化率的交互项在 5% 显著水平下为 0.014，可见提升城市化率可以促进劳动迁移，缩小城乡收入差距。通过以上分析可知，地区之间城乡收入差距存在条件收敛，缩减城乡收入差距是通过劳动力迁移进而实现城市市民化的机制在发生作用。

从城乡收入差距的"动态条件收敛"的结果（见表 6-3）看，1997~2003 年、2004~2008 年及 2009~2012 年三个经济周期内收敛速度逐渐下降，而 2012~2016 年的经济周期内收敛速度增加，在中部和西部地区同样表现出"先上升后下降"的趋势，不同的是东部地区 2004~2008 年周期内收敛速度最低。进一步考虑劳动迁移率、城市化率等条件收敛与绝对收敛速度相比，显然考虑劳动迁移率和城市化因素后收敛速度提升明显，整个经济周期内全国及东、中、西部地区分别上升了 7.22%、18.22%、19.35% 及 13.60%。

表 6-3　　　　　　　　　　城乡收入差距条件收敛结果

变量	全国		东部		中部		西部	
	β_1	$\Delta\beta_1(\%)$	β_1	$\Delta\beta_1(\%)$	β_1	$\Delta\beta_1(\%)$	β_1	$\Delta\beta_1(\%)$
$gap_{i,t-1}$	-0.263 *** (0.014)	7.22	-0.214 *** (0.015)	18.22	-0.522 *** (0.029)	19.35	-0.125 *** (0.015)	13.60
$imm_{i,t}$	-2.278 *** (0.481)	—	-0.510 *** (0.349)	—	-4.777 ** (1.965)	—	-0.761 (1.002)	—
$csh_{i,t}$	-0.001 * (0.001)		-0.001 ** (0.000)		0.001 *** (0.002)		-0.005 *** (0.002)	
$imm_{i,t} \times csh_{i,t}$	-0.014 ** (0.009)	—	-0.003 (0.005)		0.093 ** (0.045)		-0.094 *** (0.029)	
常数项	0.751 *** (0.054)	—	0.522 *** (0.043)	—	1.382 *** (0.129)	—	0.348 *** (0.096)	—
年份	控制		控制		控制		控制	
观测值	494		176		143		175	

续表

变量	全国		东部		中部		西部	
	β_1	$\Delta\beta_1$（%）	β_1	$\Delta\beta_1$（%）	β_1	$\Delta\beta_1$（%）	β_1	$\Delta\beta_1$（%）
拟合优度	0.520		0.701		0.802		0.532	
F	124.336		94.271		131.259		45.415	
时期	地区城乡收入差距"动态条件收敛"							
1997~2003 年	−0.480*** （0.039）	7.71	−0.289*** （0.020）	27.34	−1.086*** （0.102）	−12.52	−0.299*** （0.039）	56.19
2004~2008 年	−0.126*** （0.019）	−3.17	−0.116** （0.052）	13.79	−0.522*** （0.029）	−51.53	−0.158*** （0.033）	−25.32
2009~2012 年	−0.097*** （0.024）	−10.31	−0.151** （0.073）	−17.88	−0.195*** （0.059）	−17.44	−0.050 （0.037）	16.00
2012~2016 年	−0.149*** （0.049）	8.05	−0.203* （0.107）	49.26	−0.196 （0.119）	−0.51	−0.142** （0.063）	−26.06

注：（1）括号内数值表示标准误；***、**、* 分别表示 1%、5%、10% 的显著性水平；（2）所有模型均采用双向固定效应模型，全样本中年份虚拟变量均控制；（3）β_1 表示模型式（6−14）中条件收敛系数，$\Delta\beta_1$ 表示引入劳动迁移率、城市化水平等条件收敛相比绝对收敛速度的变化率。

近年来，东部地区的发展得益于中西部地区大量农村劳动力的涌入，而劳动要素在省际的配置改变了省内与省间的经济发展格局。李国平等（2003）采用了不一致性系数来衡量各省份的人口分布和经济生产的协调度，即人口地理集中度①与经济地理集中度②的比值，其比值越接近于 1 表示人口分布与经济生产越协调，而越偏离 1 表示越不协调。比较第五次全国人口普查和第六次全国人口普查两个阶段人口分布—区域生产不一致性系数（见图 6−3），阴影前部分为东部地区（横轴的 1~11）、阴影部分为中部地区（横轴 12~21）、阴影之后为西部地区（横轴 22~32）。可以看出，东部地区不一致系数明显低于 1 的水平，中部地区部分省份在 1 以上，而西部地区最高值超过了 2 的水平，只有部分西部省份低于 1 的水平。自东至西不一致系数越来越大，人口分布与经济日趋不协调。

---

① 人口地理集中度表示某地区每 1% 的国土面积集中的全国人口百分比，人口地理集中度越高，表明该地区人口的极化作用越强。
② 经济地理集中度表示 1% 的国土面积生产的 GDP 百分比。经济地理集中度越高，表明该地区具有越强的生产极化作用。

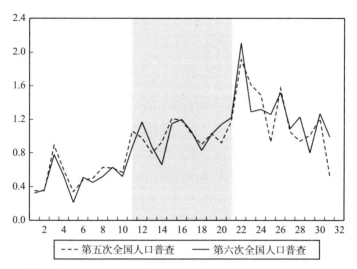

图6-3　第五次全国人口普查和第六次全国人口普查时期区域不一致系数对比

三、城乡收入不平等的影响因素分析

上文的分析证实了我国不同地区之间城乡收入差距存在不同程度的绝对收敛与条件收敛，而缩小收入差距可以通过劳动力的城市市民化实现，为了分析导致城乡收入不平等的因素，本节进一步进行实证分析。首先分析我国不同地区的人口迁移状况，图6-4为第五次全国人口普查和第六次全国

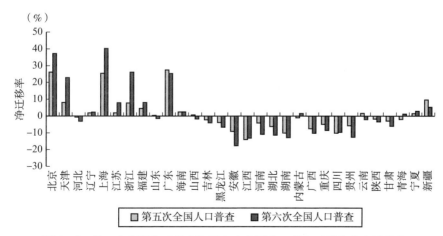

图6-4　第五次全国人口普查和第六次全国人口普查时期各省净迁移率

人口普查时期省际净迁移率走势，可见迁入地和迁出地格局基本不变，而随着省际人口迁移规模的不断扩大，东部地区人口净迁入规模持续扩大，中西部地区人口净迁出数量成倍增长，且中部地区是我国劳动力迁移主要输出地。从迁移方向能够判断，劳动力从中西部农村向东部城市转移，而迁入东部地区的农民工大部分无法在城市落户，他们的收入更多是寄存回家。所以，其收入并没有缩小流入地区的收入差距，农村转移劳动力的收入更多是转移到了中西部欠发达地区。在实现东部收入差距缩小的同时，通过迁移劳动力的收入转移效应，使得欠发达地区的城乡收入差距不断缩小。

考虑到城乡收入差距不仅在收入的绝对值上有所差距，而更多地体现为一种收入结构性的失衡，因此，本章重新选取了泰尔指数作为被解释变量，更加能体现城乡之间的收入不均等，并作为城乡收入差距的稳健性检验。从表6-4的实证结果看出，净迁移化率的提升可以缩小各地区内的城乡收入差距，作为劳动力迁入地的发达地区在1%水平下显著为-2.185，可降低人口迁入地不平等程度，而人口迁出地统计结果不显著。从城市化水平的回归系数看，全国及人口迁入地均显著地降低了泰尔指数水平，这说明城市化水平的提高可以改善城乡收入不平等情况；从人口迁出地实证结果可以看出，城市化仍可降低不平等程度，但随着人口大量迁出，交叉项对收入差距缩小不显著。由理论分析可得，若迁移人口可以在城市顺利落户，提高当地户籍城市化水平，进而可以降低不平等程度。为了进一步验证上述理论，文章实证检验中加入城市化和迁移率的交互项，实证结果表明，全国和人口迁入地交互项在1%水平下分别显著为0.037、0.033，人口迁出地不显著。现实情况是，迁移人口进城并未通过转换户籍成为当地居民，进而缩小城乡收入差距，这主要因为中国地区存在的大规模人口迁移，人口迁入地的流入人口，多数并未拥有当地户籍，而是拥有农村户籍的流动人口，该群体受到户籍和地域的双重歧视，收入低、工作环境差、就业层次低是其面临的基本问题，所以迁入人口和城市化交互项并未缩小收入差距。

表6-4 不同地区城乡收入不平等因素

变量	全国	人口迁入地	人口迁出地
	泰尔指数	泰尔指数	泰尔指数
$imm_{i,t}$	-2.377 *** (0.372)	-2.185 *** (0.695)	-2.506 (1.520)

续表

变量	全国	人口迁入地	人口迁出地
	泰尔指数	泰尔指数	泰尔指数
$csh_{i,t}$	-0.011 *** (0.001)	-0.009 *** (0.001)	-0.013 *** (0.003)
$imm_{i,t} \times csh_{i,t}$	0.037 *** (0.006)	0.033 *** (0.010)	0.046 (0.038)
人力资本	-0.108 *** (0.025)	-0.194 *** (0.050)	-0.049 (0.040)
人力资本（平方）	0.007 *** (0.002)	0.011 *** (0.003)	0.004 (0.003)
基础设施	-0.058 *** (0.011)	-0.054 *** (0.014)	-0.047 *** (0.018)
社会保障	-0.053 (0.035)	0.096 (0.108)	-0.076 (0.053)
开放程度	-1.829 *** (0.240)	-2.085 *** (0.293)	-1.506 *** (0.381)
政府政策	-0.028 (0.033)	0.014 (0.038)	0.011 (0.057)
人力保障	-0.006 (0.015)	-0.008 (0.017)	0.007 (0.028)
常数项	1.062 *** (0.126)	1.366 *** (0.257)	0.929 *** (0.193)
N	277	142	135
拟合优度	0.731	0.527	0.817
F	228.089	98.325	146.437

注：括号内数值表示标准误；***、**、*分别表示1%、5%、10%的显著性水平。

由实证结果表6-4可以得出：全国、人口迁入地的人力资本和城乡收入差距显著呈现"U"型，迁出地系数不显著，即发展初期教育投入的增加会使得城乡收入差距缩小，但当跨越教育年限阈值后，城乡收入差距会进一步拉大，但这更多体现为技能收入补偿效应。从政府政策看，各地政府为了促进当地经济平稳发展，缓解当地社会矛盾，所以政策倾向于相对落后地区，有利于缓解收入差距。基础设施的完善对缩小城乡收入差距具有显著的促进作用。地区的开放程度也可以在一定程度上缩小收入差距，这主要是因为外商投资可以带来大量的就业岗位，对地区间居民收入差距影响显著。

四、城乡收入差距影响因素的稳健性检验

为了进一步证实人口迁移与城市化对城乡收入差距影响结果的稳健性，本章采用动态面板模型以解决内生性问题，得到比一般面板更加准确的结果。首先，进行差分 GMM 模型估计，由于这种方法受弱工具变量的影响较大，易产生有限样本偏误，而系统 GMM 很好地解决了这一问题。其次，进行两步系统 GMM 模型估计，这对异方差和截面相关具有较强的稳健性，提高系数准确性。

表 6 – 5 汇报了城乡收入差距影响因素的差分 GMM 和两步系统 GMM，以及将人口迁移变量作为内生解释变量，用其两阶滞后项作为工具变量的估计结果。其中，AR（1）、AR（2）以及 Sargan 检验均通过了 GMM 的检验要求，从而说明了选择 GMM 模型的合理性。从回归的结果看，无论是差分 GMM 还是两步系统 GMM 的结果，人口净迁移化率及城市化率变量的系数均显著性为负，证实了人口净迁移化率及城市化率的提升能够缩减城乡收入差距，而两者交互项回归系数显著为正，进一步验证了流入城市的农村劳动力并没有顺利地实现城市市民化，表现为对城乡收入差距的扩大趋势。另外，工具变量法的估计结果，也证实了本章核心结论和主要发现均未发生本质变化，由此可以验证本章所得结论的可靠性。

表 6 – 5   收入差距的稳健性检验

变量	模型 1	模型 2	模型 3	模型 4
	差分 GMM	系统 GMM	差分 GMM + IV	系统 GMM + IV
$L. Theilindex$	0.639 *** (0.023)	0.599 *** (0.053)	0.627 *** (0.026)	0.741 *** (0.028)
$L2. Theilindex$	0.035 *** (0.005)	0.035 *** (0.013)	0.033 *** (0.006)	0.043 *** (0.009)
$imm_{i,t}$	− 0.841 *** (0.228)	− 1.319 *** (0.233)	− 0.941 *** (0.234)	− 0.615 * (0.349)
$csh_{i,t}$	− 0.004 *** (0.001)	− 0.003 *** (0.001)	− 0.004 *** (0.001)	− 0.001 * (0.001)

续表

变量	模型 1	模型 2	模型 3	模型 4
	差分 GMM	系统 GMM	差分 GMM + IV	系统 GMM + IV
$imm_{i,t} \times csh_{i,t}$	0.014 *** (0.005)	0.024 *** (0.005)	0.015 *** (0.005)	0.011 (0.007)
人力资本	0.024 (0.016)	− 0.042 *** (0.010)	0.027 (0.017)	− 0.056 *** (0.009)
人力资本（平方）	− 0.001 (0.001)	0.003 *** (0.001)	− 0.001 (0.001)	0.004 *** (0.001)
基础设施	− 0.019 *** (0.006)	− 0.038 *** (0.007)	− 0.020 *** (0.006)	− 0.025 *** (0.005)
社会保障	− 0.031 (0.029)	0.022 (0.034)	− 0.039 (0.031)	0.034 * (0.018)
开放程度	− 0.798 *** (0.190)	− 0.497 * (0.260)	− 0.806 *** (0.209)	− 0.067 (0.266)
政府政策	− 0.012 (0.014)	− 0.062 *** (0.023)	− 0.013 (0.015)	− 0.055 *** (0.011)
人力保障	0.003 (0.006)	− 0.010 (0.013)	0.005 (0.006)	− 0.011 ** (0.005)
常数项	0.122 (0.076)	0.283 *** (0.083)	0.121 (0.075)	0.251 *** (0.059)
N	242	274	242	274
AR（1）	0.0342	0.0726	0.0324	0.0376
AR（2）	0.7809	0.4992	0.7823	0.5966
Sargan	24.090	20.925	23.660	22.673

注：（1）括号内数值表示标准误；***、**、*分别表示1%、5%、10%的显著性水平；（2）使用工具变量回归时进行过度识别检验、弱工具变量检验，Sargan 检验显著拒绝过度识别的原假设。

第五节 结论与启示

城乡人口流动与城镇化是推动我国经济社会发展的强大动力，对城乡收入不平等的影响因素的研究具有重要的理论和现实意义。本章在已有研究的基础上，讨论了区域差异下的人口流动对城乡收入差距收敛的影响。实证结果显示：从全国及各个地区发展情况看，我国城乡收入差距存在绝对收敛和条件收敛，均呈现出东部地区城乡收入差距收敛速度慢于中部而快于西部地区，而且中部地区收敛速度高于全国平均水平；从分周期的"动态收敛"看，整个周期内无论是绝对收敛还是相对收敛均呈现"先下降后上升"的"V"型走势。在验证区域城乡收入差距收敛基础上，着重从人口迁移及城市化角度分析了影响区际城乡收入不平等的因素，人口迁移对收入差距缩小产生显著影响，城市化水平提升可以缩小城市收入差距，而转移人口若能拥有当地户籍，提升当地城市化水平，可进一步缩小收入差距，但目前我国迁入人口难以顺利取得城市户籍，多为拥有农村户籍流动人口，该部分人口受到户籍和地域双重歧视，所以流入城市并未实现户籍转变的人口并未缩小当地收入差距。

本章的研究具有以下启示：一是积极推进城市化建设，在不影响农业生产的前提下，加快农业人口的非农就业和城镇化迁移，增加农民的非农收入。二是深化城乡户籍制度改革，打破城乡分割，消除人口迁移过程中的制度性障碍，加快发展以人力资本为导向的城镇化，提升城市发展的质量，促进生产要素在城乡之间的良性流动，建设新型的城乡关系。三是城乡收入差距具有明显的路径依赖特征，要缩小城乡收入差距，需制定多元化的政策目标，建立相适应的配套体系，实现城乡共享发展。四是地区发展具有差异性，相比东部地区，中西部地区应该更加注重公共品供给和基础设施的完善，地方政府要加强公共财政的支出力度，提升城市的公共服务水平，引导地区间劳动要素的合理流动，构建有序合理的城镇体系。

专题二：结构转型与资源配置

第七章

经济转型视角：中国经济转型中资源错配问题、成因与对策研究

在市场有效与资本收益递减规律下，不同国家或地区的收入差距是由TFP的差异所导致的，其也是决定不同经济体的技术差距的唯一决定因素。资源错配是影响TFP提升的重要因素，也是现阶段我国实现新旧动能转换、提升经济增长质量的重要渠道。立足现实，研究资源错配的特征、来源及影响，是重要且紧迫的。造成资源错配的因素多而复杂，从产权结构、企业规模以及资源空间配置等多个现实问题切入，这对如何纠正区域内、区域间的资源错配，优化资源在空间范围内的配置，促进区域经济快速、协调发展具有重要的现实意义。

第一节　引　　言

自亚当·斯密在《国富论》中阐述了不同国家财富的不同发展道路以来，经济学家一直在不断地探究这个问题，不同的学者给出了不同的回答。从世界经济发展的趋势看，经济发达国家的人均GDP是经济落后国家的数十倍，而且这种收入差距没有收敛的趋势。自索罗构建了新古典增长模型后，对于这个问题有了一个标准的分析框架，即从资本、劳动及全要素生产率因素研究国家贫富差距。国内外大量的理论和实证研究，一致认为全要素生产率（TFP）是决定国家之间发展优劣、收入差距的重要因素。

所谓资源错配①是针对"有效配置"而言的。从经济增长理论来看，完全竞争市场在实现帕累托最优的过程中，伴随着要素从投资高回报率的部门转向低回报率部门，趋向于实现边际产品价值相同。基于这种资源有效配置的判断，行业内所有企业的边际价值相等，则要素实现了最优的配置。然而，当不同要素带来的边际价值出现差异时，则认为存在资源错配现象。关于资源错配，起初研究是从要素扭曲展开的，主要存在两种现象：一是某一类要素存在绝对扭曲，也就是要素边际产出与要素价格不均等；二是多种要素的相对扭曲，如不同部门的工资利率比出现差异时，视为存在相对扭曲现象。现有的文献对"错配"有两种不同的定义：第一种是集约边际型的资源错配（Hsieh & Klenow，2009），其实质是假定所有企业的生产技术都是凸性的，资源流向边际产出更高的企业，致使生产要素边际产出趋于收敛。第二种是扩展边际型的资源错配，排除集约边际因素后，企业总产出会随着要素的流入而不断增加，市场上潜在企业随着要素的重新配置进入市场并提升总产出，这种类型的资源配置与总体生产率相关。探究其原因有两方面：一方面，部分企业生产技术是非凸性的，如果属于规模报酬递增类型，将更多资源配置在该类型企业中会获得更高产出；另一方面，潜在进入市场的企业存在更高的生产率水平，由于存在进入壁垒（如沉没成本和固定成本），这类高生产率的企业不能参与市场竞争。即使"在位"企业实现了要素边际产出相等，也不等于实现了资源最优化。反而，将部分资源由"在位者"转向"潜在进入者"，将会提升整个行业的 TFP 水平。伴随着工业化进程的不断推进以及进出口替代战略的推行，国家间发展差距日益增加，垄断势力、制度差异、禀赋差异、外部性等进一步加剧了这种扩大的趋势。而建立在完美市场假设条件下的理论则受到了挑战。

第二节　TFP 差异与资源错配

从世界各国的工业化进程来看，不同国家的差距更多地体现在生产效率方面，而这主要是由要素禀赋和技术进步决定的。因此，国家要实现经济的

---

① 关于"Misallocation"不同学者翻译不同，如聂辉华和贾瑞雪（2011）译为"误置"，朱喜等（2011）则译为"配置扭曲"，而陈永伟等（2011）、袁志刚等（2011）、史晋川等（2012）大多数学者将其译为"错配"。

可持续增长，需要根据劳动、资本等要素禀赋培育比较优势，使用先进技术培育竞争优势。已有的研究证实了要素合理配置可以提升企业生产率，假如市场上的企业具有相同的生产技术，资本市场存在管制，一些实力雄厚、规模大的企业能够从银行以较低的利率进行融资，而运营困难、规模较小的企业很难从银行获得资本，或者以较高成本获得资金，从而只能从民间进行融资。前者的边际生产能力低于后者边际生产能力，也就是说，过多的资本流向了大企业。如果资本按照企业边际生产力的标准进行配置，那么经济总体生产率将提升且产出增加，这就是典型的存在资本的非有效配置。

改革开放40余年，中国经济的飞速发展与要素配置的不断优化和改善密不可分。改革开放前，我国实行计划经济政策，最主要的表现就是以国有经济为主体的公有制经济，非公有制经济占的比重非常低，经济发展缺少活力。在这种经济体制下，资源基本都流向了公有制经济体，配置效率极为低下，严重阻碍了经济发展。改革开放后，我国的经济制度不断完善，所有制结构不断改革，资源配置方式不断优化。资源配置方式由计划经济转向市场经济，配置效率不断提升。与此同时，中国整体的改革进程采取了一种渐进式的模式，政府干预和管制普遍存在，尤其是对微观企业和银行的干预，使得资源的配置呈现出一种非市场化的特征，从而导致政府、银行及企业三者之间的关系错综复杂，资源错配也普遍存在。而政府对资本市场管制的逐渐放宽，不同企业借贷情况均有所改善，降低了资本要素的扭曲程度。所有制结构不断变化，非国有企业占比不断上升，企业间的资源配置不断优化。研究发现，国有企业的收益为私营企业的一半，而银行贷款额度前者为后者的三倍以上。袁志刚和解栋栋（2011）认为，在劳动力市场上，受到户籍制度、土地制度的束缚，劳动力错配会导致经济增长效率损失2%～18%。若要素不能按照市场运行机制进行配置，则会导致经济效率低下、社会产出损失。

我们要思考的是，我国在TFP提升上是否具有足够的潜力？我国TFP的增长能否撑起我国经济的增长？对于这个问题，需要对TFP增长的源泉进行分析，具体有两点：一是资源配置，从供给侧方面看，短期内生产技术是稳定的，当优质的生产要素配置到高效率的企业中时，单位时间内企业产量会增加。这类配置效应在产业间与产业内都有可能会发生，前者一般随着技术进步而进行，它的作用效果很大程度上取决于经济体的发展程度；后者一般是发生在企业之间，这类效应取决于经济制度和市场效率。二是技术进步，其实质是引进或研发先进的生产技术，实现既定要素投入的最大产出。

当追赶型国家技术处于领先型国家技术前沿时，追赶型国家选择自主研发的技术创新形式会更有效；当追赶型国家的技术远离领先型国家时，追赶型国家采用技术引进的方式短期内收益会更大。

特别是，谢和克莱诺（Hsieh & Klenow，2009）在垄断竞争模型的基础上，引入产出和资本的价格扭曲，以分析企业边际产出的差异如何降低总体的 TFP 水平。其内在逻辑为：假设企业经营的临界点始终在边际产出等于要素价格水平上，要素价格扭曲在边际产出水平上形成"价格楔（wedge）"。例如，两家技术完全相同的企业，其中一家可以享受优惠的贷款利率，而另一家则只能在民间借贷市场上借高利贷，显然前者企业融资成本较低。根据经济学原理中边际产出等于边际成本这一一阶条件，边际成本越高企业的边际产出越高，对于整体经济而言，这样的资本配置是低效率的。可见，要素的边际产出扭曲会降低 TFP 水平。学者针对这一问题做了大量的研究，其中谢和克莱诺（2009）的研究最为经典，他们发现中国若能够达到美国的资源配置水平，那么中国的生产率水平将会提升30% ~ 50%，政策扭曲纠正后将会提升90%。我国偏向国有企业的政策对要素市场配置效率存在很大影响，政策扭曲将会导致高昂的效率损失。另外，金融错配会导致更多的资源流向资本回报率较高的企业（邵挺，2010）。

中国总体 TFP 的增长是技术进步推动，还是资源再配置推动？资源优化配置能在多大程度上改善 TFP 增长？对于这两个问题主要有两种不同的观点：一种认为资源配置的改善并没有显著地提升 TFP。涂正革和肖耿（2005）发现资源配置对企业生产率贡献率仅为 0.02%，更为重要的因素是前沿技术和技术效率。聂辉华和贾瑞雪（2011）发现我国制造业企业生产率离散性大，而且再配置与企业进入退出均没有发挥积极作用。另一种认为资源配置对 TFP 提升具有显著作用。布兰特等（Brandt et al.，2013）认为市场不完全扭曲了企业资源配置，导致总体 TFP 损失约40%。

第三节　资源配置与企业规模

亚当·斯密在《国富论》中，最早提出了分工理论，提到"劳动生产是最大的增进，以及运用劳动时所表现的更大的成熟、技巧和判断力，似乎都是分工的结果"。劳动分工可以使工人的劳动技巧能力运用得更加熟练，同时重复性的劳动节省了大量的时间，有助于机器的发明和创造。从一定程度上看，一定规模的批量生产才能促使劳动分工的进行，这也是对企业规模和生产率关系最早的阐述。穆勒在斯密劳动分工理论的基础上，通过直接节省劳动成本来阐述大规模生产的优势。而真正意义上的"规模经济"是由马歇尔提出的，他指出"大规模生产的利益在工业上表现得最为清楚，大工厂的利益在于：专门机构的使用与改革、采购与销售、专门技术和经营管理工作的进一步划分"（马歇尔，1964）。规模经济具有两种可行的实现路径，一种是内部规模经济，单个企业自身有效利用资源，提高组织能力和经营效率；另一种是外部规模经济，就是在多个企业之间通过分工、合作等方式实现合理的空间布局。

一、企业规模与生产率

众所周知，宏观经济增长来源于微观企业的创新，而对于企业在多大规模上才具有较强的创新能力，学界并没有达成一致。在熊彼特提出的创新理论中，他论述了企业规模与创新之间的关系，认为大规模企业在规模经济、风险分担和融资渠道等方面具有优势，这会促使企业更有动力进行创新活动。企业研发活动前期需要大量的资金投入，所以处于垄断地位的企业创新能力较强。也就是说企业规模、市场势力与企业创新活动息息相关。大企业拥有人力、资金等禀赋，这些都是实现企业技术创新的必要条件。由此可见，规模扩大会加大企业的研发倾向，从而提升企业的研发能力，长期来看会提升企业的生产率水平（金玲娣和陈国宏，2001）。另外一种不同的观点是，企业创新活动在不同领域需要不同的研发成本，小企业可能具有更强的创新能力，如在某一特定的条件下，竞争性产业相比垄断性产业更具有研发激励，结果是垄断行业减少了其创新的激励。大规模生产的规模经济效应以及对技术创新的影响不能持续增加，导致了企业规模对生产率的作用不是线性的。甚至有的学者发现，当企业规模扩张到一定程度时，研发投入和产出之间的关系由正变为负，甚至没有显著的关系。

关于企业生产与生产率问题，新古典贸易理论和新贸易理论对代表性企业进行了同质性的假定，而对微观企业生产和贸易数据的研究发现，企业之间的生成规模和效率方面存在显著的差异。尤其是梅里兹（Melitz）在2003年将企业异质性引入假设，开创了异质性贸易理论，与以往的以产业层面的研究范式不同，深入分析企业的生产、贸易和投资等行为，为国际贸易研究提供了新的方向。最初学者分析企业的自我选择效应时，直接引入企业的异质性假设，对于生产率的函数形式没有具体化，而现实中企业在国际贸易中各具特征，对于具体的模型分析或者定量分析时，又必须考虑企业生产率的具体形式。现有对企业生产率的分布形式较多，学者通过对数据的统计分析以及考虑到数理上的方便，比较常见的有帕累托分布、对数正态分布指数分布等。而曼斯菲尔德（Mansfield，1981）认为，特定行业的新进企业必须能以最低长期成本生产，这是其生存的前提。如果企业规模服从有界的随机游走过程，那么企业规模分布将呈现幂率形式，而非正态形式。研究企业规模的另一个分支，探析了企业规模分布动态变化和影响因素，例如，受到企业融资约束，企业规模分布呈现右偏，而不随年份变化而变化。通过对不同经营年限的队列分析，得出随着企业经营年限的增加，企业规模逐渐服从正态分布。但是这种观点受到了质疑，认为放松融资约束对企业规模分布的影响不明显，因为这种行为虽然可以促进在位企业更快地扩张，但是会增加小规模企业的大量进入，负向的外部冲击、人力资本存量等因素也与企业规模发展息息相关。

关于企业生产率的研究是近些年的研究热点，多数学者采用不同的测算方法测算企业生产率，从而分析不同企业的离散程度。市场化转型过程中，无论是发达经济体还是欠发达经济体，企业自身生产率水平差异化很大，呈现出分散化现象比较明显。一种方法是采用企业生产率分位数的测算来刻画企业生产率的离散程度，但这很难反映整体经济发展情况。根据企业异质性理论，在封闭的经济体中，企业生产率服从帕累托分布，同样企业规模也服从相同的分布，两者的参数有差异。国内学者对出口与非出口企业进行生产率分布分析，发现其与企业规模分布差异很大，但是两者的分布形态呈现出高度一致（章韬和孙楚仁，2012）。

二、企业规模与宏观经济

从微观企业视角看，企业规模的异质性直接影响到其自身发展的创新、并购、出口等行为；从宏观经济运行来看，企业的规模分布及生产率的分布是对所在行业或产业的具体体现，企业规模的经济集聚效应直接影响宏观经济运行，城市规模的形成也受之影响。

从微观企业角度看，企业的特征影响甚至决定企业的行为。在企业规模与创新方面，上文从理论层面对其进行了分析，其中"熊彼特假说"认为大企业比小企业更具创新能力。不同学者得出的实证结果不一：安同良等（2006）采用江苏省制造业企业调查问卷数据，从企业所属行业、规模以及所有制方面分析对研发（R&D）的影响，发现不同规模企业的研发强度存在着明显倾斜的 V 型结构关系；吴延兵（2006）的研究发现企业规模与研发投入、新产品销售收入之间存在正向关系，这与"熊彼特假说"的结论相一致；聂辉华等（2008）则发现企业创新与规模、市场竞争之间存在倒"U"型关系，在一定范围内规模和市场竞争会促进企业创新。

从宏观经济运行角度看，企业规模是所在行业或者产业的具体体现，而且对一国的经济结构和经济发展具有重要影响，例如企业规模会促进地区集聚、城市规模的产生。首先分析企业规模与产业集聚，整体而言，无论是制造业内部还是不同的产业之间，产业集聚与企业规模之间都存在正向关系。陆毅等（2010）基于 1998～2005 年的中国制造业调研报告数据，发现了企业规模与产业集聚之间的正向关系，而企业的规模比企业的数量更能够实现经济的集聚。进一步分析发现，企业规模的异质性导致了企业通过劳动力的流动、创新的溢出效应、企业的兼并与重组、知识的溢出与营销渠道等影响企业的集聚。另外，企业规模的大小与国家的产业政策息息相关，我国的很多产业政策都是基于不同企业规模而制定的。

三、企业规模与资源配置

众所周知，资源错配是影响一个国家经济健康发展的重要因素，企业规模以及企业规模分布是产业组织特征的重要内容。企业的规模影响企业微观行为，其分布影响产业或者行业的特征，对一国的经济运行具有重大影响。我们要思考的是企业规模具有何种特征，资源在不同企业规模之间是否是有效率的，异质性企业生产率又是如何发生作用的。资源合理配置利于经济的健康、持续发展，利于企业生产率的提升。在中国的经济发展过程中，资源错配更多地来源于资本市场的所有制歧视、劳动力市场的户籍制度障碍、企业进入退出限制以及国家不恰当的产业政策等因素。这些因素在一定程度上会导致企业的资本、劳动等要素成本的不断攀升，从而使得企业生产中的要素投入比例发生偏离，最终改变单个企业的规模以及规模分布。

对于企业规模分布特征，很多学者也做了深入的研究，但仍缺乏对于发展中国家资源配置和要素扭曲的分析。一个典型的特征就是企业规模是否遵从"齐夫定律"这一重要的分布，更多的结论则是中国工业企业总体上偏离了齐夫定律，而导致这种偏离的原因来自国有企业。同时，我们知道企业规模是宏观经济运行和微观企业行为的重要解释变量，合理的企业规模也是产业结构转型升级和城市层级优化的必要条件。研究发现中国企业规模分布偏离了由生产率分布决定的最优分布，这主要是资源错配因素导致的，先进生产力利用不足，而落后产能过度扩张，削弱了国家产业政策的有效性（李旭超等，2017）。

第四节　资源配置与空间错配

要素的空间配置，表现为资本、劳动等的区域内和区域间的流动，若要素在空间内发生配置扭曲，则体现为空间或区域的配置体系不符合效率原则。国家间不同地区的经济发展所需要的要素投入既可以在本地获取，也可以跨区域获取，如企业发展基本上以本地银行资金融资为主，而企业雇佣工人则具有更多的跨区域流动。可见，企业发展的要素配置既可以在各个单位之间配置，又包含了跨地区的配置。

一、区域间资源配置效率与企业生产率

从劳动力流动配置看，改革开放后经济发展的经验表明，劳动力的城乡或地区间的流动规模、具体流向、空间布局以及结构化特征等动态变化与我国劳动力的流动政策、制度变迁、体制演进息息相关。由"严格控制流动"转向"防范管制式的有限流动"，又递进到"允许流动"，再到目前的"规范流动"，构成了劳动力流动政策主要脉络。改革开放后，中国农村剩余劳动力不断地向城市转移，数据显示1978～2010年农业人口向非农部门转移累计超过2亿人。从劳动力的性质结构来看，以农业为主的中部、西部地区成为劳动力主要输出地区，而东部地区尤其是沿海的主要省份，则成为劳动力的主要接纳地区，从而在我国形成了春节的民工"返乡潮"。近年，随着地区经济发展，中小城市的工业园区大量出现，"节流"了大量的劳动力，

东部地区企业发展不断发出"用工荒"的信号。这种企业"用工荒"与实际的劳动力供给的充分流动之间出现矛盾，从一定程度上反映了劳动力配置的不合理性。从资本的配置看，资本一方面受到政府行政手段的影响，通过转移支付更多的资本，由东部地区转向中西部地区，另一方面资金持有者追求利润最大化，导致资本由收益率低的地区流向资本收益率高的地区。在新古典经济学中，卢卡斯提出"资本由富国流向穷国"的命题，可见资本应该由发达地区向欠发达地区流动，而中国的现实并不完全符合这种命题，反而出现了"卢卡斯悖论"。资本要素的区域配置受到多种因素影响，在市场力量和政府力量的共同作用下，我国资本配置既有体现理论合理的地方，又有不一致的地方，究其原因可能是资本存在一定程度的错配。

从上述的分析看，中国区域之间资源配置存在一定的错配，那么这种错配在多大程度上体现？什么因素又导致了要素的跨区域流动？龚六堂、谢丹阳（2004）通过测算资本和劳动回报率分析了各个省份的要素配置效率问题，发现在 1989 年前资本边际生产率差异化在缩小，而劳动边际生产率在 1993 年前出现缩小，之后呈现上升趋势。不同区域间的劳动力流动，可以有效改善配置效率，促进经济发展，在一定程度上缩小城乡收入差距，但是资本流动性更强，在一国内部存在"资本追逐劳动"的现象，反而会推动不同地区的经济增长。劳动力跨区域流动可以显著提升人均收入和消费水平，但是对于不同地区间的产出并不明显，也就是劳动力迁移非主导因素（许召元和李善同，2008）。反而，资本成为影响地区发展的重要因素，一个地区是否有发展潜力成为吸引资本的重要衡量标准，主要参考地区人力资本、开放程度、基础设施等方面。而地方保护和市场分割则成为阻碍资源跨区域配置的阻力，恶性竞争、重复建设等市场分割现象依然存在。

二、区域内资源配置效率与企业生产率

区域内的资本、劳动等的合理配置对企业生产率的提升至关重要。学者们主要从金融市场、劳动市场、所有制结构等方面分析了区域内资源配置效率问题。

在金融市场方面，金融市场越完善则越会显著降低交易成本，促进储蓄率和投资回报率的提升，推动资本积累、技术进步与经济增长。然而可能现

实并不完全是这种情况，在活跃的股票市场上，股票的流动性过高，导致股票持有者不关注所投资公司的经营状况，公众对公司的监督和参与程度就会降低。从这个层面看，资本市场的金融活动削弱了股市配置资本的能力。金融市场作为重要的资本配置的平台，资本要素配置效率是以金融市场的发展程度作为重要的衡量。资本配置效率的提升体现为资本由回报率高的地区或产业流向回报率低的地区。通常而言，发达国家金融市场较为完善，从而资本配置效率明显高于发展中国家。改革开放以来，我国的资本配置效率不断提升，从区域配置情况来看，东、中、西部地区依次递减。中国的体制改革采取了渐进式的方式，金融系统的运行和经营受到很多方面的干预，远远低于市场化程度，从而产生了一系列的问题。大量政策性指令贷款导致在采用全部信贷占比来测度地区金融发展水平时，需要构建金融发展的效率指标；我国地方政府与中央政府存在财权和事权的不一致性，地方政府迫于财政压力以及官员晋升需求，呈现出了"GDP竞赛"现象。这会导致地方政府直接或间接地干预金融资源，从而对资本要素配置实施干预。李青原等（2013）认为金融发展能够改善实体经济的资本配置效率，但是地方政府对金融市场实施干预显然会降低资本配置效率。由此可见，金融市场不断完善，一方面可以降低交易成本促进投资，另一方面可以提升资本配置效率从而促进生产率提升。

在劳动力市场方面，我国二元经济转型中存在特殊的户籍制度，这种制度性障碍阻碍了城乡之间劳动力的自由流动，造成劳动不能由较低生产率的部门流向较高生产率的部门，从而形成扭曲。随着劳动力市场不断完善，这种扭曲将会逐渐缓解。从不同所有制类型的企业来看，整体而言私营个体企业的生产率较高，而国有企业效率较低，国有经济庞大的经济体不仅本身发展存在效率的损失，也会通过金融压抑、效率错配等方式导致整个经济体出现下滑，影响整体经济的资源配置。所以，以公有制经济为主，多种所有制经济共同发展，可以激发市场活力，尤其是非国有经济参与市场竞争，会极大地提升资源的配置效率。随着经济全球化的发展，外商直接投资成为我国学习和引进外国先进技术的重要渠道，发挥资本的外溢效应。首先，FDI可以增加本国的资本存量、提升资本投资效率以及提供更多的就业机会，这样可以以较低的成本，获取国外先进的技术，推动本国的技术进步和经济增长。外商直接投资在我国经济增长中存在资本效应和外溢效应，地区的外商直接投资比率和进出口总额比率越高，地区对外开放度、市场竞争程度以及提升技术和管理能力的可能性就越高，从而提升了地区的资源配置效率。在政府层面上，地方政府为了吸引外资，会提供较低的土地价格以及各种优惠政策，例如出口企业的出口退税、出口补贴以及税收返还等。政府的财政支出比重越高，则其对经济的干预程度就越高。不可否认我国财政分权后从某种程度上带来了生产率的提升和经济的高速发展，但是城市规模的进一步扩大，导致了政府支出过大所引发的一些问题，如"人员冗杂""社会资金的浪费与无效配置""税负增加"等，抑制了经济发展。

第五节　对策与启示

纠正资源错配、提高资源的配置效率是当下转型期中国经济健康、持续发展的必由之路。立足现实问题，对于资源配置效率与生产率的特征、影响与机制的研究，具有重要的现实意义。要从根本上实现资源在企业层面的有效配置，需从以下两个方面考虑。

一、要完善要素市场制度，逐步实现资本、劳动等要素价格的市场化，鼓励小企业做大做强

金融市场越完善则越会显著降低交易成本，促进储蓄率和投资回报率的提升，推动资本积累、技术进步与经济增长。户籍制度等制度性障碍阻碍了劳动力的跨区域有效流动，在一定程度上劳动力很难从生产率低的部门向生产率高的部门流动，从而造成了劳动要素的资源扭曲。从不同所有制类型的企业上看，私营个体企业的生产率较高，而国有企业效率较低，国有经济庞大的经济体不仅本身发展存在效率的损失，也会通过金融压抑、效率错配等方式导致整个经济体出现下滑，影响整体经济的资源配置。在政府层面上，地方政府为了吸引外资，会提供较低的土地价格以及各种优惠政策，不能实现地区间的资源配置。企业规模也是决定资源配置效率高低的重要方面，企业规模与企业发展之间存在正相关，规模越大则效率越高。但是，现实情况中，随着企业规模扩大，有效管理的难度越来越大，企业内部交易成本也不断增加。也就是说，企业规模与效益两者之间不是线性关系，在企业规模超过一定程度后，企业就会由"经济"转变为"不经济"。从微观企业视角

看，企业规模的异质性直接影响到其自身发展的创新、并购、出口等行为；从宏观经济运行来看，企业的规模分布及生产率的分布是对所在行业或产业的具体体现，企业规模的经济集聚效应直接影响宏观经济运行，城市规模的形成也受之影响。

从经济学原理分析，造成要素错配的主要因素就是企业间或行业间要素价格不能按照边际产出定价。因此，在金融市场，应该减少一些不必要的干预和管制，促进利率市场化进程，并加强金融机构抵抗风险的能力，同时金融监管机构应加强管理，保证金融市场的稳定发展；在劳动力市场，户籍制度、就业歧视等因素导致劳动力存在空间上的错配，因此要积极完善人才制度，实现劳动力在不同企业之间的合理配置。

二、政府要制定相适宜的产业政策，发挥市场在资源配置中的决定作用

改革开放后，政府所实行的"赶超战略"更多的是要素大量投入及扶植"主导产业"，大多是以实现工业化为目标，而没有充分考虑市场的实际需求，以至于在某些行业出现了大量的产能过剩，导致了资源存在严重的错配。不同产业间的扭曲究其本质是由违背市场规律的产业政策造成的。政府在某些行业或者领域，制定一些特定的政策，保护现有非效率企业，使得更多的资源被配置到生产率较低的企业中。这种行为会阻碍新企业的进入，以至于资源无法配置到一些生产率更高的潜在企业中去。现阶段我国处于政府职能转变的时期，简政放权是当务之急，应当减少不必要的政府干预，以消除一些政策扭曲导致的资源错配，从而可以提升经济增长的潜力、改善增长质量。市场经济不再是在政府调解下发挥调解功能，而是市场要自主地对资源配置起决定性作用。

另外，在理论研究方面，近些年关于资源配置效率与生产率的研究，无论是在广度还是深度上都进行了新的拓展，而资源错配的成因、资源错配程度的测度以及资源配置与经济增长之间的关系也成为学界研究的重点。理论的研究不断放开对完全竞争市场结构的假定以及规模报酬不变的假定以贴近现实经济，并借助更加严谨的方法测度，如动态优化方法、计算机模拟方法、计量方法等，这对于国有企业改革以及盘活国有资产、提高国有经济的效率具有重要的现实意义和研究价值。

产业结构视角："扭曲之手"会加重"成本病"吗？

当前我国处于经济增长速度放缓和产业结构优化的关键时期，如何发挥市场在资源配置中的决定作用和优化产业结构是经济体制改革的重点。本章借鉴马塞尔增长源分解模式，构建了一个基于总产出生产函数的核算框架，将服务业"成本病"效应与"结构红利"效应从劳动要素再配置效应中"分离"，进一步分析了行业资源错配对总体经济全要素生产率的影响。研究表明：（1）农业劳动边际产出率低于非农部门劳动边际产出率，劳动要素更多地由农业部门"转出"。要素扭曲阻碍了农业劳动"转出率"，在一定程度上抑制了农业劳动的"转出"效应，其中东部及中部地区最为明显。（2）劳动由工业向服务业的"转出"效应对全要素生产率的贡献率为负值，表现为一种"成本病"现象。从1992年开始出现的"成本病"现象，在经济周期内有不断增长的趋势。（3）农业劳动"转出"存在明显的"结构红利"效应，而且高于服务业份额提升带来的"成本病"效应，总体经济仍表现为"结构红利"。进一步研究发现，要素扭曲阻碍了劳动要素向非农部门的转移，减弱了农业劳动"转移效应"，而要素价格扭曲导致服务产品价格上涨，使得"成本病"现象更加明显，不利于全要素生产率的提升，经济增长更多地依靠劳动数量效应起作用。研究结果对我国进一步完善市场经济和调整产业结构，优化资源配置，释放经济增长新动力富有启示意义。

第一节 引 言

资源错配是资源配置理论研究的关键问题之一，而测算资源扭曲程度及分析其对经济增长的影响是资源错配研究的基础问题之一，国内外学者对此进行了深入的探讨（Hsieh & Klenow，2009；陈永伟、胡伟民，2011；聂辉华、贾瑞雪，2011；Aoki，2012；Brandt，Tombe & Zhu，2013；龚关、胡关亮，2013；杨汝岱，2015）。过去近四十年间，资源配置效率的整体改善提升了我国全要素生产率水平，资本、劳动等生产要素由农业流向非农部门以及非农部门内部资源优化配置促进生产率提升，这构成了中国经济增长的主要源泉（Zhu，2012）。学者更多地将要素产业间流动促进经济增长的现象视为存在"结构红利"[①]（Peneder，2003；干春晖、郑若谷，2009）。

这一现象引起了社会各界的广泛关注，国内外经济学者对这一现象进行了有益的研究和讨论。新常态下我国经济发展由高速增长转向中高速增长，面临经济转型调整的关键时期，如何实现生产率的提升、如何保持经济增长的动力与源泉成为重要的学术课题与政策要点（蔡昉，2013）。党的十八届三中全会确认市场在资源配置中起决定作用，进一步完善市场经济和优化产业结构是我国释放经济增长潜力的新方向。经济发展的中高速增长，不是周期性的外部冲击所致，而是结构性因素造成的长期趋势。经济发展方式由高投资、高消耗的传统增长方式转向资源优化配置、产业结构优化的稳定增长方式，需要消除制约经济主体活力和阻碍要素优化配置的体制障碍，提升全行业的全要素生产率水平，释放"结构红利"，以形成新的增长源泉（蔡昉，2015）。

通过调整产业结构、优化资源配置，提升经济增长效率、改善经济增长质量，释放"结构红利"，这一现象得到了广泛关注。然而，关于要素配置研究中一个看似与"结构红利"相互矛盾的假说却没有引起学者和政策制定者广泛的关注，即鲍莫尔（Baumol，1967）提出的服务业"成本病"假说。该理论关注于产业结构调整中资源由高生产率的部门流向较低生产率的部门，从而抑制了总体经济的增长速度。随着中国经济转型的不断深入，非农部门尤其是制造业与现代服务业之间的资源配置状况成为中国经济未来的主要决定因素（王文等，2015）。因此，部分学者认为应鼓励生产要素由制造业流向服务业，以加快实现产业结构优化升级的目标（吴敬琏，2014）。

---

① 钱纳里（1995）在其著作《工业化和经济增长的比较研究》中指出，在工业化进程中，各个部门生产率水平的差异和生产率增长率的不同，导致经济结构转变，影响经济增长。也有学者认为当生产要素从较低生产率的部门流向较高生产率的部门时，提高了生产效率，促进了总体经济增长，即存在"结构红利"（Peneder，2003）。

而中国当前经济发展面临着严重的资源错配问题，大量的制度性约束限制了生产要素的自由流动，导致不同产业间存在要素扭曲。如户籍制度、土地制度的约束，使得劳动要素在产业间、城乡间、地区间转移受阻，导致了劳动要素错配；不同所有制、不同规模企业获得资本的成本是不一样的，不同地区和产业间也存在着资本错配问题。于是，一些至关重要的问题出现了：服务业是否会出现明显的"成本病"现象？中国行业层面上资源错配程度如何？各行业资源错配对总体经济效率影响多大？伴随着我国产业转型升级，这种资源错配的存在是否抑制了"结构红利"，而加重了"成本病"效应？

为了回答这些问题，本章基于一个劳动要素异质性的经济增长分解公式，将"成本病"效应从"结构红利"效应中进行了"分离"，测度和量化行业间的资源错配对经济增长的全要素生产率的影响。研究从以下几个方面取得了进展：一是将"成本病"效应从"结构红利"的测算中进行了"剥离"，对"成本病"效应进行了量化测度；二是将资源错配引入经济增长的分析框架，为测算存在资源错配情况下产业结构调整中的"成本病"假说提供具体公式与依据；三是在以上的框架下分析我国产业结构变迁中"成本病"对"结构红利"乃至整个经济增速的影响程度。

第二节 文献述评

我们需要辩证看待"结构红利"与"成本病"两个看似矛盾的假说。从经济学原理来看，"结构红利"与"成本病"假说是不能同时成立的。"成本病"的焦点在于资源更多地流向了服务业部门，尤其是劳动力要素，服务业部门份额提升导致了经济的放缓，而"结构红利"则关注生产要素在部门间流动促进经济增长，更多是聚焦整个行业的调整。后者既涵盖了服务业部门份额提升带来的效应，又包含了农业部门份额下降带来的效应。由此可见，"成本病"假说只是"结构红利"假说中服务业部门变动的一个局部效应。当农业部门份额下降带来的"结构红利"效应大于服务业部门"成本病"效应时，经济总体上表现为资源向高生产率部门流动现象。所以，两者之间不存在矛盾关系，"结构红利"的存在不能否定"成本病"。可见，量化结构与速度之间的关系显得尤为重要。如果"成本病"假说成立，则"稳增长"与"调结构"之间具有理论的合理性，也就是在结构调整的同时，降低经济增速显得不再那么必要。

一、资源配置是否存在"结构红利"与"成本病"

关于是否存在"成本病"现象，富克斯（Fuchs，1968）最早对其进行了验证，认为服务业部门劳动生产率的相对滞后导致了这一现象的存在，哈特维格（Hartwig，2011）也进一步证实了这一现象的存在。但是，服务业生产率存在的不可测度性及行业内部异质性，受到了部分学者的质疑（Jorgenson & Timmer，2011），蒂默（Timmer，2007）测算后发现经济增长中未必会出现"成本病"现象。国内大部分学者认为这一现象是存在的（程大中，2004、2008；王耀中、陈洁，2012），宋建和郑江淮（2017）基于我国31个省份面板数据进行实证研究，发现在经济发展较快的东部地区明显存在"成本病"现象，而中部地区也有不同程度的存在。在测算"成本病"现象的技术层面，起初遵循新古典经济学的逻辑，学者们认为工业生产率相对提升会引发服务业价格的相对提高，从而引发服务业需求量的相对下降，如果需求量的下降幅度低于价格上升幅度，即服务业的需求价格弹性小于1（缺乏弹性），则服务业的销售收入即产值将相对上升，服务业在国民经济中的比重上升。反之，如果服务业产品的需求价格弹性大于1（富有弹性），则服务业的销售收入和产业比重会下降。因此，相对滞后的生产率水平是否导致服务业产值比重的上升和总体经济增长速度的下降，主要取决于服务业的需求价格弹性是否小于1（即是否缺乏弹性）。此后的计量主要围绕需求的价格弹性展开，博格斯特朗德、弗尔维和格默尔（Bergstrand，Falvey & Gemmell，1991）、柯蒂斯和摩西（Curtis & Murthy，1998）、莫勒（Möller，2001）、程大中（2008）等通过核算服务业的需求价格弹性与收入弹性，探究产业结构变动中"成本病"存在与否。2001年鲍莫尔提出长期而言服务业的需求价格弹性，不仅稳定小于1，而且几乎为零。这就是鲍莫尔在2001年提出的著名"服务业之谜"：相对于制造业来说，服务业的真实产值所占的份额并没有上涨或下降，即从长期而言，服务业的需求量几乎不会因为价格的相对上升而下降，而是与工业的需求基本同步提高。经济增长会因为非生产性部门的比重提高自然有所下降，学者李翔等（2015）对下降的幅度通过偏离—份额法进行测度，认为在2001年后经济增长与结构调整之间存在明显的"负相关"关系，因核算基期不同，学者贺京同等（2016）测算出在 2005 年出现"负相关"，同样，服务业的比重上升，则会带来经济速度的放缓。

另外，国外许多学者发现产业结构调整和要素配置对经济增长具有正向促进作用（Calderon，Chong & Leon，2007；Dietrich & Krüger，2010；Cortuk & Singh，2011），学者蒂默和塞西莉亚（Timmer & Szirmai，2000）首次将这种现象定义为"结构红利假说"，但是对印度、印度尼西亚、韩国等国家的实证研究后发现这种结构调整对生产率增长的促进作用只在印度得到验证。辛格（Singh，2004）通过分析韩国制造业后对这一假说也持否定态度。国内部分学者研究发现结构变动对制造业生产率提升不明显，也就是结构红利假说不成立（曾先锋和李国平，2011）。然而，多数的研究还是支持这一假说的，国内外学者研究发现产业结构调整中要素配置对经济增长具有明显的正向影响（刘伟、张辉，2008；干春晖、郑若谷，2009；Dietrich & Krüger，2010；Cortuk & Singh，2015）。关于劳动力要素配置效应的研究，较多学者认为其存在正向作用，但是对资本要素再配置效应作用存疑。干春晖和郑若谷（2009）利用偏离—份额法分析产业结构的生产率增长效应，发现劳动力要素的产业间流动具有"结构红利"现象，资本的产业间转移不满足结构红利假说，反而存在"结构负利"。

可以看到，学界关于产业间要素流动的"结构红利"与"成本病"问题从不同层面采用不同方法进行了大量的研究，但是鲜少有人将两者放在同一个框架下进行测度与分析。毋庸置疑，两者之间存在一定的内在联系，存在"成本病"现象不一定导致出现"结构负利"，但存在"结构负利"必然存在严重的"成本病"现象。

二、资源错配与要素配置效率：生产率视角

关于要素配置影响经济效率的研究，一类文献主要基于新古典经济增长模型的分解，测算资源配置对经济效率的影响（Syrquin，1982；Timmer & Szirmai，2000；刘伟、张辉，2008），而这类文献却忽视了资源错配对经济增长的影响。当市场中存在市场势力、政府管制、制度约束等因素时，要素的自由流动及有效配置效率会受到限制，从而失去市场在资源配置中的决定性作用，而更多地体现为要素扭曲，其表现在各个部门间的要素边际回报率不再相等。另一类文献研究了资源错配对要素配置效率及总体经济生产率的

影响。国外学者谢和克莱诺（2009）估算中国资源配置若达到美国的"理想状态"，制造业的全要素生产率总体上至少提高 30% ~ 50%；布兰特等（Brandt et al. , 2013）认为国有企业与非国有企业、地区之间不存在资源错配的情况下，企业的 TFP 总体上将会提升 31%。可见，企业、产业间的资源配置效率是 TFP 的重要决定因素。近年来，从资源错配视角分析中国经济增长和经济发展也成为研究的热点领域。陈永伟、胡伟民（2011）分析了制造业内部各子行业间的资源错配情况，结果显示实际产出与潜在产出之间存在 15% 的缺口，并且扭曲没有得到显著的纠正；龚关、胡关亮（2013）利用制造业微观数据分析，1998 ~ 2007 年间资本配置效率的改善促进 TFP 提高了 10.1%，而资本的有效配置效率改善促进 TFP 提高了 7.3%；杨汝岱（2015）考察了中国制造业企业 TFP 的动态变迁，从资源配置效率的角度讨论了结构转型问题，从国有企业改革的角度讨论了影响资源配置的因素；聂辉华、贾瑞雪（2011）分析了中国制造业资源误置的严重程度，发现国有企业是资源误置的主要因素，行业内部的资源重置效应近似于 0，进入和退出效应没有发挥作用。

这些研究的共同特点在于：从生产率以及要素配置效率的角度对中国经济的总体运行状况进行了较为全面的剖析。不同所有制企业所面临的要素扭曲程度不一，这种扭曲背后，政府的主导力量是不可小觑的，如政府补贴或征税等。政府在企业的非生产环节征税（或补贴），将增加生产税（或抵消生产税）、减少企业利润（或增加企业利润），这将对工业的增加值产生直接的影响；若政府征税（或补贴）发生在企业生产过程中，这在一定程度上会降低（增加）固定资本折旧额、减少（加大）劳动力投入，将会改变要素投入结构。政府行为对企业生产要素结构的直接影响体现在改变要素收入上，进而使要素价格发生扭曲，而扭曲程度作用于增加值中，最终会改变企业的产出。而现有研究较少涉及产业内、部门间及地区之间要素扭曲对全要素生产率的影响，大多是研究制造业单一行业的内部资源配置效率，而"结构红利"与"成本病"效应更多是相对于整个产业结构变迁而言的。本章的目的是在测算要素扭曲的基础上关注行业间生产要素市场上劳动和资本的配置效率，并分析资源错配下产业间要素流转对全要素生产率乃至整个经济的影响，探寻"扭曲之手"是否加重了"成本病"现象。

第三节　理 论 模 型

一、模型Ⅰ：产业间的资源错配

（一）N 行业的竞争均衡模型

本章在借鉴谢和克莱诺（Hsieh & Klenow，2009，2011）、布索（Busso，2012）、迪亚斯（Dias，2017）建模思路的基础上，分析一个带有要素价格扭曲的行业企业生产问题。在竞争均衡的基础上，定义了要素价格相对扭曲系数，定量分析要素错配程度造成的效率损失程度。假定整个经济的总产量 Y 由各个行业的产量决定，即有式（8-1）：

$$Y = F(Y_1, \cdots, Y_N) \tag{8-1}$$

由欧拉定理可得：$Y = \sum_{i=1}^{N} p_i Y_i$，其中 $p_i = \partial Y / \partial Y_i$。可以看出，整个经济的产值等于各个产业的产值加总（社会总产品为计价物，价格为1）。当生产函数为 CD 函数 $Y = \prod_{n=1}^{N} (Y_n)^{\theta_n}$ 时，可得 $\theta_n = (P_n Y_n)/(PY)$，$\sum_{n=1}^{N} \theta_n = 1$。考虑一个 N 行业的生产过程，本章关心的也是行业间的要素错配情况，行业产出函数是由 M 个生产企业产出决定的。采用 CES 生产函数形式，如式（8-2）所示：

$$Y_n = \left[\sum_{i=1}^{M} (Y_{ni})^{\frac{\sigma-1}{\sigma}} \right]^{\frac{\sigma}{\sigma-1}} \tag{8-2}$$

其中，Y_n 表示行业 n 的产出水平，σ 为不同行业间的产出替代弹性。假设每一个行业内所有企业生产函数都是相同的，即每一个行业可以看作是一个代表性企业。行业代表性企业采用 CD 生产函数，并放松对规模报酬不变的限定，如式（8-3）所示：

$$Y_{ni} = A_{ni} K_{ni}^{\alpha_{ni}} L_{ni}^{\beta_{ni}} \tag{8-3}$$

其中，Y_{ni} 为代表性企业 i 的产出水平，A_{ni}、K_{ni}、L_{ni} 分别为企业 i 的全要素生产率（TFP）、资本存量、劳动力。α_{ni}、β_{ni} 分别为行业中各要素的

产出弹性，且不同行业之间的要素产出弹性是不同的。现在政府行为（征税或补贴）会对企业要素价格产生影响，政府对企业实施补贴或者征税后，将会改变要素的相对价格，使得资本、劳动的投入比例及要素结构发生变化，在要素边际收益递减规律下，要素边际产出逐渐改变。这种要素投入比例、要素边际产出成为要素价格扭曲的因素，都会对要素价格扭曲产生影响。谢和克莱诺（2009，2011）在其经典文献中认为这种扭曲一般以从价税的形式体现。因此，本章假设存在资本、劳动两种要素存在扭曲，即所谓的"价格楔子"。在存在扭曲的情况下，资本和劳动的真实价格分别为 $(1 + \tau_{K_{ni}}) R_n$ 和 $(1 + \tau_{L_{si}}) W_n$，其中 R_n 和 W_n 为竞争条件下行业所面临的资本利率水平和劳动工资水平。代表性企业的利润问题可以写成式（8-4）：

$$\pi_{ni} = P_n Y_{ni} - (1 + \tau_{K_{ni}}) R_n K_{ni} - (1 + \tau_{L_{si}}) W_n L_{ni} - Z_n Q_{ni} \qquad (8-4)$$

通过在企业利润最大化条件下求解，行业产品的边际成本加成价格如式（8-5）所示：

$$P_n = \frac{\sigma}{\sigma - 1} \Psi_n \frac{(1 + \tau_{K_{ni}})^{\alpha_{ni}} (1 + \tau_{L_{ni}})^{\beta_{ni}}}{A_{ni}} \qquad (8-5)$$

其中，如式（8-6）所示：

$$\Psi_n = \left[\left(\frac{R_n}{\alpha_{ni}} \right)^{\alpha_{ni}} \left(\frac{W_n}{\beta_{ni}} \right)^{\beta_{ni}} \left(\frac{Z_n}{\gamma_{ni}} \right)^{\gamma_{ni}} \right] \qquad (8-6)$$

通过利润最大化的求解，可以推导出资本、劳动的"价格楔子"以及"收益生产率"，即式（8-7）、式（8-8）：

$$1 + \tau_{K_{ni}} = \frac{\alpha_{ni} P_n Y_{ni}}{R_n K_{ni}}$$

$$1 + \tau_{L_{ni}} = \frac{\beta_{ni} P_n Y_{ni}}{W_n L_{ni}} \qquad (8-7)$$

$$TFPR_{ni} = P_n A_{ni} = \frac{\sigma}{\sigma - 1} \Psi_n (1 + \tau_{K_{ni}})^{\alpha_{ni}} (1 + \tau_{L_{ni}})^{\beta_{ni}} \qquad (8-8)$$

式（8-7）中 $1 + \tau_{K_{ni}}$、$1 + \tau_{L_{ni}}$ 则为资本、劳动的"价格楔子"。式（8-8）则为"收益生产率"（$TFPR_{ni}$），其为"自然生产率"（A_{ni}）与产品价格（P_n）的乘积。

（二）资源约束

在整个经济中，假设所有的劳动、资本都是外生的。总经济的资本存

量、劳动要素为各个行业的加总,各产业的产品构成了总体经济的产品总量。从而,形成了如式(8-9)所示的资源约束条件:

$$\sum_{i=1}^{N} K_{ni} = K; \quad \sum_{i=1}^{N} L_i = L \tag{8-9}$$

(三)要素扭曲系数

由式(8-7)和式(8-9)可推导出行业 n 要素与行业要素之间的关系,企业资本存量与总资本存量关系如式(8-10)所示:

$$K_{ni} = \frac{\dfrac{(1+\tau_{K_{ni}})R_n K_{ni}}{(1+\tau_{K_{ni}})R_n}}{\sum_j \dfrac{(1+\tau_{K_{nj}})R_n K_{nj}}{(1+\tau_{K_{nj}})R_n}}K = \frac{\dfrac{\alpha_{ni}P_n Y_{ni}}{(1+\tau_{K_{ni}})R_n}}{\sum_j \dfrac{\alpha_{nj}P_n Y_{nj}}{(1+\tau_{K_{nj}})R_n}}K = \frac{\alpha_{ni} \times \dfrac{\tilde{\sigma}_{ni}}{1+\tau_{K_{ni}}}}{\sum_j \alpha_{nj}\dfrac{\tilde{\sigma}_{nj}}{1+\tau_{K_{nj}}}}K$$

$$\tag{8-10}$$

而企业劳动力与总劳动力关系如式(8-11)所示:

$$L_{ni} = \frac{\dfrac{(1+\tau_{L_{ni}})W_n L_{ni}}{(1+\tau_{L_{ni}})W_{ni}}}{\sum_j \dfrac{(1+\tau_{L_{nj}})W_n L_{nj}}{(1+\tau_{L_{nj}})W_n}}L = \frac{\dfrac{\beta_{ni}P_n Y_{ni}}{(1+\tau_{L_{ni}})W_n}}{\sum_j \dfrac{\beta_{nj}P_n Y_{nj}}{(1+\tau_{L_{nj}})W_n}}L = \frac{\beta_{ni} \times \dfrac{\tilde{\sigma}_{ni}}{1+\tau_{L_{ni}}}}{\sum_j \beta_{nj} \cdot \dfrac{\tilde{\sigma}_{nj}}{1+\tau_{L_{nj}}}}L$$

$$\tag{8-11}$$

其中, $\tilde{\sigma}_{ni} = P_n Y_{ni}/PY$,表示行业 n 名义值产值占整个经济的产出份额。本章将定义两类不同的"扭曲系数",参考陈永伟、胡伟民(2011)的具体方法,如下所示:

定义 8-1:行业 n 中代表性 i 企业的资本绝对扭曲系数为 $\lambda_{K_{ni}} = 1/(1+\tau_{K_{ni}})$,而 $\tau_{K_{ni}}$ 表示代表性企业 i 面临的资本扭曲"税"。同样,代表性 i 企业的劳动绝对扭曲系数为 $\lambda_{L_{ni}} = 1/1+\tau_{L_{ni}}$, $\tau_{L_{ni}}$ 表示代表性企业 i 面临的劳动力的扭曲。

定义 8-2:企业 i 的资本相对扭曲系数为 $\tilde{\lambda}_{K_{ni}} = \lambda_{K_{ni}} \Big/ \Big[\sum_i \Big(\dfrac{\tilde{\sigma}_{ni}\alpha_{ni}}{\tilde{\alpha}_n} \Big)\lambda_{K_{ni}} \Big]$,其中 $\tilde{\alpha}_n$ 为行业 n 资本产出弹性的 Domar 加权平均, $\tilde{\alpha}_n = \sum_i \tilde{\sigma}_{ni}\alpha_{ni}$。同样,行业 n 的劳动要素相对扭曲系数为 $\tilde{\lambda}_{L_{ni}} = \lambda_{L_{ni}} \Big/ \Big[\sum_i \Big(\dfrac{\tilde{\sigma}_{ni}\beta_{ni}}{\tilde{\beta}_n} \Big)\lambda_{L_{ni}} \Big]$,其

中，$\tilde{\beta}_n$ 为劳动要素的产出弹性加权平均，$\tilde{\beta}_n = \sum_i \tilde{\sigma}_{ni}\beta_{ni}$。

以上两种不同的"扭曲系数"具有不同的经济学含义。绝对扭曲系数是代表性企业 i 面对无资源扭曲时的加成状况；而相对扭曲系数反映的是与经济同等水平相比，代表性 i 企业的资源扭曲状况，更多的是体现为资源使用成本的一种相对信息。我们知道，行业的相对价格才是行业间的资源配置的信号，也就是说，相对扭曲系数比绝对扭曲系数更能准确地测度行业间的资源错配程度。

根据扭曲系数的定义及式（8-10）、式（8-11）可得式（8-12）、式（8-13）：

$$K_{ni} = \frac{\alpha_{ni}\tilde{\sigma}_{ni}\lambda_{K_{ni}}}{\sum_j \alpha_{nj}\tilde{\sigma}_{nj}\lambda_{K_{ni}}}K = \frac{\alpha_{ni}\tilde{\sigma}_{ni}}{\tilde{\alpha}_n}\frac{\lambda_{K_{ni}}}{\sum_j\left(\frac{\tilde{\sigma}_{nj}\alpha_{ni}}{\tilde{\alpha}_n}\right)\lambda_{K_{ni}}}K = \frac{\tilde{\sigma}_{ni}\alpha_{ni}}{\tilde{\alpha}_n}\tilde{\lambda}_{K_{ni}}K$$

$$(8-12)$$

$$L_{ni} = \frac{\beta_{ni}\tilde{\sigma}_{ni}\lambda_{K_{ni}}}{\sum_j \beta_{nj}\tilde{\sigma}_{nj}\lambda_{K_{nj}}}L = \frac{\beta_{ni}\tilde{\sigma}_{ni}}{\tilde{\beta}_n}\frac{\lambda_{L_{ni}}}{\sum_j \frac{\tilde{\sigma}_{nj}\beta_{ni}}{\tilde{\beta}_n}\lambda_{L_{nj}}}L = \frac{\tilde{\sigma}_{ni}\beta_{ni}}{\tilde{\beta}_n}\tilde{\lambda}_{L_{ni}}L$$

$$(8-13)$$

从而，资本和劳动要素份额与其相对扭曲系数的关系如式（8-14）、式（8-15）所示：

$$\hat{k}_{ni} = \frac{K_{ni}}{K} = \frac{\tilde{\sigma}_{ni}\alpha_{ni}}{\tilde{\alpha}_n}\tilde{\lambda}_{K_{ni}}$$

$$(8-14)$$

$$\hat{l}_{ni} = \frac{L_{ni}}{L} = \frac{\tilde{\sigma}_{ni}4\beta_{ni}}{\tilde{\beta}_n}\tilde{\lambda}_{L_{ni}}$$

$$(8-15)$$

式（8-14）和式（8-15）是非常重要的核算公式，可以核算出资本、资本要素存在扭曲的情况下，产业间要素的比例结构，以及要素价格扭曲影响要素行业间的流转速度。

二、模型 II：经济增长的分解

（一）基本假设

我们需要对经济活动作进一步描述，假设农业部门使用农业劳动力 L_{ai} 和农业资本 K_{ai} 作为生产要素；非农部门包括工业和服务业，工业部门使用劳动力 L_{mi} 和工业资本 K_{mi}，服务业部门使用劳动力 L_{si} 和工业资本 K_{si}。其中，整个经济中劳动力和资本要素总量满足式（8-9）。由式（8-2）和式（8-3）可知，农业、工业、服务业以及整体经济的生产函数满足希克斯中性并且为一次齐次式，可表示为式（8-16）：

$$\begin{cases} Y_x = A_{xi} F_{xi}(L_{xi}, K_{xi}) \\ Y = AF(L, K) \end{cases}, \text{其中} x \in \{a, m, s\} \qquad (8-16)$$

由式（8-1）[①] 可知：$Y = \sum_{x \in \{a,m,s\}} p_{xi} Y_{xi}$，根据行业产量及行业价格对 t 求导，整理可得：

$$\frac{dY}{Ydt} = \sum_{x \in \{a,m,s\}} \theta_{xi} \frac{dY_{xi}}{Y_{xi}dt} + \sum_{x \in \{a,m,s\}} \theta_{xi} \frac{dp_{xi}}{p_{xi}dt} \qquad (8-17)$$

其中，行业产品的相对价格为 $p_x = P_x / P$，行业份额为 $\theta_x = P_x Y_x / PY$，其中，$x = a, m, s$。由公式（8-16）可以推导出经济中各个部门以及整体经济的增长率分别如式（8-18）、式（8-19）所示：

$$\frac{dY_{xi}}{Y_{xi}dt} = \frac{dA_{xi}}{A_{xi}dt} + \left(\alpha_{xi} \frac{dK_{xi}}{K_{xi}dt} + \beta_{xi} \frac{dL_{xi}}{L_{xi}dt} \right) \qquad (8-18)$$

$$\frac{dY}{Ydt} = \frac{dA}{Adt} + \left(\beta_L \frac{dL}{Ldt} + \alpha_K \frac{dK}{Kdt} \right) \qquad (8-19)$$

（二）经济增长的总体分解

借鉴马塞尔（Massell，1961）对经济增长的分解思路，将要素投入定义为式（8-20）：

---

① 这里采用了产值的核算公式，即经济总产值等于各子行业产值的加总。将行业间的相对价格因素考虑在内是因为相对价格会对名义工资产生影响，工资变动是资源行业间配置的重要信号，同时名义工资变化决定劳动力在产业间的流转。

$$l_{xi} \equiv \frac{L_{xi}}{L}; \quad k_{xi} \equiv \frac{K_{xi}}{K}, \quad x \in \{a, m, s\} \tag{8-20}$$

在以上的定义中，θ_{xi} 表示产业间产出结构，l_{xi} 表示产业间劳动力结构，k_{xi} 表示产业间资本要素结构。根据定义式（8-20）可以得到式（8-21）：

$$\frac{dL_{xi}}{L_{xi}dt} = \frac{dl_{xi}}{l_{xi}dt} + \frac{dL}{Ldt}, \quad \frac{dK_{xi}}{K_{xi}dt} = \frac{dk_{xi}}{k_{xi}dt} + \frac{dK}{Kdt} \tag{8-21}$$

将式（8-18）以及式（8-20）和式（8-21）代入式（8-17），可得总体经济增长率如式（8-22）所示：

$$\frac{dY}{Ydt} = \underbrace{\sum_{x \in \{a,m,s\}} \theta_{xi} \frac{dA_{xi}}{A_{xi}dt} + \sum_{x \in \{a,m,s\}} \theta_{xi} \frac{dp_{xi}}{p_{xi}dt} + \sum_{x \in \{a,m,s\}} \theta_{xi}\alpha_{xi} \frac{dK_{xi}}{k_{xi}dt} + \sum_{x \in \{a,m,s\}} \theta_{xi}\alpha_{xi} \frac{dl_{xi}}{l_{xi}dt}}_{\text{行业生产率贡献}}$$

$$+ \underbrace{\sum_{x \in \{a,m,s\}} \theta_{xi}\alpha_{xi} \frac{dK}{Kdt}}_{\text{资本数量效应}} + \underbrace{\sum_{x \in \{a,m,s\}} \theta_{xi}\beta_{xi} \frac{dL}{Ldt}}_{\text{劳动数量效应（LQR）}} \tag{8-22}$$

$$\underbrace{\qquad\qquad\qquad\qquad\qquad\qquad\qquad}_{\text{生产要素贡献}}$$

其中，$\alpha_K = \sum\limits_{x \in \{a,m,s\}} \theta_{xi}\alpha_{xi}$，$\beta_L = \sum\limits_{x \in \{a,m,s\}} \theta_{xi}\beta_{xi}$。由式（8-19）和式（8-22）可得整体经济的全要素生产率的增长率，如式（8-23）所示：

$$\frac{dA}{Adt} = \underbrace{\sum_{x \in \{a,m,s\}} \theta_{xi} \frac{dA_{xi}}{A_{xi}dt}}_{\text{行业纯技术进步效应}} + \underbrace{\sum_{x \in \{a,m,s\}} \theta_{xi} \frac{dp_{xi}}{p_{xi}dt}}_{\text{行业产品相对价格效应}} + \underbrace{\overbrace{\sum_{x \in \{a,m,s\}} \theta_{xi}\alpha_{xi} \frac{dK_{xi}}{k_{xi}dt}}^{\text{资本要素再配置效应}} + \overbrace{\sum_{x \in \{a,m,s\}} \theta_{xi}\alpha_{xi} \frac{dl_{xi}}{l_{xi}dt}}^{\text{劳动要素再配置效应}}}_{\text{要素总再配置效应（即"结构红利"）}}$$

$$\tag{8-23}$$

通过式（8-22）可知，整体经济增长率由行业生产率的贡献和生产要素贡献两方面的因素决定，而式（8-23）将总体经济的全要素生产率水平进一步细分为行业纯技术进步效应、行业产品相对价格效应及要素总再配置效应。其中，资本要素再配置效应 $KRE = \sum\limits_{x \in \{a,m,s\}} \theta_{xi}\alpha_{xi} \frac{dK_{xi}}{K_{xi}dt}$，而劳动要素再配置效应为 $LRE = \sum\limits_{x \in \{a,m,s\}} \theta_{xi}\alpha_{xi} \frac{dl_{xi}}{l_{xi}dt}$。

前文理论部分中讲到"结构红利"与"成本病"假说，更多地关注于劳动要素在各产业间的流转效应，因此本章重点考察劳动要素再配置效应。根据前文对各行业劳动力的假定，可知 $\sum\limits_{x \in \{a,m,s\}} l_{xi} = 1$，各行业的劳动力份额对时间 t 求导数，可得到：$\sum\limits_{x \in \{a,m,s\}} dl_{xi}/dt = 0$，进一步变换为 $\frac{l_{ai}}{l_{mi}}\frac{dl_{ai}}{l_{ai}dt} + \frac{dl_{mi}}{l_{mi}dt} +$

$\dfrac{l_{si}}{l_{mi}}\dfrac{dl_{si}}{l_{si}dt}=0$，将该公式代入劳动再配置效应，可得：

$$LRE = \Omega_1\left(-\frac{dl_{ai}}{l_{ai}dt}\right) + \Omega_2\frac{dl_{si}}{l_{si}dt} \qquad (8-24)$$

其中，农业劳动流转贡献系数 $\Omega_1 = p_{mi}\,y_{mi}\,\beta_{mi}\dfrac{l_{ai}}{l_{mi}} - p_{ai}\,y_{ai}\,\beta_{ai} = \dfrac{L_{ai}}{PY}$

$\left(\beta_{mi}\dfrac{P_{mi}Y_{mi}}{L_{mi}} - \beta_{ai}\dfrac{P_{ai}Y_{ai}}{L_{ai}}\right) = \dfrac{L_{ai}}{PY}\left(\dfrac{\partial P_{mi}Y_{mi}}{\partial L_{mi}} - \dfrac{\partial P_{ai}Y_{ai}}{\partial L_{ai}}\right)$；工业劳动流转贡献系数 $\Omega_2 =$

$p_{si}y_{si}\beta_{si} - p_{mi}y_{mi}\beta_{mi}\dfrac{l_{si}}{l_{mi}} = \dfrac{L_{si}}{PY}\left(\beta_{si}\dfrac{P_{si}Y_{si}}{L_{si}} - \beta_{mi}\dfrac{P_{mi}Y_{mi}}{L_{mi}}\right) = \dfrac{L_{si}}{PY}\left(\dfrac{\partial P_{si}Y_{si}}{\partial L_{si}} - \dfrac{\partial P_{mi}Y_{mi}}{\partial L_{mi}}\right)$。

由式（8-24）可见，各个部门间劳动要素结构变化取决于农业部门[①]及服务业部门的劳动份额增长率，Ω 表示劳动力跨部门流动所引起的实际收入占总产出的份额，测度的是劳动要素结构变动对全要素生产率的贡献程度。Ω_1 体现的是制造业的劳动边际产出高于农业劳动边际产出（或者制造业部门产出弹性加成后的劳动生产率高于农业部门劳动生产率），如果农业部门劳动力份额的增长率为负值，则两项的乘积为正值，促进了全要生产率的增长，随着农业劳动力要素的不断减少，这种促进作用逐渐降低；Ω_2 体现的是当制造业的劳动边际产出高于服务业劳动边际产出（或者制造业部门产出弹性加成后的劳动生产率高于服务业部门劳动生产率），且服务业部门劳动力份额的增长率为正值时，抑制了全要素生产率的增长。经济中全要素生产率的"增速"还是"减速"取决于劳动力的部门结构变化中"结构红利"与"服务业成本病"的共同作用。

为了进一步分析部门结构变化中，资源错配对"结构红利"与"服务业成本病"的影响效应，则将式（8-24）重新改写为式（8-25）：

$$LRE = \underbrace{\overbrace{\frac{L_{ai}}{PY}\left(\frac{\partial P_{mi}Y_{mi}}{\partial L_{mi}} - \frac{\partial P_{ai}Y_{ai}}{\partial L_{ai}}\right)}^{\Omega_1}\left[l_{mi}\left(\frac{\dot{L}_{mi}}{L_{mi}} - \frac{\dot{L}_{ai}}{L_{ai}}\right) + l_{si}\left(\frac{\dot{L}_{si}}{L_{si}} - \frac{\dot{L}_{ai}}{L_{ai}}\right)\right] + \overbrace{\frac{L_{si}}{PY}\left(\frac{\partial P_{si}Y_{si}}{\partial L_{si}} - \frac{\partial P_{mi}Y_{mi}}{\partial L_{mi}}\right)}^{\Omega_2}\left[l_{ai}\left(\frac{\dot{L}_{si}}{L_{si}} - \frac{\dot{L}_{ai}}{L_{ai}}\right) + l_{mi}\left(\frac{\dot{L}_{si}}{L_{si}} - \frac{\dot{L}_{mi}}{L_{mi}}\right)\right]}_{\text{劳动力要素的"结构红利"效应}}$$

$$(8-25)$$

根据式（8-25）可以得出如下两个命题：

命题 8-1： 在劳动总量不变的情况下，产业间劳动力流动引起全要素

[①] 农业部门是劳动力转出部门，劳动力份额的增长率为负值，所以在公式前加入负号。

生产率的变动，劳动再配置效应则可以度量劳动要素部门结构变化对经济增长的贡献。若劳动再配置效应为正值，则劳动力要素的产业间流动存在"结构红利"现象；若劳动再配置效应为负值，则劳动力要素的产业间流动存在"结构负利"现象。

命题8-2：劳动力要素在产业间流动的过程中，若服务业部门的劳动边际产出低于工业部门的劳动边际产出（或者服务部门产出弹性加成下的劳动生产率低于工业部门）时，随着服务部门劳动增长率的不断提升，更多的劳动力流向服务业，抑制了总体经济发展，从而出现服务业"成本病"现象。

将前文存在资源错配下得出的行业劳动份额式（8-15）代入式（8-25），可得式（8-26）。

$$LRE_{mis} = \underbrace{\left(p_{mi}y_{mi}\beta_{mi}\frac{\hat{l}_{ai}}{\hat{l}_{mi}} - p_{ai}y_{ai}\beta_{ai}\right)}_{\hat{\Omega}_1}\left(-\frac{d\,\hat{l}_{ai}}{\hat{l}_{ai}dt}\right) + \underbrace{\left(p_{si}y_{si}\beta_{si} - p_{mi}y_{mi}\beta_{mi}\frac{\hat{l}_{si}}{\hat{l}_{mi}}\right)\frac{d\,\hat{l}_{si}}{\hat{l}_{si}dt}}_{\overset{\text{服务业"成本病"效应}}{\hat{\Omega}_2}}$$

$$\text{劳动要素的"结构红利"效应}$$

$$(8-26)$$

式（8-26）衡量的是当经济发展中存在资源错配时，政府部门对企业实施征税或者补贴会改变要素的相对价格，要素结构存在一种扭曲。在要素边际收益递减规律的作用下，要素的边际产出随着要素投入而改变，而且要素投入比例、要素边际产出都会对要素价格扭曲程度产生影响，从而改变行业产出，导致部门产品比例扭曲。资源错配最直观的表现就是各个产业间要素的边际报酬不再相等，不能在完美市场条件下自由流动，降低了要素的再配置效应，势必会对经济增长中"结构红利"与"服务业成本病"发生作用，进而影响整体经济的发展，尤其是全要素生产率的增长。从而可以得出以下命题：

命题8-3：若经济发展中存在资源错配，则会阻碍劳动要素产业间的流转，降低劳动份额的增长率以及劳动的边际产出率。要素扭曲对农业劳动要素流转的抑制，则会降低"结构红利"效应；要素扭曲导致服务部门产品价格攀升，将进一步促使"成本病"现象的发生。

第四节 研究设计

一、数据说明

本章涉及的变量较多，选取了 1984 ~ 2014 年我国 31 个省份国内生产总值、GDP 指数、三次产业总产值及就业人数等指标。原始数据来源于《中国统计年鉴》《中国劳动统计年鉴》《中经网统计数据库》《中国经济与社会发展统计数据库》，其中有部分省份个别年份数据缺失。资本存量、固定资产投资、固定资本投资价格指数、农产品生产资料价格指数、工业品出厂价格指数、劳动报酬等数据来自《新中国六十年统计资料汇编》《中国国内生产总值核算历史资料》（1952 ~ 2004）。

（一）劳动产出弹性及资本产出弹性

计算要素产出弹性主要的方法有经验估计值法、比值法（或份额法）以及最小二乘法。由于历年要素产出弹性变动较小，结合中国的实际情况，本章则借鉴刘伟（2008）的计算方法，利用 1987 ~ 2012 年我国投入产出表（共 11 张表）核算整体行业以及各个产业的资本、劳动产出弹性。[①]

（二）价格指数

本章涉及增加值的价格指数有 GDP 平减指数、各个行业的平减指数等，[②] 而各省份总体行业及各个行业的实际产出则是名义产出值剔除价格因素后的数据；资本存量的价格指数中，各省份总体行业资本存量价格指数采用固定资本投资价格指数核算，1984 ~ 1989 年全国固定资本投资价格指数缺失，则用对应年份的 GDP 指数替代，各省份部分年份缺失数据则用全国

---

① 由于中国的投入产出表数据不是连续年份，因此在数据缺失的年份采用均值移动平均法处理，对劳动、资本产出弹性数据进行核算。

② 具体核算方法为：以第二产业为例，第二产业增加值以 1984 年产值为基期，第二产业实际增加值 = 第二产业增加值指数（上年 = 100）× 上一期第二产业产值，第三产业实际产值及实际 GDP 都用同样的方法得到。GDP 平减指数 = 名义 GDP/实际 GDP。

数据替代；农业部门中固定资本价格指数则采用农业生产资料价格指数核算，各省个别年份缺失的数据用对应年份的全国农业生产资料价格指数替代；工业部门资本存量价格指数则采用各省工业品出厂价格指数核算。以上所有价格指数均以1984年为基期核算。

（三）各省份经济总体及三次产业资本存量

测算资本存量一般采用戈德史密斯（Goldsmith）提出的永续盘存法测算，利用此方法测算中国资本存量总量的研究较多，而以三次产业划分的资本存量测算较少。徐现祥等（2007）测算了中国1978～2002年各省份三次产业物质资本存量。本章首先以徐现祥测算的数据为基础，而2004年以后缺少资本折旧额数据，估计方法借鉴了单豪杰（2008）的思想和技术，在测算时折旧率统一采用10.96%，将徐现祥的资本存量数据推算至2014年。通常各省份的数据与全国的数据不一致，本章采用的方法是各省份三次产业资本存量与各省份总体资本存量分开单独测算，前者采用徐现祥的方法，后者则采用单豪杰的方法，各省份三次产业资本存量的份额与全省（区市）资本存量相乘得到行业实际的资本存量。

（四）要素价格

本章资本价格借鉴了谢和克莱诺（2009）中的假定，其为10%（5%的利息率和5%的折旧率）。而各省份各行业劳动者报酬的实际值为名义劳动者报酬除以GDP平减指数及各个行业的平减指数。

二、要素收入份额及资本存量

本章核算的总体经济以及农业、工业和服务业部门的劳动产出弹性走势如图8-1所示。总体上看，1984～2015年劳动产出弹性波动幅度不大。1978年改革开放政策实施后，农村大量的剩余劳动力得到释放，经济特区和经济开发区的迅速发展以及国有企业改革和非公有制经济的迅速崛起吸收了大量农业劳动力。工业部门的劳动产出弹性由1984年的0.2859上升到2001年的0.4306，这个阶段呈现出缓慢增长的趋势。而服务业部门的劳动产出弹性则呈现下降趋势。1992年市场经济确定之后，个体经济和私营经济蓬勃大量涌现，大量的劳动力流向了服务部门，自1993年开始，服务部门的劳动产出弹性逐渐提升，到2001年达到了0.5460。2001年之后，我国加入WTO，迅速融入全球经济体系，逐渐加入全球价值链分工体系，劳动密集型出口加工企业迅速发展，工业和服务业部门的劳动产出弹性下降到2007年的0.3312、0.3584。2008年发生全球性金融危机后，全球经济增长出现低迷，而劳动产出弹性逐渐回升，到2015年工业部门的劳动产出弹性升至0.4545，服务业部门的劳动产出弹性增加到0.4599。

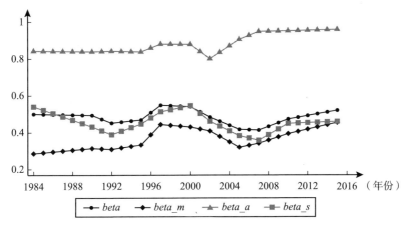

图8-1 我国各产业劳动产出弹性走势（1984~2015年）

资料来源：《中国投入产出表》（1987~2012年，共11张表）。其中，beta为总体经济劳动产出弹性，beta_a为农业部门劳动产出弹性，beta_m为工业部门劳动产出弹性，beta_s为服务业部门劳动产出弹性。

第五节 结果分析

一、资源错配程度的估算

根据上文对资源错配的定义，可知错配系数分为要素绝对扭曲系数和要素相对扭曲系数。为了能详细地刻画各个地区间经济增长情况，本章将省份分为东部、中部、西部，并将大城市单独划分出来。自改革开放后，中国经济发展经历不同的经济增长周期，根据本章数据的获得性划分为1984~

1991 年、1992~2001 年、2002~2008 年、2009~2015 年等四个经济增长周期。

由上文的理论部分可知，要素的绝对扭曲系数刻画的要素价格无扭曲时的加成状况，更多地体现为要素使用成本的绝对值信息。当要素价格无扭曲时，则面临的扭曲"税" $\tau = 0$，$\lambda = 1$；当要素的价格高于正常水平时，面临的扭曲"税" $\tau > 0$，$0 < \lambda < 1$；当要素的价格低于正常水平时，则扭曲"税" $\tau < 0$，$\lambda > 1$。要素的相对扭曲系数反映的是同经济的平均水平相比，行业中要素价格扭曲的相对状况，更多地体现为要素使用成本的相对信息。当要素相对扭曲系数 $\tilde{\lambda} > 1$ 时，则说明相对于整个经济而言，要素的使用成本较低，行业中该要素投入过度；当要素的相对扭曲系数 $\tilde{\lambda} < 1$ 时，说明相对于整个行业而言，要素的使用成本较高，行业中该要素投入不足。在决定行业间要素配置时，相对价格才是决定要素行业间配置的信号。因此，重要的是要素的"相对"扭曲程度而非"绝对"扭曲程度。需要指出的是，在面对实际的数据时，绝对系数是无法测度的，相对扭曲系数是可以被还原的。

由图 8-2 可以看出，在各个行业中要素价格扭曲程度存在巨大的差异。从劳动要素扭曲的层面看，在各个经济周期内，东中西部地区以及大城市的资源错配情况并没有发生较大的波动。其中，东部和中部地区各时期内工业行业劳动扭曲系数大于 1，表明工业部门中劳动要素使用成本较低，导致了工业部门使用过多的劳动要素，而西部地区农业劳动要素扭曲程度与东中部地区相比则相对较大。大城市以及东部地区服务业部门的劳动相对扭曲系数均小于 1，这说明服务业中劳动要素的使用成本较高，2008 年以前这种成本具有递增趋势，而 2008 年后出现了小幅下降，这可能是由于金融危机后经济发展低迷，影响了劳动力就业形势。从资本要素扭曲的层面看，农业部门中无论是东中西部地区还是大城市，资本扭曲系数较大，表明农业部门中使用资本成本较低。这可能与受到政策的限制有关，政府对农业部门提供各类优惠政策（如税收优惠、用水用电优惠等）、各类补贴政策（土地流转补贴、贷款补贴等），大大地降低了农业部门资本的使用成本。从资本配置的非农部门看，资本更多地流向了服务业部门，而工业部门资本的使用成本较高，中部地区工业资本使用成本自 2001 年后出现成本上升的趋势，而东部地区的资本配置更加趋于合理。这主要是由于 2001 年之后，中国加入全球价值链分工，FDI 大规模地流入，国家资本变得相对充裕，投资的领域放宽,投资的余地加大,资本更多地投向了生产率相对较高的东部工业部门。

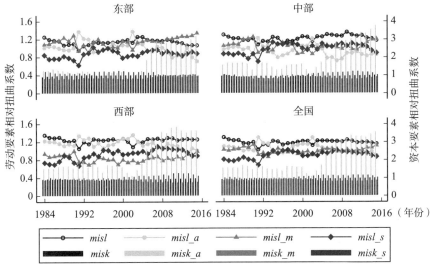

图 8 - 2　我国各产业要素相对扭曲系数(1984~2015 年)

注:*misl* 为总体经济劳动要素相对扭曲系数,*misl_a*、*misl_m*、*misl_s* 分别为农业、工业和服务业部门的劳动要素相对扭曲系数;*misk* 为总体经济资本要素相对扭曲系数,*misk_a*、*misk_m* 和*misk_s*分别为农业、工业和服务业部门的劳动要素相对扭曲系数。

二、劳动再配置效应分析

(一)劳动边际生产率差异

由式(8-24)可得,劳动力由农业部门向工业部门流动,体现为农业与工业部门间劳动生产率的差异,同时是由部门间的劳动产出价值产出决定的。可转化为式(8-27)与式(8-28):

$$VMP_{L_{mi}} - VMP_{L_{ai}} = \beta_{mi}\frac{P_{mi}Y_{mi}}{L_{mi}} - \beta_{ai}\frac{P_{ai}Y_{ai}}{L_{ai}} = \frac{\partial P_{mi}Y_{mi}}{\partial L_{mi}} - \frac{\partial P_{ai}Y_{ai}}{\partial L_{ai}} = \Omega_1\frac{PY}{L_{ai}} \qquad (8-27)$$

$$\hat{VMP}_{L_{mi}} - \hat{VMP}_{L_{ai}} = \left(P_{mi}Y_{mi}\beta_{mi}\frac{\hat{l}_{ai}}{\hat{l}_{mi}} - P_{ai}Y_{ai}\beta_{ai}\right)\frac{PY}{L_{ai}} = \hat{\Omega}_1\frac{PY}{L_{ai}} \qquad (8-28)$$

其中，式（8-27）测算的是在完美市场中，制造业部门劳动边际产出与农业部门的劳动边际产出的差异，而式（8-28）是在资源错配情况下两部门劳动边际产出价值的差异。

非农部门中劳动转移则由服务业部门与工业部门的劳动产出价值差异决定，如式（8-29）、式（8-30）所示：

$$VMP_{L_{si}} - VMP_{L_{mi}} = \beta_{si}\frac{P_{si}Y_{si}}{L_{si}} - \beta_{mi}\frac{P_{mi}Y_{mi}}{L_{mi}} = \frac{\partial P_{si}Y_{si}}{\partial L_{si}} - \frac{\partial P_{mi}Y_{mi}}{\partial L_{mi}} = \Omega_2\frac{PY}{L_{si}} \quad (8-29)$$

$$V\hat{M}P_{L_{si}} - V\hat{M}P_{L_{mi}} = \left(P_{si}Y_{si}\beta_{si} - P_{mi}Y_{mi}\beta_{mi}\frac{\hat{l}_{si}}{\hat{l}_{mi}}\right)\frac{PY}{L_{si}} = \hat{\Omega}_2\frac{PY}{L_{si}} \quad (8-30)$$

其中，式（8-29）测算的是在完美市场中，服务业部门劳动边际产出与工业部门的劳动边际产出的差异，而式（8-30）是在资源错配情况下两部门劳动边际产出的差异。

根据劳动的产出弹性很容易计算出各个行业劳动边际产出率，通过要素的边际产出率的比较和分析，可以清晰地看出要素在产业间配置的效率水平。图8-3显示了各个产业劳动要素的边际产出效率变化过程。显然，劳动要素在三次产业间的配置出现了明显的分化趋势，以1992年左右为转折点，之后工业部门的劳动边际效率无论是相对农业部门还是相对服务业部门都出现高速增长，而相对前者增速更快。王鹏等（2015）的测算结果也验证了这一结论。到2015年，工业劳动边际产出率高于农业部门2.43个单位，高于服务业部门1.95个单位。从经济学原理分析，要素应该流向边际产出率更高的工业部门，但是统计数据显示，到1995年左右服务业部门劳动所占比重超越了工业部门，到2015年服务业就业所占比重达到42.4%，成为吸纳劳动力的主要部门。所以，本章核算结果显示工业部门的劳动产出率远远高于农业、服务业部门，而且有扩大的趋势，但是实际中劳动更多地流向了劳动边际产出相对较低的服务业。这主要有两方面的原因：一是行业特征。随着经济结构的不断转型，工业部门由劳动密集型行业转向资本—技术密集型行业过程中，吸纳劳动力程度低于服务业；统计数据低估了服务业部门的劳动产出效率，例如生产性服务为工业部门某些行业提供服务，而创造的增加值没有被统计在内，从而低估了劳动边际产出率。二是资源错配。通常学者考虑各个部门的劳动产出效率时没有考虑行业间的资源错配因素，如图8-3所示，在考虑要素扭曲因素后，工业部门的劳动边际产出率没有出现逐渐扩大趋势，而是2009年后相对农业部门的劳动边际产出率趋于稳定，2012 年后服务业部门劳动边际产出率有逐渐提高的趋势。

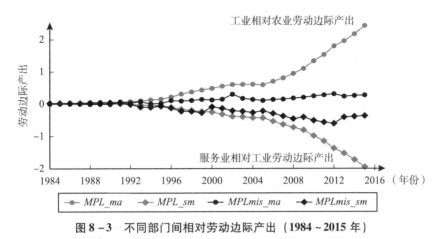

图 8 - 3　不同部门间相对劳动边际产出（1984～2015 年）

注：*MPL_ma* 和 *MPL_sm* 为工业相对农业和服务业相对农业的劳动边际产出；*MPLmis_ma* 和 *MPLmis_sm* 为存在要素扭曲时工业相对农业和服务业相对工业的劳动边际产出。

（二）劳动份额增长率变化

从本章理论部分的分析可知，在不存在资源错配的情况下，农业、工业、服务业部门劳动份额的增长率为 $\frac{dl_{ai}}{l_{ai}dt}$、$\frac{dl_{mi}}{l_{mi}dt}$、$\frac{dl_{si}}{l_{si}dt}$；在存在资源错配的情况下，劳动份额增长率分别为 $\frac{d\hat{l}_{ai}}{\hat{l}_{ai}dt}$、$\frac{d\hat{l}_{mi}}{\hat{l}_{mi}dt}$、$\frac{d\hat{l}_{si}}{\hat{l}_{si}dt}$。

从图 8 - 4 可以看出，农业部门的劳动所占比重增长率（除个别年份）均为负值，而且在 1984～1991 年、1992～2001 年、2001～2008 年、2009～2015 年的经济周期内均呈现先升后降的倒"U"型走势。工业部门的劳动所占份额比重增长率，除 1989～1990 年、1996～2001 年时间段内出现负增长外，其余时期均为正向增长。服务业部门劳动份额增长率均为正值，整体上看其增长率均高于工业部门。从整个经济周期看，工业和服务业部门与农业部门的劳动份额增长率则呈现相反的"U"型走势。考虑资源错配因素后，各个部门劳动份额增长率出现了较大的波动，但是没有改变三个部门之间的经济周期内走势，只是波动振幅增大。

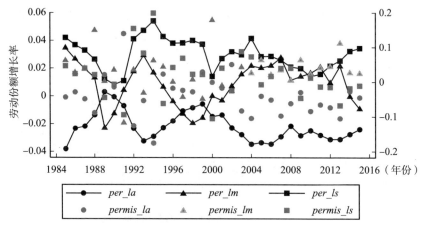

图 8-4 我国各部门劳动份额增长率走势（1984~2015 年）

注：*per_la*、*per_lm*、*per_ls* 分别为农业、工业和服务业部门劳动所占份额比重增长率；*permis_la*、*permis_lm*、*permis_ls* 为存在资源错配时，农业、工业和服务业部门劳动所占份额比重增长率。

三、产业结构演变过程中"成本病"效应的测算

生产要素在不同部门产业之间流转导致了产业结构的变动。按照彭德（Peneder，2002）的解释，若不考虑要素流动成本，产业部门之间生产率水平以及增长率的差异导致生产要素从边际产出率低的行业流向边际产出率高的行业，通过资源的优化配置实现经济增长，即存在"结构红利"。而产业结构变迁中，生产要素由生产率较高的工业部门转向生产率较低的服务业部门时，服务部门份额提升，经济增速放缓，会出现"成本病"现象。图 8-3 和图 8-4 描述了 1984~2015 年我国产业间劳动边际产出率的明显差异，而且劳动份额增长率也不相同。鲜有学者将产业结构变迁中出现的服务业"成本病"现象从要素"结构红利"的分析框架中分离出来，而将资源错配因素考虑在内的更是凤毛麟角。下文将从 TFP 分解式中探讨产业结构变迁资源配置过程中的"成本病"效应，并验证劳动要素是否存在"结构红利"以及资源错配对经济增长的影响程度。

（一）农业部门的劳动"转出效应"考察

通过前文的分析可知：改革开放政策实施后，农村家庭承包责任制的全面实施释放了大量农村剩余劳动力，经济开发区的设立以及国有企业改革和非公有制企业的发展吸收了大量的农业劳动力，个体经济和私营经济的迅速

发展也使得农村劳动力涌向服务部门。在产业结构变迁过程中，工业部门的劳动边际产出率高于农业部门，反映为劳动的贡献系数 Ω_1 为正值，且农业部门的劳动份额增长率保持为负值的情况下，这种农业劳动"转出效应"有利于全要素生产率的提高，该数值越大则对经济增长的促进作用更加明显。

通过对 1984~2015 年的数据进行验证，从表 8-1 的核算结果可以看出各个地区不同经济周期内的贡献系数 Ω_1 全为正值（均值为 0.2337），而在资源错配框架下核算的贡献系数 $\hat{\Omega}_1$ 基本为正值（均值为 0.0298），这主要是由于工业部门的边际产出率（或者劳动生产率）远远高于农业部门，要素扭曲会导致贡献系数大大降低，这也在图 8-2 的分析中得到了说明和证实。从测算数据结果看，在 2002~2008 年的经济周期内，大城市及东中西部地区农业劳动"转出效应"的促进作用更加显著，分别为 0.1890、0.5010、0.5643、0.6700。这主要是 2001 年后，我国迅速融入全球化分工体系，工业产品出口增加，制造业得到了迅速的发展，逐渐成为"世界工厂"，伴随着大量农业劳动力向工业部门的流转。从资源错配的结果看，要素价格扭曲对劳动"转出效应"影响比较严重，大城市地区在 1984~1991年、1992~2001 年、2002~2008 年的经济周期内都为负值，年均值为 -0.0769，这说明了劳动价格扭曲降低了农业部门的劳动要素向非农部门转移速度，对经济增长具有抑制作用。东部和中部是农村劳动力转出的主要地区，在劳动价格扭曲下农业劳动转移效应年均分别为 -0.2251 和 -0.2214，可见要素价格扭曲对东部及中部地区的影响程度较大。而在经济发展相对落后的西部地区，除去 1984~1991 年农业劳动"转出效应"为负值外，其余均为正值。

通过以上分析可知，在样本期内，农业部门的劳动边际产出率低于非农部门劳动边际产出率，劳动要素更多的由农业部门"转出"。当这种"转出"速率较高时，则对全要素生产率的贡献率为正值，表现出明显的"结构红利"，对经济增长具有明显的促进作用。测算数据显示，在完美市场假设下，无论是大城市（除 1992~2001 年外）还是东中西部地区在各个经济周期内农业劳动的"转出效应"均为正值，在 2002~2008 年的经济周期内更为明显；在资源错配的假设下，要素扭曲阻碍了农业劳动"转出"率，在一定程度上抑制了农业劳动的"转出效应"，其中作为劳动力主要转出地区的东部及中部表现得最为明显。

（二）服务业部门份额变动引起的"成本病"效应考察

在产业结构变迁过程中，非农劳动要素由工业部门转移到服务业部门，从而使得服务业部门劳动份额增加，而在服务业部门的劳动边际产出率（或劳动生产率）低于工业部门的情况下，这将使得经济增速放缓，体现为一种服务业"成本病"现象。要素在产业间流动是否存在"成本病"现象是本章关注的一个重点。以往的干春晖、郑若谷（2009），何德旭、姚战琪（2008），王鹏、尤济红（2015）等学者研究发现我国改革开放以来劳动要素在三次产业间的配置存在"结构红利"，主要思路是测算要素总结构效应（TSE），若其为正值则存在"结构红利"，李翔等（2016）认为要素结构变迁效应为负值时，服务业份额提升对经济增长的影响从"结构红利"向"成本病"转变。从两个假说的定义分析，"成本病"假说关注服务业份额的变动只是"结构红利"假说中三次产业份额变动的"局部效应"。而李翔等（2016）并没有将这种"局部效应"从"结构红利"的核算式中分离出，本章将"成本病"效应进行了"剥离"。

从表 8-1 中看出，贡献系数 Ω_2 除 1984~1991 年、1992~2001 年的大城市、东部及中部地区外，其他经济周期内都为负值，且在西部地区更加严重（经济周期内均值达到 -0.0613）。1992~2001 年、2002~2008 年、2009~2015 年，我国各地区服务业份额提升的要素再配置效应为负值，即出现服务业的"成本病"效应，而且在各个经济周期内呈现先升后降的趋势，各个经济周期内全国平均水平分别为 0.0288、-0.0466、-0.1837、-0.1734，且样本期 1984~2015 年均值为 -0.0835。无论是全国水平还是各个地区，均表明自 1992 年后劳动要素向服务业的转移抑制了劳动再配置效应，降低了总体水平全要素生产率的增长速度，即服务业份额的提升导致了经济增速的放缓。在考虑劳动要素价格错配的情况下，服务业相比工业部门的工资水平提升更快，更多地体现在行业产品价格上，随着服务业部门份额的提升，表现为服务业成本的不断攀升。这导致了劳动要素由工业部门流向服务业部门时，经济增长中因劳动要素价格扭曲表现出较为明显的"成本病"现象，1984~2015 年均值达到 -0.1871。尤其是自 2008 年后，大城市及东部地区这种资源错配导致的服务业"成本病"更加严重，分别为 -0.3115、-0.1945。从而得出以下结论：服务部门的劳动边际产出率远远低于工业部门，而现实数据显示服务业吸纳了更多的劳动要素，而且劳动份

表 8-1　各个经济周期中"成本病"效应测度结果

地区	时期	劳动数量效应（LQE）	完美市场假设						资源错配假设					
			Ω_1	农业劳动转移效应	Ω_2	"成本病"效应	LRE	TE	$\hat{\Omega}_1$	农业劳动转移效应	$\hat{\Omega}_2$	"成本病"效应	LRE	TE
大城市	1984~1991 年	0.4365	0.0043	0.0369	0.0317	0.0686	0.1055	0.5419	-0.0137	-0.0949	0.0487	-0.1686	-0.2636	0.1729
	1992~2001 年	0.3531	0.0190	-0.0087	0.0331	0.1000	0.1441	0.4972	-0.0036	-0.1555	0.0544	0.0613	-0.1947	0.1584
	2002~2008 年	1.2535	0.0256	0.1890	-0.0191	-0.0277	0.1908	1.4443	0.0056	-0.0434	0.0597	-0.0174	0.0021	1.2556
	2009~2015 年	1.1685	0.0203	0.1141	-0.0182	-0.0733	0.0408	1.2093	0.0039	0.0225	0.0838	-0.3115	-0.2890	0.8795
	1984~2015 年	0.7621	0.0170	0.0745	0.0065	0.0228	0.1218	0.8839	-0.0025	-0.0769	0.0552	-0.1075	-0.1957	0.5664
东部	1984~1991 年	1.0833	0.0629	0.0656	0.0389	0.0285	0.1608	1.2441	-0.0098	-0.2178	0.0582	-0.2029	-0.3086	0.7748
	1992~2001 年	0.5643	0.1604	0.3254	0.0099	0.0506	0.3337	0.8979	0.0050	0.0081	0.0285	-0.2303	-0.3265	0.2378
	2002~2008 年	0.8122	0.1187	0.5010	-0.0235	-0.0852	0.3980	1.2102	-0.0103	-0.4283	0.0299	-0.0504	-0.4890	0.3231
	2009~2015 年	0.6925	0.0817	0.2636	-0.0303	-0.0574	0.2289	0.9213	-0.0412	-0.3641	0.0553	-0.1945	-0.6529	0.0396
	1984~2015 年	0.7774	0.1097	0.2871	-0.0006	-0.0094	0.2817	1.0591	-0.0122	-0.2251	0.0414	-0.1740	-0.4339	0.3435
中部	1984~1991 年	1.1709	0.0911	0.0781	0.0218	0.0313	0.0896	1.2605	-0.0022	-0.2382	0.0322	-0.0951	-0.3144	0.8565
	1992~2001 年	0.7232	0.1911	0.2191	-0.0217	-0.0161	0.2013	0.9244	0.0362	-0.2030	-0.0204	-0.1109	-0.5428	0.1803
	2002~2008 年	0.6902	0.2355	0.5643	-0.0932	-0.2148	0.3312	1.0214	0.0014	-0.2697	-0.0283	-0.1672	-0.3701	0.3201
	2009~2015 年	0.7347	0.2217	0.5552	-0.1183	-0.2168	0.2799	1.0146	-0.0279	-0.1795	-0.0022	-0.1532	-0.3005	0.4342
	1984~2015 年	0.8293	0.1825	0.3368	-0.0461	-0.0935	0.2194	1.0487	0.0030	-0.2214	-0.0044	-0.1293	-0.3891	0.4401

续表

地区	时期	完美市场假设							资源错配假设					
		劳动数量效应（LQE）	Ω_1	农业劳动转移效应	Ω_2	"成本病"效应	LRE	TE	$\hat{\Omega}_1$	农业劳动转移效应	$\hat{\Omega}_2$	"成本病"效应	LRE	TE
西部	1984~1991年	1.3067	0.2756	0.1910	0.0175	0.0139	0.1364	1.4431	0.0917	−0.0413	0.0290	−0.0886	−0.1883	1.1184
	1992~2001年	0.7167	0.4606	0.5110	−0.0500	−0.1858	0.3332	1.0499	0.1181	0.0467	−0.0620	−0.4341	−0.5435	0.1732
	2002~2008年	0.6456	0.5290	0.6700	−0.1292	−0.3042	0.3760	1.0216	0.1068	0.2760	−0.0811	−0.5654	−0.2460	0.3997
	2009~2015年	0.7044	0.4478	0.6869	−0.1248	−0.2852	0.3776	1.0820	0.0656	0.2401	−0.0272	−0.0434	0.1126	0.8170
	1984~2015年	0.8557	0.4265	0.4892	−0.0613	−0.1719	0.2996	1.1552	0.0961	0.1170	−0.0330	−0.2724	−0.2378	0.6179
全国	1984~1991年	1.1180	0.1407	0.1091	0.0251	0.0288	0.1253	1.2432	0.0255	−0.1482	0.0393	−0.1269	−0.2637	0.8543
	1992~2001年	0.6434	0.2612	0.3167	−0.0208	−0.0466	0.2737	0.9171	0.0505	−0.0610	−0.0149	−0.2322	−0.4477	0.1957
	2002~2008年	0.7558	0.2886	0.5333	−0.0787	−0.1837	0.3460	1.1018	0.0315	−0.1159	−0.0223	−0.2510	−0.3196	0.4362
	2009~2015年	0.7600	0.2459	0.4645	−0.0823	−0.1734	0.2688	1.0288	0.0063	−0.0581	0.0048	−0.1435	−0.2547	0.5053
	1984~2015年	0.8185	0.2337	0.3414	−0.0345	−0.0835	0.2503	1.0688	0.0298	−0.0940	0.0023	−0.1871	−0.3278	0.4907

注：TE 表示劳动要素的经济增长总效应；LRE 表示劳动要素再配置效应。LQE 表示劳动数量效应。剔除样本中两端 5% 的极端值。

额增长率也高于工业部门。这种由工业部门向服务部门劳动"转出"的效应对全要素生产率的贡献率为负值，表现为一种"成本病"现象，对经济增长具有抑制作用。在考虑要素价格扭曲情况下，服务业劳动工资相对提升，导致行业产品价格上升，这使得劳动力的跨部门流转时"成本病"现象更加明显。

（三）产业结构变迁视角下的劳动要素总体效应考察

从产业结构演进的视角看，农业部门劳动份额的不断下降已经被历史经验所证实，被视为经济发展合理化以及产业结构优化的基本方向。而更多的争论集中于服务业部门份额的提升对经济增长的影响，多数学者将服务业份额的提升视为经济发展的重要趋势，而越来越多的研究强调工业才是经济增长的"引擎"，将产业结构变迁的"服务化"和"去工业化"视为经济停滞的关键所在。从上文的分析中，一方面，可以看出农业劳动份额的下降，劳动向边际产出率更高的工业部门流转时，"转出效应"为正值，显然存在"结构红利"，当存在要素扭曲时，降低了这种要素流转带来的"结构红利"；另一方面，服务业部门劳动份额提升，劳动流向边际产出率较低的服务业部门，对全要素生产率增加产生了抑制作用，表现为"成本病"现象，当存在要素扭曲时，影响了劳动向服务业部门流转率，从而也降低了"成本病"效应。劳动要素在各个部门间的流转最终形成了劳动力要素再配置效应（LRE），当农业份额下降带来的"转移效应"大于服务业部门提升出现的"成本病"效应时，最终结果依然在总体上呈现"资源向高效率部门流转"的"结构红利"效应。

从表8-2测算的劳动再配置效应（LRE）结果看，不考虑要素扭曲时，大城市在1992～2001年、2002～2008年及2009～2015年的经济周期内均低于东中西部地区，可见大城市中服务业"成本病"现象较为严重，导致了劳动要素在部门间流动出现"结构负利"。学者程大中（2008）从服务业需求收入弹性和价格弹性视角，证实了1994～2006年间北京、天津、上海及重庆四大直辖市已经出现"成本病"问题。在东部、中部及西部地区，劳动要素再配置效应在各个经济周期内均为正值，1984～2015年其均值分别为0.2817、0.2194、0.2996，从全国结果看，各个经济周期内也均为正值，可见劳动要素再配置效应在总体上实现了"结构红利"效应。从表8-1中的劳动要素数量效应（LQE）看，劳动总量变化引起的数量效应在各个经济周期内的均值分别为 1.1180、0.6434、0.7558、0.7600，要素投入对我国实现经济飞速增长起到了重要贡献。这主要是因为改革开放打破了城乡劳动力市场分割状态，农村劳动力大量流向城镇市场，释放出了巨大的"人口红利"。结构效应与数量效应结合起来，得出劳动变化对经济增长的总贡献（TE）均为正值，可见劳动要素对我国经济增长促进作用之大。在考虑资源错配的情况下，要素扭曲抑制了劳动力由农业向非农部门及工业向服务业部门的流转速度，而服务业部门劳动工资不断上涨，直接的体现就是服务产品价格的激增，从而降低了农业劳动"转移效应"，更多地体现为服务业"成本病"效应，导致劳动再配置效应的促进作用降低。从全国各个经济周期的均值为 -0.3278，其他经济周期内也均为负值可以得出以下结论：农业劳动向非农部门的"转出效应"为正值，存在明显的"结构红利"效应，而且高于服务业份额提升带来的"成本病"效应，体现为劳动再配置效应为正值，可见总体上劳动要素表现出了"结构红利"效应。并且劳动要素再配置效应与劳动数量效应共同促进了经济的增长。在存在资源错配的情况下，要素扭曲抑制了劳动要素由农业部门向非农部门的转移，表现为农业劳动"转移效应"的降低，要素扭曲导致服务价格不断攀升，而服务业"成本病"比较明显，劳动再配置效应多为负值，抑制了全要素生产率的提升，可见经济增长更多是依靠劳动数量效应起作用。

四、部门技术进步与要素再配置对经济增长的影响

全要素生产率是与经济增长质量密切相关的重要指标。从上文的分析中，可知产业结构变迁中劳动要素再配置效应与资本要素再配置效应是全要素生产率增长率的重要组成部分，若经济增长过程中出现明显的"成本病"效应，则会抑制劳动要素再配置效应，降低全要素生产率的增长率。考虑资源错配存在的情况下，劳动要素价格扭曲会阻碍劳动向非农部门的转移以及服务价格的攀升，抑制要素的"结构红利"效应更多地体现为服务业"成本病"效应。通过式（8 - 25）可以测算出我国 1984 ~ 2015 年的全要素生产率增长率、各个部门的技术进步效应（TP）、资本要素的

再配置效应①，以及技术进步和要素再配置效应的贡献率②。

　　从表8-2的估算结果看，1984~2015年我国TFP平均增长率约为2.82%，四个经济周期内TFP平均增长率分别约为1.83%、2.93%、3.14%、3.34%，而在中部和西部地区2008年后出现了下滑。总体来看，全要素生产率对经济增长起到了促进作用。从TFP增长率的分解结果看，整个经济周期内，劳动要素再配置效应（LRE）年平均增长率约为0.25%，资本要素再配置效应（KRE）的年平均增长率约为0.07%。而要素总配置效应（TRE）对全要素生产率的贡献率平均为6.47%，学者何德旭、姚战琪（2008）估计的结果为增长率为0.31%、贡献率为6.51%。在资源错配存在的情况下，本章测算要素再配置效应对全要素生产率的平均贡献率为-9.54%，可见要素扭曲抑制了资源在产业间的流转，表现出明显的"结构红利"转向"结构负利"。部门技术进步效应对经济增长起到了主要作用，1984~2015年TP的平均增长率约为2.44%，中部地区表现最为明显，高达2.77%，对全要素生产率的全国平均贡献率为86.24%，可见部门技术进步效应是促进TFP增长的主要因素。

　　尽管资本在三次产业间配置具有"结构红利"，但相比劳动力要素再配置效应，促进作用比较微弱。外商直接投资的政策偏向可能是导致这一结果出现的原因之一（干春晖、郑若谷，2009），而投资主体的制度性障碍也可能会导致资本配置效率的低下。改革开放初期，国家允许乡镇企业和非农产业发展，但是市场中民间资本匮乏，投资以国家为主导。地方政府片面追求GDP高速增长，造成国有经济投资效率低下，这也在一定程度上导致了资本配置效率的"结构红利"效应较弱。

---

　　① 资本要素再配置效应的核算公式与劳动要素再配置效应的核算公式类似，文中不再重复。另外，根据谢和克莱诺（2009），假定资本价格均为10%，即5%的利息率和5%的折旧率，因此表8-2中核算出KRE与KRE^{mis}是一致的。而本章关注点侧重测算与研究劳动要素转移效应中的"结构红利"与"成本病"效应。

　　② 部门技术进步效应（TP）贡献率和要素再配置效应（LRE、KRE、TRE）贡献率是指对TFP增长的贡献。本章数据根据历年各省份的面板数据核算，单一省份中一年两者对TFP的贡献率为1，而在核算整个经济周期内不同地区的平均贡献率并非是经济周期加总后的算术平均，而是各省份贡献率在经济周期内的平均值。

表 8 - 2　我国各地区 TFP 增长率与要素再配置效应

单位：%

地区	时期	TFP增长率	TP	完美市场		资源错配		贡献率				
				LRE	KRE	LRE^{mis}	KRE^{mis}	TP^{share}	LRE^{share}	$LRE^{mishare}$	TRE^{share}	$TRE^{mishare}$
大城市	1984～1991 年	0.3996	0.2340	0.1055	0.1275	-0.2636	0.1828	100.67	-1.06	-2.00	6.97	6.03
	1992～2001 年	4.6091	4.1936	0.1441	-0.0151	-0.1947	-0.0151	89.18	2.38	-15.14	1.34	-16.18
	2002～2008 年	2.8550	1.1821	0.1908	-0.0456	0.0021	-0.0456	85.50	1.59	7.54	-1.35	14.30
	2009～2015 年	4.7578	3.4013	0.0408	-0.0501	-0.2890	-0.0501	83.57	0.60	-2.20	-0.77	-3.57
	1984～2015 年	3.3007	2.2982	0.1218	0.0025	-0.1957	0.0133	89.65	1.03	-4.29	1.47	-1.52
东部	1984～1991 年	1.8574	1.9199	0.1608	0.1257	-0.3086	0.1257	99.32	2.12	-14.64	4.20	-17.47
	1992～2001 年	2.9566	3.0838	0.3337	0.0773	-0.3265	0.0773	101.69	6.49	-9.08	5.29	-14.59
	2002～2008 年	3.0962	1.9207	0.3980	0.1410	-0.4890	0.1410	54.35	12.24	-24.68	16.01	-24.17
	2009～2015 年	3.9541	3.4145	0.2289	0.0117	-0.6529	0.0117	86.01	5.57	-22.09	6.29	-21.37
	1984～2015 年	3.0229	2.6280	0.2817	0.0871	-0.4339	0.0871	87.12	6.64	-16.97	7.69	-18.95
中部	1984～1991 年	2.2406	2.3150	0.0896	-0.0924	-0.3144	-0.0924	83.55	6.12	-10.36	6.91	-4.53
	1992～2001 年	3.4144	3.4731	0.2013	0.3445	-0.5428	0.3445	93.04	0.06	-16.93	1.95	-13.83
	2002～2008 年	3.2923	2.0961	0.3312	-0.0878	-0.3701	-0.0878	78.80	11.81	-11.09	3.78	-22.12
	2009～2015 年	2.7284	3.0231	0.2799	-0.0572	-0.3005	-0.0572	99.31	8.78	-2.60	1.53	-14.58
	1984～2015 年	2.9233	2.7719	0.2194	0.0558	-0.3891	0.0558	89.30	6.11	-10.95	3.45	-13.89

续表

地区	时期	TFP增长率	TP	完美市场		资源错配		贡献率				
				LRE	KRE	LRE^{mis}	KRE^{mis}	TP^{share}	LRE^{share}	$LRE^{misshare}$	TRE^{share}	$TRE^{misshare}$
西部	1984~1991年	1.9610	2.0152	0.1364	0.0017	-0.1883	0.0017	85.96	0.47	-11.78	6.97	-4.99
	1992~2001年	2.2256	2.5753	0.3332	0.1777	-0.5435	0.1777	90.36	6.52	-11.92	5.30	-4.23
	2002~2008年	3.1665	1.2897	0.3760	0.1744	-0.2460	0.1744	46.99	12.46	-6.32	15.90	-4.34
	2009~2015年	2.8273	2.6501	0.3776	-0.0130	0.1126	-0.0130	103.46	5.44	0.17	7.93	3.78
	1984~2015年	2.5175	2.1772	0.2996	0.0894	-0.2378	0.0894	82.87	6.24	-7.65	8.76	-2.47
全国	1984~1991年	1.8306	1.8268	0.1253	0.0297	-0.2637	0.0355	91.40	1.89	-11.02	6.19	-7.20
	1992~2001年	2.9321	3.0656	0.2737	0.1560	-0.4477	0.1560	94.02	4.66	-12.56	4.14	-10.91
	2002~2008年	3.1392	1.6308	0.3460	0.0919	-0.3196	0.0919	60.45	10.93	-11.17	11.28	-11.56
	2009~2015年	3.3367	3.0245	0.2688	-0.0185	-0.2547	-0.0185	94.97	5.49	-7.26	5.09	-7.96
	1984~2015年	2.8239	2.4377	0.2503	0.0717	-0.3278	0.0731	86.24	5.66	-10.66	6.47	-9.54

注：（1）TP 表示部门技术进步效应，LRE 表示劳动要素再配置，KRE 表示资本要素再配置，LRE^{mis} 表示存在资源错配条件下的劳动要素再配置，KRE^{mis} 表示存在资源错配条件下的资本要素再配置，TP^{share}、LRE^{share}、$LRE^{misshare}$、TRE^{share}、$TRE^{misshare}$ 分别表示对应的贡献率；（2）剔除了样本中两端 5% 的极端值。

第六节　结论与启示

产业结构变迁中，服务业份额上升是重要的趋势，而"结构红利"与"成本病"假说是学术界研究的重要命题。经济新常态下发挥市场机制作用，挖掘经济增长的潜在动力，促进生产要素产业间的合理流动，这是我国未来深化改革的重要方向。本章从产业结构调整中要素配置效率的角度，将影响资源错配的要素扭曲因素纳入理论分析框架，在估算了我国各省1984～2015年三次产业的资本存量的基础上，分析了不同产业的错配程度、要素的边际产出率以及要素份额增长率的差异，同时对服务业份额提升出现的"成本病"效应进行了测算和分析，得到的主要结论如下：

第一，经验数据表明，农业部门的劳动边际产出率低于非农部门劳动边际产出率，劳动要素更多地由农业部门"转出"。自1992年开始，工业部门边际生产率相对农业劳动边际生产率及服务业劳动边际生产率出现"发散式"增长，而在考虑资源错配的情况下，这种趋势变为平稳增长。"转出"速率较高时，对全要素生产率的贡献率为正值，表现出明显的"结构红利"，对经济增长具有明显的促进作用。测算数据显示，在完美市场假设下，无论是大城市还是东中西部地区，在各个经济周期内农业劳动的"转出效应"均为正值，2002～2008年更为明显；在资源错配的假设下，要素扭曲阻碍了农业劳动"转出"率，在一定程度上抑制了农业劳动的"转出效应"，其中农业人口主要转出地（东部及中部地区）最为明显。

第二，服务部门的劳动边际产出率远远低于工业部门，而现实数据显示服务业吸纳了更多的劳动要素，而且劳动份额增长率也高于工业部门，这种由工业部门向服务部门劳动"转出"的效应对全要素生产率的贡献率为负值，表现为一种"成本病"现象，对经济增长具有抑制作用。自1992年开始出现"成本病"现象后，在经济周期内有不断增长的趋势。在考虑资源错配存在的情况下，服务业部门工资水平相对上涨较快，更多体现为产品价格的上升，随之劳动由高效率工业部门向较低效率服务部门流转，经济增长中表现出的"成本病"现象更加明显，大城市及东中西部地区在整个经济周期内"成本病"效应为负值，从全国平均水平看，"成本病"现象表现为先升后降的趋势。

第三，农业劳动向非农部门的"转出效应"为正值，存在明显的"结构红利"效应，而且高于服务业份额提升带来的"成本病"效应，体现为劳动再配置效应为正值，可见总体上劳动要素表现为"结构红利"。并且劳动要素再配置效应与劳动数量效应共同促进了经济的增长。若考虑存在资源错配的情况下，要素扭曲抑制了劳动要素向非农部门间转移，降低了农业劳动"转移效应"，要素扭曲导致的服务产品价格上涨，使得服务业部门"成本病"效应更加明显，导致劳动再配置效应多为负值，抑制了全要素生产率的提升，而经济增长更多地依靠劳动数量效应起作用。

本章研究结论的政策启示是：要素自由流动对全要素生产率的提升至关重要，要充分发挥市场在资源配置中的决定性作用，按照市场经济原则，不同产业要素效率决定要素收益，而其收益的高低又引导不同行业要素的配置，从而促进产业结构优化，实现经济增长。我们可以得到以下启示：

第一，经济"新常态"下，要高度重视经济增长与产业结构调整中服务业"成本病"之间的"负相关"关系，在"稳增长"与"调结构"之间把握战略平衡。在过去的40多年里，中国实现了经济的飞速发展，旧的发展模式显然已不再适用，亟须新的发展模式。因此，经济"新常态"下，我们需要把握经济发展的客观规律，辩证地看待"速度"与"结构"之间的关系，尤其在增速换挡期，保持经济在合理的运行区间，加快产业结构的战略性调整。

第二，资源错配制约了行业间要素的配置效率，要素价格扭曲抑制了要素在产业间的合理流转，可见适当纠偏就可以提升生产效率。因此，要打破要素合理流动的制度性障碍，调整产业结构，推进要素市场化改革，更好地发挥市场在要素配置中的决定性作用。

第三，要理性看待产业结构调整中的服务业"成本病"现象，不要一味地视其为一种"病态"。随着工业部门生产率的不断提升，会形成更大规模的产能，这就需要更大规模的服务业尤其是生产性服务业与之相匹配。而服务业部门产值份额及就业份额的不断提升，也是工业部门生产率提升的表现。从这个层面上讲，服务业部门份额提升缓慢有助于经济增速，但是也伴随着工业发展的低效率及缓慢的工业化进程。发达国家的经济发展历程表明，服务业部门提升与增速放缓是经济发展更高阶段的客观

规律，也是产业升级的必由之路。如果服务业部门的提升能够形成更高水平的工业部门生产率，进而弥补服务业部门提升带来的经济增速放缓，中国就有可能走出"调结构"与"转方式"的两难选择，实现两者之间良性互动。

第九章 劳动要素视角：技术创新对劳动就业影响的文献研究

技术创新对就业的影响一直是学术界关注的焦点，始于李嘉图，成于熊彼特，发展于阿吉翁，学者们就此展开了一系列研究，取得了丰硕成果。本章系统回顾和梳理了有关技术创新对劳动就业影响的国内外代表性文献，重点从技术创新对就业创造与补偿机制、就业破坏与替代机制、就业结构效应，以及微观到宏观的就业动态测算和影响因素，不同技术创新方式对就业增长影响、技术创新对就业结构中"技能升级""极化"的影响等方面展开讨论。在此基础上，针对现有文献研究观点、贡献与不足进行归纳和简要评述，并进一步对技术创新与劳动就业的研究方向进行展望。

第一节 引 言

通常而言，技术创新可以突破原有的生产技术，提高生产效率，降低生产成本，其中包含减少劳动要素的投入。技术创新伴随着劳动投入的节省，在以人工智能、量子信息、移动通信、物联网等为特征的新技术革命下表现得尤为突出。例如，人工智能技术让生产机器智能化、信息化，一方面使得像传统制造业等以常规体力劳动为属性的程序性、重复性的职业受到替代威胁，另一方面对医疗机器人、自动驾驶等以高认知力为属性的非程序化的职位来说是一种补充。针对技术创新与就业之间的关系，学术界也纷纷进行了研究，包括理论到实证、宏观到微观、抽象到具体等不同维度。本章旨在通过综述技术创新对劳动就业影响的经典和前沿研究，从技术创新的就业创造与就业破坏、就业动态从微观到宏观的测度、不同技术创新方式的就业效应以及就业"极化""技能升级"为特征的就业结构等方面展开分析，以期为我国"十四五"时期在经济结构转型、产业升级、民生福祉以及社会稳定方面提供借鉴价值和有益启示，根本的落脚点在于国家实现更加充分更高质量的就业，践行创新驱动发展战略。

第二节　技术创新与就业增长："创造"还是"破坏"

技术创新与就业的关系是经济学理论的核心问题之一。然而，从理论和经验的角度来看，这种关系是特别复杂的。深刻理解技术创新带来的就业创造与就业破坏，以及补偿机制能否平衡两种对立力量，是学界争辩的焦点。技术创新究竟是增加劳动就业还是减少劳动就业？这是国内外学者一直讨论的热点问题，对于这个问题的研究始于李嘉图的"机器代替劳动"理论，形成于熊彼特（Schumpeter，2003）的"创造性破坏"理论，发展于阿吉翁等（Aghion et al.，1998）的经济增长理论。争论的根本原因在于技术创新的就业效应具有双重影响，既可以扩大劳动需求，又可以降低劳动需求；既可以创造就业岗位，又可以导致岗位消失，即"就业创造与补偿"机制[①]（Pissarides，1992）和"就业破坏与替代"机制[②]（Aghion，Howitt，1994）。因此，本节分别从技术创新的就业创造与补偿机制、就业破坏与替代机制以及就业结构效应三个方面进行梳理。

一、技术创新的就业创造与补偿效应机制

新古典经济增长理论认为技术进步是经济增长的外生因素，因此不能解释经济的长期增长。最为经典的是索洛（Solow，1956）模型，在一个完全竞争的经济环境中，构建了资本、劳动等要素的投入引发产出增加，且劳动要素保持不变时，资本边际产出递减的新古典生产函数。进一步假定储蓄率

[①]　比如，技术创新引致新技术研发和应用、新商业模式出现，将会催生新的行业、职业和就业岗位，从而扩大劳动就业需求。

[②]　比如，技术创新催生新技术，促进实体经济智能化、自动化发展，大规模投资内含前沿技术的先进设备，将加快资本替代部分劳动。另外，产业组织方式变革可能会导致生产或流通环节减少，丧失部分就业岗位。

不变、人口增长率不变以及技术进步保持不变，形成了一个动态均衡模型，而这一分析框架实质是强调资源的稀缺性，也就是物质资本积累带来的经济增长极限，即在人口增长率和技术进步率不变的前提下稳态零增长的思想。这种经济增长取决于外生人口增长率与技术进步，也就不存在长期的失业问题。在这一理论框架下，就业动态的内在逻辑有两方面：一方面，技术进步能够提升劳动生产效率，降低企业生产成本，在规模不变的情况下，可能出现物化技术进步替代更多的劳动力，产生"就业替代"，但企业往往随即增加投资，生产规模扩大，由此需要更多的劳动力投入。世界银行调查显示，2013 年超过 50 个国家 57% 的工作受到了自动化技术的影响（Manyika et al.，2017）。阿恩茨等（Arntz et al.，2016）分析了 21 个经济合作与发展组织（OECD）国家的岗位可被自动化替代的程度，结果显示，在美国有 9% 的岗位处于高风险状态；大卫（David，2017）研究发现，在日本有 55% 的岗位处于"危险"状态，且非正规就业的劳动者及其岗位被替代的可能性更大；孔高文等（2020）发现，工业机器人主要挤出了在未来一年的高替代风险行业、受教育水平不高、劳动力保障不强和高度市场化地区的本地劳动力。另一方面，技术创新在一定程度上表现为企业开发新的产品、提供新的服务或开拓新的市场，因此也会产生新的就业岗位，即技术进步对就业体现为"就业补偿"效应（the compensation effect）。可见，"就业补偿"效应体现为市场机制自发作用产生的一种自动补偿，以抵消技术进步所节约的劳动。格里高利等（Gregory et al.，2016）研究表明，技术进步对总就业并不会产生负向的影响，程序偏向型技术进步虽然对中等技能工作岗位的就业会有一定程度上的减少作用，但伴随着产品需求的增加和需求的溢出效应，也能够创造出一定的就业机会。阿克曼等（Akerman et al.，2015）、约特尔和波尔森（Hjort & Pouslen，2019）却分别以挪威和非洲为例，提供了信息技术发展有助于改善劳动力就业的证据。

从内生经济增长理论看，他们认为经济不依靠外在力量实现持续增长，知识外溢可以弥补劳动、资本等生产要素边际收益递减规律的制约，内生的技术进步决定经济的持续增长。该理论主要从以下几个方面对技术进步的就业创造做出解释：第一种解释是，由莫特森和皮萨里德斯（Mortensen & Pissarides，1998）提出的技术进步存在"资本化效应"，即随着技术进步引致生产要素的实际生产效率提升，将会带来更多的就业岗位。皮萨里德斯（1992）、阿吉翁等（1998）认为，技术进步会提升单位生产的报酬，吸引更多企业进入，进而形成更多的就业岗位。技术进步带来了先进的机器设备，不断改进生产流程，提升了人力资本的实际应用价值，企业趋于逐利性的驱动，在同一产品市场上在位企业大量投入资本，或者吸引新企业进入，在位企业生产规模不断扩大，同时与新进入企业形成竞争，从而在产品市场上创造出更多的劳动就业岗位，同时企业满足生产需要雇佣更多的劳动力。第二种解释是，莫林（Maurin，2004）认为技术进步在一定程度上可以促进企业生产新产品、提供新服务或开拓新市场，延长了产品的生产链，劳动分工的专业化与细化，创造了更多的就业岗位。第三种解释是，费尔南多·德尔里奥（Fernando del Rio，2001）认为技术进步导致要素相对价格发生变化，即资本品相对劳动的价格提升，市场利率上升，促使企业生产使用资本成本上升。在利润最大化目标的约束下，企业存在以低廉劳动替代较高资本的方式进行生产活动，会出现劳动对资本的替代现象，这就会增加劳动需求。而且，维瓦雷利（Vivarelli，2000）等在前人研究的基础上提出了六种就业补偿机制，即价格效应补偿机制、投资效应补偿机制、工资效应补偿机制、机器效应补偿机制、收入效应补偿机制以及新产品效应补偿机制，也就是技术创新的就业创造通过多种机制实现就业补偿。图 9 - 1 展示了技术创新对就业创造的内在机制。

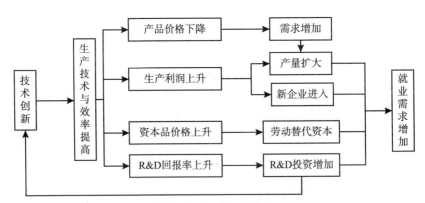

图 9 - 1　技术进步与就业创造的内在机制

资料来源：作者根据现有文献整理绘制。

二、技术创新的就业破坏与替代效应机制

最早研究技术进步引致就业破坏效应的是英国经济学家李嘉图，他提出

"机器代替劳动"，物化的技术将毁灭旧工作。技术进步并不完全创造就业，而更多是就业破坏，导致失业率提高，即存在"替代效应"（the cannibalisation or business stealing effects）。这类观点主要是考虑到就业补偿效应的实现是有苛刻的限制条件的，如经济、社会、市场制度等。具体而言，新凯恩斯主义的就业理论认为价格、工资具有黏性，区别于新古典理论灵活调整的假设，当技术进步带来产品成本降低时，通过价格机制实现就业补偿的效果将大打折扣。在内生经济增长理论中，阿吉翁和豪伊特（Aghion & Howitt，1998）分析了技术进步对就业的破坏效应，借鉴并扩展了熊彼特的分析框架，提出了劳动就业的"创造性破坏"效应。通过构建劳动力市场搜寻匹配模型与熊彼特理论相结合，分析技术进步与就业的内在关系，重点分析了"创造性破坏"的直接效应和间接效应。在其理论中，根据劳动力失业流量等于劳动力重新获得就业的流量定义均衡失业率为：$(1 - \mu)/S = m(1, v)$，其中，μ 为失业率，S 为岗位的生命周期，m 表示劳动与空缺职位的匹配速度函数，且是岗位空缺 v 的增函数，即失业者的再就业速度取决于一个正向依赖于空缺岗位数的匹配函数。从而得出劳动失业率 $\mu = 1 - m(1, v) \times S$，其含义为劳动与空缺岗位匹配速度和岗位生命周期共同决定失业率。科尔特斯等（Cortes et al.，2017）指出，虽然美国过去 35 年的技术进步明显减少了以常规操作性工作为主的中等收入群体就业岗位总量，但低收入和低等教育群体也面临着较高的被替代风险。多思等（Dauth et al.，2017）发现，工业机器人对制造业就业岗位的替代，推动了其以降薪为代价转向服务业就业岗位，制造业总量下降的主要原因是年轻劳动力市场新进入者的就业空间缩减。陈秋霖等（2018）、陈彦斌等（2019）发现，人口老龄化会倒逼一个经济体更多地应用工业机器人去替代低技术劳动和提升中、高技术劳动需求。基于地区层面的面板数据，王林辉等（2020）指出工业机器人对就业具有显著的负面影响，在行业层面，闫雪凌等（2020）也得出了类似的结论。

一方面，当技术进步速度较快时，相对应岗位的生命周期会缩短，导致技术进步对就业的破坏作用加强，这就是"创造性破坏"的直接效应；另一方面，技术进步在缩短岗位生命周期的同时降低了投资回报期，在一定程度上抑制了新就业岗位的出现，这将增加失业流量，失业率将会下降。技术进步与就业破坏之间的内在机制，具体见图 9 - 2。

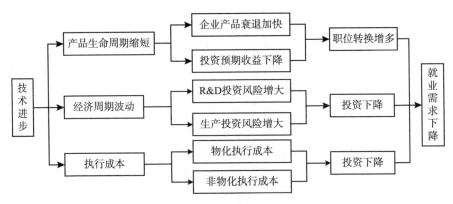

图 9 - 2　技术进步与就业破坏的内在机制

资料来源：作者根据现有文献整理绘制。

三、技术创新产业结构与就业结构

在国家工业化进程中，技术创新是经济增长背后的重要驱动力，而不同产业技术创新存在差异性，所以各个产业的经济增长参差不齐。产业结构变动是衡量发展中国家与发达国家经济发展程度的指标，就业结构是产业结构变迁的重要方面，同时在长期的经济增长过程中产生"结构性增速"与"结构性减速"效应。工业化后期，服务业将会占据重要地位，成为未来经济发展的重要方向。由于农民工受教育程度和技能水平不高，主要集中在程式化、高替代风险的制造业、采掘业、建筑业和传统服务业等岗位，同时，技术进步过程中，工业机器人在第二产业中应用范围最广，农民工是该行业的主力军，这对农民工工业就业总量造成了严重的负面冲击，传统服务业成为农民工从第二产业流向第三产业的主要渠道（王文，2020）。制造业部门劳动者受人工智能替代效应的影响将逐步转移到服务业领域（Autor et al.，2013）。钟仁耀等（2013）认为这种情况与原从业人员的知识结构和变化适应能力有关。美国劳工统计局的研究显示，到2024年，几乎所有新增就业机会将集中于服务业，尤其是在医疗保健和社会援助服务领域（Trajtenberg，2018）。以往的自动化进程大多是替代人类体力劳动，而工业机器人技术在于对人类体力、脑力劳动的双重替代，不仅使传统制造业的蓝领工人陷入失业危机，也使服务业中教育、医疗、金融等领域的白领人士遭遇下岗困境（Frey & Osborne，2013）。

（一）技术进步、结构变迁与就业需求变动

经济增长理论认为技术进步是推动结构变迁和产业升级的决定因素。产业结构变迁的历史表明，影响产业结构调整的主要因素是经济、制度和技术。从结构视角看，劳动需求变化主要体现为供给和需求，要素供给属于经济发展的禀赋条件，是不同经济体产业发展的基础。在一段时期内，中国在很大程度上依靠廉价劳动力实现经济快速增长；需求方面对要素结构的影响，是由居民消费偏好、需求价格弹性以及居民收入水平决定的（Baumol，1967）。从制度层面看，一国的经济体制或者发展战略差异影响产业政策的实施，决定了产业间的生产效率水平。技术对产业结构变迁的影响是根本性的，技术先进与否决定着行业的兴衰以及企业的进入与退出，因此带动劳动要素的再配置产业结构变迁往往伴随着劳动需求结构调整，生产效率高低以及劳动报酬决定了产业间劳动力资源的再配置。企业创新活动带来的进步是生产效率提升的前提，当行业内的企业更多地加大研发投入，开发出新的产品或者新技术并在生产活动中应用时，创新活动带来企业利润的增长并提高劳动者的报酬，会吸引更多的资本注入，增加劳动需求。奥托和多恩（Autor & Dorn，2013）构建了一个非平衡生产率增长模型，发现由于自动化极大地节约了生产成本，制造业与服务业之间较低的产品替代弹性决定了被自动化替代的制造业低技术劳动力流向低技术服务业，从而增加了服务业就业份额，且流动人数与地区程式化任务占比同方向变动。罗德里克（Rodrik，2018）发现由于传统服务业较低的生产率与制造业转移的低技能劳动力极高的适配性使得其成为容纳转移劳动力的主阵地，而信息技术、金融等现代服务业却没有为产业转移做出贡献，由此造成了服务业结构低端化。阿西莫格鲁和雷特斯雷波（Acemoglu & Restrepo，2018）构建了一个关于自动化与劳动就业的理论模型，发现工业机器人不仅能够取代执行程序性、重复性工作任务的传统劳动力，还能创造出完成人机协作、技术研发、数据分析等知识技能密集型任务的新兴工作岗位，以及与互联网金融、电子商务和智慧物流等领域融合发展的服务业就业岗位。

（二）技术进步、技能偏向与就业需求变动

技能偏向型技术进步假说的逻辑脉络，是技术进步导致劳动力市场对劳动者技能水平的需求发生变化，而劳动者的技能水平是由其受教育程度所决

定的，这样便建立起从技术进步到技能和教育再到就业和工资的传导机制。该分析范式被称为分析技术进步与就业的经典理论（Acemoglu & Autor，2011）。从微观层面看，技术的不断进步需要劳动力相匹配，这会使企业内部的劳动力技能结构发生变化，也存在劳动需求创造与劳动需求破坏效应，从而出现劳动技能点的"二元结构"。阿西莫格鲁（2002）将技术进步分为技能偏好技术进步与技能衰退型技术进步。按照其理论，技能偏好技术进步多发生在劳动力短缺时，高技术劳动力更多地适应技术进步；而技术衰退型技术进步多发生在劳动力充裕时，低技术劳动存在比较优势，至于微观企业选择什么样的技术，取决于要素成本与利润之间的权衡。工业化前期，经济增长多为要素增进型发展，也就是技术进步水平有限或者说是外生的，通过大规模的劳动、资本投入实现企业规模的扩大与利润的增加，此时企业选择的技术多为技能衰退型。随着要素的边际报酬递减，技术进步成为企业间竞争优势，劳动要素由无限供给转向有限供给且工资成本不断上升，这个阶段企业会雇佣更多高技术劳动以适应技能偏好技术的需求。从长期来看，不同技术进步类型的选择导致了企业内部技能岗位的变化。

（三）技术进步、产业分工与就业需求变动

阿西莫格鲁（2002）认为技能偏向型技术进步的直接表现就是高技术劳动需求增加、替代低技术劳动力，而这一分析的前提是同一行业或同一岗位。而在专业化生产与产业分工细化的过程中，低技术劳动力的需求会增加。例如，信息化技术的突飞猛进，以产学研为代表的科技部门，增加了高技术劳动力的需求，同时也催生了仓储、物流、销售、维修、产品回收等低技术劳动力的需求，间接拉动了餐饮、住宿、娱乐等行业的就业。从这个角度看，技能偏好型技术的进步，通过催生新的就业岗位，增加了低技术劳动力的劳动需求（Dosi & Nelson，2010）。技术进步与劳动需求结构之间的内在机制关系，具体见图9-3。

综上所述，学者们关于技术创新的就业效应基本达成了共识，但是在影响机制和定量分析方面存在较大的差异。现有的文献从不同技术创新方向和方式对就业数量、就业结构等进行了研究，其普遍认为技术创新对就业增长的影响存在不确定性，一般而言企业产品创新可以促进企业就业增长，而过程创新对企业就业产生的破坏效应或者就业效应不显著。学者对于技术创新的

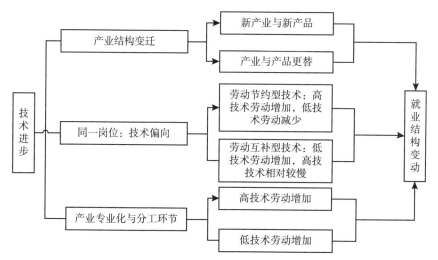

图9-3 技术进步与劳动需求结构的内在机制

注：作者根据现有文献整理绘制。

影响机制的研究已取得了丰硕的成果，而针对就业"补偿效应机制"与"替代效应机制"的研究并没有达成一种完整的分析框架，不同样本、不同方法、不同时期得出的内在影响机制是不同的。技术创新是通过降低产品价格增加需求渠道，还是通过利润上升扩大产量渠道以及通过劳动资本要素替代、研发投入等渠道实现企业就业需求增加？技术创新是通过企业生命周期缩短、经济周期波动还是执行成本等渠道导致企业就业需求下降？或者说在什么情况下，哪种渠道为主，或者不同企业属性、不同技术行业、不同地区或国家等技术创新的"就业补偿效应"更加显著？

第三节 就业动态测算与技术创新微观效应

测算技术创新对一国劳动力市场就业影响，更多的是基于观察失业率、就业增长率等总量指标，而就业总量增长的背后存在着同时发生的就业创造、就业破坏与就业再配置等频繁的就业动态。由于微观数据具有可获得性，更多的学者从企业层面探究就业动态变化，以更准确地反映出行业、地区等劳动就业变化的诱因，因此出现了一类从微观视角测算反映宏观就业动态的文献。

一、就业动态测算与分析：从企业到行业

（一）企业层面就业动态测算

从国家、行业等宏观层面分析劳动就业问题，并不能反映微观企业劳动配置状况。随着企业数据的可获得性的提高，有学者开始从企业劳动就业创造和就业破坏视角分析国家不同行业或地区的就业动态变化及诱因。此类文献的开山之作就是戴维斯和霍尔蒂万格（Davis & Haltiwanger，1992）的研究，他们分析了美国 1972～1986 年制造业企业的就业创造率、就业破坏率以及就业再配置等问题。在戴维斯和霍尔蒂万格（1999）、格罗扎德等（Groizard et al.，2015）的文献中也采用了该测算指标，核心是通过计算企业 i 从 $t-1$ 时期到 t 时期的就业增长率 $JobG_{it}$，其等于企业 $t-1$ 时期到 t 时期的就业变化量 $x_{it} - x_{i,t-1}$ 与两期内平均就业数量的比。显然，这种定义 t 企业就业增长率的函数是企业就业数量的单调函数，其取值范围为 $[-2, 2]$。当 $JobG_{it} = 2$ 时，表示新成立的企业 i；当 $JobG_{it} = -2$ 时，表示企业 i 退出市场。然后，将微观企业的就业创造定义为 $FJC_{it} = \max(JobG_{it}, 0)$，企业的就业破坏定义为：$FJD_{it} = \max(-JobG_{it}, 0)$。而企业的就业净增长率为就业创造率与就业破坏率的差值，具体表示为：$FJNet_{it} = JobG_{it} = FJC_{it} - FJD_{it}$。

（二）行业层面就业动态核算框架

接下来是从企业到行业或地区层面的测算。s 行业或地区 t 时期的就业创造率 $JobC_{st}$ 是指该行业或地区在 t 时期内就业增长率大于 0 的企业就业动态，其为在 t 时期新进入企业和从 $t-1$ 时期到 t 时期在位企业的新增就业总量占该行业或地区总体就业规模比重，也就是 $\sum_{i \in E_{st}, JobG_{it} > 0} (x_{it} - x_{i,t-1})/X_{st}$，$E_{st}$ 表示 s 行业或地区 t 时期所有企业的集合，X_{st} 为 s 行业或地区 t 时期就业规模总量，同样，s 行业或地区 t 时期的就业损失率 $JobD_{st}$ 是指该行业或地区在 t 时期内就业增长率小于 0 的企业就业动态，是在 t 时期退出企业和从 $t-1$ 时期到 t 时期在位企业的就业减少总量占该行业或地区总体就业规模比重，即 $\sum_{i \in E_{st}, JobG_{it} < 0} (x_{it} - x_{i,t-1})/X_{st}$。就业再分配率是就业创造率和就业损失

率的和，即 $JobSum_{st} = JobC_{st} + JobD_{st}$，反映的是 s 行业或地区从 $t-1$ 时期到 t 时期所有企业的就业动态总体变化。就业净增长率是就业创造率与就业损失率之差，即 $JobNet_{st} = JobC_{st} - JobD_{st}$，反映的是 s 行业或地区从 $t-1$ 时期到 t 时期所有企业就业净增加的情况。

行业间与行业内的就业配置是就业动态的重要组成部分，戴维斯和霍尔蒂万格（1992）通过对超额就业再配置率进行分解来解释就业动态特征。超额就业再配置率值在 0~2 之间波动，越接近于 2 说明就业损失替换的水平越高。超额就业再配置由同一行业内的组内效应 $\sum_{s=1}^{S}(JobSum_{st} - |JobNet_{st}|)$ 和不同行业间的组间效应 $\sum_{s=1}^{S}|JobNet_{st}| - |JobNet_{st}|$ 组成。

以上文献的研究为后续学者从微观到宏观视角研究劳动就业变化提供了很好的框架，也得到了广泛的应用。学者对于发达国家和发展中国家开展了翔实的研究（Groizard et al.，2015；马弘等，2013；屈小博等，2016）。针对中国劳动就业动态的研究，主要是基于中国工业企业数据库展开的。一方面，初期文献主要是分析中国企业微观就业特征，马弘等（2013）较早分析了 1998~2007 年中国工业企业就业创造与就业消失特征，发现平均就业净增长为正，尤其是在 2002 年后非常明显。在不同属性的企业和行业中，就业特征表现不一，就业创造在消费品行业最多，就业消失在传统制造业最多；私营企业的就业创造明显，国有企业就业消失最多；企业年龄越小，则就业创造越多。就业的再配置，主要是以组内流动为主导的。但是该文献并没有分析导致就业动态变化的决定因素。另一方面，学者开始研究导致微观企业劳动就业变动的诱因以及影响机制。在就业动态影响因素方面，屈小博等（2016）在分析企业层面就业创造、损失和再配置的基础上，探究了就业动态的影响机制，发现企业出口带来了更多的就业，显著体现在不同行业之间。在企业规模越小的行业中，就业动态变化程度越大，劳动生产率的提升短期内降低了劳动需求，但长期内通过提高产出而增加了就业需求。魏浩和李晓庆（2018）也在基于戴维斯和霍尔蒂万格（1992，1996）分析框架下，考察进口投入品对中国企业就业动态的影响。在影响机制方面，毛其淋和许家云（2016）从市场化转型和中间品贸易自由化视角分析制造业就业动态变动，认为两者均通过"提升就业创造率"和"降低就业破坏率"两个途径实现就业净增长，市场化转型促使劳动力由低生产率企业向高生产率企业转移，实现了劳动要素的合理配置，进而促进了地区生产率的提升。

二、企业就业动态的影响因素

（一）技术进步溢出效应与企业就业动态

不同国家间的国际贸易具有技术溢出效应，尤其可以扩大后发国家技术进步对工资和就业的再配置效应（Acemoglu，2002），其内在机制是国家间国际贸易加剧了企业竞争程度，企业面临国内和国际市场的双重竞争，加速了要素的配置效率，市场中效率高、竞争力强的企业则会不断扩大市场规模，从而影响企业间的劳动要素再配置。国际贸易理论关注于企业出口行为，假定一国的进口产品多为最终产品，也就是进口品直接为进口国的消费者消费，而不是为进口国生产型企业提供中间投入品。从全球视野看，国际贸易成为各国就业动态变化的重要渠道，而贸易自由化进程具有重要的影响作用。奥托等（Autor et al.，2015）指出，技术进步和国际贸易对美国劳动力市场的影响是完全不同的。国际贸易导致了美国劳动力市场就业总量的下降和劳动力在不同部门间的转移，而技术进步则对就业总量没有产生显著影响，但是会导致部门内不同职业间劳动力的流动。古斯等（Goos et al.，2010）的研究表明，技术进步是导致欧洲工作两极化的主要因素，而外包和工资制度不平等对欧洲工作两极化现象的解释较弱。米哈尔等（Mihaels et al.，2014）的研究也表明贸易开放度对工作两极化现象可能会有影响，但这种影响并不稳健。

随着微观企业数据的可获得性的提高，学者从企业层面对就业动态做了大量研究，格罗伊萨德等（Groizard et al.，2015）根据美国 1992～2004 年企业数据分析了贸易成本降低对就业动态的影响，发现不同生产率的企业表现不同。具体而言，贸易成本降低给低生产率企业带来更多的是就业破坏，带给高生产率企业更多的是就业创造，中间品贸易成本下降相比最终产品对就业动态的影响程度更大。毛其淋和许家云（2016）以中国加入 WTO 为准自然实验，发现提升"就业创造"和降低"就业破坏"两个渠道能够促进就业净增长，前者主要是在高生产率企业发生作用，后者主要是在低生产率企业发生作用，同时将地区制度因素加入贸易自由化对就业动态影响的分析框架，这相对格罗伊萨德等（Groizard et al.，2015）的研究有所推进。

显然，中间品贸易自由化可以通过多种方式对一国的就业产生影响。其一，随着中间品贸易自由化在一定程度上降低了一国进口中间品成本以及交易成本，若进口国为技术落后的发展中国家，则可以获得发达国家多种类、高质量的中间投入品，这对技术能力不强的进口国企业成长具有促进作用，可以增加企业的产出，带动就业增加，但是长期内会形成技术依赖。其二，传统的赫克歇尔—俄林理论（H-O 理论）认为，国家间的贸易往来会改变生产要素的投入比例，这对劳动力需求会产生一定的影响（毛日昇，2013）。另外，魏浩和李晓庆（2018）从进口投入品视角分析中国企业的就业变动，发现同时具有出口和进口活动的企业比非贸易企业、单纯出口或纯进口企业，无论是在就业规模还是在就业增速方面都具有绝对优势，就业创造明显、就业破坏效应较小，同时进口投入品带来的就业增长效应也仅在有出口活动的进口企业显著。另外，不同的进口贸易方式具有不同特征，加工贸易进口比一般贸易方式进口创造就业的作用更大。另外，部分学者从中国企业对外直接投资视角分析就业效应，蒋冠宏（2016）发现对外投资总体促进了中国企业的国内就业效应，在不同类别的投资中商贸服务类投资的作用更加明显；从投资国来看，在高收入国家的投资显著促进了本国就业增长，在中低收入国家的投资并未出现明显的替代。李磊等（2016）也证实了中国企业对外直接投资促进了母国就业，同时企业对外投资频数与促进就业作用成正比。

（二）异质性企业生产率效应与企业就业动态

经济发展动力的本质就是微观个体优胜劣汰的动态演化过程，企业不断地进入、成长和退出市场构成了宏观经济增长的动态微观基础。因此，促进企业健康有效地动态演化，是优化劳动配置、提升全要素生产率水平、实现充分就业的重要途径（Bartelsman et al.，2013）。近些年，从微观企业活动分析经济发展的内在规律俨然成为研究的热点，许多学者利用规模以上企业样本来研究企业生产率的异质性，证实了企业生产率差异是导致企业竞争加剧、市场波动的原因，即企业生产率是决定企业进入与退出的决定性因素。企业的进入与退出是市场经济的重要特征之一，根据熊彼特"创造性毁灭"的理论，企业创新会淘汰低效率企业，使高效率企业存活，这种持续的企业进入与退出为经济增长提供了源泉和动力。阿里索普洛斯和科恩（Alexopoulos & Cohen，2016）发现正向的技术冲击在 20 世纪上半叶不仅提高了美国的生产率，同时也降低了美国的失业率。格里高利等（2016）发现程序偏向型技术进步虽然减少了欧洲中等技能工作岗位的就业，但是，产品需求的增加和需求的溢出效应又会带来更多的就业的增长，使得技术进步对总就业并不会产生负面影响。格雷茨和迈克尔（Graetz & Michaels，2018）则发现工业机器人的使用可以提高劳动生产率，增加产品附加值，提高工人工资，但是对总就业并没有显著的影响，只是会使高技能工人的处境相对有利。

（三）技术进步偏向性与企业就业动态

企业在生产效率、规模以及企业所有制等方面存在异质性，这也使得企业异质性与劳动需求动态产生影响。以梅里兹（2003）为代表的企业异质性理论，认为企业具有不同的生产技术，因此高生产率企业与低生产率企业对劳动力的需求与配置是不同的，高效率企业选择的技术能够降低劳动要素投入。针对技术进步对劳动需求的影响应区分短期效应和长期效应，无论是劳动偏向技术进步还是资本偏向技术进步，在短期内技术进步都会减少劳动力的需求，劳动需求创造效果不明显。在长期内，技术进步的提升促使总产出的增加，而产出规模的扩大需要更多的劳动要素投入（屈小博等，2016）。阿西莫格鲁（2010）从理论上分析了劳动稀缺是否能促进技术进步的问题，将技术分为劳动节约型技术（labor saving technology）和劳动互补型技术（labor complementary technology），主要是通过生产函数的假定分析劳动边际产品的正负来判断技术类别，当技术进步为前者时，劳动稀缺促进技术进步；当技术进步为后者时，劳动稀缺抑制技术进步。在资本不断深化的同时，自动化进程的推进也提升了与之互补的技能劳动的需求，技术进步将呈现出资本偏向和技能偏向的双重特征（宋冬林和王林辉，2010）。与以往不同的是，智能化发展过程中，以云计算、大数据、人工智能等为代表的新一代信息技术，既像传统自动化技术一样，实现了对人类体力劳动的替代，更实现了对人类脑力劳动的替代与延伸，这无疑将进一步削弱劳动力的竞争优势，产生更激烈的就业替代效应。此外，云计算、大数据、人工智能等作为新型的通用目的技术，具有渗透性的特征，将快速演变至经济社会的各个领域，从而对劳动就业产生革命性影响（Trajtenberg et al.，2018）。也有学者指出，长期来看，新一代信息技术对劳动力的替代效应确实存在，但在智能化进程中，传统产业衰退的同时也形成了新产业，新产业的产生将创造诸多新的工种与岗位，对劳动力的净需求反而会上升（Acemoglu，2018）。同时，在智能化过程中，培训需求度较高的任务通常会被替代，而高度复杂的任务不易被替代，因此需要增加不易被替代岗位的数量才能匹配提升的生产率，产生对就业的补偿效应（Feng et al.，2015）。

综上而言，企业就业动态测算实现了从微观企业到宏观行业、地区的测算，这对理解企业就业创造、就业破坏以及就业净增长率提供了有益的启示，有助于我们有效地测算从微观到中观的就业动态变化。在就业动态变化影响因素方面，学者已经对技术进步与就业之间的关系做了大量的研究，然而技术进步从一定程度上属于长期过程，只有企业持续不断地进行创新活动才能促进技术进步。因此，基于企业创新视角研究从微观到中观层面劳动的就业变化，更能真实地刻画和反映就业结构变化，对就业"极化"做出合理的解释。尤其是现阶段中国经济由高速增长向高质量发展的转换，进入了实现创新驱动发展阶段，企业无论是生产决策行为还是创新模式选择都离不开劳动要素的投入，若忽视了企业创新对就业动态的影响，将不能完整地反映就业动态变化的真实内因。创新与就业之间的关系较为复杂，在一定程度上存在双向影响关系。大部分研究者更多的是从技术创新角度分析就业问题。从动态来看，技术创新与就业之间是相互影响、相互依赖的，如果能将两者这种互为因果的关系纳入一个理论分析框架，将对该问题的研究具有重要意义，而且也是未来研究企业创新方式与就业动态的新方向。

第四节　创新方式与企业劳动就业

一、产品创新、流程创新与就业增长

自熊彼特（2003）提出"创造性破坏"理论以来，学者们关于技术创新对企业就业是"就业创造"还是"就业破坏"并未达成一致结论。持有技术创新促进就业观点的学者，认为技术创新不会减少就业，反而企业的不同创新方式会带来就业的增加。布劳威尔等（Brouwer et al.，1993）分析了荷兰 1983~1988 年 859 家制造业企业的就业情况，发现产品创新度较高的企业

对就业的促进作用较为明显，而且小公司的就业率远远超过大企业。斯莫尔尼（Smolny，1998）发现产品创新的企业增加了就业而非降低了价格，即产品创新减少了价格竞争。皮瓦和维瓦雷利（Piva & Vivarelli，2005）分析了意大利的575个制造业面板数据，结果发现创新投入促进了就业。

关于技术创新的"就业破坏"主要从要素替代劳动（Fernando del Rio，2001）、技能偏向性技术进步（Acemoglu & Autor，2011）、劳动生产效率提升等方面解释。针对技术创新的就业补偿效应，新古典学派提出了降低产品价格补偿机制、新机器与新技术使用的补偿机制、技术创造投资的补偿机制、增加居民收入的补偿机制等就业补偿机制（Vivarelli，2000）。显然，就业补偿机制是间接的，且发生在企业之外，而就业的破坏效应直接存在于技术创新的企业内。在维持生产规模不变的前提下，企业技术创新减少了劳动要素投入，降低了劳动的需求量。而现实中，企业生产规模不断扩大，需要更多的劳动投入，因此会抵消部分因技术进步带来的就业损失。如果就业总量表现为正向增加，则这种产品需求规模效应掩盖了技术创新对就业的替代效应，不能客观地反映技术创新对就业的破坏效应。

从已有的文献看，更多的学者认为，技术创新对就业影响是直接的替代效应和间接的补偿效应的双重效应的结果。格里南和盖莱克（Greenan & Guellec，2010）考察了法国工业在企业和部门层面的就业动态，将15186个企业作为样本解释就业变化和企业间转移，发现创新企业或部门的就业创造机会比非创新企业更多。从企业层面上看，是过程创新创造了更多的就业机会，而非产品创新，而在部门层面上，情况恰恰相反，这一悖论可能是由于替代效应（"创造性破坏"）造成的。彼得斯（Peters，2004）基于德国制造业和服务业的数据研究发现，产品创新对就业具有显著的促进作用，而过程创新对就业具有阻碍作用，自主创新和模仿创新的影响不显著。哈里森等（Harrison et al.，2014）分析了法国、德国、西班牙和英国1998~2000年制造业和服务业的就业增长效应，发现企业的过程创新对就业增长具有抑制作用，而对旧产品需求的补偿效应大于替代效应。新产品生产对就业增长具有显著的作用，而新产品的需求是创造就业背后的强大力量。拉赫迈尔和罗特曼（Lachenmaier & Rottmann，2011）基于德国20年制造业企业数据，发现无论是创新投入还是创新产出，都对企业就业具有显著的正向促进作用，将创新区分为产品创新和过程创新，过程创新的就业促进效应比产品创新作用更强。研究的具体内容见表9-1。

表 9 - 1 创新方式对就业影响的研究

研究	样本	时期	模型与方法	结论
布劳威尔等（Brouwer et al., 1993）	荷兰：859 家制造业企业	1983 ~ 1988 年	面板 OLS	产品创新促进就业，小企业更加明显
斯莫尔尼（Smolny, 1998）	德国：2405 家制造业企业	1980 ~ 1992 年	产出—就业—价格模型	产品创新与过程创新通过低价格需求弹性增加就业
皮瓦和维瓦雷利（Piva & Vivarelli, 2005）	意大利：575 家制造业	1992 ~ 1997 年	GMM—SYS	技术创新促进就业
范里宁（Van Reenen, 1997）	英国：598 家企业	1976 ~ 1982 年	劳动需求模型	产品创新促进就业；过程创新不显著
彼得斯（Peters, 2004, 2008）	德国：2200 家制造业和服务业企业（CIS）	1998 ~ 2000 年	豪曼德鲁（Jaumandreu, 2003）模型	产品创新对就业具有显著的促进作用，而过程创新对就业具有负向作用，自主创新和模仿创新的影响不显著
格里南和盖莱克（Greenan & Guellec, 2010）	法国：15186 家工业企业	1986 ~ 1990 年	戴维斯和霍尔蒂万格（Davis & Haltiwanger, 1992）模型	企业层面：过程创新创造就业，非产品创新；行业层面：产品创新创造就业，非过程创新

资料来源：作者根据现有文献整理所得。

二、HJMP 模型的应用与拓展

（一）标准的 HJMP[①] 模型

哈里森等（2014）、达克斯（Dachs, 2014, 2017）等针对创新方式与就业动态关系构建了理论分析框架。假定企业的生产函数为希克斯中性技术进步形式，其在 t 时期内生产两种类型的产品：一类是在外形或者生产工艺上没有改变的产品，称为旧产品；另一类是采用了新技术、新设计研发等生产的新产品。假设企业在基期（$t=1$）内，生产的全部是旧产品，记 Y_{11i}；

---

① 四位学者（Harrison, R, Jaumandreu, J, Mairesse, J. & Peters, B.）在期刊 *International Journal of Industrial Organization* 发表论文 "Does innovation stimulate employment? A firm-level analysis using comparable micro-data from four European countries"。故本书以 HJMP 表示此文献的分析模型。

企业在 $t=2$ 时期内，同时生产旧产品与新产品，分别记 Y_{12i}、Y_{22i}。企业生产新旧产品是相互分开的，且生产效率不相同。同时，假定企业生产投入资本、劳动以及中间投入等生产要素，而且规模报酬不变。企业 i 第二阶段开始生产新产品，而且相比前一期生产效率出现了变化。劳动就业增长率的变动分解为两项：一部分来自旧产品生产的贡献，另一部分来自新产品生产的贡献。根据哈里森等（2014）对于工资的边际成本不随时间而改变的假定，得出：

$$\frac{\Delta L_i}{L_i} = -\underbrace{(\ln\theta_{12} - \ln\theta_{11})}_{①} + \underbrace{(\ln Y_{12i} - \ln Y_{11i})}_{②} + \underbrace{\frac{\theta_{11}}{\theta_{22}}\frac{\overline{Y}_{22i}}{Y_{1Ii}}}_{③} + \underbrace{u_i}_{④}$$

HJMP 模型的主要贡献就是将就业增长作了分解：①旧产品生产过程中经济效率的变化率；②旧产品生产扩大引起的就业增长，即旧产品生产引致的就业增长；③新产品生产引致的就业增长，即产品创新的就业增长效应。此效应的大小取决于旧产品相对新产品的效率系数 θ_{11}/θ_{22}。④旧产品生产率的不确定冲击效应。显然，通过这样的分解，我们可以很清晰地分辨出不同技术创新模式下就业增长的变化，探究产品创新、过程创新和外生冲击对就业的影响。

（二）HJMP 模型应用与拓展

关于企业创新与就业从企业微观视角的研究，哈里森等（2008，2014）的分析最具有开创性，为后续的一系列研究提供了一个完整的分析框架。表 9 - 2 中为本章直接相关的国外文献，简要地罗列了 HJMP 模型的应用文献。哈里森等（2008，2014）构建了企业就业与创新模型，基于 CIS3 调查数据验证了企业过程创新抑制了既定产出下的就业需求量，产品创新没有降低就业增长，反而是就业创造的最强动力。达克斯（2014）沿用了哈里森等（2008）的分析框架，将企业分为内资企业与外资企业，发现外资企业的过程创新带来的就业损失更大，同时，外资企业的产品创新的就业创造效应也更大。达克斯（2017）在企业创新中增加了管理创新，并发现就业创造和就业破坏效应与行业技术密集度相关，高技术密集度制造业行业的就业创造与就业损失效应最大，其次是知识密集型行业、低技术密集度制造业和低知识密集型行业。国内学者吴翌琳（2015）的研究中区分了技术创新与非技术创新，对不同类型创新活动的就业影响进行了细化分析，但是并没有考虑就业需求与产品需求之间的内生关系。

表 9 - 2 基于 HJMP 模型的创新与就业关联机制研究

研究	样本	时期	模型	结论
哈里森等（Harrison et al. , 2005，2008，2014）	CIS3	1998 ~ 2000 年	哈里森等（Harrison et al. , 2005）模型	过程创新降低就业，产品创新增加就业
霍尔等（Hall et al. , 2008）	意大利：9462 家制造业调研数据（MCC）	1995 ~ 2003 年	哈里森等（Harrison et al. , 2005）模型	过程创新的就业替代作用不明显，就业增长来源于产品创新和旧产品的销售
苏尼加和克雷斯皮（Zuniga & Crespi, 2013）	阿根廷：1688 家（ENIT01）；智利：835 家（ENIA）；乌拉圭：2532 家（MIS）	1998 ~ 2007 年	哈里森等（Harrison et al. , 2008）模型	"购买技术"策略增加了低技术行业的过程创新，而"购买并自主创新"策略带来了产品创新，创造了就业
达克斯和彼得斯（Dachs & Peters, 2014）	CIS4	2002 ~ 2004 年	哈里森等（Harrison et al. , 2008）模型	过程创新导致外资企业比本土企业失业人数更多，同时产品创新带来的就业创造，外资企业高于本土企业
达克斯等（Dachs et al. , 2017）	CIS3、CIS4、CIS2006、CIS2008、CIS2010	1998 ~ 2010 年	哈里森等（Harrison et al. , 2008，2014）模型	产品创新增加就业，过程创新与管理创新降低就业；高技术密集度行业作用最强，知识密集型行业其次，最后为低技术密集度行业

资料来源：作者根据现有文献整理所得。

　　综上而言，绝大多数文献只是停留在对就业效应的讨论，而没有进一步分析引起就业变动的深层原因。现阶段中国经济由高速增长向高质量发展转变，处于实现创新驱动发展阶段，企业无论是生产决策行为还是创新模式选择都离不开劳动要素的投入，若忽视了企业创新影响就业的机制探讨，将不能完整地反映就业动态变化的真实内因。从微观视角分析企业创新方式与就业关系，可以加深对两者的认识，更重要的是将会影响企业创新决策的制定，甚至影响到创新政策以及其他政府干预政策的有效设计。劳动是企业生产决策、创新决策的重要考量。随着企业持续的劳动投入，不断扩大生产规模，规模效应在一定程度上会促进企业创新决策，是选择以提升生产效率为导向的流程创新，还是选择以提升产品质量为导向的产品创新，两种不同技术创新方式反过来又会对劳动需求产生影响。企业采用不同创新方式和方向对劳动需求动态效应的影响，亟待从理论和实证角度给予系统分析。这就需要更加微观的数据、更加具体地分类讨论就业问题。

第五节　技术创新与就业结构："技能升级"与"极化"问题

20 世纪计算机革命与 21 世纪人工智能技术飞速发展相结合对岗位的影响突出表现为中等收入、中等技能需求岗位数量的减少（Autor，2013；Frey et al.，2017），与之相对应的是高收入的脑力劳动（认知工作）和低收入的体力劳动岗位均有所增加，就业人数也随之变化，劳动力市场两极分化的趋势已经出现，并影响着劳动者的就业选择（Goos et al.，2014）。奥托等（Autor et al.，2013）发现，美国劳动力市场中岗位极化趋势主要表现为低技术服务业岗位与就业人数的增加，且在常规的劳动密集型市场中，就业和工资的两极分化更加明显。同时，杰尔巴锡安（Jerbashian，2016）聚焦于单一技术领域，利用欧洲 10 个国家的数据证明信息技术价格的下跌与中等工资岗位份额降低、高工资岗位份额提升有关，但对最低收入职业的岗位比重影响较小，证明了以计算机化为代表的智能技术存在引起岗位单极化发展的可能性。对于极化的趋势，奥托（2013）认为，其他领域的互补性和劳动力市场需求上升的抵消效应目前难以确定，岗位极化现象不会无限期持续下去。弗雷等（Frey et al.，2017）指出，现阶段，在计算机化主要局限于低技术和低工资岗位的情况下，当前劳动力市场极化范围不会继续扩大，其影响可以通过相应措施予以缓解，即低技术的劳动者将重新分配到那些不受计算机化影响的任务中去，但劳动者为了赢得这些机会必须提高创造性思维能力和社交能力。

无论是劳动需求创造还是劳动需求破坏，技术进步对劳动需求的影响更多的是基于同质的劳动分析，而没有体现劳动的结构效应。在不同国家和地区或行业中，技术进步具有差异性，导致劳动要素重新配置。一是高收入国家或行业的前沿技术及最佳方法向低收入国家或行业扩散，企业间劳动生产率出现了差异化，在一定程度上会推动劳动要素在不同企业、行业以及地区的重新配置；二是企业内部人力资本、R&D 投入促使产品升级、设备更新及分工深化，技术进步带来企业内部工种结构变化，表现为不同产业部门对不同技能劳动力的需求结构演变。

一、技术创新与"技能升级"

20 世纪 80 年代以来，欧美地区的一些发达国家出现了高技术劳动相对低技术劳动需求上升和工资上涨的现象，称之为"技能升级"（Autor et al.，2013），而且中国等发展中经济体也存在同样的现象。早期文献多数认为技术偏向的技术进步是导致这一现象的主要原因。什么原因导致"技能升级"现象的存在？熊彼特（1934）在"创造性毁灭"理论中指出在旧技术被新技术替代的过程中，微观上表现为企业更新先进机器设备以及雇佣与先进机器设备相匹配的高技术劳动力。因此，技术进步和技术创新会引致企业对高技术劳动与低技术劳动的相对需求变化。

（一）引致技能结构变动诱因的探究

不同学者针对这一问题从不同视角进行了研究，主要归纳为三个方面的解释。一是从内生技能偏向的技术进步视角的解释。强调因替代弹性差异不同，技术劳动力间存在替代或互补关系，高技术劳动相对供给上升，促进高技术偏向技术进步，从而提高了高技术劳动的需求，减少了中低技术劳动需求（Acemoglu，2018；Acemoglu & Autor，2013）。二是从资本深化视角的解释。资本深化会破坏低技术就业岗位而创造高技术就业岗位，其原因是大规模投资内含前沿技术的先进设备，往往内含智能化、信息化以及 R&D 增加，生产技术与高技术劳动有效结合提升了高技术劳动需求，而对常规生产与生产设备操作为主的低技术劳动需求降低（Acemoglu & Autor，2018；郭凯明，2019）。三是从全球化国际分工视角解释。一种观点认为国际生产分割、垂直专业化贸易是造成发达国家技能升级的重要原因（唐东波，2012）；另一种观点认为通过 FDI 引进先进技术及其溢出效应带来的技术进步，也会提升高技术劳动的相对需求，同时赫尔普曼（Helpman，2009）证实了产业内技术进步与高技术劳动就业率增加存在正相关。卫瑞和庄宗明（2015）从生产国际化视角分析了中国劳动力需求波动，发现生产国际化对低技术劳动力冲击最大，其次是中等技术劳动力，而对高技术劳动者的影响微乎其微。

（二）技术创新引致"技能升级"的内在机制

从目前代表性的理论看，针对高技术劳动相对需求上升的解释均是通过某种渠道实现技术进步，进而对劳动需求产生影响。深层次分析影响劳动需求结构的驱动机制，其关键因素是不同行业或企业在生产技术方面存在差异性。恩盖和皮萨里德斯（2007）将鲍莫尔（1967）的理论引入新古典增长模型，探究技术进步率差异化导致行业或产品的相对价格不同，进而引发不同行业就业结构变化。阿西莫格鲁和格里瑞里（2008）分析了要素密集程度差异性对就业结构变化的影响，即如果资本产出弹性不同，那么各行业就业结构会随着资本深化而不断变化。阿尔瓦雷斯－夸德拉多等（Alvarez-Cuadrado et al.，2017）指出不仅要素产出弹性影响就业结构，不同行业生产要素之间（如资本和劳动）的替代弹性也会影响要素的行业分配。也就是说，资本深化可以降低高资本密集程度行业的生产成本，而且在资本劳动替代弹性大的行业使用资本替代劳动现象也很明显。俞伯阳（2020）指出，2008～2017年的十年来人工智能技术的发展从客观上提升了劳动力质量，使制造业所需的技能型劳动力的供给水平不断提高，从客观上优化了中国的劳动力结构，为中国向制造强国迈进提供了基础支撑。吴昊等（2020）指出，短期的技术引进促进了就业增长，而长期的技术引进反而会对就业造成破坏效应；自主创新对就业短期以破坏效应为主，但长期的自主创新会促进就业的增加。

1. 技术创新引致补偿效应与替代效应

这类研究专门探究技术进步对劳动需求的影响，致力于厘清两者之间的复杂关系，其核心在于探究技术创新是创造劳动还是破坏劳动，以及补偿机制能否平衡两种对立力量。从已有文献看，技术创新可以扩大劳动需求、创造就业岗位（Vivarelli，2014；Autor & Salomons，2018；Aghion et al.，2019），又可以降低劳动需求、导致岗位消失（Dinlersoz & Wolf，2018；Aghion et al.，2019）。技术进步是一个长期而复杂的过程，大量企业不断进入市场参与创新活动、提升生产率水平，挤占低效率企业份额甚至将其淘汰出市场（Turco & Maggioni，2015），而企业创新和新技术的使用会影响企业要素配置，尤其是引致要素结构性变化。同时，企业内要素结构优化与企业间要素再分配也是引发结构变化与提升总体生产率的决定因素之一。

已有研究发现，技术进步对劳动需求的影响是通过补偿效应和替代效应综合形成的。劳动补偿效应主要有四种解释：一是技术进步存在"资本化效应"，即技术进步会提升单位生产的报酬，吸引更多的企业进入市场，从而创造更多就业（Autor & Salomons，2018）。二是技术进步会显著提高企业的劳动生产率，降低企业生产的边际成本，降低产品销售价格。同时，居民收入水平的提升增加了产品的有效需求，促使企业扩大产品市场生产规模，从而增加了企业的劳动需求（Vivarelli，2014）。三是技术进步促进了企业生产新产品、提供新服务或开拓新市场，劳动分工更专业化和细化，创造出更多就业岗位（Harrison et al.，2014）。四是技术进步导致要素相对价格变化，企业资本成本上升时，会以低廉劳动力替代资本的方式进行生产，这就会增加劳动需求（Yu et al.，2015；韩民春等，2020）。针对劳动替代效应也有两种解释：一种是要素相对价格变化后引起市场反应，当劳动成本上升时，技术创新可能会导致技术路径的变化，表现为其他要素对劳动的替代（Acemoglu & Guerrieri，2008；Dosi et al.，2016）；另一种是技能偏向导致技术创新对常规化生产劳动的替代，不同技能劳动力从事不同的生产任务，技术创新带来高技术部门生产任务增加，中低技术部门生产任务减少，从而出现高技术劳动替代低技术劳动现象（Acemoglu & Autor，2018）。

2. 技术创新方式引致技能结构效应

企业技术创新引起的劳动结构变化在一定程度上因技术创新方式差异而不同（Harrison et al.，2014；吴翌琳，2015；Dachs，2014、2017），哈里森等（Harrison et al.，2014）基于CIS3调查数据验证了企业过程创新抑制了既定产出下的就业需求量，产品创新没有降低就业增长，反而是就业创造的最强动力。达克斯（Dachs，2014）沿用了哈里森等（2014）的分析框架，发现外资企业的过程创新带来的就业损失更大，同时，外资企业产品创新的就业创造效应也更大。达克斯（2017）发现就业创造与就业破坏效应和行业技术密集度相关，高技术密集度制造业行业的就业创造与就业损失效应最大，其次是知识密集型行业、低技术密集度制造业、低知识密集型行业。企业创新不仅会引起各行业就业结构变化，同时也会引起各行业的劳动力技能结构变化。技术创新通常会增加技能型劳动的相对需求。企业产品创新更多地使用高技术劳动力，也会提高对高技术劳动力的需求，促进高技术劳动力相对比重的上升。这类文献虽然详细地讨论了企业创新方式的不同就业效应，但是企业创新与技术进步之间还是有一定的差距，而且很少有学者从创新企业的竞争效应角度讨论劳动需求，而且企业创新、技术进步与市场竞争三者是不可分割的，这也是分析劳动需求结构的一个重要视角。

二、技术创新与就业"极化"

进入 20 世纪 90 年代后，欧美地区一些发达国家劳动力市场就业结构进一步演化，就业结构与工资结构呈现"极化"趋势，高技术劳动就业份额仍显著上涨，然而与中等技术劳动相比，低技术劳动就业与工资下降趋缓甚至有所上升（Acemoglu & Restrepo，2020）。从国家经济发展历程看，发达国家通过信息和智能制造技术运用和任务外包，大量进口发展中国家低技术劳动力密集型产品，挤出本国中低技术劳动力，增加高技术劳动力需求，低技术劳动力与高技术劳动力企业间、行业间再配置效应要显著好于中等技术劳动力。结果是技术水平和创新能力持续上升，收入分配呈现出中等技术劳动力收入塌陷，两端极化的现象。相反，发展中国家在任务分工贸易中大量进口中间产品，加工再出口。对于中国这样的劳动力大国，任务贸易还将有效地促进更多的本国企业通过代工竞争、技术学习和扩散，完善本国中间产品生产体系，提高国内中间产品创新需求以及对国内高技术劳动力的需求。在特定条件下，这些创新发展进一步转换为比较优势，支持国内在全球价值链上加工环节的攀升。

高技术劳动力密集的产品要求技术进步是技能偏向型的，会提高对高技术劳动力的需求，促进高技术劳动力相对比重的上升，而低技术劳动力密集的产品要求则相反（Autor，2013；Frey et al.，2017）。技能偏向型技术进步对劳动收入占比的影响机制可能有三条渠道：第一，技能偏向型技术进步增加了对技能劳动的需求，从而提高了技能劳动者的工资和劳动收入占比；第二，由于物质资本通常与技能劳动相匹配，因此，技能偏向型技术进步会提高物质资本的收益，从而降低劳动收入占比；第三，技能偏向型技术进步降低了对非技能劳动的需求，从而进一步降低了劳动收入占比。早期文献多数认为技能偏向性技术进步是导致这一现象的主要原因，而技术进步不总是非中性的，因此，技能偏向的技术进步解释就业"极化"现象也存很大争议。更为重要的是，劳动要素在企业、行业间是否得到优化配置，关系到生产率提升以及经济增长的可持续性。长期以来，国内外学者针对就业动态、就业结构等一系列问题展开研究，这有助于我们了解一个国家或行业的劳动就业变化及其影响因素，但是大多数研究都只关注就业净增长变化，这不仅难以反映劳动力市场的动态变化，而且很容易得出单方面的结论。

（一）从微观到宏观的就业动态与再配置

这类文献是从企业就业创造与就业破坏的视角系统研究一个国家或者地区劳动力市场动态变化的。具有开创性研究的文献是戴维斯和哈尔蒂万格（Davis & Haltiwanger，1992），利用美国制造业部门 1972～1986 年的企业数据，首次将就业变动分解为就业创造率和就业破坏率，系统考察分析了美国制造业就业再配置问题，后续学者基于这一分析框架针对不同国家地区分析劳动力市场就业动态变化（Groizard et al.，2015；马弘等，2013；屈小博等，2016）。除了上述测算就业创造率和就业破坏率分析就业动态变化的研究外，一些研究还聚焦于就业变动的影响因素。不同国家实证检验结果表明，实际汇率变动通过不同的机制影响就业净增长：一种机制是周期性的实际汇率升值通过提升就业破坏率显著地抑制了就业净增长率提升，而就业创造率并没有明显影响（Jerbashian，2016）；另一种机制中，实际汇率对就业净增长率的影响是通过提升就业创造率实现的，而非就业破坏率，这主要是因为某些国家（如德国、法国）存在高度管制的劳动力市场。此外，劳动力管制改革、中间品贸易自由化（Groizard et al.，2015；毛其淋和许家云，2016）也是影响就业动态的重要因素。既有研究主要从信息技术进步、产业结构升级、城镇化、贸易开放、对外直接投资和离岸外包等角度对就业极化进行了解释（江永红等，2016；郝楠和江永红，2017；李宏兵等，2017）。

从就业创造与就业破坏视角分析中国就业动态问题的文献相对较少，学者们的研究多数是基于中国工业企业微观数据进行分析的。马弘等（2013）进一步分析了 1998～2007 年中国工业企业就业创造与就业消失特征，发现就业创造现象在消费品行业最多，就业消失现象在传统制造业最多；私营企业的就业创造现象明显，国有企业就业消失现象最大，但是此文献并没有分析导致就业动态变化的决定因素。屈小博等（2016）在分析 1998～2008 年中国企业层面就业创造、损失和再配置的基础上，探究了就业动态的影响机制，发现企业出口带来了更多的就业，显著体现在不同行业之间。在企业规模越小的行业中，就业动态变化程度越大，而劳动生产率的提升短期内降低了劳动需求，但长期内通过提高产出而增加劳动需求。谢萌萌等（2020）证明，人工智能的引入显著降低了制造业企业中低技术的就业比重，机制在于人工智能虽然通过刺激当期资本积累和收入扩张补偿了部分低技术就业比重的减少，但同时降低了低技术劳动力的相对边际产出，促使企业最终减少了低技术员工的就业比重。

部分学者认为，整体效应取决于行业、时间周期等各种因素。奥所肯等（Oschinski et al.，2017）通过对加拿大劳动力市场的研究发现：加拿大的高自动化风险岗位占全部就业岗位的比重很小，仅为1.7%。不同学者计算结果的差异可能是由于统计口径、被高估的技术能力和工作场所的异质性造成的（Arntz et al.，2016）。此外，不同行业、不同时序的替代效应表现也不一样。马尼卡等（Manyika et al.，2017）通过考察自动化对工作（职业）的影响，认为现阶段的转型充满挑战，但到2030年大部分工作场所能够提供维持充分就业所需的工作岗位。姜金秋和杜育红（2015）发现，在短期、中期和长期阶段不同行业就业对技术采用有不同的反应。此外，较为折中的观点是从长远来看，技术进步对大家都有益。但从短期考虑，并非所有人都是赢家（Cortes et al.，2014）。戚聿东等（2020）指出，数字经济发展不仅可以优化就业结构，还能促进就业环境持续改善、就业能力不断增强，为实现更高质量就业提供新契机。

（二）技术创新引致不同技术行业劳动异化

什么原因导致了"就业极化"？先进设备应用和高新技术吸收需要技能型劳动与之相适应，必然增加技能型劳动而降低非技能型劳动的需求，因此技术进步必将引致不同类型劳动需求数量和劳动结构变化（宋冬林，2010）。姚先国（2005）发现企业的技术进步提高了企业对高技术劳动力的需求，特别是以人均占有机器价值作为衡量技术进步的变量时，企业中的劳动需求结构会发生明显变化，高技术工人工资占总工资的比重与劳动需求都会显著提高。企业生产规模的扩大，并不会带来高技术工人比例的显著提高，反而对于低技术劳动力的需求提高得更为明显。这是由企业简单依靠资本和劳动投入的外延式扩张发展模式造成的。

关于技术创新对企业劳动力是"劳动创造"还是"劳动破坏"，学者们并未达成一致结论。创新既可以扩大劳动需求，又可以降低劳动需求；既可以创造就业岗位，又可以导致岗位消失。然而，企业技术创新与劳动需求之间的关系并不明朗，不同学者基于不同数据样本、运用不同方法、考察不同视角，得出的结论不尽一致。持有技术创新促进就业观点的学者，认为技术创新不会减少就业，反而企业不同创新方式会带来就业的增加（Piva &

Vivarelli，2005）。从已有的文献看，更多的学者认为，技术创新对就业的作用是直接的替代效应和间接的补偿效应双重效应的结果（Dinlersoz & Wolf，2018；Autor & Salomons，2018；Acemoglu & Restrepo，2018）。还有一类文献从微观层面研究企业不同创新方式对劳动就业的影响，哈里森等（2008，2014）的研究最具有开创性，为后续的一系列研究提供了一个完整的分析框架。他们基于 CIS3 调查数据验证了过程创新抑制了既定产出下的劳动需求量，而产品创新则创造了更多的劳动就业。多数学者的研究结论在产品创新促进就业上保持一致，而对于过程创新是否显著降低就业存在疑虑（Dachs et al.，2017；Agrawal et al.，2019）。达克斯和皮特森（2014）分析不同所有制企业的就业效应，发现外资企业相比内资企业不同创新方式作用更显著。随后，达克斯等（2017）在企业创新上增加管理创新这一方式，发现企业创新的就业效应与行业技术密集度有关，高技术密度制造业行业的就业创造与就业损失效应最大，其次是知识密集型行业、低技术密集度制造业、低知识密集型行业。王永钦等（2020）指出，机器人应用对劳动力需求的替代效应在高市场集中度的行业、高外部融资依赖度的行业和非国有企业中更为显著。此外，机器人应用还会通过产业链对上下游企业劳动力需求产生影响，主要表现为行业间的技术溢出。

综上而言，多数最新研究成果是针对发达国家的，而对中国等发展中国家的分析相对较少，研究成果政策指导意义可能存在一定偏颇。多数文献都是针对发达经济体样本进行研究，而且关于技术创新对就业影响的分析从宏观到微观、从时序到空间、从静态到动态、从定性到定量等方面深入研究。然而，这些成果是基于样本数据中劳动就业职位、工种、技能等具体分类展开的，尤其是对就业结构变化中"技能升级""极化"现象的探究。就中国现实情况看，中国制造业世界占比第一，为工业化大国，但是缺乏核心技术和自主知识产权，同时"人口红利"衰退，出现高低技术劳动需求拉大，中间技能需求相对减少的"哑铃型"① 劳动需求结构，特别是研发人员需求急剧上升，但企业现有劳动力供给难以形成有效匹配。虽然部分学者从技术行业、不同地区分析了就业创造、就业破坏问题，从微观企业层面分析了多数就业增长，但并不能切实地解释结构变迁诱因。也就是说，技术创新对就业的政策指导更多是在发达国家有效，而我国现实经济运行应该结合更为微

---

① 即高技能和低技能劳动力需求相对较多，中等技能劳动力需求数量相对较少。

观的劳动就业数据进行深入和系统性的研究。

第六节　未来研究展望

技术创新与就业关系错综复杂，并非单纯的线性关系。宏观就业增长的背后往往伴随着就业创造、就业破坏、就业再配置等更为频繁的就业动态，而技术创新对微观企业的就业增长、就业结构、就业形式等都会产生不同影响。本章讨论了技术创新的就业创造与补偿效应机制、就业破坏与替代效应机制，这为后续的技术创新与就业问题提供了丰富的研究基础，随着研究的深入，有学者开始关注从微观到宏观的就业动态测算以及企业创新方式产生的就业效应。近些年，部分学者研究技术创新对就业结构的影响，尤其是就业"极化""技能升级"等问题成为探究热点。技术创新与就业问题研究的不断深入，对我国实施创新驱动发展和实现高质量就业具有重要的现实意义。这些研究成果为就业动态效应作了翔实的诠释，也为下一步的研究提出了崭新的研究方向和研究课题。现有的研究得出了一些重要结论，这也为中国现在经济运行提供了有益启示。目前，技术创新对劳动就业的影响研究已经取得了较多成果，尤其是针对发达国家的数据进行的研究，但是仍然存在一些方向值得进一步关注和研究。

第一，技术创新与劳动就业微观数据挖掘与指标度量。技术创新是经济增长理论的重要范畴，也是企业可持续发展的重要体现，但是对于宏观到微观各个层面的度量没有准确的定义。企业技术创新不仅体现为研发投入、新产品生产、专利申请、全要素生产率，如果仅停留在创新投入与产出上，我们对技术创新只能得到片面的认识。对于不同技术创新方式的度量，如产品创新、过程创新、管理创新等，现有数据库更多的是通过企业调查问卷的方式识别，这无论是在样本选择和指标度量上都会存在一定偏颇。而且关于微观就业的数据信息不全，如新增或减少的就业岗位、岗位技能需求、劳动供给、技能对口人才供给等，这会导致我们在有效识别就业动态和就业结构变化时遇到很大困难。这些对开展相关性研究具有较大价值。

第二，基于大国经济背景下的技术创新与劳动就业研究。目前技术创新对劳动就业的研究主要是针对发达经济体的研究。但是近些年，中国在技术创新方面快速发展，而且中国特殊的二元经济使劳动力市场具有一定的特殊性。基于发达国家研究得出的结论是否适用于中国，需要进一步验证和探究。目前针对我国的研究宏观分析偏多，量化研究较少，量化研究多集中在工业技术创新方面，而对服务业创新对就业的影响方面的研究较少。随着微观数据和度量指标的可获得性的提高，未来可以开展企业不同技术创新方式和模式识别，结合大数据方法对不同职业劳动者岗位分析和供需探究，从微观层面多角度衡量技术创新对劳动力市场的影响。

第三，深化技术创新与劳动就业的关系研究。中国经济进入新常态后，经济发展由依靠要素驱动转向创新和效率提升驱动、由依靠生产规模扩张转向产出与消费匹配互动提升驱动、由出口导向发展模式转向依靠国内需求市场潜力模式。一是探究如何扩大原有产业规模，将新兴行业诞生与新商业模式相结合，创造出更多的就业岗位；二是在技术创新的驱动下增加有效需求，尤其是高端消费服务业和公共服务业，带动更多的就业；三是在"国内大循环""国内国际双循环"的新发展格局下，如何依靠强大的内需市场潜力，提升产品质量和消费者消费层次，提高职工收入和正规化程度，从而实现高质量就业。另外一个重要的方向是，如何实现以数字技术为基础，以互联网、大数据、物联网和人工智能为特征的技术创新，通过校企合作、职业培训等降低"技术性失业"，推动就业高速增长。更为重要的是优化劳动结构，促进劳动要素自主有序流动，提高要素配置效率，激发全社会创造力和市场活力，为我国经济发展注入新活力、新动能。

资本要素视角：资本深化、资源配置效率与企业全要素生产率

对于资本深化促进生产率提升、资源错配导致企业全要素生产率低下的研究，学界基于大中型企业的研究已基本达成共识，而针对小企业研究较少。本章构建了三者之间的理论模型，并基于江苏省小企业数据进行了实证检验。研究发现，资本深化对资源配置效率的影响呈现倒"U"型关系，而与生产率为"U"型关系。资本深化程度较低或较高的企业改善资源配置效率可以促进生产率提升，而中等水平的企业呈现抑制效应，这种现象在小规模企业、低技术行业中更加明显。小企业劳动工资、利率水平上涨会抑制资源配置效率，但是能够提升企业生产率。政策启示是政府在支持中小企业投融资的同时，对中小企业人才和用工政策应予以更多的支持。本章安排如下：第一节为引言，第二节为文献述评，第三节为理论模型，第四节为研究设计，第五节为结果分析，第六节为结论与启示。

第一节 引 言

自改革开放以来，中国的经济飞速发展并取得了举世瞩目的成就，经济发展显现出一种资本深化与生产率同步提升的现象。现有的研究从工业部门到企业层面都证实了资本深化对生产率的促进作用（Kumar & Russell，2002），年均贡献率高达 81%（涂正革和肖耿，2006）。而资本、劳动等生产要素在部门间配置与再配置，提升整体生产率水平，这俨然成为经济增长的源泉（Zhu，2012）。在资本要素市场上，大中企业相比小企业、国有企业相比非国有企业更容易以较低成本获得融资，有学者测算国有企业资本收

益仅为私有企业的一半，而国有企业获得的银行贷款却是私营企业的三倍以上（Boyreau，2005）；在劳动力市场上，劳动力受到户籍制度、土地制度的限制，低技能劳动力更倾向选择"进出门槛"较低的中小企业，呈现为劳动力的空间错配，这种错配对经济增长效率损失最高达到了 18%，且有扩大的趋势（袁志刚等，2011）。由此可见，不同规模企业间要素错配现象普遍存在。

在工资的大幅上涨导致企业生产成本激增的情况下，规模以上大中型企业存在较低的实际利息率，使企业加快资本替代劳动的速度，减少资本吸纳劳动的速度（姚战琪和夏杰长，2005），而资本替代劳动的情形正作为一种客观趋势在规模以上制造业部门广泛出现（袁富华和李义学，2009）。同时，劳动、资本要素资源在不同企业、不同行业、不同地区的合理配置可以提升全要素生产率水平（Hsieh & Klenow，2009；Zhu，2012；Brandt et al.，2013；龚关，2013；韩剑，2014）。小企业面临着与大中型企业不同的发展环境和条件，考虑到小企业生存周期较短，平均年龄不足五年[①]，面临着短期竞争、长期生存和成长、外部融资难这三重压力，在资本深化、资源配置效率和生产率三者关系上，小企业与大中型企业表现是否相同？本章统计发现，小企业更多是依靠劳动投入实现企业生产率的提升及增加值的提高，而资本深化与企业生产率表现为"U"型特征。

如果将规模以上大中型企业和小企业综合起来，从总体上看，随着工业化进程中经济体制、所有制结构的不断改革，要素市场的管制逐渐放松，中小企业融资渠道得到了一定程度的拓宽；同时，引导劳动力要素的跨地区流动，同质劳动力间工资差距不断缩小，资本和劳动要素的扭曲程度得到改善，产品市场竞争程度不断提高，企业越来越重视通过增加资本和高技能劳动力的投资来改善生产率，因此，总体来讲，资本深化与资源配置效率、生产率之间存在相关关系。考虑到小企业面临着较为严重的资源错配限制，资本深化与生产率之间在一定范围内存在"背离"，在市场进入、退出的产业竞争均衡过程中，上述资本深化与资源配置效率、生产率之间存在相关关系可能呈现出一种非线性最优关系。基于此，本章构建了一个产业均衡模型，

---

① 2013 年原国家工商总局发布的《全国内资企业生存时间分析报告》显示，近五成的企业年龄在五年以内，企业规模越大存活率越高。美国世界 500 强企业平均寿命 40～42 年，1000 强平均寿命 30 年，而中小企业不到 7 年；在欧洲只有 65% 的中小企业存活三年以上，存活五年以上的中小企业只有 50%。我国的企业表现出相同的特征。资料来源：http：//www.saic.gov.cn/sj/tjsj/index_3.html。

在理论上证明上述非线性关系的存在，并利用江苏省 6573 家中小微企业运行数据样本，① 实证检验了小企业资本深化对资源配置效率及 TFP 的内在逻辑及影响关系。

第二节　文献述评

自卢卡斯论证了"资本为何不从富国流向穷国"命题以来，经济学家认识到，地区间发展水平的差异是由异质性企业生产率的不同所决定的，因此导致了各国收入差距扩大（Acemoglu，1999），比如 20 世纪 70 年代发展迟缓的拉丁美洲（Hopenhayn & Neumeyer，2004；Restuccia，2008；Daude & FernándezArias，2010）。可见，一国的经济发展就要不断地增加劳动、资本积累以及使用先进技术。什么因素导致了不同国家、不同行业间企业生产率的不同？一种解释是人力资本、R&D 投入促使企业产品升级、设备更新及分工深化，同时，存在高收入国家或行业的前沿技术及最佳方法向低收入国家或行业扩散较慢的事实，导致了企业间生产率出现差异化，即技术进步促进企业生产率的提升（Parente & Prescott，2002；Restuccia，2017）。

通常而言，在短期内，技术进步的作用是有限的，而企业生产率提升更多地受到资源配置效应的影响，即企业往往面临着资源错配的情形。企业在长期内因政策扭曲、资本约束、市场失灵等问题导致生产要素不能按照边际产出配置，资源更多地流向了低效率企业，造成了要素投入扭曲（Restuccia & Rogerson，2008；Hsieh & Klenow，2009；Banerje & Moll，2010；Brandt et al.，2013）。因此，资源错配将显著降低整体生产率水平。谢和克莱诺（Hsieh & Klenow，2009）测算出中国资源配置若达到美国的"理想状态"，中国的全要素生产率至少提高 30% ~50%，布兰特等（Brandt et al.，2013）测算我国国有企业与非国有企业及地区之间的资源错配程度，得出不存在资源错配的情况下，中国的 TFP 将会提升 31%，国内学者（ZHU，2012；龚关，2013；韩剑，2014）测算得出了不存在资源错配的情况下，我国 TFP 将提升 30% ~50% 的结论。造成资源错配的因素很多，主要分为制度、贸

---

① 这里需要说明，本章中小企业是江苏省工业和信息化厅监测的规模以下中小企业，大部分监测企业的主营收入在 2000 万元以下，分类标准见江苏省统计局网站 http://tj.jiangsu.gov.cn/art/2018/1/4/art_3977_7240745.html。故文中表述的"中小企业""中小微企业"均泛指小企业。

易、金融、信息摩擦等四类。（1）制度因素。古纳等（Guner et al.，2008）发现存在一种"规模依赖政策"，即对销量高、资本和劳动投入较高的企业征收较高的税收，企业 TFP 没有明显提升，反而影响了企业数量及规模分布（Garcia-Santana & Pijoan-Mas，2014；Gourio & Roys，2014；Garicano et al.，2016）。布索等（Busso et al.，2012）研究发现在企业规模及法律地位同等情况下，非正规企业占据了大量的资源，但生产率比正规企业低很多，这导致了墨西哥整体生产率的低迷。另外，住房条例与住房供给限制（Hsieh & Moretti，2015）、税收分散（Fajgelbaum et al.，2018）等制度将会导致劳动力的空间错配。亚当佩罗兹和瑞斯图卡（Adamopoulos & Restuccia，2014）定量分析菲律宾全面土地改革前后，发现改革后农场规模和生产率分别减少了34%和17%，这是由于产权因素导致的配置效率低下。（2）贸易因素。伊顿和科特姆（Eaton & Kortum，2002）和梅里兹（Melitz，2003）研究了贸易政策对总生产率的影响，而基欧等（Kehoe et al.，2017）发现关税、贸易保护等政策扭曲了异质性企业间的资源配置。坎德瓦尔等（Khandelwal et al.，2013）分析了2005年美国、欧盟及加拿大对中国纺织服装的出口配额问题，发现政府将70%以上配额分配给生产率较低的国有企业。（3）金融因素。生产商之间因信贷约束导致资本错配，企业 TFP 也将下降，米德根和徐（Midrigan & Xu，2014）研究发现这种效应在10%左右。（4）信息摩擦因素。市场信息不完全也会导致资源配置效率低下，大卫等（David et al.，2016）通过企业股票市场数据分析信息摩擦与企业生产行为，发现这种摩擦导致了中国和印度的总体生产率降幅为7%～10%。综上所述，经济制度不完善、经济自由化程度不高及市场失灵等往往是长期导致资源配置效率的因素，鲜有文献从企业短期生产行为中考察企业的资源配置效率及进行影响企业生产率的研究。

资本深化是企业投资发展过程中要素结构调整的过程，而资源配置效率决定企业内部要素结构优化，将影响企业的生产率水平。张军（2002）认为20世纪90年代我国工业部门中资本的形成速度与经济增长轨迹有显著的发散趋势，过度的投资使得企业的技术路径偏离要素的自然结构，资本劳动比的上升导致了 TFP 增长的减速。朱种棣和李小平（2005）估算1987～2002年工业行业的全要素生产率，也发现资本劳动比对其呈现显著的负相关关系。袁云锋等（2012）从金融策略视角分析地区间的资本深化，发现地方政府对金融信贷行为的干预，导致了资源禀赋所决定的最优资本水平发生偏离，降低了经济效率。与此相反，杨文举（2006）基于数据包络分析（DEA）的经验分析，发现技术效率、技术进步和资本深化都促进了生产率的提升，而资本深化的作用最大。李文兵（2011）也证实了生产率的增长主要来自产业内部的资本深化。宫旭红和曹云祥（2014）从工资上涨及政府投资视角论证了资本深化是生产率提升的重要影响因素。由此可见，学者们对于资本深化促进还是抑制生产率的增长的问题没有形成一致的结论，两者之间可能不是简单的线性关系，这也是本章重点研究的问题。

通过对于文献的梳理，发现对于资源配置效率与生产率的研究主要集中于以下几个方面：一是从不同国家间或不同部门及行业测度资源配置效率与生产率之间内在关系基本达成共识，而对于资本深化程度与资源配置效率关系的研究较少；二是资源配置效率主要停留在宏观或者制造业规模以上企业的数据测算，没有涉及资源错配程度更为严重的小企业；三是对资源配置效率的成因分析主要集中于长期因素，如制度、关税等，而影响企业短期生产行为的因素涉及较少。结合既有的研究，考虑到资本与劳动要素是影响企业的生产率的重要因素，而资源的优化配置促进生产率的提升，因此本章将要素密集度、资源配置效率及生产率相结合，从小企业的视角分析三者之间的内在关系。

第三节　理论模型

一、特征性事实

本章选取了江苏省2014~2016年6573家制造业企业作为研究样本，分析小企业资源配置及企业TFP。资本深化、劳动力与TFP[①]及企业增加值之间的关系，如图10-1所示。

---

　　① 后文介绍了核算企业全要素生产率的具体方法，本章采用OP法和LP法两种方法进行了测算。

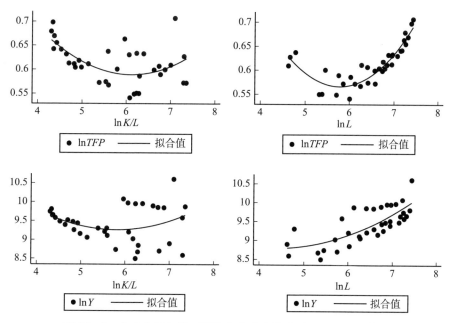

图 10 - 1　小企业增加值、TFP 与资本密集度（2014～2016 年）

由图可见，小企业 TFP 增长存在一个资本深化的拐点，拐点左右随着资本深化的降低或增加都促进了生产率的提高，左侧的提高效应更加明显。进一步分析，企业劳动投入与生产率之间的关系，除个别样本外，劳动要素投入对企业生产率的促进作用非常明显，也就是说小企业生产率的提升主要来源于劳动要素的不断投入，从而出现了在资本劳动比较低水平上小企业资本深化与企业生产率发生"背离"的现象。同样，纵坐标换成企业的增加值后，这种资本深化与劳动要素所呈现的特征依然存在，从而引发我们思考：在小企业竞争中，各个行业之间资源配置效率及全要素生产率情况如何？要素密集度是如何促进企业 TFP 增加的？什么因素影响了地区间、行业间及不同规模企业间资源配置效率？在经济发展转型期，回答和解决这些问题显得尤为重要。接下来我们基于这种典型事实，构建资本深化、资源配置效率与企业生产率之间的理论模型。

二、模型分析

基于梅里兹（Melitz，2003）企业异质性理论模型，我们将劳动、资本两种要素纳入分析框架，并在垄断竞争市场中分析资本深化对异质性企业生产率及资源配置效率的影响。本节构建了一般化的模型，异质性企业的竞争体现为生产率的差异，这里不再单独区分不同规模的企业。

（一）消费者行为分析

假设一个国家中有 L 个行业，每个行业 l 有 Ω_i 个企业，异质性企业提供不同的产品，消费者需求不同的产品，则消费者的偏好采用 CES 效用函数，如式（10 – 1）所示：

$$U = \Big[\int_{i=\Omega} q_i^\rho di \Big]^{1/\rho} \qquad (10-1)$$

其中，q_i 为代表消费者 i 产品的需求量，ρ 代表消费者产品多样性偏好程度。σ 为不同产品的替代弹性，$\rho = (\sigma - 1)/\sigma$，$\sigma > 1$。企业生产产品价格、数量及收益之前的关系，可求得：

$$q_i = Q\left(\frac{p_i}{P}\right)^{-\sigma}; \; r_i = R\left(\frac{p_i}{P}\right)^{1-\sigma}, \; 其中，P = \left(\int_0^\Omega p_j^{1-\sigma}dj\right)^{\frac{1}{1-\sigma}} 为总价格指数。$$

（二）生产者行为分析

在梅里兹（2003）的模型中只考虑劳动一种要素，而企业在生产过程中劳动与资本之间存在一种互补关系，两者之间存在一定的比例关系。因此，资本要素是劳动力需求函数的组成部分。假定企业生产函数为 $q_i = \varphi_i K_i^{\alpha_{li}} L_i^{1-\alpha_{li}}$，而劳动力需求函数为 $L_i = \phi K_i + q_i/\varphi_i$，其中 L_i、K_i 为企业生产需要的劳动、资本，q_i、φ_i、ϕ 分别为企业产量、生产率及要素投入参数。根据垄断厂商 MR = MC 定价原则，可求得：$p_i(\varphi) = w/(\rho\varphi_i)$，进而利润函数化简为式（10 – 2）：

$$\pi_i(\varphi_i) = \frac{r_i(\varphi_i)}{\sigma} - (\phi w + r) K_i \qquad (10-2)$$

将企业产品价格代入企业产量与收益关系式，可以得出生产率与两者之间的关系如式（10 – 3）所示：

$$\frac{q_i}{q_i} = \left(\frac{\varphi_j}{\varphi_i}\right)^\sigma; \; \frac{r_i}{r_i} = \left(\frac{\varphi_i}{\varphi_j}\right)^{\sigma-1} \qquad (10-3)$$

（三）一般均衡分析

当市场均衡时，企业竞争的边界条件为零利润（zero cutoff profit,

ZCP），而市场中竞争企业的平均利润为零，如式（10 - 4）所示：

$$\bar{\pi}_i = \pi(\tilde{\varphi}_i(\varphi_i^*)) = \left[\frac{\tilde{\varphi}_i(\varphi_i^*)}{\varphi_i^*}\right]^{\sigma-1}\frac{r(\varphi_i^*)}{\sigma} - (\phi w + r)K_i = \left[\frac{\tilde{\varphi}_i(\varphi_i^*)}{\varphi_i^*}\right]^{\sigma-1}$$

$$(\phi w + r)K_i - (\phi w + r)K_i = 0 \qquad (10 - 4)$$

证明如下：由上文可知，代表性企业收益为：

$$r_i = R\left(\frac{p_i}{P}\right)^{(1-\sigma)} = R(P\rho\varphi_i)^{\sigma-1}$$

将代表性企业的收益代入企业的利润函数，可得：

$$\pi_i(\varphi_i) = \frac{r_i(\varphi_i)}{\sigma} - (\phi w + r)K_i$$

代入可得，$\bar{\pi}(\varphi_i) = \left[\frac{\tilde{\varphi}_i}{\varphi_i^*}\right]^{\sigma-1}\frac{r(\tilde{\varphi}_i)}{\sigma} - (\phi w + r)K_i$，ZCP 条件可知边界

条件上的企业收益为 $r(\varphi_i^*) = \sigma(\phi w + r)K_i$，从而可得出竞争企业的平均利润如式（10 - 5）所示：

$$\bar{\pi} = \left[\frac{\tilde{\varphi}_i(\varphi_i^*)}{\varphi_i^*}\right]^{\sigma-1}(\phi w + r)K_i - (\phi w + r)K_i \qquad (10 - 5)$$

企业自由进入（free entry，FE）条件：假定市场中存在数量为 M 的竞争企业，部门企业的生产率服从帕累托分布，具体的形式为：$G(\varphi_i) = 1 - \left(\frac{\tau}{\varphi_i}\right)^{\theta}$，$g(\varphi_i) = \frac{\theta}{\tau}\left(\frac{\tau}{\varphi_i}\right)^{\theta+1}$，其中 τ 为资源配置效率参数。[①] 当 $\varphi < \varphi_i^*$ 时，企业选择退出不生产；当 $\varphi > \varphi_i^*$ 时，企业成功进入市场进行竞争，成功进入市场的企业生产率分布函数为 $\mu(\varphi_i) = \frac{g(\varphi_i)}{1 - G(\varphi_i^*)}$。市场中行业平均生产率为各个企业生产率的加成，可得到式（10 - 6）：

$$\tilde{\varphi}_i(\varphi_i^*) = \left[\frac{\theta}{\theta + 1 - \sigma}\right]^{\frac{1}{\sigma-1}}\varphi_i^* \qquad (10 - 6)$$

证明如下：

$$\tilde{\varphi}_i(\varphi_i^*) = \left[\int_{\varphi_i^*}^{\infty}\varphi^{\sigma-1}\mu(\varphi_i)d\varphi_i\right]^{\frac{1}{\sigma-1}} = \left[\int_{\varphi_i^*}^{\infty}\varphi^{\sigma-1}\frac{g(\varphi_i)}{1 - G(\varphi_i^*)}d\varphi_i\right]^{\frac{1}{\sigma-1}}$$

---

① 在企业生产率服从帕累托分布中，τ 为规模参数，也就是生产率中最小值的度量，而本章测度的是资源的配置效率问题，效率的提升促使行业整体生产率的提升，τ 则在本章视为一种配置效率的体现。

由前文可知，$\mu(\varphi_i) = \dfrac{g(\varphi_i)}{1 - G(\varphi_i^*)}$。然后，将 $G(\varphi_i^*) = 1 - \left(\dfrac{\tau}{\varphi_i^*}\right)^{\theta}$，

$g(\varphi_i) = \dfrac{\theta}{\tau}\left(\dfrac{\tau}{\varphi_i}\right)^{\theta+1}$ 代入可得：

$$\tilde{\varphi}_i(\varphi_i^*) = \left[\int_{\varphi_i^*}^{\infty} \varphi_i^{\sigma-1} \frac{\dfrac{\theta}{\tau}\left(\dfrac{\tau}{\varphi_i}\right)^{\theta+1}}{\left(\dfrac{\tau}{\varphi_i^*}\right)^{\theta}} d\varphi_i\right]^{\frac{1}{\sigma-1}} = \left[\theta \varphi_i^{*\theta} \int_{\varphi_i^*}^{\infty} \varphi_i^{\sigma-\theta-2} d\varphi_i\right]^{\frac{1}{\sigma-1}}$$

$$= \left[\theta \varphi_i^{*\theta} \frac{\varphi_i^{*\sigma-\theta-1}}{\theta+1-\sigma}\right]^{\frac{1}{\sigma-1}} = \left[\frac{\theta}{\theta+1-\sigma}\right]^{\frac{1}{\sigma-1}} \varphi_i^*$$

其中，$\sigma < \theta + 1$ 保证积分收敛。

市场中存在总价格指数为不同的企业异质性生产率分布下产品价格加成，可得行业总价格指数为：

$$P = \left[\int_0^{\Omega} p_i(\varphi_i)^{1-\sigma} M\mu(\varphi_i) di\right]^{\frac{1}{1-\sigma}}$$

在市场外假定有 M_e 个企业试图投入一定的沉没成本进入市场进行竞争，企业的沉没成本函数为 $f_c(L, K) = \psi L^{1-\alpha} K^{\alpha} - (AL + BK)$，进入市场后只有 $p_{in} M_e$ 的企业成功留在市场中，同时外在市场冲击了原先市场 M 企业，有 δM 个企业退出市场，动态均衡状态下可得到 $p_{in} M_e = \delta M$。同时，未退出市场企业长期平均利润为 $\bar{v} = \sum_{t=0}^{\infty} (1-\delta)^t \bar{\pi} = (1/\delta)\bar{\pi}$，市场外企业进入市场的净利润为 $v_e = p_{in} \bar{v} - f_c(L, K)$。当市场达到均衡时，$v_e$ 为 0。可以得出竞争企业自由进入条件下，竞争企业的平均利润如式（10-7）所示：

$$\bar{\pi} = \frac{\delta f_c(L, K)}{1 - G(\varphi_i^*)} = \delta f_c(L, K) \tau^{-\theta} \varphi_i^{*\theta} \qquad (10-7)$$

均衡的 ZCP 和 FE 条件分析：由式（10-5）~式（10-7）可得，市场在动态均衡的状态下竞争企业生产率如式（10-8）所示：

$$\varphi_i^{*\theta} = \left(\frac{\sigma-1}{\theta+1-\sigma}\right) \frac{(\phi w + r) K_i^*}{\delta f_c(L_i^*, K_i^*) \tau^{-\theta}} \qquad (10-8)$$

L_i^*、K_i^* 为竞争企业自由进入退出均衡条件下，劳动力与资本的需求量。将 $f_c(L, K)$ 代入式（10-8）中，资本深化 $k^* = K^*/L^*$，进一步整理可得式（10-9）：

$$\varphi_i^{*\theta} = \frac{(\sigma-1)(\phi w + r)k^*}{\delta\tau^{-\theta}(\theta+1-\sigma)(\psi k^{*\alpha} - Bk^* - A)} \qquad (10-9)$$

由式（10-9）可以看出，竞争企业的生产率是由劳动力的工资水平、资本深化及资源配置效率决定的，同时受到产品替代弹性 σ、形状参数 θ 及 δ 等参数的共同影响。为了进一步考察资本深化、资源配置效率及生产之间的内在关系，需要对式（10-9）进行求导分析。

若保持资源配置效率 τ 不变，分析生产率与资本深化的关系。式（10-9）两边取对数后，分别对资本深化 k^*、劳动工资水平 w 求导，可得式（10-10）和式（10-11）：

$$TFP(k^*, w, r) = \ln\varphi_i^* = \frac{1}{\theta}\ln\frac{(\sigma-1)}{\delta\tau^{-\theta}(\theta+1-\sigma)} + \frac{1}{\theta}\ln(\phi w + r)$$

$$+ \frac{1}{\theta}\ln k^* - \frac{1}{\theta}\ln(\psi k^{*\alpha} - Bk^* - A)$$

$$\frac{\partial TFP(k^*, w, r)}{\partial k^*} = \frac{1}{\theta k^*} - \frac{\psi\alpha k^{*\alpha-1} - B}{\theta(\psi k^{*\alpha} - Bk^* - A)} = \frac{\left[(1-\alpha)\psi k^{*\alpha} - A\right]\theta}{(\psi k^{*\alpha} - Bk^* - A)\theta k^*}$$

$$(10-10)$$

$$\frac{\partial TFP(k^*, w, r)}{\partial w} = \frac{\phi}{\theta(\phi w + r)} > 0 \qquad (10-11)$$

由于企业要素投入系数 A、B 均大于 0，规模参数 θ 也为非负，从而可以得出资本深化程度足够大时，$\partial\ln\varphi_i^*/\partial k^*$ 是大于 0 的。这表明竞争企业资本深化程度的不断提升，促进了企业的生产率的提高。有研究发现大企业资本深化水平较高，而企业间偏向性技术导致了这种分散化，进一步验证了中国的资本效率增长高于劳动效率增长，而技术进步对经济增长的贡献主要是由于资本效率的变化带来的（Hongsong Zhang, 2014），从而验证了式（10-10）得出的结论。式（10-11）得出企业生产率对劳动力工资的求导，导数大于 0，可见提升企业的劳动工资可以提升企业的生产率水平。

为了进一步考察资本深化程度对企业生产率的影响，对式（10-10）分析资本密集程度 k^* 的二阶导数，可得：

当 $k^* \geq \left[\dfrac{A}{(1-\alpha)\psi}\right]^{1/\alpha}$ 时，$\dfrac{\partial TFP(k^*, w, r)}{\partial k^*} \geq 0$；当 $k^* < \left[\dfrac{A}{(1-\alpha)\psi}\right]^{1/\alpha}$

时，$\dfrac{\partial TFP(k^*, w, r)}{\partial k^*} < 0$，可以得出式（10-12）：

$$\frac{\partial^2 TFP(k^*, w, r)}{\partial k^{*2}} > 0 \qquad (10-12)$$

通过前文对参数的假定及分析，可以得出 $\partial^2 TFP(k^*, w, r)/\partial k^{*2}$ 是大于 0 的。随着竞争企业的资本深化水平的提高，资本深化与企业生产率之间为"凹函数"。因此，可以得出本章的第一个命题。

命题 10-1：资本深化促进企业生产率的提升，而且提升的速率更加明显，两者之间呈现"U"型关系；同时，企业工资水平的提升也促进了企业生产率的提升。

若保持生产率 φ_i^* 不变，分析资源配置效率与资本深化之间关系。由式（10-9）整理可得式（10-13）：

$$f_{effi}(k^*, w, r) = \ln\tau = -\frac{1}{\theta}\ln\frac{(\sigma-1)(\varphi w+r)}{\delta\varphi_i^{*\theta}(\theta+1-\sigma)} - \frac{1}{\theta}\ln k^* + \frac{1}{\theta}\ln(\psi k^{*\alpha} - Bk^* - A)$$

$$\frac{\partial f_{effi}(k^*, w, r)}{\partial k^*} = -\frac{1}{\theta k^*} + \frac{\psi\alpha k^{*\alpha-1} - B}{\theta(\psi k^{*\alpha} - Bk^* - A)} = \frac{[A - (1-\alpha)\psi k^{*\alpha}]\theta}{(\psi k^{*\alpha} - Bk^* - A)\theta k^*}$$

$$(10-13)$$

式（10-13）为企业资源配置效率对资本深化的一阶导数，可以得出资本深化程度足够高时，$\partial\ln\tau/\partial k^*$ 小于 0，也就是竞争企业投入资本劳动比与要素配置效率之间为负相关，过多资本投入抑制了企业的资源配置效率。需进一步分析资本深化与要素配置效率之间的关系。

当 $k^* \geq \left[\dfrac{A}{(1-\alpha)\psi}\right]^{1/\alpha}$ 时，$\dfrac{\partial f_{effi}(k^*, w, r)}{\partial k^*} \leq 0$；当 $k^* < \left[\dfrac{A}{(1-\alpha)\psi}\right]^{1/\alpha}$

时，$\dfrac{\partial f_{effi}(k^*, w, r)}{\partial k^*} > 0$，可以得到式（10-14）：

$$\frac{\partial^2 f_{effi}(k^*, w, r)}{\partial k^{*2}} < 0 \qquad (10-14)$$

由式（10-14）可以得出，当企业投入过多的资本要素时，资本深化水平较高，而企业要素配置效率水平比较低；当企业投入较多的劳动要素时，资本深化水平较低，同时企业要素配置效率水平也较低。从而，可以得出本章的第二个命题。

命题 10-2：当企业资本投入远高于劳动，或者劳动投入远高于资本时，即企业资本深化水平过高或过低时，企业的要素配置效率较低。因此，企业的资本深化水平与要素配置效率之间存在倒"U"型关系。

第四节 研究设计

一、计量模型设定与变量定义

为了探究小企业资源配置效率及全要素生产率的影响因素，以及资本深化影响两者的具体特征，我们构建了企业层面的资源配置效率和全要素生产率的计量模型，具体的模型如式（10－15）和式（10－16）所示：

$$EF_{ijkt} = c + \alpha input_{ijkt} + \beta cost_{ijkt} + \gamma finance_{ijkt} + \kappa environment_{ijkt} + \eta benefit_{ijkt} + \varepsilon_{ijkt}$$

$$(10-15)$$

$$TFP_{ijkt} = c + \alpha input_{ijkt} + \rho EF_{ijkt} + \beta cost_{ijkt} + \gamma finance_{ijkt} + \kappa environment_{ijkt}$$
$$+ \eta benefit_{ijkt} + \varepsilon_{ijkt} \qquad (10-16)$$

其中，

$$input_{ijkt} = \alpha_1 \ln kl_{ijkt} + \alpha_2 \ln kl_{ijkt}^2$$
$$cost_{ijkt} = \beta_1 \ln wage_{ijkt} + \beta_2 r_{ijkt} + \beta_3 \ln bus\_cost_{ijkt}$$
$$finance_{ijkt} = \gamma_1 \ln loan_{ijkt} + \gamma_2 \ln debt_{ijkt}$$
$$environment_{ijkt} = \kappa_1 \ln accout_{ijkt} + \kappa_2 \ln tax_{ijkt}$$
$$benefit_{ijkt} = \eta \ln profit_{ijkt}$$

在计量方程中，i、j、k、t 分别代表企业、行业、城市和月份。EF_{ijkt} 表示资源配置效率。现有文献主要有两种测算方法：一类是参数法，谢和克莱诺（2009），奥基（2012），博拉尔德和克莱诺（Bollard & Klenow，2013）等学者通过测算实际 TFP 与有效 TFP 的差距、实际产出与有效产出的差距衡量资源配置情况；另一类是半参数法，测算生产率的离散程度，刻画资源错配程度，对比处于第 90 分位的企业 TFP 与处于第 10 分位数的企业 TFP（Syverson，2004；聂辉华和贾瑞雪，2011；Asker et al.，2014）；除此之外，半参数法包括反映行业内企业生产率与规模关系的 OP 协方差法（Bartelsman et al.，2009，2013；聂辉华和贾瑞雪，2011）。本章根据贝塔斯曼等（Bartelsman et al.，2009）的处理方法，将就业人数作为企业份额的权重测算了不同地区不同行业的 OP 协方差，作为被解释变量衡量企业的资源配置效率。

控制变量的选择需要谨慎和综合权衡考虑，以保证核心解释变量的估计结果具有一致性。从本章研究的问题来看，定义合理的控制变量需要注意两方面的问题，一是这些控制变量尽可能满足外生性变量的基本要求，且与被解释变量相关；二是要避免所选择的控制变量和解释变量之间存在多重共线性。结合以上多因素的综合考虑，本章选择和设定的控制变量如下：

（1）投入效益变量（$input_{ijkt}$）。资源错配很大程度上是要素投入的不合理配置导致的，因此要素投入是研究资源错配的核心解释变量。在考虑资本、劳动两要素时，一种要素的比例过高或者过低，都不能实现企业的快速发展，导致企业的低效率生产，同时也可能存在资源错配。本章选取资本深化 kl_{ijkt}，采用企业资本存量与就业人数的比重核算，同时加入资本深化的平方项 kl_{ijkt}^2 变量。（2）成本变量（$cost_{ijkt}$）。陈永伟、胡伟民（2011）认为要素价格扭曲导致了资源在行业间的错配，测算得出制造业实际产出要低15%~20%，可见要素价格或生产成本是影响资源行业间配置的重要因素。本章选取了劳动力的人均工资水平 $wage_{ijkt}$、资本利率 r_{ijkt} 及企业营业成本 bus_cost_{ijkt} 作为要素价格或成本的变量。（3）融资变量（$finance_{ijkt}$）。企业发展需要投入大量的资金，能否获得外部的金融支持是企业能否实现提升生产效率的关键。我们使用工业总产值中借款余额的比重 $loan_{ijkt}$，采用借款余额与工业总产值的比值，以及资产负债率 $debt_{ijkt}$ 来衡量企业配置效率的外部金融支持。（4）经营环境变量（$environment_{ijkt}$）。本章选取了企业工业总产值中应收账款占比 $accout_{ijkt}$、工业总产值中应交税费的比重 tax_{ijkt} 作为经营环境变量。（5）经营效益变量（$benefit_{ijkt}$）。企业的经营效益水平是影响地区TFP及要素配置的重要因素。从发达国家或者地区的经验来看，资源往往更大程度上由市场来配置，且规模越大的企业经营效益水平越高，资源配置效率越高。本章选取营业利润在营业收入中的比重 $profit_{ijkt}$ 来测度企业的经营效益。另外，还加入了企业所属行业、年份等虚拟变量，控制未观测到的固定效应因素，ε_{ijkt} 表示随机扰动项。

二、资源配置效率的测度

关于资源配置效率测度的方法有很多，主要分为两大类。一是参数法，也就是通过实际TFP与有效TFP差距或实际产出与有效产出的差距测度，然后通过具体的生产函数并以发达国家的数据对参数进行校准，结合发展中国家的实际产出、要素投入等变量计算出扭曲系数（Hsieh & Klenow，2009；Aoki，2012）。用此类方法测度要素配置效率的缺陷在于受限于规模报酬不变与生产函数的设定。二是半参数法，也就是在企业进入、退出的市场竞争环境下要素流动呈现出的企业规模和生产率水平正相关的表征。主要分解方法有 BHC 分解法（Baily et al.，1992），GR 分解法（Griliches & Regev，1995），FHK 分解法（Foster et al.，2001），BG 分解法（Baldwin & Gu，2006），OP 分解法（Olley & Pakes，1996），DOP 分解法（Melitz & Polanec，2015）等。以上方法侧重于行业生产率与市场份额间的统计变化反映企业 TFP 的特征以及微观企业生存状态。而 BHC，GR，FHK，BG 方法的缺陷在于单纯以统计变换刻画组间效应，缺乏经济理论基础。有学者（Olley & Pakes，1996）提出了以企业异质性理论为基础的组间分解方法，即 OP 分解法。运用 OP 方法测算微观企业的 TFP，而 OP 协方差则反映资源的配置效率程度，协方差越小则要素资源配置效率越低，反之配置效率越高。其分解公式如式（10 – 17）所示：

$$tfp_t^{industry} = \sum_{i=1}^{n} s_{i,t} \cdot tfp_{i,t}^{firm} = \hat{tfp}_t^{firm} + \sum_{i=1}^{n} (s_{i,t} - \hat{s}_t)(tfp_{i,t}^{firm} - \hat{tfp}_t^{firm})$$

$$(10 - 17)$$

其中，$tfp_t^{industry}$ 表示某一行业根据企业权重加成后的全要素生产率水平，$s_{i,t}$ 表示 i 企业在该行业中所占份额，[①] $\hat{s}_t$ 则为均值。$tfp_{i,t}^{firm}$ 表示某一行业中 i 企业的全要素生产率水平，式（10 – 17）中，第二项用来测度资源错配程度，即企业份额与生产率之间的协方差（OP 协方差），如式（10 – 18）所示：

$$EF_{it}^1 = \sum_{i=1}^{n} (s_{i,t} - \hat{s}_t)(tfp_{i,t}^{firm} - \hat{tfp}_t^{firm}) \qquad (10 - 18)$$

其经济学意义为：OP 协方差越大，表明高生产率的企业获得了更多的资源，实现了资源优化配置，提升了资源配置效率；相反，低生产率企业 OP 协方差很低，甚至为负值，表示资源配置效率低下。贝塔斯曼等（2013）以企业就业人数作为企业在行业中的权重，测算了 OECD 国家的制造业的 OP 协方差及增长率，美国的 OP 协方差达到 0.51，可见资源的优化配置对美国企业生产率有正向作用。西欧国家基本维持在 0.2 ~ 0.3 之间，

[①]　通常选取企业的产出或者就业在行业中所占的比重，作为测算企业在行业中所占份额。

而一些转型中的国家 OP 协方差很低，中国为 – 0. 005，可见中国行业内并没有将资源按照企业生产率的高低进行分配，错配程度严重。OP 协方差作为一种统计结果，测算结果符合已有文献的研究，在测度资源错配方面具有有效性。[①]

另外，借鉴瑟维森（Syverson，2004），贝塔斯曼和多姆斯（2000），聂辉华等（2011）采用对数生产率波动序列百分数差值作为生产率分布离散程度的代理变量，得到式（10 – 19）：

$$EF_{it}^2 = \ln tfp_{it}^{90} - \ln tfp_{it}^{10} \qquad (10 - 19)$$

采用公式（10 – 19）对企业生产率分布的离散程度进行度量，离散程度随度量变量的增大而增大。用企业生产率的离散程度衡量资源配置效率程度，高生产率企业相对低生产率企业比值越高，行业之间资源配置效率越低。

三、变量说明及描述性分析

（一）资本存量与利率

本章采用戈德史密斯（Goldsmith）的永续盘存法测算资本存量，基本公式为 $K_t = I_t + (1 - \delta) K_{t-1}$，$K_t$ 表示 t 年的资本存量、K_{t-1} 表示 $t – 1$ 年的资本存量、I_t 表示第 t 年的投资、δ 表示折旧率。邹至庄（1993）、贺菊煌（1992）、王小鲁和樊纲（2000）、宋海岩（2003）等学者基本都是在永续盘存法的基础上进行了细节的处理来核算宏观产业的资本存量，但是采用衍变后的永续盘存法测算企业的资本存量时，微观数据很难满足，因此我们只能采用一些企业相关的代理指标测算企业资本存量。首先，对于基期[②]资本存量 K 的确定，鲁晓东和连玉君（2012）采用固定资产合计进行核算，而本章采用 2014 ~ 2015 年中小微企业用电量均值作为基期资本存量 K_0，考虑到企业数据年限较短，固定资产投资价格指数可以不考虑；其次，当月的投资 I 则选取了企业的固定资产投资指标；最后，已有文献对折旧率 δ 的选取出

---

① 2013 年贝塔斯曼和霍尔蒂万格（Bartelsman & Haltiwanger）对于 OP 协方差有效性进行了数值分析，当存在进入成本、自由进入退出机制时，行业的平均生产率受到影响，该方法不能很好地反映资源配置情况。本章选取了江苏省三年数据，这种机制影响较小，选取 OP 协方差仍具有有效性。

② 本章基于江苏省检测的中小微企业数据，数据为月度数据，故核算的基期定为 2014 年 1 月。

入较大，[①] 本章则采用一些学者（Perkins，1998；胡永泰，1998；王小鲁，2000；Wang & Yao，2001）等选取的5%折旧率。对于资本利率 r 的直接测度比较困难。根据会计科目准则，企业负债包含短期借款、应付票据、应付账款等科目，财务费用包含现金折扣销售、银行的手续费、贷款利息等。囿于现有数据，为了区别不同企业获取资本要素的成本不同，本章采用财务费用与负债比值作为资本利率的代理变量。

（二）企业生产率的测算与统计分析

在分析中小微企业的 TFP 及资源配置效率因素时，需要对整个样本的生产函数估计结果进行分析，也就是考察要素产出弹性是否合理以及对经济增长的贡献。主要采用了固定效应模型、OP 法及 LP 法对中小微企业的 TFP 进行了测算，同时控制了时间、地区和行业等因素。估计的结果如表 10 - 1 所示。

表 10 - 1　　　　江苏省中小微企业 TFP 估计资本和劳动产出弹性

变量	(1) FE	(2) OP	(3) LP
$\ln K$	0. 248 *** （0. 002）	0. 288 *** （0. 043）	0. 330 *** （0. 059）
$\ln L$	0. 559 *** （0. 002）	0. 554 *** （0. 015）	0. 554 *** （0. 008）
con	2. 347 *** （0. 024）		
age		控制	
$export$		控制	
时间		控制	控制
所有制		控制	控制
N	121061	67252	65536
R^2	0. 765		

注：括号内数值表示标准差的值，＊、＊＊、＊＊＊分别表示10%、5%、1%的显著性水平。

---

① 霍尔和琼斯（Hall & Jones，1999）、杨（Young，2000）等核算国家资本存量时折旧率采用6%；龚六堂和谢丹阳（2004）等核算我国各省份资本存量时折旧率采用10%；黄永峰等（2002）核算我国制造业、设备及其他类型投资的折旧率分别为6.9%、14.9%、12.1%；张军等（2004）核算各省份固定资本时折旧率为9.6%。

OP 法测算的企业资本产出弹性为 0.288，高于固定效应模型测算的 0.248，测算劳动产出弹性系数为 0.554，低于固定效应模型测算的 0.559。这一结果符合一些学者（Olley & Pakes，1996；Biesebroeck，2005；Loecker，2005）等的测算，可以证实 OP 法的测算很好地克服了传统估计方法存在的问题，更能准确地测度微观企业的要素产出弹性及 TFP。鲁晓东、连玉君（2012）对中国规模以上企业全要素生产率进行了测算，其中用 OP 法测算的资本产出弹性为 0.350，高于中小微企业的资本产出弹性，规模以上企业劳动产出弹性为 0.400，低于中小微企业的资本产出弹性。可见，中小微企业中资本要素对产出的贡献率低于规模以上企业；而劳动要素对产出的贡献率高于规模以上企业。因此，中小微企业劳动投入的增长对产出增长的贡献大于资本贡献，需要增加资本要素的投入实现企业的发展。

为了分析全要素生产率分布特征和动态变化，本章对中型、小型、微型企业的 TFP 水平的核密度图进行了展示（见图 10－2）。从中小微企业 TFP 核密度图中可以看出，TFP 的均值最大的为中型企业，达到了 2.23，其次是小型企业、微型企业，分别为 1.83、1.58。从 TFP 的分布集中度看，小型企业的 TFP 更集中于中型企业和微型企业。

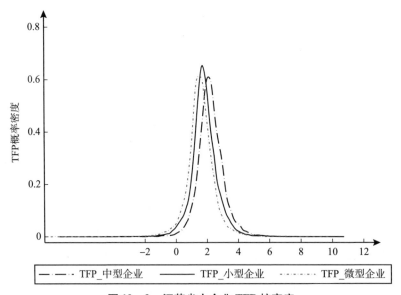

图 10－2　江苏省小企业 TFP 核密度

在理想的完全竞争市场结构中，资源实现了有效的配置，最终达到瓦尔拉斯的一般均衡，在这种情况下，市场中不存在资源错配，各个企业的生产率是相等的。而真实的情况是企业间生产率存在异质性，不同企业规模间，高生产率的企业会抢占较低生产率企业的资源，甚至将低生产率的企业挤出市场。而企业生产率的离散程度衡量资源配置效率程度，高生产率企业相对低生产率企业比值越高，行业之间资源配置效率越低。瑟维森（Syverson，2004）基于美国微观数据测算企业生产率，结果显示第 90 分位企业的 TFP 高于第 10 分位企业 99 个对数点，劳动生产率也远远高于低生产率企业。学者对于企业 TFP 离散程度的测量，一般基于规模以上企业微观数据，采用第 90 分位与第 10 分位企业比值进行测算（Bartelsman & Doms，2000；Syverson，2004；聂辉华等，2011）。因此，本章也采用企业第 90 分位点与第 10 分位点比值进行分析。

从表 10-2 中可以看出，江苏省代表性企业 TFP 值 2014 年、2015 年、2016 年分别为 1.85、1.82、1.87，稳定略有上升，可以看出中小企业在经济低迷的境地中逐渐复苏。企业 TFP 的离散程度则是逐年递增，2016 年企业 90/10 比值相比 2014 年升高了 4.5%，企业 TFP 的标准差略有增加。可见，随着企业生产效率的提高，在小企业之间资源错配现象并没有像规模以上企业一样得到改善，反而出现一定程度的恶化。从企业的规模看，历年中型企业 TFP 高于小型、微型企业，2016 年中小微企业 TFP 分别为 2.22、1.86、1.62，另外，我们看到 TFP 的离散程度与 TFP 呈现相反的走势，微型企业的离散程度最高，其次是小型企业、中型企业。从这个角度说明，企业规模越小，TFP 的离散程度越大，资源的配置效率越低，即资源错配程度越高。而聂辉华等（2011）测算的我国规模以上企业中 1999~2007 年，中国制造业的 TFP 离散程度是逐渐减少的，也就是说规模以上企业中制造业资源错配情况逐步改善，可见不同规模企业间资源配置效率呈现异质性特征。

表 10-2　　　　　　　　江苏省中小微企业 TFP 离散程度

年份	企业规模	TFP 均值	标准差	10 分位点	90 分位点	TFP 离散度
2014	中型	2.28	0.85	1.36	3.25	2.39
	小型	1.83	0.87	0.91	2.81	3.07
	微型	1.54	0.89	0.68	2.44	3.59
	代表性企业	1.85	0.90	0.91	2.88	3.17

续表

年份	企业规模	TFP 均值	标准差	10 分位点	90 分位点	TFP 离散度
2015	中型	2.20	0.81	1.31	3.14	2.40
	小型	1.80	0.85	0.90	2.76	3.06
	微型	1.58	0.89	0.63	2.51	4.01
	代表性企业	1.82	0.88	0.88	2.82	3.21
2016	中型	2.22	0.87	1.29	3.22	2.51
	小型	1.86	0.89	0.91	2.90	3.19
	微型	1.62	0.94	0.59	2.59	4.36
	代表性企业	1.87	0.92	0.88	2.92	3.32

注：各个年份代表性企业为中小微企业的均值。

第五节　结果分析

一、基准结果分析

在面板数据的选择上，需要在随机效应模型、固定效应模型及混合 OLS 效应模型之间进行选择，通过 LR 检验及豪斯曼（Hausman）检验显示固定效应模型优于随机效应模型及混合 OLS 模型。在资源配置效率的实证分析中采用 2SLS，对全要素生产率的实证分析中采用系统 GMM 进行稳健性检验，并将资本深化变量的滞后一期作为工具变量考察模型的内生性问题。分别将资源配置效率及 TFP 作为被解释变量进行回归，而在 TFP 的回归中将资源配置效率因素考虑进去。检验结果如表 10 - 3 所示。

表 10 - 3　　　　　　　资源配置效率与全要素生产率

变量	(1)	(2)	(3)	(4)	(5)	(6)
	资源配置效率（EF）		全要素生产率（TFP）			
	FE	2SLS	FE	2SLS	FE	系统 GMM
L. tfp_op						0.362 *** (0.003)

续表

变量	（1）	（2）	（3）	（4）	（5）	（6）
	资源配置效率（EF）		全要素生产率（TFP）			
	FE	2SLS	FE	2SLS	FE	系统 GMM
EF			0.046 *** (0.010)	0.037 *** (0.010)	0.536 *** (0.031)	0.303 *** (0.018)
$\ln kl$	0.050 *** (0.009)	0.108 *** (0.017)	− 0.522 *** (0.004)	− 0.530 *** (0.005)	− 0.045 *** (0.002)	− 0.039 *** (0.002)
$\ln kl^2$	− 0.006 *** (0.001)	− 0.012 *** (0.002)	0.061 *** (0.000)	0.061 *** (0.001)		
$EF \times \ln kl \times Dum1$					0.090 ** (0.037)	0.056 *** (0.016)
$EF \times \ln kl \times Dum2$					− 0.207 *** (0.010)	− 0.087 *** (0.005)
$EF \times \ln kl \times Dum3$					− 0.163 *** (0.007)	− 0.067 *** (0.005)
$EF \times \ln kl \times Dum4$					0.026 *** (0.006)	0.071 *** (0.005)
$\ln wage$	− 0.011 ** (0.005)	0.000 (0.006)	0.357 *** (0.002)	0.377 *** (0.002)	0.356 *** (0.002)	0.294 *** (0.003)
$\ln r$	− 0.007 ** (0.003)	− 0.008 ** (0.004)	0.021 *** (0.001)	0.024 *** (0.001)	0.019 *** (0.001)	0.024 *** (0.001)
$\ln bus\_cost\_y$	− 0.019 ** (0.009)	− 0.017 * (0.010)	0.125 *** (0.004)	0.132 *** (0.004)	0.119 *** (0.004)	0.038 *** (0.004)
$\ln loan$	0.004 (0.004)	0.005 (0.005)	− 0.044 *** (0.002)	− 0.049 *** (0.002)	− 0.037 *** (0.002)	− 0.036 *** (0.001)
$debt$	− 0.000 *** (0.000)	− 0.000 *** (0.000)	0.012 (0.009)	0.005 (0.009)	0.004 (0.010)	0.038 *** (0.006)
tax_rat	− 0.034 *** (0.008)	− 0.089 *** (0.018)	2.810 *** (0.047)	3.132 *** (0.053)	2.818 *** (0.052)	3.669 *** (0.046)
$\ln account\_rat$	− 0.016 *** (0.005)	− 0.020 *** (0.006)	− 0.021 *** (0.002)	− 0.028 *** (0.002)	− 0.016 *** (0.002)	− 0.036 *** (0.001)
$\ln profit$	− 0.010 * (0.005)	− 0.011 * (0.006)	0.131 *** (0.002)	0.138 *** (0.002)	0.133 *** (0.002)	0.143 *** (0.002)
常数项	0.019 (0.031)		2.343 *** (0.013)		1.616 *** (0.014)	1.049 *** (0.014)
样本量	3440	2829	57625	47061	57625	48617

续表

变量	(1)	(2)	(3)	(4)	(5)	(6)
	资源配置效率（EF）		全要素生产率（TFP）			
	FE	2SLS	FE	2SLS	FE	系统 GMM
拟合优度	0.030		0.584		0.485	
第一阶段 F 值		859.18		77137.3		
Hausman 检验	31.20 P 值 < 0.00		750.05 P 值 < 0.00		779.09 P 值 < 0.00	
AR（1）						0
AR（2）						0.117
Sargan/Hansen		0.902		0.183		0.254

注：括号内数值表示稳健标准误；***、**、* 分别表示 1%、5%、10% 的显著性水平。

表 10 - 3 中列（1）和列（2）汇报了资本深化对资源配置效率的影响关系。[①] 具体而言，企业资本深化的一次项系数在 1% 的统计水平上显著为 0.050，而二次项系数在 1% 的统计水平上显著为 - 0.006。由此可以看出，随着企业资本深化程度的提升，其对资源配置效率的影响呈现先上升后下降的趋势，即两者存在一种倒"U"型关系。也就是资本或者劳动的相对变动与资源配置之间存在一个拐点。在拐点的左侧，资本要素投入率高于劳动要素投入率，使得资本深化程度不断增加，而 OP 协方差不断提高，显著地优化了资源的配置；在拐点的右侧，劳动要素的投入率高于资本要素的投入率，而资本深化程度逐渐降低，实现要素的合理流动，资源得到合理配置。列（3）和列（4）汇报了企业资本深化、资源配置效率与全要素生产率之间的关系。资源配置效率的估计系数均在 1% 的统计水平上为正，说明了资源配置效率的提升显著提升了企业 TFP 水平；资本深化变量的一次项系数与二次项系数均在 1% 的统计水平上通过检验，且二次项系数显著为 0.061，即资本深化与企业 TFP 之间存在一种"U"型关系，也就是存在一个拐点。在拐点的左侧，劳动要素投入增长率高于资本要素投入增长率，因此资本要

———————

① 这里需要说明的是，本章在测算资源配置效率变量是对不同城市不同行业层面的度量。因此，我们在分析资本深化影响资源配置时，将所有的变量均以不同城市不同行业的均值处理。

素密集度降低，该类行业企业的 TFP 得到了提升；在拐点的右侧，资本要素投入增长率高于劳动要素投入率，资本深化程度提高，也提升了该类行业企业的 TFP。

通过对资源配置效率倒"U"型及 TFP 的"U"型特征分析，可以发现小企业资本深化程度较低或者较高时资源要素配置效率是较低的，但全要素生产率水平是较高的。为了更加深入地考察资本深化与企业全要素生产率之间的关系，本章进一步考虑了企业资本深化的异质性。具体地，将企业资本深化程度按照由低到高排序的分位数为临界点，[①] 将这部分企业进一步划分为四种类型的企业（Dum_i，$i = 1$，2，3，4）。$\ln kl \times Dum1$ 表示资本深化程度强的处理组，$\ln kl \times Dum2$ 和 $\ln kl \times Dum3$ 表示中等资本深化程度的处理组，$\ln kl \times Dum4$ 表示最高资本化程度的处理组。从列（5）和列（6）汇报的结果看，资源配置效率的估计系数在 1% 的统计水平上显著为正，而企业资本深化变量的估计系数在 1% 的统计水平上显著为负。我们更加关心的是，不同资本深化程度的企业是否通过资源配置效率的变化导致了与全要素生产率之间存在"U"型关系。从表中可以看出，$EF \times \ln kl \times Dum1$ 和 $EF \times \ln kl \times Dum4$ 的估计系数显著为正且至少通过 5% 水平的显著性检验，这表明较低资本深化程度的企业可以通过资源配置效率的改善显著促进企业生产率的提升，同样较高资本深化程度的企业也存在促进企业生产率提升的作用。交互项 $EF \times \ln kl \times Dum2$ 和 $EF \times \ln kl \times Dum3$ 的回归系数显著为负，这意味着，中等资本化程度企业并没有随着资本深化程度提升通过资源配置效率的改善来提升企业的全要素生产率水平。也就是说，在资本深化程度较低的企业中，随着劳动要素投入增长率不断高于资本要素投入增长率，中小微企业的资源配置不断优化，企业的生产效率也将不断地提升；在资本深化程度较高的企业中，企业可能多以技术物化的投资方式，在资源配置效率改善的同时实现生产率的提升。

从控制变量的估计结果看，成本变量中的企业人均工资水平系数显著为正，而且工资水平提高 1% 促使企业 TFP 增加约 $0.294\% \sim 0.377\%$。这主要是因为，一方面，企业人均工资的上升增加了企业的生产成本，在一定程度上"倒逼"企业进行创新活动，以弥补不断上升的劳动力成本；另一方面，

---

① 这里需要说明的是，本章样本数据已经按照在第 5 和第 95 百分位进行 Winsor 处理。所以在划分资本深化临界点时，选取了第 10 百分位（1.32064）、第 50 百分位（3.875497）和第 90 百分位（6.214791）。

企业人均工资的上涨是人力资本水平提高的表现，即随着企业资本深化程度的加深，小企业更多地雇佣高级劳动力，实现了企业生产率水平的提升。从融资变量估计结果看，工业总产值中借款余额占比的估计结果为显著的负值，表明中小微企业通过增加借款方式实现外部资金融资，增加了企业负债，整合优化资源，实现了资源合理的配置，但是融资变量对 TFP 的估计结果为负数，说明这种外部借款的融资方式对提升中小微企业的 TFP 不利。同样，经营环境变量中的工业总产值中应收账款比重每增加 1%，促使资源配置效率约降低 0.016% ~ 0.021%，企业 TFP 约降低 0.016% ~ 0.036%。从成本变量的估计结果来看，资本利率与企业营业成本对资源配置效率的估计系数显著为负，表明企业的融资成本越高、营业成本越高，越会阻碍资源的合理配置；TFP 的资本利率与企业营业成本的系数均显著为正值，表明工资水平、资本利率及营业成本的提高促使 TFP 提升，而工资水平对 TFP 的促进作用更大且更加显著。

通过以上的分析可以得出，中小微企业可以通过将资本深化保持在合理的区间范围或提高劳动工资水平，促使资源从低效率企业向高效率企业转移，配置效率提升，同时提升企业的 TFP 水平，实现经济的良性发展；资产负债率越高越不利于实现资源配置效率的提升，企业工业总产值中借款余额过度也会抑制企业生产率效率的提升，不利于企业的长期发展；资本利率水平、企业营业成本与应交税费虽对企业 TFP 有正向影响，但相对资源配置效率的负面作用来说仍是微不足道，资本利率水平过高、企业的营业成本过高及政府征税过高导致中小微企业资源配置效率低下，资源错配严重。另外，企业应收账款增多既不利于资源配置效率的改善，也不利于企业生产效率的提高。

最后，讨论下内生性问题，主要采用了 2SLS 与系统 GMM 方法进行了分析。从列（2）、列（5）和列（6）的估计系数看，均与基准模型系数相差不大，核心变量资本深化二次项在资源配置基准估计模型为 − 0.006，2SLS 模型回归结果为 −0.012，TFP 的检验模型中该变量的系数没有发生变化，采用系统 GMM 方法估计系数也很稳健。在 2SLS 两阶段的工具变量估计过程中，第一阶段的 Cragg-Donald Wald F 统计量大于 Stock-Yogo 弱识别检验的 10% 临界值，验证了本章使用工具变量的合理性，并不存在弱工具变量的问题；其次，2SLS 方法估计的 Sargan 的 P 值为 0.902、0.183，GMM 方法估计的 Hansen 的 P 值为 0.254，均无法拒绝"存在过度识别"的原假设，表明不存在过度识别问题。可见，工具变量回归结果是可靠的，进一步说明了解决内生性问题后本章所得结论的可靠性。

二、企业异质性视角分析

不同企业规模受到获取要素资源的能力、要素扭曲程度的不同，而且不同规模企业治理机制不同，所呈现的特征也不同。因此，在本部分中考察不同企业规模中资源配置效率及 TFP 的情况。具体而言，将企业规模分为大中型、小微型企业，分别将不同规模的企业样本进行检验，同样从资源配置效率及 TFP 两方面进行分析，具体估计结果如表 10-4 所示。

表 10-4　　　　　　　不同企业规模资源配置效率与全要素生产率

变量	(1)	(2)	(3)	(4)	(5)	(6)
	资源配置效率（EF）		全要素生产率			
	大中型	小微型	大中型	小微型	大中型	小微型
EF			0.108 *** (0.023)	0.010 (0.012)	0.873 *** (0.077)	0.389 *** (0.040)
$\ln kl$	0.060 *** (0.023)	0.004 (0.010)	-0.496 *** (0.010)	-0.527 *** (0.005)	-0.031 *** (0.005)	-0.039 *** (0.003)
$\ln kl^2$	-0.004 * (0.002)	-0.003 *** (0.001)	0.055 *** (0.001)	0.062 *** (0.001)		
$EF \times \ln kl \times Dum1$					-0.083 (0.095)	0.202 *** (0.047)
$EF \times \ln kl \times Dum2$					-0.216 *** (0.023)	-0.170 *** (0.012)
$EF \times \ln kl \times Dum3$					-0.219 *** (0.016)	-0.139 *** (0.009)
$EF \times \ln kl \times Dum4$					-0.049 *** (0.015)	0.053 *** (0.008)
$\ln wage$	-0.001 (0.011)	-0.022 *** (0.006)	0.324 *** (0.004)	0.359 *** (0.002)	0.321 *** (0.005)	0.358 *** (0.003)
$\ln r$	-0.013 * (0.008)	0.000 (0.004)	0.016 *** (0.003)	0.027 *** (0.002)	0.011 *** (0.004)	0.023 *** (0.002)

续表

变量	（1）	（2）	（3）	（4）	（5）	（6）
	资源配置效率（EF）		全要素生产率			
	大中型	小微型	大中型	小微型	大中型	小微型
ln*bus_cost_y*	0.048 **	− 0.045 ***	0.094 ***	0.130 ***	0.082 ***	0.124 ***
	(0.020)	(0.010)	(0.009)	(0.005)	(0.010)	(0.006)
ln*loan*	− 0.011	0.026 ***	− 0.043 ***	− 0.043 ***	− 0.030 ***	− 0.034 ***
	(0.009)	(0.005)	(0.004)	(0.002)	(0.004)	(0.002)
debt	0.012	− 0.000 ***	− 0.072 ***	0.052 ***	− 0.058 ***	0.036 ***
	(0.013)	(0.000)	(0.021)	(0.011)	(0.022)	(0.013)
tax_rat	− 0.056 *	− 0.018 **	2.997 ***	2.798 ***	3.039 ***	2.829 ***
	(0.030)	(0.008)	(0.107)	(0.059)	(0.114)	(0.066)
ln*account_rat*	− 0.035 ***	− 0.009	− 0.014 ***	− 0.027 ***	− 0.005	− 0.024 ***
	(0.012)	(0.006)	(0.004)	(0.002)	(0.004)	(0.003)
ln*profit*	− 0.051 ***	− 0.012 *	0.144 ***	0.128 ***	0.145 ***	0.130 ***
	(0.011)	(0.006)	(0.004)	(0.002)	(0.004)	(0.002)
常数项	− 0.250 ***	0.185 ***	2.656 ***	2.320 ***	1.833 ***	1.573 ***
	(0.076)	(0.037)	(0.033)	(0.017)	(0.034)	(0.017)
样本量	860	2063	10607	36350	10607	36350
Hausman 检验	24.15 P 值 < 0.01	15.31 P 值 < 0.17	75.53 P 值 < 0.00	474.16 P 值 < 0.00	115.25 P 值 < 0.00	529.57 P 值 < 0.00
拟合优度	0.083	0.044	0.535	0.590	0.468	0.493
F	7.297		1041.973	4439.071	624.461	2364.486

注：括号内数值表示稳健标准误；*** 、** 、* 分别表示 1% 、5% 、10% 的显著性水平；模型（2）采用随机效应模型，其余计量模型采用固定效应不变系数模型。

表 10 - 4 中列（1）~（4）汇报了不同规模企业资本深化对资源配置效率以及企业全要素生产率的影响。在列（1）中大中型企业资本深化变量一次项的估计系数在 1% 的统计水平上显著为正，虽然列（2）小微型企业的一次项系数不显著，但是各类规模企业的二次项系数均显著为负值，这说明了大中型、小微型企业中资本深化与资源配置效率的影响呈现先上升后下降的倒"U"型趋势。在列（3）和列（4）中，资源深化对企业 TFP 一次项系数均在 1% 的统计水平上显著为负，二次项系数均在 1% 的统计水平上显著为正。这一估计结果表明，在不同规模子样本中资本深化与企业 TFP 之间均存在一种"U"型关系。列（5）和列（6）进一步分析这种"U"型

关系是否在不同规模企业中具有差异性，在大中型企业中交互项 $EF \times \ln kl \times Dum1$ 的系数不显著，而在 $EF \times \ln kl \times Dum2$、$EF \times \ln kl \times Dum3$ 和 $EF \times \ln kl \times Dum4$ 的系数均在 1% 的统计水平上显著为负值，而且在中等资本深化程度的企业中随着企业资本深化的提升并没有通过资源配置效率改善而提高企业生产率水平，相对而言，在较高资本深化程度的企业中这种抑制效应较小。从小微企业的交互项看，$EF \times \ln kl \times Dum1$ 和 $EF \times \ln kl \times Dum4$ 的估计系数均在 1% 的统计水平上显著为正，而 $EF \times \ln kl \times Dum2$ 和 $EF \times \ln kl \times Dum3$ 的估计系数均显著为负值。这说明，资本深化较低和资本深化程度较高的企业可以通过资源效率的改善显著地提升企业的生产率水平，而中等资本深化的企业表现为显著的抑制作用。

从控制变量的估计结果看，企业人均工资水平对资源配置效率影响的估计结果中，大中型企业的估计系数不显著，但是结果为负值，而小微型企业的估计系数在 1% 的统计水平上显著为 -0.022。人均工资对企业 TFP 的估计结果均显著为正，人均工资每增加 1%，大中、小微企业 TFP 分别显著提升 0.324% 和 0.359%。由此可见，不同规模企业中人均工资的上升，一方面不利于资源的优化配置，另一方面却显著提升了企业的生产率水平，尤其是在小微企业中表现得更加明显。可能的原因是，工资水平是影响劳动力在不同企业、不同行业、不同地区间流动的关键因素，要素成本的上升会促使企业在研发创新方面的投入以创新驱动发展弥补不断上升的生产成本。在成本变量估计结果中，大中型、小微型企业运营成本变量对企业生产率的估计系数均在 1% 的统计水平上显著，分别为 0.094，0.130，且大中型企业运营成本的增加能够改善资源配置效率，而小微型企业运营成本的增加显著抑制了资源配置效率。在经营环境变量中的应交税费每增加 1%，将会导致大中型、中小型企业的资源配置效率分别下降 0.056%、0.018%，促进企业 TFP 分别提升 2.997% 和 2.798%。在融资变量估计结果中，小微型企业借款余额的增加均降低了资源配置效率与企业 TFP，大中型企业对资源优化配置的影响不显著，但是显著抑制了企业 TFP 的提升；资产负债率的提升显著抑制了各类规模企业的 TFP 提升。在经营环境变量估计结果中，大中型、小微型企业的应收账款余额越大，则资源配置效率越低，越不利于 TFP 的提升。在经营效益变量估计结果中，企业营业利润水平的提升，促进了企业 TFP 水平。总之，在不同规模企业间同样证实了资本利率水平的提升、营业成本的增加及政府征税越高，导致企业间资源错配程度增加；而工业总产值中借款余额及应收账款比重的增加、资产负债率的提高能促使不同规模企业间资源配置情况有不同程度的提升，但是对企业生产效率不利，不利于企业的长期发展。

三、行业异质性视角分析

上文从不同规模企业对资源配置效率及企业 TFP 进行了分析。为了增加结果的稳健性，本部分将资源配置效率及 TFP 采用不同指标进行度量，前者采用 LP 协方差，[①] 后者为 LP 法测算的企业 TFP。按照《国民经济行业分类》（GB/T 4754 - 2011）两位数工行业划分标准，则会出现样本偏离。因此，本节将行业企业分为冶金（石化）行业[②]、有色行业、建材行业、机械行业、轻工行业、纺织行业、烟草行业和商贸行业等 8 大行业。按照各行业研发强度均值与制造业总体行业均值比较，将行业分为高技术行业与低技术行业，[③] 分别对两部分进行实证分析。

表 10 - 5 汇报了不同技术行业中资本深化对资源配置效率和企业 TFP 的影响。具体而言，从表 10 - 5 中列（1）和列（2）可以看出，资本深化对资源配置效率影响的一次项系数显著为正，二次项系数显著为负值，与前文资本深化与资源配置效率之间呈现倒"U"型关系是一致的，并不会因为行业技术不同而出现差异。从列（3）和列（4）可以看出，资源配置效率对低技术行业、高技术行业中企业 TFP 均通过 1% 的显著性检验，且显著为正值，这说明了优化资源配置可以促进企业生产率水平的提升。企业资本深化变量一次项系数均在 1% 的统计水平上显著为负，二次项系数均显著为正，这说明了不同技术行业中资本深化与企业 TFP 之间倒"U"型关系依然存在。列（5）和列（6）则是进一步分析不同资本深化程度的企业资本深化如何影响资源配置效率与企业生产率。从回归的结果看，在低技术行业中交互项 $EF \times \ln kl \times Dum1$ 和 $EF \times \ln kl \times Dum4$ 的估计系数均在 1% 的统计水平上显著为正，而 $EF \times \ln kl \times Dum2$ 和 $EF \times \ln kl \times Dum3$ 的估计系数均显著为负值；在高技术行业中，交互项 $EF \times \ln kl \times Dum4$ 显著为正，而 $EF \times \ln kl \times$

---

①　在用 LP 协方差法测算资源错配效率时，也将企业在行业中所占的就业比重作为权重。

②　江苏省中小微企业中有 102 家黑色金属冶炼和压延加工业，属于冶金行业，而本节将 8 家石油加工、炼焦和核燃料加工业企业归类于此行业，即为冶金（石化）行业。

③　其中，低技术行业包括：轻工行业、纺织行业、商贸行业、冶金（石化）行业、有色行业、建材行业；高技术行业包括：机械行业、医药行业。

*Dum*1 估计结果不显著。这说明，高技术行业中资本深化程度越高，企业资本深化通过资源配置效应实现企业全要素生产率的提升效果越明显；而在低技术行业中，资本深化程度在较高或较低水平上，均可以通过资源配置效率的改善，实现企业全要素生产率水平的提升。而无论是高技术行业还是低技术行业，企业处于中等资本深化程度上时，资源配置效率的改善实现企业生产率提升的效果并不明显。通过以上分析，可以得出：资本深化与企业 TFP 之间存在的倒"U"型关系不会因为不同技术行业而出现差异化，而且在同技术行业中资本深化通过资源配置效率改善影响企业生产率不相同，这进一步说明了本章结论的稳健性。

表 10 - 5　　　　　不同技术行业资源配置效率和全要素生产率

变量	（1）	（2）	（3）	（4）	（5）	（6）
	资源配置效率（EF）		全要素生产率（TFP）			
	低技术行业	高技术行业	低技术行业	高技术行业	低技术行业	高技术行业
EF			0.030 ** (0.014)	0.056 *** (0.014)	0.422 *** (0.046)	0.602 *** (0.043)
$\ln kl$	0.048 *** (0.010)	0.056 ** (0.023)	-0.486 *** (0.006)	-0.556 *** (0.005)	-0.033 *** (0.003)	-0.056 *** (0.003)
$\ln kl^2$	-0.005 *** (0.001)	-0.010 *** (0.003)	0.057 *** (0.001)	0.064 *** (0.001)		
$EF \times \ln kl \times Dum1$					0.173 *** (0.055)	0.042 (0.049)
$EF \times \ln kl \times Dum2$					-0.170 *** (0.015)	-0.237 *** (0.013)
$EF \times \ln kl \times Dum3$					-0.129 *** (0.010)	-0.186 *** (0.010)
$EF \times \ln kl \times Dum4$					0.036 *** (0.009)	0.025 *** (0.010)
$\ln wage$	-0.018 *** (0.005)	0.029 ** (0.014)	0.353 *** (0.003)	0.360 *** (0.003)	0.348 *** (0.003)	0.362 *** (0.003)
$\ln r$	-0.009 *** (0.003)	0.012 (0.010)	0.027 *** (0.002)	0.014 *** (0.002)	0.026 *** (0.002)	0.011 *** (0.002)
$\ln bus\_cost\_y$	-0.024 ** (0.010)	-0.009 (0.022)	0.123 *** (0.006)	0.129 *** (0.006)	0.116 *** (0.007)	0.124 *** (0.006)

续表

变量	(1)	(2)	(3)	(4)	(5)	(6)
	资源配置效率（EF）		全要素生产率（TFP）			
	低技术行业	高技术行业	低技术行业	高技术行业	低技术行业	高技术行业
ln*loan*	0.005 (0.004)	0.016 (0.013)	− 0.038 *** (0.003)	− 0.047 *** (0.002)	− 0.033 *** (0.003)	− 0.038 *** (0.003)
debt	− 0.000 *** (0.000)	0.008 (0.011)	0.032 ** (0.013)	− 0.017 (0.012)	0.022 (0.014)	− 0.021 (0.014)
tax_rat	− 0.029 *** (0.008)	− 0.179 *** (0.049)	2.931 *** (0.072)	2.714 *** (0.062)	2.856 *** (0.080)	2.781 *** (0.069)
ln*account_rat*	− 0.017 *** (0.006)	− 0.002 (0.014)	− 0.007 ** (0.003)	− 0.036 *** (0.003)	− 0.003 (0.003)	− 0.029 *** (0.003)
ln*profit*	− 0.010 * (0.006)	− 0.007 (0.012)	0.128 *** (0.003)	0.134 *** (0.002)	0.129 *** (0.003)	0.136 *** (0.003)
常数项	− 0.014 (0.033)	0.212 ** (0.091)	2.276 *** (0.019)	2.408 *** (0.018)	1.595 *** (0.020)	1.643 *** (0.019)
样本量	2562	878	27401	30224	27401	30224
Hausman 检验	22.35 P 值 < 0.02	29.47 P 值 < 0.00	412.2 P 值 < 0.00	339.13 P 值 < 0.00	373.74 P 值 < 0.00	413.71 P 值 < 0.00
拟合优度	0.038	0.054	0.563	0.606	0.465	0.507
F	9.535	4.818	3004.141	3953.211	1591.250	2076.808

注：括号内数值表示稳健标准误；*** 、** 、* 分别表示 1% 、5% 、10% 的显著性水平；所有计量模型均采用固定效应不变系数模型。

从控制变量的回归结果看，企业平均工资对低技术行业中资源配置效率的估计系数显著为负，而对高技术行业的资源配置效率显著为正，这说明工资水平的上升促进了高技术行业中资源配置效率，并没有改善低技术行业的资源配置效率。企业平均工资对全要素生产率的估计系数在低技术与高技术行业中分别显著为 0.353、0.360，说明工资水平的上升可以提升企业的生产率水平。在成本变量中，利率对低技术行业的资源配置效率显著为负值，而在高技术行业中不显著，同样企业营运成本也表现为相同的结果。但是，企业利率与营运成本对企业 TFP 表现为明显的促进效应。在企业融资及经营环境变量中，企业工业总产值借款余额、应收账款比重与资源配置效率之间均为负向关系，与企业 TFP 也为负向关系。可见，从不同技术行业视角分析资源配置效率与企业 TFP，得出与前者相同的结论，从而证实了得到结果的稳健性。

第六节 结论与启示

关于资源错配成因及全要素生产率测度的研究，一直以来都是学者关注的重点。本章基于江苏省中小微企业的微观数据，首先，从投入效益、成本、融资、经营环境及经营效益等方面分析中小微企业资源配置效率的影响因素以及促使企业生产效率提升的因素，重点分析了企业资本深化的作用；其次，从不同企业规模层面进一步讨论；最后，从不同技术行业进行了稳健性分析，得出以下主要结论：

第一，企业资本深化程度保持在合理区间，才能通过资源配置效率的改善，提高企业的生产效率。估计结果得出，资本深化对资源配置效率影响呈现倒"U"型关系，即资本或者劳动的相对变动与资源配置效率之间存在一个拐点，资本深化与企业 TFP 之间存在一种"U"型关系。在资本深化程度较低的企业中，随着劳动要素投入增长率不断高于资本要素投入增长率，中小微企业的资源配置不断优化，而企业的生产效率也将不断提升；在资本深化程度较高的企业中，企业可能多以技术物化的投资方式，在资源配置效率改善的同时实现生产率的提升。第二，资源配置效率优化显著地促进了企业全要素生产率水平。企业劳动工资水平的上涨、利率水平的上升均不利于资源配置效率的提升，但是，两者均促进了企业 TFP 水平的提高。这可能是因为要素成本的上升"倒逼"企业进行创新活动而带来生产率的提升。第三，较低资本深化程度的企业可以通过资源配置效率的改善显著地促进企业生产率的提升，同样，较高资本深化程度的企业也存在促进企业生产率提升的作用，中等资本化程度企业并没有随着资本深化程度提升，通过资源配置效率的改善来提升企业的全要素生产率水平，尤其是在小微企业、在低技术行业中表现更加明显。另外，资产负债率越高越不利于实现资源配置效率的提升，企业工业总产值中借款余额过度也会抑制企业生产率效率的提升，不利于企业的长期发展；资本利率水平、企业营业成本与应交税费虽对企业 TFP 有正向影响，但相对资源配置效率的负面作用而言微不足道，资本利率水平过高、企业的营业成本过高以及政府征税过高导致中小微企业资源配置效率低下，资源错配严重。企业应收账款增加既不利于资源配置效率的改善，也不利于企业生产效率的提高。

根据本章的结论可以得到以下启示：企业发展中并非资本要素投入越多越好，更应该注重资本积累与劳动力投入的相对速度，保持合理的要素密集度，在优化资源配置效率的同时可以提升企业的生产率水平。政府要积极引导中小微企业的投资行为，可以提升劳动密集型行业、资本与技术密集型行业之间的配置效率，对劳动密集型行业的全要素生产率水平提高作用显著，因此，政府要发挥"看得见的手"的功能。工资上涨并没有成为中小微企业发展的主要阻碍力量，提高中小微企业劳动力工资水平，不仅能够促进企业生产率的提升，还可以优化资源配置效率。

需要说明的是，本章主要研究资本深化、资源配置效率及全要素生产率之间的关系，至于劳动力工资、企业投资行为如何影响资本深化继而影响企业的生产率水平，有待进一步的研究。另外，本章没有将不同规模企业竞争行为纳入分析框架，仍有待于进一步的研究。

区域空间视角：人口迁移、户籍城市化与城乡收入差距的动态收敛性分析

本章以 2000～2016 年 262 个地级市为研究对象，从城市规模视角探究了的城乡收入差距的动态收敛问题，并分析了人口迁移和户籍城市化对城乡收入差距的影响。研究结果表明：全国及不同规模城市的城乡收入差距存在显著的绝对收敛和条件收敛，大城市的绝对收敛速度高于中小城市以及特（超）大城市，而中小城市的条件收敛速度高于大城市以及特（超）大城市；从分周期的"动态收敛"看，整个周期内无论是绝对收敛还是相对收敛速度，都在呈现不断下降趋势，而大城市以及特（超）大城市城乡收入差距的条件收敛速度逐渐超过了绝对收敛速度，在中小城市则表现为相反的走势。进一步分析影响城乡收入不平等的因素，发现人口迁移能够显著缩小收入差距，且通过户籍城镇化机制发生作用，迁入人口若能顺利转变为城镇人口，则可缩小收入差距。目前，在大城市中迁移人口获得城市户籍较难，而在小城市获得城市户籍相对而言较为容易，在低于 526.48 万人的小规模城市中，户籍城市化更加利于城乡收入差距的缩小。这些发现对解决日益严重的城乡收入差距问题提供了有益的启示。

第一节 引 言

改革开放 40 多年以来，中国经济总体保持高速增长，形成了举世关注的中国模式，然而在经济快速发展的背后，蕴藏着许多问题，其中收入分配不均、城乡收入差距扩大成为社会关注的焦点。有关学者和政府部门提倡通过城市化减少农村劳动力，破解城乡二元体制，以达到缩小城乡收入差距的

目的。从现有研究来看，城市化对城乡收入差距存在的影响效应不确定（陆铭和陈钊，2004；程开明，2011）。而中国城市化率由 1978 年的不足18% 攀升到 2016 年的 57.4%，达到了世界城市化的平均水平。我们需要思考的是，城乡收入差距的扩大与城市化发展的关系是什么？

一方面，城市化的直接表现是城市规模的扩张，而其本质是资源和要素在城乡之间的重新配置和组合的过程，劳动力的迁移是城市化最明显的特征之一。随着户籍制度改革和城镇化的建设，劳动力要素市场逐步放开，人口迁移呈加快态势。另一方面，城市化本质上也是一种市场化的自发过程，但是政府可以通过户籍政策创造良好的制度，以控制城镇化进程中收入差距的扩大态势。现实情况是小城镇户籍制度基本开放，而大城市户籍身份具有的福利水平更高，虽然采取了严格控制户籍门槛的政策措施，但仍吸引了大量的外来人口。但是，大城市户籍制度改革缓慢，所实行的人口准入制度人为地造成了城市劳动力市场的二元分割，对非户籍人口的流动就业和权益保障实行了强行干预，使得户籍人口和外来人口在就业与福利保障方面存在较大差异，这种非市场化的劳动力配置机制不利于人口的自由迁移（杨晓军，2017），不利于城市化发展，进而影响城乡收入差距。

关于劳动力流动、城市化对城乡收入差距收敛性的影响学界有两种观点。第一类观点：有学者对人口迁移可以缩减城乡收入差距持质疑态度，认为在中国特有二元经济结构下，一方面存在户籍制度障碍，另一方面迁出地劳动流失不利于本地区的农业发展，这两方面原因共同导致了城乡收入差距的扩大（程开明，2011；Benjamin et al.，2011；蔡昉，2017）。第二类观点：人口的流动可以使相对贫困地区的居民，通过迁移获取更多的就业机会及更高的收入，进而减缓城乡收入差距，也就是说大规模的人口迁移可以提高生产效率，促进经济的发展，加快经济的收敛速度（Razin et al.，1997；陆铭和陈钊，2004；匡远配，2013）。从城市规模的视角看，中国的户籍制度改革使得劳动力流动性增强，扩大了城市的分布差异（Au & Henderson，2006），导致城市层级出现中心—外围结构，也会有助于优化城市体系（梁琦等，2013）。实际上，城市规模与收入差距之间正向或反向的表现取决于一些前提条件（Baum-Snow & Pavan，2013），城乡收入差距随着城市规模的变动可能会出现非线性变化（程开明，2011）。

通过以上的文献梳理，主要发现以下不足：一是人口迁移对城乡收入差距收敛有一定影响，同时城乡收入差距的收敛性是各种因素共同作用的结果，较少文献从人口迁移与户籍城市化视角分析城乡收入差距动态收敛问题；二是大多数文献基于城乡收入差距与人口迁移或城市化的单向因果关系进行验证，而对于三者之间的内在机理很少涉及；三是没有考虑不同城市由于自身规模和地理位置的特殊性，在实行户籍制度改革方面存在差异性，因此对迁移人口能否实现城市户籍存在差异。因此，本章从城市规模角度出发，验证了现阶段城乡收入差距的收敛性，探究收敛性背后的影响因素，尤其是验证人口迁移通过户籍城市化内在机制作用于城乡收入差距。

第二节　理论分析

近几十年来，农民工进城务工俨然成为城乡人口流动模式。尤其是政府放松对农村劳动力流动的限制后，在东部沿海发达城市出现了"民工潮"现象。由于城乡收入差距，农民工对生活质量的需求，使得大量的农村劳动力跨区域流动，一方面提升了农民工的收入水平，另一方面加剧了城市劳动力市场上的竞争，抑制了城镇居民收入水平的提升，在这两种机制的作用下城乡收入差距缩小。

一、城乡收入差距对人口迁移的影响

假设在一个经济体中，A 为经济发达地区、B 为欠发达地区，这里可以理解为东部大城市与中西部小城市。现实中户籍制度的存在，使得进城的农民工只能在城市工作，很难转变为城镇居民，享受不到各种福利待遇，加之因身份歧视及自身人力资本水平的限制只能从事一些非技术性的工作。虽然劳动力市场上存在着一些壁垒和分割，但是整体而言农民工进城在很大程度上改善了生活水平，所以我们这里假定两地区之间劳动力是可以自由流动的。中国这种特殊的城乡人口流动模式，主要表现为大量的农村劳动力向东部发达地区迁移，尤其是珠江三角洲、长江三角洲地区。由统计数据可以看出发达与欠发达地区城乡收入差距很明显，可见这种由 B 地区向 A 地区的迁移规模与两地的收入差距呈正相关。进一步分析，A 地区雇用了更多的农民工，而这部分农民工更多的是来自 B 地区，这将加大 A 地区劳动力市场的竞争程度，尤其是 A 地区农民工的流动速度，从一定程度上抑制了本地

区农民工收入的增速。B 地区城镇单位主要是使用本地区的农民工，而本地农民因大部分外流到 A 地区导致 B 地区农民工的供给减少，在需求保持稳定的情况下，本地农民工的劳动收入有提高倾向。而我们更加关注的是不同规模城市之间的劳动力流转问题，即 B 地区的农民工向 A 地区转移的一种影响机制效应。

在不考虑劳动力市场扭曲的情况下，劳动力在两地区迁移的条件为劳动力的工资收入等于边际产品价值 MPL，而 MPL 遵循边际报酬递减规律。在图 11－1 中，第一、第二象限横轴分别表示 A、B 地区劳动力供给状况，纵轴向上为工资水平，D 为劳动力的需求曲线；第三象限描述劳动力资源是如何配置的，横轴向左表示 B 地区劳动力资源数量，纵轴向下表示 A 地区的劳动力资源数量。在劳动力资源总量一定的情况下，A 地区劳动力资源数量增加就意味着 B 地区劳动力资源数量的减少。从图 11－1 中可以看出，假设不发生劳动力迁移时，A、B 地区的劳动力资源数量为 L_{a1}、L_{b1}，工资水平为 W_{a1}、W_{b1}，且 $W_{a1} > W_{b1}$。劳动力可以跨区域流动的前提下，收入较低 B 地区劳动力的大量迁出，将使劳动力资源供给 OL_{b1} 下降到 OL_{b2}，工资水平 W_{b1} 上升到 W_{b2}，A 地区劳动力的大量迁入，将使劳动力资源供给 OL_{a1} 增加到 OL_{a2}，工资水平 W_{a1} 下降到 W_{a2}，形成一种新的均衡状态，此时，A 地区和 B 地区之间的收入差距缩小。

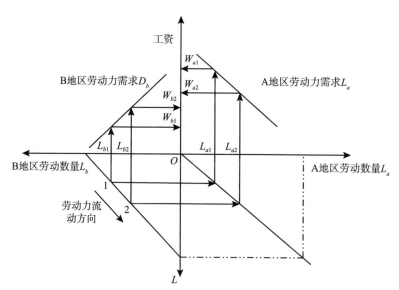

图 11－1　城乡收入差距对人口迁移影响

总体来说，劳动力从农村到城镇迁移的收入效应包含两个方面：一方面，欠发达地区劳动力向发达地区转移，加剧了发达地区劳动力市场的竞争程度，使得本地区的劳动力数量和劳动边际产出发生变化，在一定程度上使得农民工与城镇居民收入差距有趋同趋势；另一方面，欠发达地区人口流出使得劳动生产率提高，从而增加了迁出地的收入水平。这种机制发生的情况下，随着劳动力的转移城乡之间以及地区之间收入差距有不断缩小的趋势。从而可以得出：

命题 11 - 1：人口迁移可以缩小发达地区（或劳动迁入地）的城乡收入不平等，而对于欠发达地区（或劳动迁出地）在一定程度上也会缩小收入不平等。

二、人口迁移对城乡收入差距的影响

基于以上分析的情况，为了更加准确地说明城市之间人口流动与城乡收入差距的影响，本章构建了一个简单的分析框架，其中将农村劳动力分为农民工进城后变为城市户口的"市民化"或"城市化"以及农民工暂时性进城务工两种城乡人口流动模式。为简化分析，将时间设定为两阶段，基期农村居民收入为 x、农业人口为 n、城镇居民收入为 y、城镇人口为 m。而第二期农业人口进行了迁移，仅有 a 部分转变为非农业人口。参考相关文献，城乡收入差距采用能够反映城乡人口结构变化的泰尔指数（王少平和欧阳志刚，2008；邓金钱，2017）。泰尔指数用 T 表示，城市化率用 $u = m/(n + m)$ 表示，则可以得到式（11 - 1）：

$$T = \frac{xn}{xn + ym}\ln\left[\frac{xn/(xn + ym)}{n/(n + m)}\right] + \frac{ym}{xn + ym}\ln\left[\frac{ym/(xn + ym)}{m/(n + m)}\right] \quad (11 - 1)$$

在第二期我们考虑到了劳动力的转移问题，在总人口保持稳定的前提下，转移的劳动力中仅有 a 部分由农村户口转为非农，实现了城市化。可见 a 部分的劳动力转移是城市化率的函数 $u(a) = (m + a)/(n + m)$，而随着农民工的市民化会进一步影响城乡收入差距，也就是泰尔指数体现为城市化率的一种函数 $T(u(a))$。

通常而言，一般省份 $m < n$ 农村人口相对较多，直辖市 $m > n$ 城镇人口多。且通过城市化率函数看出，a 和 $u(a)$ 单调性相同，即农民工的市民化促进了城市化率。我们进一步分析农民工进入城市后对城乡收入差距的影响，可以得出式（11-2）：

$$T(u(a)) = \frac{x(n-a)}{x(n-a)+y(m+a)}\ln\left[\frac{\frac{x(n-a)}{x(n-a)+y(m+a)}}{\frac{n-a}{n+m}}\right] + \frac{y(m+a)}{x(n-a)+y(m+a)}$$

$$\ln\left[\frac{\frac{y(m+a)}{x(n-a)+y(m+a)}}{\frac{m+a}{n+m}}\right] \qquad (11-2)$$

假定用 $gap_i = y/x$ 表示城乡收入差距，则式（11-2）可以表示为式（11-3）：

$$T(u(a)) = \frac{gap_i(1-u)}{gap_i(1-u)+u}\ln\left(\frac{gap_i}{gap_i(1-u)+u}\right)$$

$$+ \frac{u}{gap_i(1-u)+u}\ln\left(\frac{1}{gap_i(1-u)+u}\right)$$

$$= \frac{(1-u)gap_i\ln(gap_i)}{gap_i(1-u)+u} - \ln[gap_i(1-u)+u] \qquad (11-3)$$

由式（11-3）可以得出，当 $gap_i = 1$ 时，城乡之间收入差距 $T(u(a)) = 0$，而当 $gap_i > 1$ 时，城乡之间存在收入差距，将城乡收入差距对城市化率求一阶导数可得式（11-4）：

$$\frac{\partial T(u, gap_i)}{\partial u} = \frac{-gap_i\ln(gap_i)}{[gap_i(1-u)+u]^2} - \frac{1-gap_i}{gap_i(1-u)+u} \qquad (11-4)$$

若 $\frac{\partial T(u, gap_i)}{\partial u} = 0$，$\hat{u} = -\frac{gap_i}{1-gap_i} - \frac{gap_i\ln gap_i}{(1-gap_i)^2}$，而当 $u < \hat{u}$ 时，$\frac{\partial T(u, gap_i)}{\partial u} > 0$，当 $u > \hat{u}$ 时，$\frac{\partial T(u, gap_i)}{\partial u} < 0$。

可见，城市化率对城乡收入差距通过一种城乡之间劳动力结构的变化发生作用。随着农村劳动力逐渐向城市转移，在城市化水平较低的时期，泰尔指数随城市化水平的增加而上升；当城市化水平发展到一定阶段时，泰尔指数随城市化水平的上升而下降。即随着人口迁入规模的不断扩大，城市化水平有所转变，进而城乡收入差距趋势不断变化。可以得出：

命题 11-2： 人口迁移通过城市化效应影响城乡收入差距的收敛性。若迁移人口能实现户籍城镇化，则会通过城市化率的传导机制缩小城乡收入的不平等；反之，城乡收入不平等现象不会有明显的改善。

第三节　研究设计

一、数据来源及处理

本节在实证分析中考虑到样本数据的可获得性与可比性以及研究问题的对象，选取了 2000~2016 年的全国 262 个地级市作为研究样本，进一步以城区常住人口为统计口径对城市规模作了划分，[①]将城市划分为五类七档，小城市（人口数小于 50 万），其中有 I 型小城市（人口数大于等于 20 万且小于 50 万），II 型小城市（人口数小于 20 万）；中等城市（人口数大于等于 50 万且小于 100 万）；大城市（人口数大于等于 100 万且小于 500 万），其中有 I 型大城市（人口数大于等于 300 万且小于 500 万），II 型大城市（人口数大于等于 100 万小于 300 万）；特大城市（人口数大于等于 500 万小于 1000 万）；超大城市（人口数大于等于 1000 万）。所有原始数据来源于 2000~2016 年《中国城市统计年鉴》《中国区域经济统计年鉴》以及 EPS 数据库中国城市数据库以及区域统计年鉴。所有名义收入变量以 2000 年为基期，采用城乡居民消费价格指数进行平减，剔除价格因素。

二、变量处理与模型设定

（一）变量选择

城乡收入差距指标（gap）。本节选取两种测度方法：一是选用城镇居民人均可支配收入与农村居民人均纯收入之比，作为度量城乡收入差距（gap）的指标；二是借鉴王少平和欧阳志刚（2008）的做法，将泰尔指数作为城乡收入差距的合理性与否的测度（$Theilindex$）。城乡收入差距的收敛性（gg）用城镇人均可支配收入与农村人均可支配收入差值的增长率测度。

---

① 资料来源：国务院《关于调整城市规模划分标准的通知》，http：//www.gov.cn/zhengce/content/2014－11/20/content_9225.htm。

城市化率（csh）。考虑到数据的连续性和可比性，采用年末城镇常住人口与年末常住人口总数的比值。净迁移率（imm）。由于各个地区的净迁移率数据获取较为困难，总体来说直接获取各个城市的人口迁移数据较为困难，本节则借鉴段平忠的方法，要计算地区的净迁移人口数 im_{pop}，i 地区 t 时期的年末总人口减去 $t-1$ 时期的年末总人口后，再减去该地区 t 时期即 i 地区 t 时期自然增长人口数，即得到该地区在 t 时期的净迁移人口数，而净迁移率为净迁移人口与该时期该地区平均人口的比值。具体公式如式（11-5）所示：

$$imm = \frac{\overbrace{pop_{i,t} - pop_{i,t-1} - n \times \left(\dfrac{pop_{i,t} + pop_{i,t-1}}{2}\right)}^{im_{pop}}}{\dfrac{pop_{i,t} + pop_{i,t-1}}{2}} = \frac{2\left(pop_{i,t} - pop_{i,t-1}\right)}{pop_{i,t} + pop_{i,t-1}} - n$$

$$(11-5)$$

式（11-5）涵盖了非户籍迁移和户籍迁移两种迁移数量的总和，能够反映迁移发生地区的实际迁移状况，而本节不再对暂时性迁移人口和永久迁移人口进行区分。

另外本节也选取了相关的控制变量：一是财政政策（bud），多采用政府支出占 GDP 比重来衡量，有学者采用政府转移支付占 GDP 比重来衡量，而本节采用地方财政支出占 GDP 比重测度；二是基础设施（$trans$），采用城市客运总量与城市人口的比值为代理变量；三是国际贸易（$trade$），采用贸易出口额占 GDP 的比重测度；四是人力资本（$human$），采用平均受教育年限衡量，具体参见周晓和朱农（2003）的计算方法；五是城市工资（$wage$），用城市在岗职工平均工资测算；六是产业结构（$struc$），用第三产业占 GDP 比重测算（见表 11-1）。

表 11-1　　　　　　　　变量的定义及描述性统计

变量名称		样本量	中位数	标准差	最小值	最大值
城乡收入差距	gap	3995	2.43	0.87	0.19	28.67
收入差距增长率	gg	3759	0.00	0.21	-1.35	1.44
泰尔指数	$Theilindex$	4209	0.19	0.17	0.00	0.86

续表

变量名称		样本量	中位数	标准差	最小值	最大值
城市化率	csh	4014	0.86	0.08	0.68	0.98
净迁移率	imm	3672	0.03	0.50	−1.24	1.49
财政政策	bud	3995	0.13	0.05	0.06	0.25
城市工资	wage	3993	10.02	0.57	8.93	10.91
国际贸易	trade	3997	0.63	0.20	0.13	0.98
人力资本	human	3527	8.18	0.64	6.53	9.35
基础设施	trans	3995	0.18	0.11	0.05	0.60
人力保障	lin	3761	0.12	0.05	0.04	0.27
产业结构	struc	4006	0.36	0.06	0.25	0.51

注：作者根据城市统计年鉴数据整理所得。

（二）模型设定

本节基于巴罗等（Barro et al.）和曼昆等（Mankiw et al.）提出的收敛模型，设定计量方程如式（11-6）、式（11-7）和式（11-8）所示：

$$gg_{i,t} = \beta_0 + \beta_1 gap_{i,t-1} + \varepsilon_{i,t} \quad i = 2, 3, \cdots, N \tag{11-6}$$

$$gg_{i,t} = \beta_0 + \beta_1 gap_{i,t-1} + \beta_2 csh_t + \beta_3 imm_t + \beta_4 csh_t \times imm_t + \beta_i X_{i,t} + \varepsilon_{i,t} \quad i = 2, 3, \cdots, N \tag{11-7}$$

$$y_t = \beta_0 + \beta_1 csh_t + \beta_2 imm_t + \beta_3 csh_t \times imm_t + \beta_i X_{i,t} + \varepsilon_{i,t} \quad i = 2, 3, \cdots, N \tag{11-8}$$

其中，$gap_{i,t}$ 为 i 地区 t 期城乡收入差距，$\varepsilon_{i,t}$ 为随机误差项，β_0 为常数项，若 $\beta_1 < 0$ 我们可以得到城乡收入差距存在收敛，反之则呈现发散，收敛意味着城乡收入差距的逐渐缩小，发散则意味着拉大。计量模型式（11-6）检验我国及不同规模城市是否存在绝对收敛，式（11-7）加入核心解释变量城市化、净迁移率以及两者的交互项，检验是否存在条件收敛。式（11-8）在式（11-7）的因素基础上加入了各类控制变量，分析导致城乡收入差距（gap）或城乡收入不合理（Theilindex）的原因。

第四节 结果分析

一、不同城市规模视角下城乡收入差距绝对收敛分析

当前，我国面临着城乡收入差距扩大和城市化滞后的双重挑战，有学者证实了城市化的推进有利于缩小城乡收入差距，这可能是因为城市规模变动引起集聚效应和扩散效应的变化，进而影响了城镇与农村居民之间的收入水平。获取就业机会和提升工资水平是流动人口迁移的内在驱动力，因此人口迁移具有一种从中小城市汇集到特大及超大城市的现象。另外，由于存在户籍制度以及分割的劳动力市场，不同规模城市间劳动力无法自由流转，导致劳动力不能享受城市发展带来的红利，城乡收入差距拉大，表现为在不同时期内可能收敛速度不一样。这意味着不同时期分别收敛于不同的稳态，即不同城市规模的城乡收入差距满足"动态收敛"的特征。因此，本章将城市规模分为小城市、大城市、特大城市，[①] 并考察四个不同经济周期 2000～2003 年、2004～2008 年、2009～2012 年、2013～2016 年内城乡收入差距的绝对收敛问题。

表 11－2 显示了全国所有城市以及中小城市、大城市、特（超）大城市城乡收入差距的动态绝对收敛结果，其中为了降低遗漏变量偏差，控制了地区效应与时间效应。另外，为了消除潜在异方差问题对估计系数显著性影响，表 11－2 中汇报了稳健性标准误。从列（1）～列（4）的估计结果看，无论是全国城市还是不同规模城市，城乡收入差距滞后一期的系数在 1% 的显著性水平下显著为负，说明了不同规模的城市间的城乡收入差距均逐渐缩小，从而可以判断出在整个测算周期内全国城市层面上存在绝对 β 收敛。具体而言，全国城市、中小城市、大城市以及特（超）大城市的回归系数在 1% 的统计水平上分别显著为 －0.629、－0.614、－0.649、－0.549。从绝对收敛速度看，大城市的收敛速度高于中小城市以及特（超）大城市，

---

① 本节考虑到各个回归样本量，将小城市和中等城市分为一组，又将特大城市和超大城市合并为一组。城市规模分类由原先的五档分为中小城市、大城市以及特（超）大城市。

同时中小城市与特（超）大城市的收敛速度低于全国城市的平均水平。城市内部存在明显的绝对收敛，使得城乡收入差距逐渐缩小，但是不同规模城市间收敛速度的差异性可能会导致城市间城乡收入差距的进一步扩大，不同城市之间仍存在较大差距。

表 11-2   城乡收入差距的绝对收敛结果

项目	（1）	（2）	（3）	（4）
变量	全国城市	中小城市	大城市	特（超）大城市
gap_{t-1}	-0.629 *** (0.014)	-0.614 *** (0.032)	-0.649 *** (0.022)	-0.549 *** (0.022)
常数项	0.546 *** (0.013)	0.532 *** (0.029)	0.552 *** (0.020)	0.496 *** (0.020)
样本量	4046	747	1834	1465
拟合优度	0.751	0.835	0.704	0.778
F	616.858	188.600	212.813	256.876
地区效应	控制	控制	控制	控制
时间效应	控制	控制	控制	控制
经济周期	不同城市规模下城乡收入差距的"动态绝对收敛"			
2000~2003 年	-1.282 *** (0.076)	-1.079 *** (0.150)	-1.375 *** (0.112)	-1.349 *** (0.183)
2004~2008 年	-0.802 *** (0.038)	-0.937 *** (0.076)	-0.772 *** (0.051)	-0.756 *** (0.077)
2009~2012 年	-0.459 *** (0.022)	-0.525 *** (0.047)	-0.635 *** (0.036)	-0.383 *** (0.034)
2013~2016 年	-0.235 *** (0.021)	-0.230 *** (0.054)	-0.118 *** (0.031)	-0.392 *** (0.033)

注：（1）括号内数值表示标准误；***、**、*分别表示1%、5%、10%的显著性水平；（2）所有模型均采用双向固定效应模型，全样本中年份虚拟变量均控制，篇幅所限不再汇报年份回归结果；（3）分时期回归结果，只列出绝对收敛系数项，其余均控制。

改革开放以来，随着我国城镇化进程的不断推进，不同经济周期内不同城市的城乡收入差距会呈现不同的态势。从经济周期的"动态绝对收敛性"来看，全国城市以及不同规模城市中，在 2000~2003 年、2004~2008 年、2009~2012 年、2013~2016 年四个经济周期内，城乡收入差距的回归系数均在1%的统计水平上显著为负，这从一定程度上说明了不同城市的城乡收入差距在逐渐缩小。在整个经济周期内绝对收敛速度呈现不断下降走势，其中全国城市回归系数均在1%的显著水平下，分别为 -1.282、-0.802、-0.459及 -0.235。本节认为2003年前城乡收入差距收敛速度达到最大，首先是因为经济发展不均衡导致城乡之间收入差距基数相差悬殊，其次是农村剩余劳动力的大量流向城市，尤其是大城市和特（超）大城市，缩小了收入差距，更重要的是农业进入新的改革阶段，对农产品价格实施补贴；2004~2008年城乡收入差距的收敛速度持续下降，主要是2003年后政府对"三农"问题的重视，减轻农民负担；2009~2012年，国家通过城乡医疗保障、农业税减免及农村基础设施建设，进一步缩小城乡收入差距；而2012年后，经济增速放缓以及产业结构调整使得城镇人口劳动力的需求增速有所下降，而农村劳动力需求上升，这会导致城镇居民收入增速小于农村居民收入增速，最终导致城乡居民收入差距放缓。但从长期来看，城乡之间仍然存在明显的收入差距。

二、不同城市规模视角下城乡收入差距条件收敛分析

本节重点研究人口向不同规模城市迁移过程中，城市化水平不断提升，能否顺利实现户籍城市化，进一步缩小城乡收入差距。表11-3显示了不同城市规模下城乡收入差距的条件收敛结果。从列（1）~（4）的城乡收入差距的滞后一期的系数看，中小城市、大城市以及特（超）大城市均在1%的统计水平下显著为负，这说明了控制了相关条件后，不同城市城乡收入差距不断缩小，即存在条件 β 收敛。具体而言，中小城市的城乡收入差距的条件收敛速度在1%的统计水平上显著为 -0.895，大于大城市的 -0.640 以及特（超）大城市的 -0.601。同时，也可以看出大城市与特（超）大城市的条件收敛速度均低于全国城市的平均水平（-0.840），这与绝对收敛结果有所差别。从整体上看，城乡收入差距在不同规模城市内部是逐渐缩小的，但是不同规模城市间差距仍在拉大，区域发展不平衡问题仍不可忽视，这种不平衡更多地表现为人口集聚和经济集聚发展的不平衡。进一步分析，从全国结果可以看出劳动要素的净迁移率对城乡收入差距具有显著的作用，净迁移率每增加1单位则城乡收入差距缩小2.524单位，流动人口向特（超）大城市每迁移1单位，城乡收入差距缩小4.106单位，远远超过大城市及中小城市。显然，人口迁移的直接结果就是加快了特（超）大城市以及大城市内部差距的缩小速度，有力地促进了经济富裕地区内部增长差距的缩小。城市化

水平对城乡收入差距的回归系数均显著为负，这验证了其他学者关于城市化水平的提高缩减了城乡收入差距的结论，主要原因是城市规模变动引起了集聚效应和扩散效应，进而影响了城镇与居民收入水平的差距。在现实中，劳动力向城市转移，并不一定能转变为市民，只有获得城市户籍的劳动力才能提升城市化率。因此，缩减城乡收入差距是通过劳动力迁移首先实现了城市市民化之后再实现的，对于这一内在机制将在下节进行详细分析。财政制度与城市工资的系数为正，表明当地税收收入具有支出偏向性，政府更多的公共物品和服务的开支集中在城市，同时城市工资水平不断提升，都不利于城乡之间收入差距的缩小。另外，国际贸易、教育水平、基础设施、人力保障、产业结构的估计系数均为负值，表明了具有不断降低城乡收入差距的作用。

表 11 - 3   **不同城市规模下城乡收入差距条件收敛结果**

项目	(1)		(2)		(3)		(4)	
城市规模	全国城市		中小城市		大城市		特（超）大城市	
变量	β_1	$\Delta\beta_1$	β_1	$\Delta\beta_1$	β_1	$\Delta\beta_1$	β_1	$\Delta\beta_1$
gap_{t-1}	-0.840 *** (0.019)	-33.5%	-0.895 *** (0.053)	-45.8%	-0.640 *** (0.028)	1.4%	-0.601 *** (0.040)	-9.5%
csh	-0.188 *** (0.001)	—	-0.096 * (0.003)	—	-0.082 *** (0.001)	—	-0.199 *** (0.002)	—
imm	-2.524 *** (0.877)	—	-2.835 (2.437)	—	-2.804 ** (1.331)	—	-4.106 *** (1.405)	—
bud	0.343 *** (0.093)	—	0.303 (0.282)	—	0.423 ** (0.168)	—	0.216 * (0.117)	—
$wage$	0.037 * (0.021)	—	-0.053 (0.061)	—	0.073 ** (0.037)	—	0.001 (0.026)	—
$trade$	-0.010 (0.015)	—	-0.034 (0.045)	—	-0.026 (0.025)	—	-0.005 (0.019)	—
$human$	-0.021 *** (0.004)	—	-0.018 (0.012)	—	-0.029 *** (0.008)	—	-0.012 *** (0.004)	—
$trans$	-0.120 *** (0.032)	—	-0.033 (0.095)	—	-0.183 *** (0.056)	—	-0.063 * (0.037)	—
lin	-1.065 *** (0.084)	—	-1.614 *** (0.297)	—	-1.191 *** (0.161)	—	-0.494 *** (0.092)	—
$struc$	0.341 *** (0.060)	—	0.371 * (0.190)	—	0.439 *** (0.110)	—	0.250 *** (0.066)	—
常数项	0.035 (0.177)	—	1.420 *** (0.520)	—	-0.293 (0.315)	—	0.068 (0.211)	—
样本量	3305		540		1544		1221	

续表

项目	(1)		(2)		(3)		(4)	
城市规模	全国城市		中小城市		大城市		特（超）大城市	
变量	β_1	$\Delta\beta_1$	β_1	$\Delta\beta_1$	β_1	$\Delta\beta_1$	β_1	$\Delta\beta_1$
拟合优度	0.812		0.935		0.800		0.813	
F	276.245		85.318		121.185		108.607	
地区效应	控制		控制		控制		控制	
时间效应	控制		控制		控制		控制	
经济周期	不同城市规模下城乡收入差距"动态条件收敛"							
2000～2003年	-1.073 *** (0.036)	-19.5%	-1.186 *** (0.073)	9.0%	-1.076 *** (0.054)	-27.79%	-1.075 *** (0.061)	-25.5%
2004～2008年	-0.721 *** (0.057)	-11.2%	-1.193 *** (0.270)	21.5%	-0.638 *** (0.028)	-21.00%	-0.793 *** (0.120)	4.7%
2009～2012年	-0.689 *** (0.030)	33.4%	-0.453 *** (0.076)	-15.9%	-0.600 *** (0.051)	-5.83%	-0.806 *** (0.043)	52.5%
2013～2016年	-0.464 *** (0.082)	49.4%	-0.208 (0.404)	-10.6%	-0.422 *** (0.149)	72.04%	-0.502 *** (0.088)	21.9%

注：（1）括号内数值表示标准误；***、**、* 分别表示 1%、5%、10% 的显著性水平；（2）所有模型均采用双向固定效应模型，全样本中年份虚拟变量均控制；（3）β_1 表示模型（11-7）中条件收敛系数，$\Delta\beta_1$ 表示引入劳动迁移率、城市化水平等条件收敛相比绝对收敛速度的变化率。

从城乡收入差距的"动态条件收敛"的结果看，在 1997～2003 年、2004～2008 年、2009～2012 年、2013～2016 年四个经济周期内城乡收入差距滞后一期的系数均在 1% 的统计水平上显著为负，表明不同规模城市内部城乡收入差距不断缩小。从条件收敛速度看，在整个经济周期内，全国城市层面以及中小城市、大城市、特（超）大城市的回归系数绝对值逐渐变小，即条件收敛的速度在逐渐减慢，城乡收入差距在不断缩小。可能受到国家关于发展大城市政策的影响，特（超）大城市在 2009～2012 年的经济周期内，条件收敛速度相比前一经济周期出现了短暂的上升。进一步考虑劳动迁移率、城市化率等条件收敛与绝对收敛速度相比，显然考虑劳动迁移率和城市化率等因素后条件收敛速度明显下降。在整个经济周期内，全国城市以及中小城市和特（超）大城市中条件收敛速度相比绝对收敛速度降低了 33.5%、45.8% 及 9.5%，只有大城市的条件收敛速度略有上升。从四个经济周期看，不同规模城市的条件收敛速度与绝对收敛速度出现了分化，全国城市收敛速度差值不断提升，城乡收入差距的条件收敛速度逐渐超过了绝对收敛速度，由 2000~2003 年经济周期的 -19.5% 上升为 2013~2016 年经济周期的 49.4%。另外，在大城市以及特（超）大城市表现出了与全国城市同样的现象，而在中小城市则表现为相反的走势，其由 2000~2003 年经济周期的 9.0% 下降为 2013~2016 年经济周期的 -10.6%。

三、城市规模门槛下城乡收入不平等的影响因素分析

从上文的分析中，我们证实了我国城市内部以及中小城市、大城市、特（超）大城市之间的城乡收入差距存在不同程度的绝对收敛与条件收敛，而缩小收入差距可以通过劳动力的城市市民化得以实现，为了分析导致城乡收入不平等的因素，本节进一步进行实证分析。首先分析我国不同省份的人口迁移状况，图 11-2 为第五次全国人口普查和第六次全国人口普查时期省际净迁移率走势。而本节则重点从城市规模视角分析导致城乡收入差距变化的原因，统计数据发现，超（特）大城市主要集中在北京、上海、广州、山东、江苏、天津、河北等省份，这与图 11-2 中人口净迁移率为正值的省份基本吻合。从前文的分析看，不同规模城市中城乡收入差距的收敛性不一致。因此，本节以城市规模作为门槛变量进行门槛效应分析，以检验不同城市规模下影响城乡收入差距的因素。

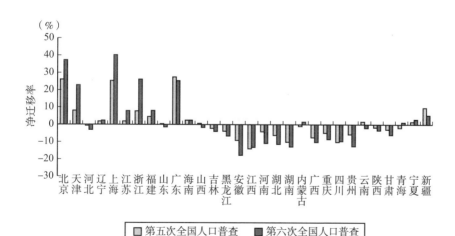

图 11-2　第五次全国人口普查和第六次全国人口普查时期各省份净迁移率

（一）门槛效应存在性检验

确定门槛效应模型的具体形式前，需要检验门槛效应的存在性以及门槛个数。本节根据 2000 次 Bootstrap 重复抽样检验了门槛效应的 F 统计量和 P 值。从表 11 -4 可知，以城市规模作为门槛变量，人口迁移作为门槛被解释变量的检验结果显示存在单一门槛，且门槛值在 10% 的统计水平上显著为 902.00；城市化率为门槛被解释变量的结果显示也存在单一门槛，且门槛值在 1% 的统计水平上显著为 367.00；户籍城市化作为门槛被解释变量的结果显示存在双重门槛，门槛值分别显著为 526.48 和 1051.40。

表 11 -4　　　　　　　　　　　门槛效应检验

模型	类型	门槛估计值	F 值	P 值	1% 临界值	5% 临界值	10% 临界值
1	单一门槛	902.00	8.492*	0.052	14.567	8.786	5.992
2	单一门槛	367.00	108.390***	0.000	40.993	31.178	25.769
3	双重门槛	526.48	14.567*	0.058	28.074	15.450	11.172
		1051.40	6.856**	0.016	7.595	2.561	-0.856

注：结果均由 2000 次 Bootstrap 重复抽样计算得到。模型 1、2、3 分别将人口迁移、城市化、户籍城市化作为门槛被解释变量。

（二）面板门槛参数估计

从表 11 -5 中列（1）~（4）的估计结果看，净迁移化率的系数在 1% 的水平下显著为正值，城市化率的估计系数在 1% 的水平下显著为负。前文证实了两者的提升均显著地缩小了城乡收入差距，为了进一步分析内在的机制效应，则加入了两者的交互项①以解释人口迁移城市能否通过城市落户来缩小城乡收入差距。在控制了一系列影响因素后，人口迁移与城市化的交互项系数在 1% 的统计水平上均显著为负。具体而言，户籍城市化每提升 1 个单位，城乡之间的收入差距将降低 0.003 个单位，这说明了迁移人口在城市顺利落户，提高当地户籍城市化水平，可以降低收入差距的不平等。列（2）中是以城市规模为 902 万人作为门槛值的估计结果，城市规模被分为两个区

---

① 根据杰卡德和托里斯（Jaccard & Turrisi, 2003）的解释，计量模型中包含变量 A、变量 B 以及两者交互项（A * B），那么变量 A 的估计系数为变量 B 取 0 的情况下变量 A 对因变量的影响。两者系数不再重要，交互项的系数变得更加有意义。

间的系数在1%的统计水平上显著为0.117和0.121，可以得出人口迁移对城乡收入差距的偏效应增加了0.004。其含义为：在同等城市化水平下，随着城市规模的不断扩大，人口迁移率越高，带来的城乡收入差距越大，只有提高城市化水平，即迁移人口户籍城市化，才能缩小收入差距。列（3）中是以城市规模为367万人作为门槛值的估计结果，两个区间的估计系数在1%的统计水平上显著为−0.253和−0.318，同样可以得出城市化对城乡收入差距的偏效应增加了−0.065。说明了在人口迁移率保持不变的情况下，随着城市规模的扩大，城市化水平提高，降低了城乡收入差距，而这种效应更多是迁移人口在城市获得当地户籍而实现的。列（4）中是以城市规模为526.48万人和1051.40万人作为门槛值的估计结果，三个区间的系数均在1%的统计水平上显著为−0.003、−0.002、−0.002，可以看出在大城市中迁移人口获得城市户籍较难，而小城市相对而言获得城市户籍较为容易，从而在低于526.48万人的小规模城市中，户籍城市化更加利于城乡收入差距的缩小。

表 11−5　　　　　　　　城市规模视角下城乡收入影响因素分析

项目	(1)	(2)	(3)	(4)
效应	户籍城市化	人口迁移效应	城市化效应	户籍城市化效应
变量	泰尔指数	泰尔指数	泰尔指数	泰尔指数
imm_{it}	0.117 *** (0.008)		0.111 *** (0.008)	0.116 *** (0.008)
csh_{it}	−0.286 *** (0.036)	−0.285 *** (0.036)		−0.285 *** (0.036)
$imm_{it} \times csh_{it}$	−0.003 *** (0.000)	−0.003 *** (0.000)	−0.002 *** (0.000)	
$imm_{it} \times d11$		0.117 *** (0.008)		
$imm_{it} \times d12$		0.121 *** (0.011)		
$csh_{it} \times d21$			−0.253 *** (0.035)	
$csh_{it} \times d22$			−0.318 *** (0.035)	

续表

项目	(1)	(2)	(3)	(4)
效应	户籍城市化	人口迁移效应	城市化效应	户籍城市化效应
变量	泰尔指数	泰尔指数	泰尔指数	泰尔指数
$imm_{it} \times csh_{it} \times d31$				-0.003^{***} (0.000)
$imm_{it} \times csh_{it} \times d32$				-0.002^{***} (0.000)
$imm_{it} \times csh_{it} \times d33$				-0.002^{***} (0.000)
bud	-0.145^{***} (0.040)	-0.145^{***} (0.040)	-0.166^{***} (0.040)	-0.143^{***} (0.040)
$wage$	-0.010 (0.009)	-0.010 (0.009)	-0.010 (0.008)	-0.010 (0.009)
$human$	-0.007^{***} (0.003)	-0.007^{***} (0.003)	-0.009^{***} (0.003)	-0.007^{***} (0.003)
$trans$	-0.023^{*} (0.012)	-0.022^{*} (0.012)	-0.018 (0.012)	-0.022^{*} (0.012)
lin	0.870^{***} (0.052)	0.871^{***} (0.052)	0.841^{***} (0.051)	0.874^{***} (0.052)
$struc$	0.149^{***} (0.024)	0.149^{***} (0.024)	0.142^{***} (0.024)	0.150^{***} (0.024)
常数项	0.519^{***} (0.079)	0.518^{***} (0.079)	0.538^{***} (0.078)	0.516^{***} (0.079)
地区效应	控制	控制	控制	控制
时间效应	控制	控制	控制	控制
样本量	2067	2067	2067	2067
拟合优度	0.543	0.818	0.536	0.491
F	504.125	482.922	505.646	463.866

注：括号内数值表示标准误；***、**、*分别表示1%、5%、10%的显著性水平。

　　从其他影响因素看，政府财政支出对城乡收入差距的系数在1%的统计水平上显著为负，说明了政府开支减轻了城乡差距，而这与前文的结果出现差异。究其原因，可能是由于各个地方政府相比上级政府更加了解当地的情况，随着税收收入的增加，拥有了更大的支出自由，而根据实际情况会更有效地偏向农村开支，从而缩小城乡差距。人力资本的估计系数均在1%的显著水平上为负，说明了教育水平的高低是影响城乡收入差距的重要因素，受过高等教育的人相比未受过高等教育的人获得的收入更高。现实情况是，农村地区的教育投资相对不足，而教育水平的提升更多是提升了农业人口的收入水平，从而缩减城乡差距。社会保障对城乡收入差距的估计系数在1%的统计水平上显著为正，说明了社会保障拉大了城乡差距。由于我国社会保障体系存在明显的城乡二元化，城市的保障体系逐步实现社会化、市场化，尽管农村扩大了新农村合作医疗和社会养老保险范围，但是仍存在受益程度低、受益金额少，保障体系不健全等问题。产业结构对城乡收入差距的估计系数显著为正，说明服务业比重的上升扩大了城乡差距。迁移人口更多是由欠发达的小城市流向大城市服务业，使大城市的城市居民收入水平不断上升，而大城市的农村收入上升幅度不如城镇居民，表现为城乡差距的扩大。

四、城乡收入差距影响因素的稳健性检验

首先，进行差分 GMM 模型估计，由于这种方法受弱工具变量的影响较大，易产生有限样本偏误，而系统 GMM 很好地解决了这一问题。然后，进行两步系统 GMM 模型估计，这对异方差和截面相关具有较强的稳健性，能够提高系数准确性。另外，前文统计发现城市规模与人口迁入地、迁出地有直接的联系，因此又分样本进行回归。表 11-6 中列（1）和列（2）说明了迁移人口在迁入地区获得城市户籍将会缩小城乡收入差距，而在人口迁出地区这种作用并不明显。列（3）和列（4）将人口迁移变量作为内生解释变量，用其两阶滞后项作为工具变量，AR（1）、AR（2）以及 Sargan 检验均通过了 GMM 的检验要求。从回归的结果看，无论是差分 GMM 还是两步系统 GMM 的结果，人口净迁移化率与城市化率变量的交互项回归系数均显著为负，进一步验证了流入城市的农村劳动力若能顺利地实现城市市民化，则会缩小城乡之间的收入差距。由此可以验证本章所得结论的可靠性。

表 11 - 6　　　　　　　　　城乡收入差距的稳健性检验

变量	(1)	(2)	(3)	(4)
	人口迁入地	人口迁出地	差分 GMM	系统 GMM
L. theilindex			0.662 *** (0.004)	0.808 *** (0.003)
L2. theilindex			-0.000 (0.001)	0.016 *** (0.001)
imm_{it}	0.097 *** (0.013)	0.015 (0.023)	0.005 *** (0.002)	0.008 *** (0.001)
csh_{it}	-0.271 *** (0.053)	-0.352 *** (0.052)	-0.102 *** (0.014)	-0.154 *** (0.008)
$imm_{it} \times csh_{it}$	-0.002 *** (0.000)	-0.000 (0.000)	-0.000 * (0.000)	-0.000 *** (0.000)
常数项	0.399 *** (0.110)	0.730 *** (0.137)	0.385 *** (0.012)	0.066 *** (0.008)
控制变量	控制	控制	控制	控制
地区效应	控制	控制	控制	控制
时间效应	控制	控制	控制	控制
样本量	1111	956	1559	1922
AR (1)			0.001	0.042
AR (2)			0.532	0.198
Hansen/Sargan			0.164	0.273

注：（1）括号内数值表示标准误；***、**、* 分别表示 1%、5%、10% 的显著性水平；（2）使用工具变量回归时进行过度识别检验、弱工具变量检验，Sargan 检验显著拒绝过度识别的原假设；（3）篇幅所限，控制变量估计结果不再列出。

第五节　结论与启示

　　城乡人口流动与城镇化是推动我国经济社会发展的强大动力，对城乡收入不平等的影响因素的研究具有重要的理论和现实意义。本章理论分析了人口迁移、户籍城市化以及城乡收入差距之间的内在机理，并基于 2000 ~ 2016 年 262 个城市数据实证分析不同城市规模下人口迁移如何影响城乡收入差距。研究发现：（1）从全国城市及不同规模城市看，城乡收入差距存在显著的绝对收敛和条件收敛，大城市的绝对收敛速度高于中小城市以及特

（超）大城市，同时中小城市与特（超）大城市的绝对收敛速度低于全国城市的平均水平，而中小城市的条件收敛速度高于大城市以及特（超）大城市，说明了城乡收入差距在不同规模城市内部是逐渐缩小的，但是不同规模城市间仍有差距。（2）从分周期的"动态收敛"看，在 2000～2003 年、2004～2008 年、2009～2012 年、2013～2016 年四个经济周期内，无论是绝对收敛还是相对收敛，速度都呈现不断下降趋势，而不同规模城市的条件收敛速度与绝对收敛速度出现了分化，大城市以及特（超）大城市城乡收入差距的条件收敛速度逐渐超过了绝对收敛速度，而在中小城市则表现为相反的走势。（3）在验证城乡收入差距收敛的基础上，着重从城市规模视角分析人口迁移及城市化对城乡收入差距的影响。人口迁移对收入差距缩小产生显著影响，城市化水平提升可以缩小城市收入差距，而转移人口若能拥有当地户籍，提升当地城市化水平，可进一步缩小收入差距。在大城市中迁移人口获得城市户籍较难，而在小城市相对而言获得城市户籍较为容易，因此在低于 526.48 万人的小规模城市中户籍城市化更加利于城乡收入差距的缩小。

本章的研究具有以下政策启示：（1）积极推进城市化建设，在不影响农业生产的前提下，加快农业人口的非农就业和城镇化迁移，增加农民的非农收入。（2）深化城乡户籍制度改革，打破城乡分割，消除人口迁移过程中的制度性障碍，加快发展以人力资本为导向的城镇化，提升城市发展的质量，促进生产要素在城乡之间的良性流动，建设新型的城乡关系。（3）城乡收入差距具有明显的路径依赖特征，要缩小城乡收入差距，需制定多元化的政策目标，建立相适应的配套体系，实现城乡共享发展。（4）理性看待现阶段城镇化进程中"鼓励发展大城市"与"大中小城市协调发展"两种战略选择，相比大城市，中小城市应该更加注重公共品的供给和基础设施的完善，地方政府要加强公共财政的支出力度，提升城市的公共服务水平，引导地区间劳动要素的合理流动，构建有序合理的城镇体系。

专题三：发展格局与竞争优势

宏观视角：中国经济增长新旧动能转换的进展评估研究

中国经济增长进入了增速换挡、结构调整与"新旧动能"转换时期，从高速增长转向高质量发展需要增长动能呈现出新的变化。本章从需求侧、供给侧及结构转换视角，基于全要素生产率分解项的变化趋势，探寻了中国经济发展的动力来源，构建了与全要素生产率变化同源的中国经济增长动能指数。党的十九大报告中关于新旧动能转换的论述，揭示了构建"新动能"指数的必要性。本章研究结果发现：（1）我国经济全要素生产率增速持续下降至 2015 年历史低谷时，经济增长动能指数在累积中已出现回升，但仍处于原有前沿下规模效率增长阶段。（2）"新动能"指数已于 2013 年超越"常规动能"指数。（3）供给侧动能 2008 年前后呈现持续上升趋势，但增长明显不足的需求动能与 2011 年进入停滞的结构转换动能，限制了供给侧动能的作用，并导致部分就业"迷失"。（4）开放型发展动能在持续上升，对 TFP 增长率下降起到了逆向调节的作用，但是在出口产品空间上，创新与升级动能由升转降。（5）创新动能、直接融资动能和金融发展效率动能处于低水平，有金融资源禀赋优势的上市公司增长动能趋缓。加强直接融资发展，让更有效率的企业创新发展获得更多的直接融资是提升金融发展动能的重点。（6）持续上升的增长动能已转到要素、企业、居民等微观主体动能上，应顺应资源再配置动能变化趋势和要求，让市场在资源配置中发挥基础性作用。激发居民消费升级、要素替代与企业创新的动能，深化开放型动能，面向出口产品空间中高技术复杂度产品领域的开放、技术与知识创新与扩散，应成为中国经济高质量发展阶段的政策重点。

第一节 引 言

改革开放以来，中国经济持续快速增长，1978～2012 年期间 GDP 年平均增长率为 9.1%，人均 GDP 进入中等收入阶段，人民生活质量显著提升，创造了举世瞩目的"中国奇迹"。但是从 2012 年开始经济增速明显下滑，从 2011 年的 9.5% 下滑到 2012 年的 7.7%，再到 2015 年的 6.7%，经济发展进入"新常态"。在"新常态"下，国内经济环境不容乐观，人口红利逐渐消失，人口年龄向老龄化转变，劳动成本上升，资本回报率下降，民间投资增长率持续降低，经济结构不合理等现象开始凸显；国际环境不确定，金融危机之后，外需减少，贸易驱动减弱，西方国家政治、战略等不确定因素增加，国内外因素共同导致了中国经济发展的不确定性，中国经济进入"增速换挡期"。作为经济增长动能的综合指标——全要素生产率（TFP）水平自 2008 年以来几乎停滞。这意味着，支持高投入、高消耗、高排放、低效率和低回报的增长方式是不可持续的，亟待促进 TFP 上升的"新动能"出现。

经济增长动能转换从 2001 年中国加入 WTO 以来，发生过两次重大转换。一是 2001 年加入 WTO 引发的外向型经济增长动能对国内改革动能形成了强有力的补充和相互促进，带动了中国工业化、城市化迅速发展；二是 2008 年全球金融危机之后，俗称"四万亿元"投资计划带来的巨大投资动能，持续宽松的宏观经济政策进一步强化高速增长方式，基础设施投资、房地产投资动能也得到进一步增强，技术创新与设备更新投资增长及其带动的结构调整、出口产品升级等动能相对不足，导致了这次动能的增长效应在短暂的几年后消失，经济增长在资源配置的扭曲、结构失衡中趋缓。在"四万亿元"投资刺激下，中国经济复苏呈现先升后降的趋势，经济增长的动能转换进入了一个历史抉择时期，这个时期的动能呈现分散化、多渠道、渐进式的特征。这是因为，人均 GDP 的增长一旦转向依赖于经济发展质量，经济驱动力就会开始转向区别于"常规动能"的"新动能"，新动能在新时代具有多元化特征。

基于上述判断，有必要客观评估和测度经济增长动能的阶段化变动趋势。库兹涅茨（Kuznets，1966）指出，定义经济增长时不仅要强调一国人口与人均收入的增长，也应关注结构变动与国际方面的变化。本章基于柯布—道格拉斯生产函数，将 TFP 及其增长率分解出与要素生产率、要素密集度、要素在产业间再配置、要素投入以及内外需求增长相关的构成部分，以此作为经济增长动能指标来源，形成需求侧、供给侧和结构转换三类动能指标，构建出近似的替代 TFP 的动能指数。在此基础上，根据党的十九大报告对"新动能"的描述，区分出"新动能"和"常规动能"指数，揭示中国经济增长动能所处阶段、变化特征，在新时代新阶段，为中国经济发展提供阶段性政策指导以及决策依据。

第二节　中国经济增长的动能指数：构造与测量

一、指数构造的理论基础

在经济增长理论中 TFP 及其增长率常被用来反映一个国家、地区和行业增长的动力。但是基于索洛剩余方法计算的 TFP 值是对经济增长影响因素的综合反映，无法识别具体的增长动力来源及其不尽相同的变化趋势，这也就限制了 TFP 作为判断经济增长动力结构性变化的作用。

本章借鉴柯布—道格拉斯生产函数，定义一种含有资本（K）、高技术劳动力（H）、低技术劳动力（L）三种生产要素的生产函数 $Y = AK^\alpha L^\beta H^\gamma$，对其变换，刻画出 TFP 及其增长的构成项，由此作为识别经济发展动力来源的依据，如式（12 – 1）所示：

$$\ln A_t = \frac{1}{3}\left(\ln\frac{Y_t}{K_t} + \ln\frac{Y_t}{L_t} + \ln\frac{Y_t}{H_t}\right) + \ln\frac{K_t^{1/3}L_t^{1/3}H_t^{1/3}}{K_t^{\alpha_t}L_t^{\beta_t}H_t^{\gamma_t}} \qquad (12 – 1)$$

其中，A 表示 TFP，式（12 – 1）反映了 TFP 及其增长率可以分解为等式右边各项，也就是说，右边各项可以视为各种经济增长的动力来源。不难看出，等式右边第一组的含义是各类要素生产率及其增长率，第二组 $\ln[(K_t^{1/3}L_t^{1/3}H_t^{1/3})/(K_t^{\alpha_t}L_t^{\beta_t}H_t^{\gamma_t})]$ 分母中各要素的产出弹性在中长期中是可变的，该项意味着该经济体在特定时期的生产技术方式相对于一个以要素产出弹性均为 1/3 的标准生产技术方式的差异，反映了该时期经济增长方式异质性程度。在 TFP 分解项中，要素生产率，例如 $\ln(Y_t/L_t)$、$\ln(Y_t/H_t)$ 还可以利用生产函数，变换得出式（12-2）、式（12-3）和式（12-4）：

$$\ln \frac{Y_t}{L_t} = \ln A_t + \alpha_t \ln \frac{K_t}{L_t} + \gamma_t \ln \frac{H_t}{L_t} + \ln \frac{L_t^{\alpha_t + \beta_t + \gamma_t}}{L_t} \qquad (12-2)$$

$$\ln \frac{Y_t}{H_t} = \ln A_t + \alpha_t \ln \frac{K_t}{H_t} + \gamma_t \ln \frac{L_t}{H_t} + \ln \frac{H_t^{\alpha_t + \beta_t + \gamma_t}}{H_t} \qquad (12-3)$$

$$\ln \frac{Y_t}{K_t} = \ln A_t + \beta_t \ln \frac{L_t}{K_t} + \gamma_t \ln \frac{H_t}{K_t} + \ln \frac{K_t^{\alpha_t + \beta_t + \gamma_t}}{K_t} \qquad (12-4)$$

不难发现，要素生产率的增长率可以进一步分解为要素密集度和各时期要素异质性的变化。将式（12-2）、式（12-3）代入式（12-1），化简得出式（12-5）：

$$\ln A_t = \frac{1}{2} \ln \frac{Y_t}{K_t} + \frac{1}{2} \ln Y_t - \frac{1}{2} \ln K_t + 2\alpha_t \ln \frac{K_t}{L_t + H_t} + (\gamma_t - \beta_t) \ln \frac{H_t}{L_t}$$
$$+ (\alpha_t + \beta_t + \gamma_t - 1)(\ln s_{L_t} + \ln s_{H_t}) + 2(\alpha_t + \beta_t + \gamma_t - 1)$$
$$\ln(L_t + H_t) + \ln \frac{K_t^{1/3} L_t^{1/3} H_t^{1/3}}{K_t^{\alpha_t} L_t^{\beta_t} H_t^{\gamma}} \qquad (12-5)$$

再将式（12-3）、式（12-4）代入式（12-1），再次化简得出式（12-6）：

$$\ln A_t = \frac{1}{2} \ln \frac{Y_t}{L_t} + \frac{1}{2} \ln Y_t - \frac{1}{2} \ln L_t + (\alpha_t - \gamma_t + \beta_t) \ln \frac{K_t}{L_t + H_t} - \beta_t \ln \frac{H_t}{L_t}$$
$$+ (\beta_t + 2\gamma_t - 1) \ln s_{H_t} + \beta_t \ln s_{L_t} + (\alpha_t + \beta_t + \gamma_t - 1)$$
$$[\ln K_t + \ln(L_t + H_t)] + \ln \frac{K_t^{1/3} L_t^{1/3} H_t^{1/3}}{K_t^{\alpha_t} L_t^{\beta_t} H_t^{\gamma}} \qquad (12-6)$$

其中，s_L、s_H 分别是低技术与高技术劳动力占总劳动力（$L_t + H_t$）之比。将式（12-5）、式（12-6）两式合并，化简得出式（12-7）：

$$\ln A_t = \frac{1}{4}\left(\ln \frac{Y_t}{L_t} + \ln \frac{Y_t}{K_t} \right) + \frac{1}{2} \ln Y_t + \mu_t \ln \frac{K_t}{L_t + H_t}$$
$$+ \lambda_t \ln \frac{H_t}{L_t} + \delta_t \ln s_{H_t} + \phi_t \ln s_{L_t} + \Delta_t^{①} \qquad (12-7)$$

其中，Δ_t 也是各时期增长率中存在的异质性变化程度，$\ln(Y_t/L_t)$、$\ln(Y_t/K_t)$ 实际上反映了劳动生产率、资本生产率的增长率，根据份额偏离

---

① 其中，$\mu_t = (3\alpha_t - \gamma_t + \beta_t)/2$、$\lambda_t = \lambda_t/2 - \beta_t$、$\delta_t = \beta_t + 3\gamma_t/2 - 1/2$、$\phi_t = \beta_t + \gamma_t/2 - 3/4$、
$\Delta_t = (\ln[(K_t^{1/3} L_t^{1/3} H_t^{1/3})/(K_t^{\alpha_t} L_t^{\beta_t} H_t^{\gamma})])/2 + \frac{1}{2}\ln[((L_t + H_t)^3 K_t)^{\alpha_t + \beta_t + \gamma_t}/((L_t + H_t)^{5/2} K_t^{3/2})]$

分解方法（Peneder，2003），劳动生产率的增长率又可以进一步表示为式（12 – 8）：

$$\ln \frac{Y_t}{L_t} = \frac{LP_t - LP_0}{LP_0} = \underbrace{\frac{\sum_{i=1}^{n}(s_{Lit} - s_{Li0})LP_{i0}}{LP_0}}_{\text{部门间劳动力静态配置效应}} + \underbrace{\frac{\sum_{i=1}^{n}(LP_{it} - LP_{i0})(s_{Lit} - s_{Li0})}{LP_0}}_{\text{部门间劳动力动态配置效应}}$$

$$+ \underbrace{\frac{\sum_{i=1}^{n}(LP_{it} - LP_{i0})s_{Li0}}{LP_0}}_{\text{部门内劳动力动态配置效应}} \qquad (12 - 8)$$

其中，s_{Lit} 表示第 i 部门的劳动力 L 所占比例，$\sum_{i=1}^{n}(s_{Lit} - s_{Li0})LP_{i0}$ 反映了各部门劳动力部门间静态配置，$\sum_{i=1}^{n}(LP_{it} - LP_{i0})s_{Li0}$ 反映了各部门内由技术创新引起的劳动生产率变化，$\sum_{i=1}^{n}(LP_{it} - LP_{i0})(s_{Lit} - s_{Li0})$ 反映了各部门劳动生产率和劳动份额的动态配置变化，如果这项为正数，意味着总体经济中那些劳动生产率增长、劳动份额同时增加的部门发展较快，相对地位较高，该产业结构的动态配置变化带来了一种"结构红利"；如果该指标为负数，意味着动态配置变化产生了一种"结构负担"（Fagerberg，2000；Peneder，2003）。同理，资本生产率增长率 $\ln(Y_t/K_t)$ 也可以做出类似的份额偏离分解。

综合式（12 – 7）、式（12 – 8），得出 $\ln A_t$ 的构成项包括五个方面，即作用于 Y_t 的总需求变化，要素生产率增长率、要素投入结构（或要素密集度）变动、要素产业结构转变和反映不同时期增长异质性等五个因素。这一系列构成项指标的变化趋势，从不同层面上深入揭示了经济增长动力的结构变化特征，结合经济发展实践，可以进一步把脉经济增长所处的阶段性特征，在此基础上，能够较为准确地、有选择地确定促进经济增长的政策思路。

根据各项动力的属性、动力诱因差异，以及在式（12 – 7）、式（12 – 8）中各项系数差异，将各构成项分类，转化为弹性表达式，视为 TFP 构成项的替代，再加权得出指数形式，即为经济增长动能指数（growth engines index），如式（12 – 9）所示：

$$GEI_t \sim \underbrace{\varphi_t \frac{d\ln V_{Dt}}{d\ln B_t}}_{\text{需求侧动能}} + \underbrace{\theta_t \frac{d\ln V_{St}}{d\ln C_t}}_{\text{供给侧动能}} + \underbrace{\omega_t \frac{d\ln V_{SCt}}{d\ln D_t}}_{\text{结构转换动能}} + \underbrace{\varepsilon_t}_{\text{异质性及其他因素}} \qquad (12 - 9)$$

其中，弹性的含义是指每项动力大小实际上是对相关因素变化的反应程度，B_t、C_t、D_t 分别表示引致各类动力变化的诱因，φ_t、θ_t、ω_t 为各项动能的权重系数，具体含义如下：

（1）作用于 $\ln Y_t$ 的需求侧动能。在内需上，主要是城乡居民收入不断上升产生的消费升级所产生的动能，即非食品类消费支出增长产生的需求动能，简称为恩格尔效应。该动能还是引起产业结构服务化的重要来源。[①] 在指标上，以居民非食品支出对居民收入变化的弹性来度量内需动能，如表 12 - 1 所示。在外需上，主要是贸易成本逐渐降低、国内生产率不断提升所产生的国内比较优势，首先促进了进出口规模扩张。由于学习和技术溢出、扩散效应，使得更多国内中间产品出口和国内使用，通过对国外中间产品进口、吸引 FDI，加入全球价值链，补充和深化国内产业分工，提升产出能力，以适应需求的增长，最终表现为出口总值中国内增加值的增长。在指标上，利用一国总投入中国内中间投入比例、国外中间投入比例、出口总值中国内附加值占比、国外附加值占比分别对贸易成本变化、生产率变化的弹性表示外需动能的大小。

（2）作用于要素生产率的供给侧动能。一是企业创新推动更先进的资本投入与人力资本投入，引致的资本偏向或技能偏向的技术进步，其动能大小可以用 R&D 支出对主营业务收入变化的弹性、新产品销售收入对 R&D 支出变化的弹性、高技术劳动力与低技术劳动力之比对生产率变动的弹性等指标反映。二是考虑到创新方面投入的顺利依赖于社会融资增长的支持，以及相应的融资结构变化的促进作用。这意味着，金融发展对成长性强的行业顺利发展，传统产业顺利调整起到了促进作用，进而成为另一种重要的供给侧动能。对此，分别用 GDP 对全社会融资规模增长的弹性、直接融资规模增长相对于全社会融资规模增长的弹性之比以及在企业层面上，用三次产业的上市公司在其融资比较优势支持下的主营业务收入增长相对于各产业增加值增长之比，来反映融资支持实体经济的动能大小。

（3）作用于要素密集度和部门间配置的结构转换动能，即生产要素在不同部门之间再配置所产生的增长效应。要素在行业间的再配置之所以发生，是因为不同产业存在要素相对价格、生产率相对差异以及需求收入弹

---

① 相关的理论文献来源列在表 12 - 1 中，正文不再一一列出，下同。

性差异的动态变化，可以通过各产业配置的资本、劳动力占比变化以及要素替代比例的变化反映出来。要素在行业间再配置能否得到顺利进行，还依赖于市场结构是否有利于鼓励产业进入和退出；在国际间产业分工中，要素再配置表现为全球价值链分工和升级，即具有不同要素密集度的生产环节和阶段被配置到不同国家和地区。高技术劳动力密集度越高的国家，分布在出口产品总值中国内附加值率越高的生产环节，意味着这些国家的产业在全球价值链中的位置越高，该国出口产品的比较优势提升及其对产品在国际产品空间中越能接近技术中心，产品创新空间越大。这些变化的动因主要是贸易自由化程度提高和该国企业生产率水平上升。因此，在指标上，全球价值链位置、出口产品与国际产品空间中心距离对贸易成本、生产率变化的弹性可以用来反映国家技术水平。

根据上述三大类动能的含义，本章定义出了 16 项小类指标。其中，有些小分类又有细分指标，共计 28 项指标，如表 12 - 1 所示，其中每项指标的理论来源文献列在最后一列。

表 12 - 1　　　　　　　　　经济增长的动能指数指标构成

动能指标	指标说明	指标含义	理论来源
I . 需求侧动能			
基于恩格尔效应的内需动能	1. $d\ln(NFE)/d\ln(Y)$	居民非食品支出对收入增长率的弹性	Kuznets（1955）；Kongsamut et al. （2001）；Zweimuller（2008）；Dennis & Iscan（2009）；Boppart（2014）
基于比较优势的外需动能	2. $d\ln(X_i)/d\ln(TC)$	总产出中使用国内、国外中间投入占总投入比例和对出口额中国内附加值占比、国外附加值占比分别对贸易成本的弹性	Novy（2013）；Jensen（2013）；Blanchard（2016）
	3. $d\ln(X_i)/d\ln(TFP)$	总产出中使用国内、国外中间投入占总投入比例和对出口额中国内附加值占比、国外附加值占比分别对 TFP 的弹性	Metliz（2003）；Costinot et al.（2013）；Baldwin & Yan（2014）

续表

动能指标	指标说明	指标含义	理论来源
Ⅱ. 供给侧动能			
人力资本偏向性技术进步的动能	4. $d\ln(H/L)/d\ln(TFP)$	高技能劳动力密集度相对于 TFP 变化的弹性	Acemoglu（2002）；Hongsong Zhang（2014）
基于熊彼特效应的创新动能	5. $d\ln(R\&D)/d\ln(S)$	研发支出增长相对于主营收入增长的弹性	Romer（1990）；Grossman & Helpman（1991）；Fujita & Thisse（2003）
	6. $d\ln(NS)/d\ln(R\&D)$	新产品销售收入增长对研发支出增长的弹性	Aghion & Howitt（1992）；Klette & Griliches（2000）；Hall et al.（2000）
金融发展动能	7. $d\ln(Pc_i)/d\ln(Y_i)$	三次产业上市公司主营收入相对各产业增加值增长幅度	Schumpeter（1942）；Hall，Lerner（2009）；Levine（1999）；Fafchamps & Schundeln（2013）
	8. $d\ln(GDP)/d\ln(Fin)$	GDP 对全社会融资规模的弹性	Khurana、Martin & Pereira（2006）
	9. $d\ln(DFin)/d\ln(Fin)$	直接融资增长相对全社会融资增长的幅度	Gorodnichenko et al.（2010）
Ⅲ. 结构转换动能			
基于相对价格变动的资源再配置动能	10. $d\ln(w)/d\ln(r)$	劳动力工资增长相对于资本价格增长的幅度	Boppart & Timo（2014）Hsieh & Klenow（2009）
	11. $d\ln(rK/wL)/d\ln(w/r)$	资本使用密集度相对于工资相对价格变动的弹性	Brandt et al.（2013）
资本深化动能	12. $d\ln(k_i)/d\ln(K_i)$	农业与非农产业资本增长相对于全社会资本增长的幅度	Kongsamut et al.（2001）；Acemoglu & Guerrieri（2008）
鲍莫尔效应	13. $d\ln(L)/d\ln(TFP)$	三次产业就业相对 TFP 变化的弹性	Baumol & William（1967）；Hsieh & Peter（2009）；Ngai & Pissarides（2007）
	14. $d\ln(Y)/d\ln(TFP)$	三次产业增加值相对 TFP 变化的弹性	Herrendorf & Valentinyi（2013）
全球价值链攀升动能	15. $d\ln(GVCP_i)/d\ln(X_i)$	中国在全球价值链位置对 TFP、贸易成本的弹性	Gereffi（1999）；Koopman et al.（2014）；Kee & Tang（2015）；Feenstra et al.（2015）
出口产品空间升级动能	16. $d\ln(PSP_i)/d\ln(X_i)$	中国与国际产品空间中心技术距离对 TFP、贸易成本的弹性	Cicerone（2017）；Hidalgo et al.（2007）

注：（1）在指标 2、3 中，$i=1，2，3，4$；指标 7、12 中 $i=1，2，3$；指标 15、16 中 $i=1，2$。
（2）指标 11 和 13 中的 L 是指就业人数，包括高技术和低技术劳动力。

二、指数测算

通过各指标的动能值进行测算，合成出经济增长的动能指数，见式（12－10）：

$$GEI_t = \sum_i w_i \times X_{ti} \qquad (12-10)$$

其中，GEI_t 表示经济增长动能指数，w_i 表示各指标的权重，X_i 表示 10 大类动能指标测算值，每类指标值若有细分项指标，则该指标值是细分项的平均值，[①] 指标采取弹性形式，除了上述理论上的意义之外，还能消除各个变量之间的量纲差异，可使得结果更加稳健。考虑到 TFP 值实际上是国家创新和发展能力不断累积的表现，各项动能指标值 X_i，均按照基期固定（以 2001 年为基期）的同比方式进行计算，有助于反映各项动能在各期中存在的累积性变化。

在指数的权重测算中，我们将各项动能指标的环比值与人均 GDP 环比增长率进行时间序列回归，根据影响系数进行处理。这是因为各项动能指标作为 TFP 构成项的近似指标，其对经济增长的促进作用应当体现为各指标与人均 GDP 增长存在显著的影响关系。表 12－2 汇报了中国新动能指数的权重。

表 12－2　　　　中国经济增长动能指数（CGEI）构成指标权重

指标	回归系数	绝对值	指标权重
需求侧动能			0.26
1. 基于恩格尔效应的内需动能	－0.15	0.15	0.15
2. 外需对国内部门发展的动能	0.05	0.05	0.05
3. 外需对国外部门产生的动能	－0.05	0.05	0.05

---

① 在多指标评价体系中，各评价指标由于性质不同，通常具有不同的量纲和数量级。当各指标间的水平相差较大时，如果直接用原始指标值进行分析，就会突出数值较高的指标在综合分析中的作用，相对削弱数值水平较低指标的作用。因此，为了保证结果的可靠性，需要对原始指标数据进行标准化处理。数据标准化的方法有很多种，本章采用常用的"最小—最大标准化"。将原始数据均转换为无量纲化的指标测评值，即各指标值都处于同一个数量级别上，可以进行综合测评分析。

续表

指标	回归系数	绝对值	指标权重
供给侧动能			0.32
4. 人力资本偏向技术进步的动能	0.19	0.19	0.20
5. 基于熊彼特效应的创新动能	0.04	0.04	0.04
6. 金融支持实体经济的动能	0.06	0.06	0.06
7. 金融发展的效率动能	0.02	0.02	0.02
结构转换动能			0.42
8. 基于相对价格变动的资源再配置动能	0.01	0.01	0.01
9. 资本深化动能	-0.04	0.04	0.04
10. 三次产业结构适应 TFP 变动的鲍莫尔效应	-0.14	0.14	0.14
11. 全球价值链攀升动能	0.05	0.05	0.05
12. 出口产品空间升级动能	0.17	0.17	0.18

注：各类指标数据取值范围设定在中国加入 WTO 之后的时期：2001～2016 年。原始数据来自《中国统计年鉴》《中国劳动统计年鉴》《中经网统计数据库》《中国经济与社会发展统计数据库》以及 WIOD 数据库、PWT9.0 数据库、联合国各国商品贸易数据库。

如表 12 - 2 所示，在影响人均 GDP 增长率的程度上，来自结构转换的动能权重最大，达到了 42%，其中又以三次产业结构适应 TFP 变动的动能和出口产品空间攀升的动能为主；其次是供给侧动能，其中以人力资本偏向的技术进步动能为主；再次是需求侧动能，内需和外需动能作用程度不分上下，但是两者作用方向相反，外需动能中来自国内中间产品投入增长和附加值比重提升的部分在逐步增强，来自国外的中间产品增长与附加值比重的部分在不断降低。这些权重分布一定程度上反映了 2001 年以来中国经济增长率对结构转型动能的反应比较显著。将对外开放相关的动能权重汇总，开放型发展动能权重为 37%，这也意味着中国经济增长率对参与全球分工规模和产业升级的反应已经达到较高的水平。根据各指标权重和各指标测量值，加权平均得出经济增长动能指数，结果如表 12 - 3 所示。

表 12 - 3　中国经济增长动能（EGDI）指标体系和指数测算结果

指标	2002 年	2003 年	2004 年	2005 年	2006 年	2007 年	2008 年	2009 年	2010 年	2011 年	2012 年	2013 年	2014 年	2015 年	2016 年
需求侧动能	0.071	0.060	0.023	0.039	0.051	0.040	0.032	0.041	0.040	0.037	0.038	0.056	0.055	0.054	0.055
基于恩格尔效应的内需动能	0.150	0.125	0.012	0.060	0.095	0.063	0.037	0.060	0.056	0.048	0.049	0.104	0.099	0.097	0.097
外需对国内部门发展的动能	0.016	0.000	0.002	0.009	0.015	0.016	0.022	0.041	0.035	0.037	0.042	0.044	0.050	0.053	0.056
外需对国外部门产生的动能	0.047	0.056	0.054	0.048	0.043	0.042	0.037	0.022	0.028	0.027	0.023	0.021	0.015	0.013	0.011
供给侧动能	0.031	0.053	0.023	0.015	0.020	0.017	0.010	0.017	0.031	0.036	0.037	0.039	0.045	0.049	0.061
人力资本偏向技术进步的动能	0.053	0.090	0.064	0.024	0.012	0.007	0.016	0.029	0.078	0.122	0.134	0.145	0.159	0.172	0.210
基于熊彼特效应的创新动能	0.030	0.013	0.007	0.014	0.014	0.016	0.010	0.011	0.017	0.011	0.012	0.012	0.013	0.013	0.017
金融支持实体经济动能	0.010	0.042	0.009	0.011	0.021	0.017	0.006	0.010	0.011	0.004	0.002	0.000	0.002	0.004	0.005
金融发展效率动能		0.065	0.011	0.013	0.035	0.030	0.009	0.017	0.019	0.007	0.002	0.000	0.004	0.008	0.011

续表

指标	2002 年	2003 年	2004 年	2005 年	2006 年	2007 年	2008 年	2009 年	2010 年	2011 年	2012 年	2013 年	2014 年	2015 年	2016 年
结构转换动能	0.016	0.009	0.027	0.039	0.049	0.053	0.064	0.061	0.069	0.077	0.077	0.078	0.078	0.074	0.075
资源再配置动能	0.004	0.001	0.000	0.002	0.002	0.004	0.004	0.003	0.004	0.005	0.006	0.006	0.007	0.007	0.008
资本深化动能	0.000	0.003	0.006	0.007	0.007	0.008	0.010	0.014	0.022	0.019	0.024	0.039	0.039	0.039	0.042
鲍莫尔效应	0.002	0.012	0.029	0.052	0.069	0.090	0.108	0.107	0.122	0.142	0.142	0.139	0.131	0.121	0.115
全球价值链攀升动能	0.020	0.008	0.010	0.011	0.016	0.016	0.022	0.026	0.026	0.030	0.032	0.033	0.038	0.045	0.057
出口产品空间攀升动能	0.053	0.022	0.089	0.122	0.152	0.148	0.175	0.154	0.168	0.189	0.182	0.175	0.177	0.156	0.155
中国经济增长动能指数（CGDI）	0.035	0.036	0.024	0.031	0.040	0.038	0.038	0.041	0.049	0.054	0.054	0.060	0.061	0.061	0.065

注：各指标值计算中所用使用的 TFP 值来源于 PWT9.0 数据库，由于该数据库只提供到 2014 年的 TFP 值，本章在计算 2015 年、2016 年指标值时对 TFP 进行了预测处理。2015 年、2016 年各项数值有待于用实际 TFP 值更新。

第三节 中国经济增长的动能指数：趋势与解读

一、经济增长动能指数与 TFP 的趋势对比

将表 12 - 3 中的数据用图示，中国经济增长动能指数在 2002 ~ 2016 年期间的走势总体上呈现持续上升的状态，相比而言，中国经济增长的 TFP 值在 2008 年之后从上升势头转变成几乎稳定不变的状态，如图 12 - 1、图 12 - 2 所示。尽管动能指数是依据有限的指标计算得出的，是对 TFP 的近似替代，但是动能指数反映了基于这些指标综合起来的增长态势。从这个意义上看，中国经济增长总体上仍处于增长动能不断累积上升阶段。

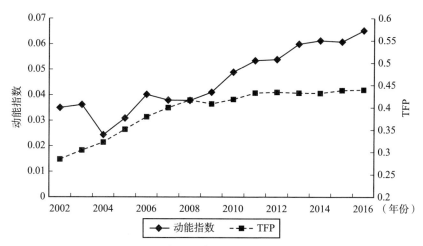

图 12 - 1 中国经济增长动能指数与 TFP

根据动能指数环比增长率与 TFP 环比增长率对比来看，[①] 2002 ~ 2016 年，中国经济增长从整体上来看，可以分两个区间观察：

---

① 经济增长动能环比增长率的计算不是简单地根据每年动能指数值计算得出的，而是根据各项指标环比值和相同的权重计算得出。

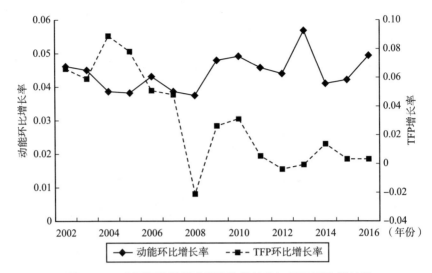

图 12-2　中国经济增长动能环比增长率与 TFP 环比增长率

（1）2002~2008 年期间，动能指数总体上呈下降趋势，其中 2005~2006 年出现明显增长，2006~2008 年恢复下降趋势。同时期 TFP 增长率总体上也呈现出明显的下降态势。这意味着，2008 年之前，中国经济的增长方式所带来的增长动能或增长潜力基本上发挥至饱和状态，进入到结构调整、产业升级和增长方式调整时期。

（2）2008~2016 年期间，动能指数保持较为明显的上升趋势，动能环比增长率平均水平高于上一个时期，并且与 TFP 环比增长率保持同步的变化。如果说 TFP 环比增长率在 2008 年之后处在一个较低水平徘徊，反映了中国经济增长没有发生显著的创新驱动，那么动能指数持续上升，环比增长率在一个较高水平上波动，就意味着中国经济在 2008 年之后仍然维持原有的增长方式。其中增长动能在 2009 年出现一次脉冲式增强，可以看出，与中国政府在 2008 年爆发金融危机之后出台的"四万亿元"强刺激手段有关。增长动能在 2013 年又一次脉冲式增强，这与 2012 年党的十八大之后继续维持货币超发的政策分不开。[①]

从 TFP 的曼奎斯特（Malmquist）指数分解可知，TFP 增长率在接近零时，通常是在既定技术前沿下规模效率的增长，如图 12-3 所示，在 2005

---

① 见下文，金融发展动能中"GDP 对全社会融资规模的弹性"指标在 2013 年明显下降，意味着全社会融资规模在 2013 年有显著上升。

年、2007 年、2012 年、2014 年增长动能降到低点时，Malmquist 指数构成项中规模效率变化指数上升，大于 0,[①] 两者呈现此消彼长变动趋势，而同期技术进步变化指数则降低到历史最低点，且小于 0，与增长动能指数几乎呈现同步的波动趋势，如图 12 - 4 所示。

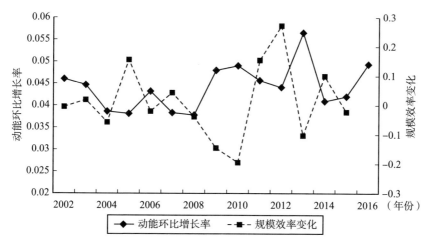

图 12 - 3 动能环比增长率与规模效率变化

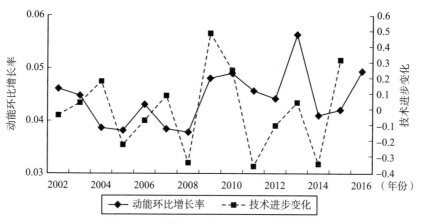

图 12 - 4 动能环比增长率与技术进步变化

简而言之，动能指数增长率在 2009 年、2010 年反弹带来的 TFP 环比增

---

① 这里 Malmquist 指数是依据省级层面 GDP、资本和劳动力数据计算得出的平均值。

长率增长更主要是来自技术进步变化率，即技术前沿的拓展。2012年动能指数增长率下降至历史最低点，也是技术进步变化率降低的历史低点，但是在2015年之后出现回升势头。可以做出这样的判断，即中国经济增长在2008~2014年并没有出现明显的新的前沿扩张，仍处于原有前沿下规模效率增长阶段。2015年增长动能、技术进步变化率都出现了上升。可以说，中国经济增长动能指数更多地反映了Malmquist指数中技术进步变化率的波动特征。

从周期视角看，中国经济增长动能于2005年、2008年、2012年和2014年降低到周期低谷，周期从四年缩短至三年。其中，2006年、2010年、2013年动能增长率相对比较高。2016年出现了动能上升势头，将持续多长时间，增长幅度有多大，有待于进一步观察。

二、经济增长动能指数与人均 GDP 的趋势对比

如图12-5所示，经济增长动能指数与人均 GDP 同比增长率保持共同上升的趋势。经济增长动能指数的环比增长率与人均 GDP 环比增长率在周期性波动中呈现出交替变化的特征，即在2005年、2009年、2013年、2015年人均 GDP 增长率趋缓时，增长动能增长率开始上升，如图12-6所示。在人均 GDP 增长出现上升脉冲时，增长动能提前出现调整，例如2007年、

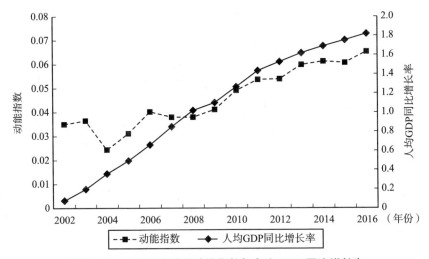

图 12 -5 中国经济增长动能指数与人均 GDP 同比增长率

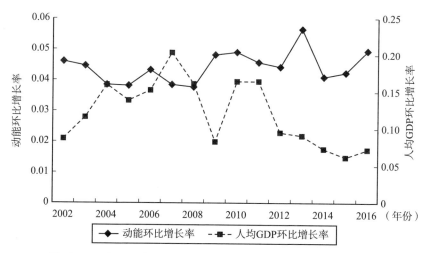

图 12 - 6　中国经济增长动能环比增长率与人均 GDP 环比增长率

2011 年。2012 年中国经济增长速度下降，并且可能维持较长时期，即"新常态"，但动能指数却呈现出了 2013 年、2016 年脉冲式回升的表现，这意味着，在动能指数中占有较大权重的某些指标，如人力资本偏向技术进步的动能，出现了上升的趋势，这些指标可以视为经济增长"新常态"中的新动能。

三、中国经济"新动能"与"常规动能"转换

党的十九大报告指出，在中高端消费、创新引领、绿色低碳、共享经济、现代供应链、人力资本服务等领域培育新增长点、形成新动能。根据该论述，本章将上述动能指标中涉及"新动能"的指标归为一类，其他指标归为"常规动能"，如表 12 - 4 所示。

表 12 - 4　中国经济增长动能："新动能"与"常规动能"指标构成

"新动能"	"常规动能"
1. 基于熊彼特效应的创新动能	1. 金融发展动能
2. 人力资本偏向性技术进步的动能	2. 基于相对价格变动的资源再配置动能
3. 基于恩格尔效应的内需动能	3. 资本深化动能
4. 全球价值链攀升动能	4. 鲍莫尔效应
	5. 基于比较优势的外需动能
	6. 出口产品空间攀升动能

根据上述分类，图12-7、图12-8解释了经济增长"新动能"与"常规动能"的变动趋势，不难发现，"常规动能"指数与TFP几乎呈现相同的变化趋势，在2012年之后出现了下降趋势，在增长率波动特征上，"常规动能"指数增长率在2004年之后总体上处于下降的态势。相比之下，"新动能"指数在2002~2008年、2012~2016年期间，与"常规动能"指数交替变化。2008年之前，"新动能"指数呈现出先降后升的变化趋势，2012年之后，"常规动能"指数呈现由升转降，两者相比，可称为"新旧动能"转换。

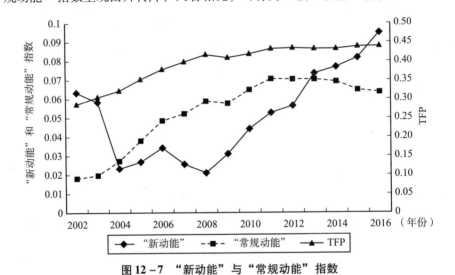

图12-7 "新动能"与"常规动能"指数

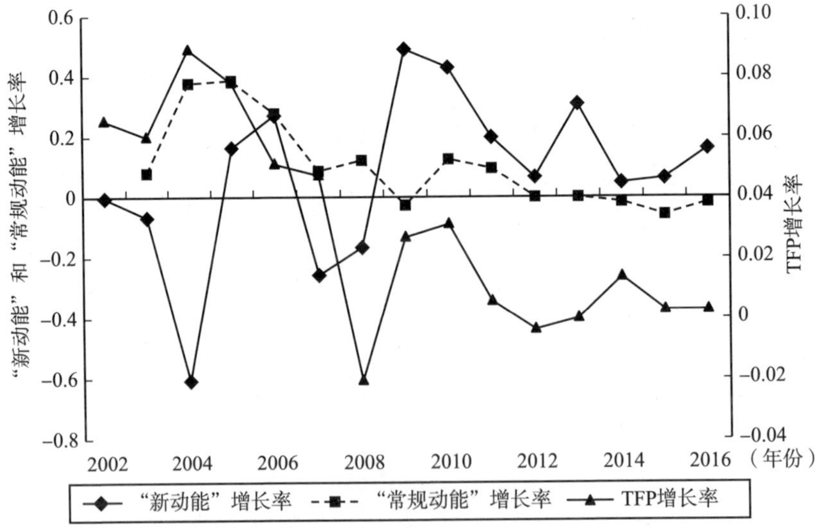

图12-8 "新动能"与"常规动能"增长率

从增长率看，如图 12 - 7 和图 12 - 8 所示，"新动能"波动程度大于常规动能。"新动能"增长率在 2007 年之前与"常规动能"增长率交替变动。在 2008 ~ 2013 年期间，两者几乎同步变化，2014 年之后，两者又出现交替变化。这进一步揭示了，"新旧动能"转换发生于 2008 年，而且"新动能"的增长率在 2008 年以来，绝大部分时期均高于"常规动能"。

对比 TFP 增长率变动趋势，不难发现，"常规动能"增长率与 TFP 增长率同步下降时期，例如 2005 ~ 2009 年、2014 ~ 2016 年，"新动能"增长率呈现上升态势，这意味着，"新动能"在一定程度上起到了逆周期调节的作用。"新动能"指数构成项主要涉及技术创新、产业升级方面的动能，这就意味着，"新旧动能"转换的主要来源是持续地增强创新动力及其相应的结构转变。

四、需求侧、供给侧与结构转换动能的变化趋势

如图 12 - 9 所示，需求侧动能呈现出周期波动式上升趋势，2002 年之后有三个周期，分别是 2004 ~ 2008 年、2008 ~ 2012 年、2012 ~ 2016 年。每个周期持续 5 年。2012 ~ 2016 年的周期若结束，需求侧动能能否进入上升通道，启动下一周期，还有待观察。供给侧动能 2008 年前后呈现出先降后升的变化趋势，2015 年以后开始加速上升，预示着 2017 年发生的供给侧改革行动。结构转换动能在 2011 年之前一直处于稳定上升的趋势，2011 年之后进入停滞，且稳中有降。结构转换动能与"常规动能"的指标构成重合程度较高，而且变动趋势近似。三大动能相比，不难得出：由人力资本密集度、创新驱动构成的供给侧动能于 2008 年开始进入上升通道，由此带来了生产率增长的潜在空间。在图 12 - 10 中，需求侧动能若以 2002 年、2003 年水平为参照系，那么 2004 年以来需求侧动能总体上处于低位徘徊，没有呈现出中国人均 GDP 进入中等收入阶段后预期的需求爆发式增长，这种变化趋势与人均 GDP、人均收入持续上升呈现显著的背离，这意味着，中国进入中等收入阶段后经济增长的新动能开启可能遭遇内需动能不足的限制；结构变迁一直是中国经济长期增长的重要动力来源，但是 2011 年结构转换动能停滞，暴露出了 2011 年之后依赖于改革与开放的结构变迁动力不足，换句话说，改革与开放在 2011 年可能不够强大，以至于结构转换动能出现了停滞。

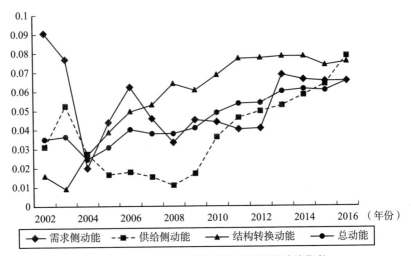

图 12 - 9　需求侧、供给侧与结构转换动能指数

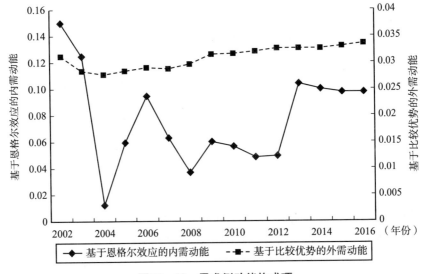

图 12 - 10　需求侧动能构成项

（一）需求侧动能

从需求角度看，随着经济发展人均收入水平的不断提升，居民的恩格尔系数不断下降，非食品类支出占比逐步上升。非食品类产品或服务的需求收入弹性较高，拉动产业结构呈现出非平衡增长，从以中低端产业为主的产业结构向以中高端产业为主的产业结构转变。

我国城镇居民恩格尔系数由 2000 年的 39.44% 下降到 2016 年的 29.30%，农村居民恩格尔系数由 2000 年的 49.16% 下降到 2016 年的 32.24%。城镇居民的恩格尔系数始终低于农村居民恩格尔系数，这意味着城镇居民需求动能高于农村居民。

但是从城镇和居民收入增长的需求动能指数对比来看，如图 12 - 11 所示，城镇居民收入增长的需求动能在绝大多数年份上却低于农村居民，只有 2010 年、2013 年正增长时才略高于农村，2014～2016 年城镇居民的需求动能迅速下降，低于农村居民。两者需求动能的实际差异与理论上推断明显相悖。究其原因，在消费结构变化趋势上，城乡居民在居住支出占比增长的差异显著大于其他消费支出差异。由此，不难得出，居住支出占比持续增长在一定程度上限制了城镇居民需求动能的提高。近些年，农村居民的居住支出占比有一定的上升，是否限制了其需求动能的提高，有待于进一步观察。

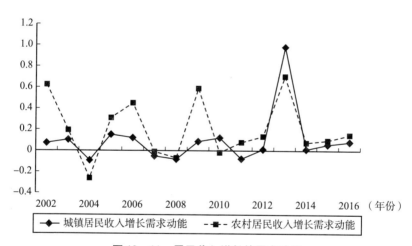

图 12 - 11　居民收入增长的需求动能

从基于比较优势的外需动能来看，如图 12 - 12、图 12 - 13、图 12 - 14 所示，呈现两次阶段性变化，第一次是在 2002～2009 年期间，由降转升，2009 年之前外需动能主要由国外部门贡献。2005～2009 年，国内部门指标缓慢上升到与国外部门指标处于同一个区间，两者对外需动能的贡献不分上下。第二次是从 2009 年开始的新的由降上升趋势，但外需动能转换成由国内部门指标贡献。根据指标的含义，中国出口导向型发展实现了某种程度上的产业升级，即出口总产出中的中间投入由从国外中间投入为主转变成以国内中间投入为主。此外还应注意到，贸易成本进一步降低，技术进步水平持续提升，既会提升国内中间投入在出口产品中的份额，也会因为与国外先进技术与产品的交流与外溢程度增加，进而增加使用国外中间投入。技术与产品创新越先进、越快的国家，无论是来自国内，还是来自国外，该国中间产品以及由其构成的出口产品附加值都会在出口增长中成为重要的动能来源。

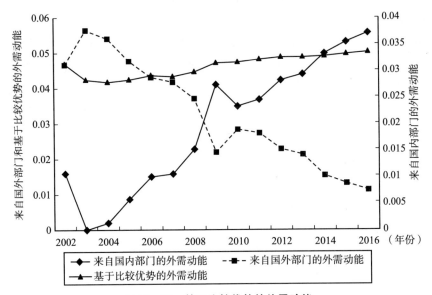

图 12－12 基于比较优势的外需动能

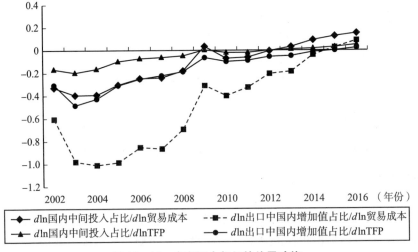

图 12－13 来自国内部门的外需动能

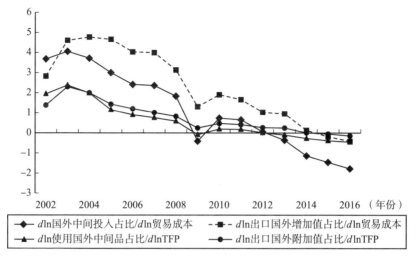

图 12 - 14　来自国外部门的外需动能

　　随着中国技术水平的不断提高，中国正逐步转向高技术复杂任务的生产，在这过程中某些高技术水平的中间品仍难以自己生产，需要进口国外产品，但国外企业对高技术中间品的出口实施技术封锁。这种情况下，容易出现国内中间产品出口增长，进口国外中间品的增长幅度下降的格局。因此，中国一方面要加强高技术产品背后的技术学习、学术交流，间接地获取知识外溢，另一方面要加大科技创新投入的力度，在原始创新方面做出重大突破与成果，掌握关键领域的核心技术。

　　相比之下，国外中间产品的进口仍然存在着对国内产业的技术溢出、技术学习以及补充要素与分工体系等的促进作用，而且技术层次越高的国外中间产品进口，产生的促进作用越高。来自国外部门的外需动能指数持续下降，意味着国外中间产品产生的外需动能持续下降，并不利于加快缩短国内中间产品在技术空间上与发达国家的差距。与国内部门外需动能指数相加，外需动能多年来几乎处于稳定状态。

（二）供给侧动能

　　从供给角度看，不同要素相对价格的变化、不同行业相对生产率的变化是各产业非平衡增长的动因。要素相对价格变化主要是因为产业发展规模的持续扩大使劳动力要素供不应求，导致更多的资本投入和人力资本投入，在不同行业引发了不同程度的技术进步，以及相应程度的资本深化，而资本深化程度的实现通常依赖于一国的金融发展规模和直接融资占比的变化。

人力资本偏向型技术进步动能在 2003～2007 年保持下降趋势，如图 12-15所示，在 2007 年到达最低点，之后开始显著持续上升。2007 年中国出现"用工荒"，劳动力出现短缺，劳动力结构中人力资本密集度开始上升。高技术劳动力密度持续上升将为技术创新和产业升级提供有力的支撑，这表明我国经济增长出现了劳动力质量改进与存量增长放缓并存的趋势。

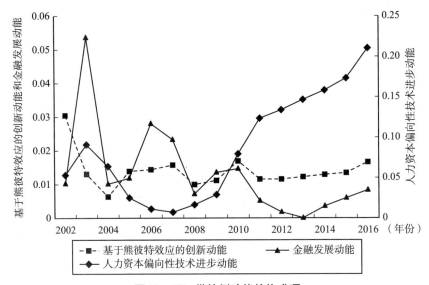

图 12-15　供给侧动能的构成项

基于熊彼特效应的创新动能指数基本保持不变，创新动能一直处于较低水平。如图 12-16 所示，2002～2007 年、2008～2010 年、2011～2016 年这三个时期，创新投入指数呈现出三次先降后升的变化，每次上升的幅度逐渐变小。创新效益指数波动呈现出与创新驱动指数交替特征即，创新投入指数上升时期，通常是主营收入和新产品销售收入增长率相对较低的时期，创新投入增长的滞后效应是下一个时期的主营收入或新产品销售收入快速增长，创新效益指数呈现上升特征。两者的"背离"现象，意味着企业研发投入强度提高依赖于上一期主营业务收入增长，本期研发投入后，新产品成功开发面临着一定的不确定性，没有获得较高的新产品销售收入增长。

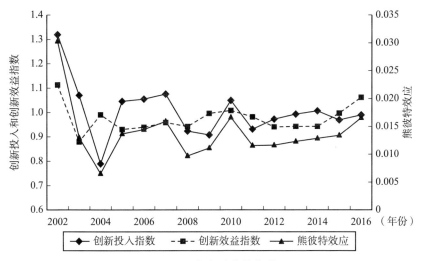

图 12 - 16 创新动能的构成项

值得注意的是，创新动能指数没有出现一种上升的通道，在经济周期内底部既没有下降很多，上升时也没有明显的增幅，分项动能指数出现了"收敛"趋势，创新投入指数与创新效益指数交替波动的波峰差距在 2008 ~ 2014 年期间逐步缩小，这意味着创新动能逐渐衰竭。不难理解，"中国制造2025"在 2015 年创新投入指数再次进入下降阶段时面世。创新投入指数何时再次进入上升阶段，并且得以持续较长时期，还有待于"中国制造 2025"行动规划持续强有力地推进、落实，其效果值得密切关注。

金融发展动能指数总体上在周期波动中呈现下降趋势，如图 12 - 17 所示，到 2013 年降低到历史最低水平，2013 ~ 2016 年维持缓慢上升态势，其波动特征与"直接融资相对增长率"指数基本一致，这就意味着，以直接融资占比上升为代表的融资结构优化的动能在政策倡导下不仅没有增强，反而不断弱化。其背后一个重要原因可以从"融资对实体经济支持动能"指数逐步减小中得到部分解释，该指数是根据三次产业的上市公司主营收入增长率与三次产业增加值增长率之比计算得出的。上市公司作为我国优质企业的代表，也是企业创新活动的源泉地，其主营收入增长应该会改善市场结构，产生促进创新的效应。不仅如此，上市公司相比于非上市公司拥有较丰富的金融资源，金融资源配置能力较强，其主营收入增长在很大程度上与获得的金融资源，尤其是直接融资呈正相关，上市公司主营收入增长率总体上应会显示出快于所在行业的平均水平。但是事实上，上市公司主营收入相对增长率从 2003 年开始显著地下降，并且维持着下降趋势，一直到 2016 年。尽管上市公司主营收入增长弹性值仍然处于大于 1 的水平，略快于同行业平均水平，但是持续下降的动能意味着，上市公司拥有相对比较丰富的金融资源，对主营收入较快增长的支持没有产生持续上升的效应，进而限制了直接融资的增长。

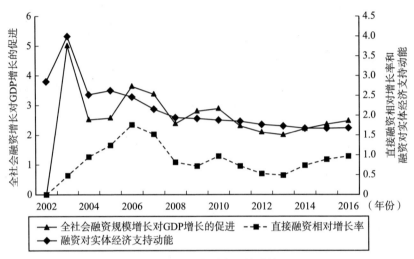

图 12 - 17　金融发展的动能

如图 12 - 18 所示，第一产业上市公司主营收入增长弹性总体上高于第二产业和第三产业上市公司，其变化趋势为从 2005 年开始下降，一直持续到 2014 年，从 2015 年开始略微上升。第二产业上市公司主营收入增长弹性 2009 年之前低于第三产业上市公司，2009 年之后两者保持相同负增长。2013～2016 年出现回升的趋势，但是上升的幅度逐渐变小。这表明金融发展对实体经济支持的动能进入了一种稳定状态。

"全社会融资规模增长对 GDP 增长的促进"效应指标从 2005 年总体上处于 [1，1.5] 区间。2005～2009 年基本维持小幅上升趋势，而 2009 年以后下降幅度较为明显。这意味着，2008 年金融危机后，实施的"四万亿元"计划，只维持了一个短期的 GDP 增长促进效应，然后就进入了较长的缓慢下降时期，一直持续到 2016 年。尽管如此，该指数仍然处于 1 的上方，这意味着全社会融资规模增长率一直略小于 GDP 增长率，金融发展既为经济增长提供了较宽松的支持，同时又使得金融风险没有得以持续积累与膨胀。

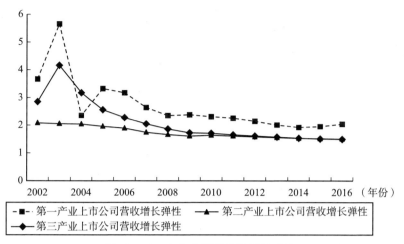

图 12-18　上市公司营收增长的弹性

（三）结构转换动能

结构转换动能中，资源再配置动能、资本深化动能与全球价值链攀升动能持续上升，如图 12-19 所示，代表三次产业结构转变动能的鲍莫尔效应 2011 年进入下降阶段，中国出口产品在国际产品空间地位由升转降。这些动能的趋势变化时间点是在 2013 年，各项结构转换的动能指数均呈现不同

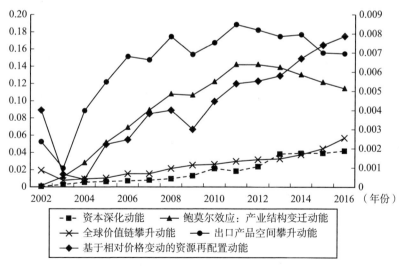

图 12-19　结构转换动能构成

程度的上升趋势。在 2013 年之后，基于要素价格变动的资源再配置动能与全球价值链攀升动能增长较为明显，资本深化动能在 2013 年后增长势头持平。来自三次产业结构转变的动能、出口产品空间攀升动能的趋势变化时间点在 2011 年。相比而言，2013 年之后呈现上升趋势的结构转换性动能有一个共同特征，即资本、劳动力要素和中间产品分工等微观层面上的结构变化动能在加强，呈现下降趋势的动能的共同特征恰好是产品、产业层面的结构变化动能在减弱。这进一步说明了实现产业结构变化的微观主体——企业在产出方面增长趋缓，但是在投入方面积极调整结构，积蓄着潜在的增长动能。

1. 资源再配置动能

经济增长过程中，各种资源在不同部门间进行配置。资源再配置动能指数由两方面构成：一是以要素价格变动比率的比值来反映行业间的劳动力相对成本变化率，进而引导企业通过投入要素之间的一种替代关系变化，改变两种产品的边际产出，引发企业产出增长的变动。企业每次进行要素替代，利用更新的要素或改进要素配置效率的可能性较大，由此又可能引起 TFP 的变化。二是企业针对要素相对价格变化做出的反应，直接反应在要素密集度的变化，即要素替代弹性，作为相对价格变化的动能如图 12 - 19 所示。

资源配置动能变化大致分成两个阶段：一是 2008 年之前，资源再配置动能持续增长，呈现先降后升的变化，2004 年之后与 TFP 增长趋势几乎保持平行。二是 2009 年之后，资源再配置动能再拾持续增长趋势，但是 TFP 增长势头相对停滞。这意味着，资源再配置变化没有发生显著的生产率增长效应，由此进一步支持了中国经济增长仍处于原有前沿下规模效率增长阶段的判断。

资源再配置动能增长率与 TFP 增长率于 2005 年达到阶段性高位，随后在 2008 年与 2009 年都显著降低到历史低位，如图 12 - 20 所示。在 2003 ~ 2008 年期间，两者变动趋势近似于同步，资源再配置动能增长率波动程度略高于 TFP 增长率。在 2009 ~ 2014 年期间，两者呈现出一种共振的态势，但是资源再配置动能增长率维持着比 TFP 增长率较小的幅度变化，两者都处于较为稳定的增长状态。

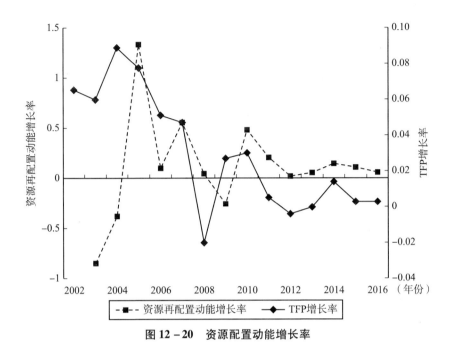

图 12 - 20 资源配置动能增长率

要素价格相对变动弹性很大程度上取决于资本、劳动力供求关系的变化差异大小。资本价格随着投资不断扩张，得到越来越多的资金供给，会呈现出下降的趋势。投资不断扩张本身就是工业化过程的持续发展，对劳动力需求将持续上升。劳动力供给随着工业化发展，越来越难以满足需求，工资持续上升，又将一步刺激企业用更多的资本替代劳动。但是从要素替代弹性变动趋势看，2002 年以来，在一个较为稳定的区间上缓慢下降，如图 12 - 21 所示。这说明，工资与资本相对价格上升幅度强劲，资本对劳动代替的上升幅度略低。这说明劳动成本逐渐增加，或者资本回报逐渐下降，如图 12 - 22 所示。

资本—劳动替代弹性从 2002 年较高水平处持续地缓慢下降，可以理解为，加入 WTO 之后，中国出口贸易和吸收外资增加，投资和资本迅速扩张，大量相对过剩的劳动力转移到工业化快速发展地区，这期间资本价格和资本扩张都处于较高的水平，劳动力工资上升缓慢。随着工业化和城市化进程持续推进，劳动力供求状况反转，劳动力价格于 2007 年开始上升加速，据统计，2011 年中国 60 岁以上的人口占比超过 12%，[①] 中国人口进入老龄

① 来源于国家统计局资料。

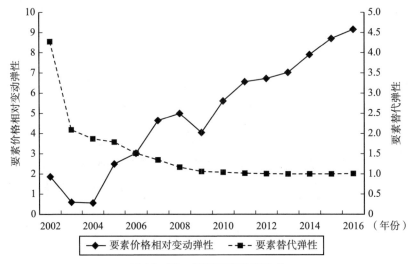

图 12 - 21　资源配置动能构成

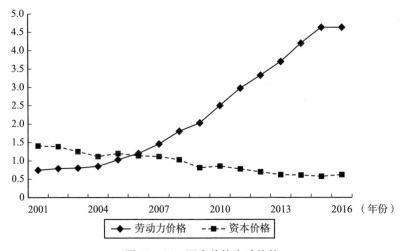

图 12 - 22　要素价格变动趋势

化阶段。资本却越来越富余，资本价格持续降低。2006 年之后二者增长呈现明显的分化趋势，一直持续到 2015 年。

2. 人力资本偏向的技术进步动能

人力资本偏向的技术进步通常发生于劳动力成本上升，且高技术劳动力相对成本较低的时期，企业愿意增加雇佣更多的高技术劳动力，满足改善生产效率、促进技术创新、提高产品附加值的需求。高技术劳动力的学习和创新能力较强，给企业带来的边际产品价值相对较高，所获的工资越高，越能吸引更多的高技术劳动力供给。在产业发展进入依赖于新兴技术驱动的时期，企业的 TFP 增长潜力较大，进而转变为对高技术劳动力需求的增长。因此，由人力资本偏向性技术进步引发的增长动能间接地用高技术劳动力密集度对 TFP 弹性来表示。如图 12 – 23 所示，就业人口中高技术劳动力和低技术劳动力①的比值呈现逐步上升的趋势，特别是自 2009 年开始，比值开始明显增大，说明中国经济就业人口中高技术劳动力的比重稳步提升。劳动力素质上升将引发技能偏向的技术进步，成为中国经济发展新阶段的重要驱动力。

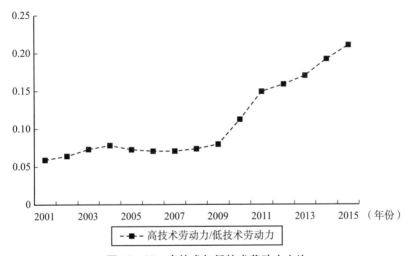

图 12 – 23　高技术与低技术劳动力之比

　　人力资本偏向性技术进步动能呈现出先降后升的趋势，拐点发生在 2007 年，如图 12 – 24 所示。加入 WTO 到 2007 年金融危机爆发期间，中国作为后发国家，通过大规模的资本装备投资和低技术劳动力投入快速地推动工业化进程，新技术使用更多地体现在不断更新的资本装备中，对高技术劳动力需求相对不足。2007 年中国"用工荒"凸显，劳动力成本开始加速上升，同时 TFP 上升到阶段性顶部，对新技术、新兴产业以及产业转型升级的需求越来越显著。这些变化都转化为对高技术劳动力密集度的提高以及由此推动的技术进步。

---

　　① 根据《中国劳动与就业统计年鉴》，就业人口中，高中以上学历就业人口为高技术劳动力，高中以下学历就业人口为低技术劳动力。

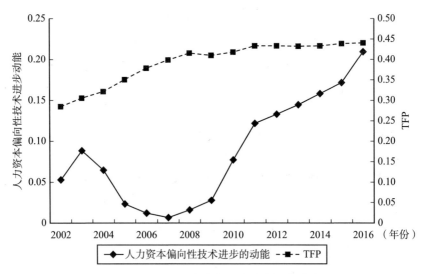

图 12 – 24　人力资本偏向的技术进步动能

　　从 2008 年开始，人力资本技术偏向性动能开始保持明显的上升趋势，经济增长方式开始呈现出依赖于劳动力质量提升的变化。2009 年启动的"四万亿元"投资一定程度上是原来增长方式的持续，2009 ~ 2011 年高技术劳动力密集度迅速提升，很大程度上是更新技术的物化投资增长带来的需求。从较长时期看，应对劳动力成本持续上升而增加高技术劳动力密集度将是一个长期过程。2016 年出现了新的较快增长的势头，同期 TFP 增长率几乎降为 0。这意味着，技能偏向的技术进步动能还处于不断累积的过程中，TFP 增长率回升指日可待。

　　3. 资本深化动能

　　在长期经济增长中，不同产业部门使用生产要素的密集度若存在差别，那么即使技术进步速度相同，产品相对价格也会变化，推动产业结构变动，表现为资本密集度和资本存量在各产业中非平衡地增长，资本深化越高的部门对经济增长的促进作用越大，简称为资本深化动能。[①] 如图 12 – 25 所示，

---

　　① 根据资本深化导致部门非均衡增长的模型（Acemoglu & Guerrieri, 2008），构造一个资本深化动能指数：$\dfrac{d\ln\kappa_j(t)}{K_j(t)} = \dfrac{(1-\varepsilon)(\alpha_j-\alpha_i)(1-\kappa_i(t))}{1+(1-\varepsilon)(\alpha_j-\alpha_i)(\kappa_i(t)-\lambda_i(t))}$。其中，$i$ 为农业部门、非农部门，$\kappa_i(t)$，$\lambda_i(t)$，分别表示各部门资本和劳动力的占比，ε 为农业部门和非农业部门的产品替代弹性，ε 的值参考总生产函数的部门产品替代弹性模拟值（Hsieh et al., 2009）。α_i，α_j 为农业部门和非农部门资本要素投入在总产出中的比重。

资本存量持续积累过程中，农业部门资本在一个较小的区间内变化，非农业部门的资本存量增长率则持续上升。从非农业部门资本深化动能变化来看，大致有两个发展阶段，一是2001～2010年期间，非农业部门资本存量占比变化率在2004年超过农业部门，开启持续上升趋势，到2010年达到阶段性顶点，这与中国工业化发展模式和过程相一致，资本大部分集中在了非农部门。二是2012～2016年期间，其中2013～2015年期间增长速度几乎停滞，2016年有所回升。这与2012年党的十八大之后经济增速下降一致。与同期呈现相同趋势的创新动能、同期显著上升的人力资本偏向性技术进步动能结合起来，可以说，中国经济进入高质量发展阶段初期，虽然创新驱动具有了人力资本密集度不断上升的基础，但是还没有能够吸引大规模资本投资增长的重大技术，尤其是在通用技术创新和扩散上实现突破。

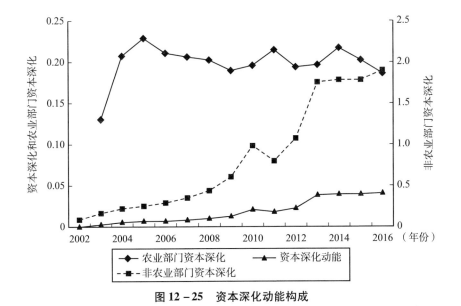

图12－25　资本深化动能构成

4. 鲍莫尔效应：技术进步引发的行业变迁动能

不同产业部门产品存在一定互补性，技术进步较快的产业部门的产品价格相对较低，将推动劳动力转移到其他产业部门（Baumol，1967；Ngai & Pissarides，2007），由此构造了鲍莫尔效应指标，表示技术进步所产生的结构转换动能。

2001年以来，中国三次产业结构中，农业部门产量增加值和消费份额显著下降，服务业部门的增加值份额逐渐上升，于2012年超过工业部门份额，工业部门增加值变化比较平缓，从2012年开始份额下降趋势明显。但是鲍莫尔效应呈现出先升后降的拐点是在2011年，如图12-26所示，之后进入下降阶段。三次产业增加值结构变化动能指标，2011年之前，两者保持相同的速度上升，同期TFP也保持着稳定上升的趋势，但指标值略小于就业结构变化动能指标，这体现了三次产业发展对劳动力需求保持着稳定的增长率，反映了劳动力在三次产业之间转变比较显著。从2012年开始，就业变化动能开始显著地以较快的速度下降，增加值结构变化动能下降开始较为缓慢。与2012年之后TFP没有增长的情况结合起来考虑，不难得出，这段时期，中国产业结构转换的方式发生了变化，有的产业吸收劳动力的动能减弱，进入了替代劳动力要素的发展阶段，有的产业吸收劳动力的动能在增强，但是没有带来经济总体的增长态势。

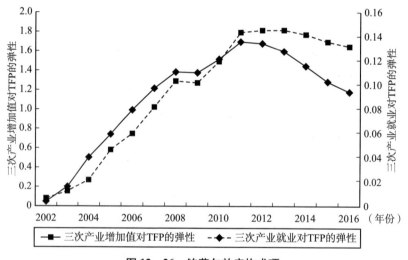

图12-26 鲍莫尔效应构成项

三次产业就业变化对TFP变化的反应，不仅取决于自身产业TFP变化，而且还受到其他产业TFP相对变动的影响，经过劳动力在各产业之间的再配置，达到一种均衡状态，由此带来经济的增长。不难发现，如图12-27所示，第一产业就业变化的弹性长期以来一直是负弹性，并且不断加强，即源源不断地向第二、第三产业输送劳动力，但是这个动能到2014年出现了阶段性停滞。第二产业就业变化动能在2012年之前一直以快于第三产业的速度上升，但是在2012年之后下降速度明显大于第三产业。这意味着，即使第三产业继续着保持着较高的吸收劳动力的动能，也没有能够完全吸收第二产业挤出的劳动力。与同期资本深化动能停滞的表现结合起来，可以说，2012年以来，出现了部分就业"迷失"。三次产业增加值变化的动能，如图12-28所示，在2011年之前，均呈现出平行上升的势头。2011年出现了拐点，第二产业最早开始出现回落，并且以略快于第一、第三产业的速度下降，一直持续到2016年。这说明第二产业增加值变化动能对经济形势负向变化反应比较敏感，结合就业"迷失"的判断，可以说，2011年之后中国产业结构转变出现了逆向变迁，结构转换动能下降抵消了经济增长中上升动能的作用。

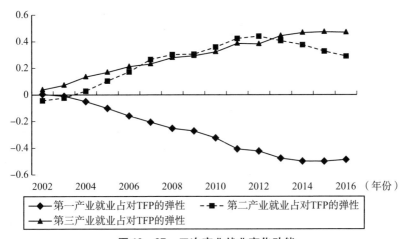

图12-27　三次产业就业变化动能

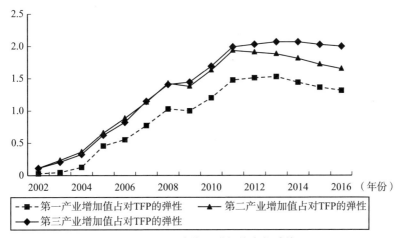

图12-28　三次产业增加值变化动能

5. 全球价值链攀升动能

全球价值链（GVC）分工模式下，各国产业发展作为全球生产链的一个组成部分，参与国际分工的门槛大大降低。不同国家尤其是发展中国家通过参与特定产品分工环节，发挥自身比较优势，快速地提高其产品生产和出口能力。但参与价值链仅仅是第一步，想要在全球一体化中获得更多的经济利益，提升本国在全球价值链上的位置才是更重要的。大量文献表明，不同生产环节和阶段被配置到不同国家和地区，不仅取决于一国或地区的要素禀赋、要素密集度与生产率差异，同时还会受到制度环境决定的贸易成本的影响，越高端的价值链环节对贸易成本的变化越敏感。

GVC 攀升动能指数的构建侧重于考察一国产业在 GVC 位置的变化对贸易成本、生产率变化的反应程度。该指数大于零，表明该国就处于全球价值链的上游环节且具有更强的附加值创造能力。如图 12 – 29 所示，2001～2016 年中国 GVC 攀升动能指数变化，[①] 总体上呈正"U"型，2004～2007 年徘徊在谷底，2007 年之后呈现加速上升的趋势，2013 年的上升势头进一步加强。

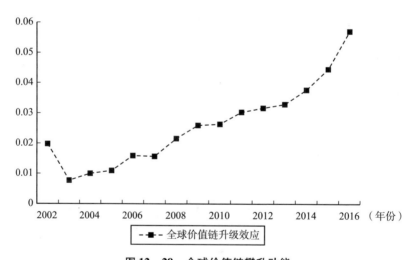

图 12 – 29　全球价值链攀升动能

2001～2007 年指数持续下降与中国加入 WTO 有关，入世后伴随自由贸易进程和国内改革的不断推进，国内企业参与国际分工的门槛越来越低，大量

---

① WIOD 投入产出表最新公布是 2000～2014 年，GVC 分工地位指数只到 2014 年，2015 年与 2016 年的数据是根据 2010～2014 年的平均增长率估计的。

的企业以低成本竞争方式相继融入全球价值链分工体系，呈现出低端嵌入的典型特征。这一分工方式虽然实现了产业规模的快速扩张，但由于大量进口国外中间品进行简单的加工组装，代工企业之间的"血拼式"竞争的后果就是这一时期的价值链分工地位在不断下降。2008年之后，指数呈现明显的上升趋势，表明中国逐步向全球价值链的上游环节攀升，具有更强的附加值创造能力。

从全球价值链攀升动能构成项上看，如图12-30所示。2013年之前，贸易成本降低、生产率的提升对全球价值链分工地位的提升起到了抑制作用，这可能与中国低端嵌入全球价值链分工，追求规模的快速扩张有关。贸易成本越低、生产率提升越高，越有利于企业参与这种分工模式，通过加入全球分工来获得经济利润的期望越高，竞争程度越强，越有可能会被锁定在微利化的价值链低端。但这种消极影响在逐年降低，一方面，政策导向一直坚持从低成本优势向技术创新优势参与国际分工的转变，追求向高附加值的生产环节攀升；另一方面，中国国内技术能力在不断学习、积累中得到了提高，国内创造的附加值逐渐增加，从国外吸收的附加值在降低，不断向全球价值链上游靠近。2013年之后，全球价值链分工地位提升的动能由负转正，且贸易成本下降的动能高于生产率提升的动能。

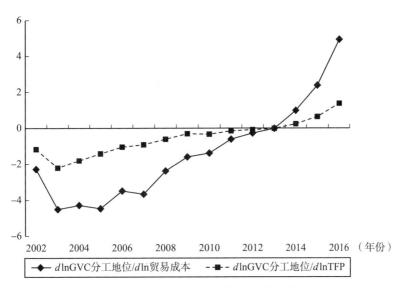

图12-30 全球价值链攀升动能构成

6. 出口产品空间攀升动能

全球贸易和分工发展，在出口产品空间上表现为出口产品的种类和规模日益提高，高技术复杂度的产品所处中心密集度不断提高。以联合国编制的出口产品 HS 编码系统为例，选取 4 分位编码，出口产品种类高达 1250 种左右，再考虑全世界 200 多个国家和地区之间进出口复杂的双边关系，这就形成了一个以产品为节点，出口关系为连边的巨大的出口产品空间网络。使用现代网络理论对出口产品空间进行考察就显得非常贴切。有学者的研究表明，一个国家的出口产品与其他出口产品之间的近邻性越强，在整个空间网络中越处于中心位置，[1] 那么该国产业升级路径、创新能力与经济增长水平就越高（Gicerone et al.，2017）。

图 12 - 31 展示了 2002 ~ 2016 年中国出口产品空间地位提升动能指数的变化，出口产品空间攀升动能 2002 ~ 2010 年总体上呈现增强态势，2011 ~ 2016 年稳中有降，值得警惕，因为作为指数分母的成本变化趋势和生产率变化趋势并没有改变，这说明由我国生产能力所决定的产品显性比较优势发生了变化，我国出口产品的竞争力下降，远离技术中心的危险增强。而根据产品空间理论，当一国越处于中心位置，则向中心收敛的趋势越强；越处于边缘位置，则向边缘发散的趋势就越强。所以提高生产能力，防止滑向发散的门槛，提高我国出口产品的竞争力可能是当务之急。

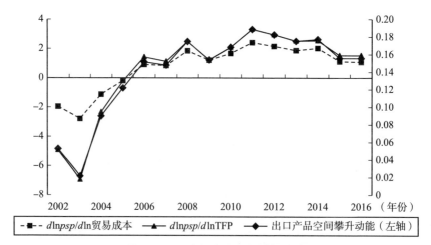

图 12 - 31 出口产品空间攀升动能

---

① 出口产品在出口产品空间中离中心距离 $PSP = \sum (C_i \times XRCA_{ci})$ ，C_i 表示产品 i 的中心度，$XRCA_{Ci}$ 表示国家 c 产品 i 的相对显性比较优势。产品空间地位指数本质上就是使用相对显性比较优势指标作为权重对产品的中心度进行加总。

考虑到出口产品空间攀升动能在 2011 年减弱，而其他动能呈现不同程度的上升趋势，我们综合上述涉及对外开放的增长动能，对各项指标进行平均，得出一个综合反映开放型经济的增长趋势，简称开放型发展动能指数，如图 12-32 所示。

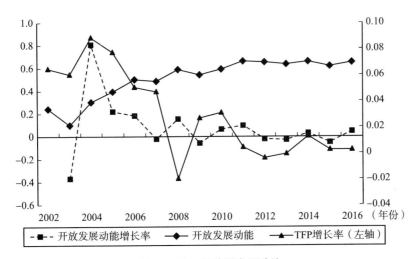

图 12-32　开放型发展动能

很显然，2003 年以来，开放型发展动能持续上升，出口产品空间攀升动能减弱没有抵消由比较优势和 GVC 升级动能带来的产生上升趋势，但是对开放型发展动能增长势头产生了一定抑制作用。根据其增长率波动状况，开放型发展动能指数变化大致可分为两个发展阶段：一是 2008 年之前的发展阶段，增长率波动较大；二是 2008 年以来，开放型发展动能始终在一个较低水平区间变化，波动幅度小于 2008 年之前发展时期。每次出现脉冲式上升势头，总是 TFP 增长率下降的时期。2016 年出现新一波上升势头，同年 TFP 增长率进一步下降。开放型发展动能很大程度上是内生于市场非均衡发展过程，这意味着，政府的开放政策应顺应市场内生的开放型发展动能的兴起和减弱，不断在贸易成本降低、贸易和要素流动自由化、技术学习和交流等方面持续改善参与国际市场竞争的环境，促进资源在更广阔的国际市场上有效地再配置，在国内不断提高研发创新投入和完善技术创新体制，提升国内中间产品的创新能力，最终实现国内产品在出口产品空间中攀升到中心地位。

第四节　结论与展望

2002年以来，中国经济增长经历了高速增长的发展阶段，进入了中低速阶段，在TFP上表现为2008年美国金融危机爆发之前的上升阶段进入到2009年之后稳中有降的阶段。本章根据柯布—道格拉斯生产函数，对TFP增长率进行了分解，基于分解项所涉及的要素密集度、要素配置的产业结构，来自需求、要素投入等方面，由此构造了中国经济增长动能指标和指数，与TFP及其增长率呈现类似的变化趋势，为了解中国经济增长现状、动力来源以及未来的变化趋势提供了新的视角，归纳起来，有以下几方面结论与政策含义：

一是中国经济增长新旧动能转换从"新动能"不断累积上升阶段进入了突破"常规动能"阶段。"新动能"持续增长主要来源于人力资本密集度持续上升、全球价值链分工地位提升带来的动能。进入中等收入阶段之后，居民消费升级的动能没有持续上升，2009年以来持续下降，陷入历史低位。作为TFP增长率重要来源的创新动能同样也在低水平徘徊。这两个动能没有"新动能"增长形成贡献。因此，中国经济增长"新动能"的持续上升，应当把释放居民消费升级动能、促进企业创新动能作为政策重点。

二是在需求侧、供给侧、结构转换三大动能体系中，结构转换动能自2005年以来始终是中国经济增长的主要动能，但是在2011年之后进入停滞阶段，三次产业结构出现了逆向变迁，部分就业"迷失"。供给侧动能在积蓄中缓慢上升，在2016年超越了结构转换动能，与需求侧动能在同水平徘徊。在结构转换动能中，作用于企业层面上要素替代和产品生产国际分工地位的动能持续上升，作用在产业和产品结构上的变迁和攀升动能下降，这种动能变化要求政府的产业政策中应增加和增强针对高技术劳动力就业与才能发挥、针对全球价值链上企业技术与创新能力提升的激励政策。

三是开放型发展动能在中国经济增长中持续上升，与经济增长动能指数、TFP呈现相同的上升趋势，并且与TFP增长率波动呈现出同步、逆向变化趋势，对TFP增长率下降起到了逆向调节的作用。在开放型发展动能构成中，国内部门动能对国外部门动能的替代逐渐增强。在国际产品生产分工和竞争中，虽然中国的全球价值链攀升动能持续上升，但在出口产品空间攀升动能 2011 年呈现下降趋势。该结论的政策含义是：深化开放发展战略，面向国际市场中高技术复杂度产品领域，促进国内中间产品部门技术创新、质量提升，扩大国内外分工、技术与知识外溢、相关要素与产业的国内外市场开放与进入。

四是从总体上看，金融发展促进了经济增长，但是金融发展动能却呈现出波动中持续下降的趋势，伴随着 TFP 增长率下降而下降，2013 年以来呈现出上升迹象。其中，直接融资变化动能以及由直接融资支持的上市公司增长动能均处于较低水平。直接融资作为企业创新活动最有效的支持方式，中国经济增长"新动能"如果要持续增强，离不开直接融资动能及其相关的上市公司增长动能的加强。加强直接融资发展，企业创新活动或创新发展获得更多的直接融资是提升金融发展动能的重点。

总之，经济增长的动能指数揭示了中国经济增长的动能增长在结构上已经转换到要素、企业、居民等微观主体动能上，顺应资源再配置动能变化趋势和要求，要切实遵循市场规律，让市场在资源配置中发挥基础性作用。这些微观主体动能持续增长，应成为中国经济从高速增长顺利地过渡到高质量发展，跨越中等收入发展阶段的战略取向和政策导向。

微观视角：中小企业发展——典型事实与测度分析

本章对企业发展指数的测算从全要素生产率（TFP）视角进行了构建，指数权重测度依据计量经济学，形成了随机系数回归方法。从理论上将企业TFPR分解为要素投入的经济效率、要素收益率增长效应及要素规模增长效应，同时考察了与TFPR构成相关联的营收能力、技术能力、融资能力、环境适应等运营能力指标，构建了能够全面反映企业发展现状的企业发展指数并用小企业数据进行了验证。研究发现：（1）中小企业的经营能力是企业持续发展的基础，近些年中小企业发展能力稳步上升，整体发展势头较好。（2）劳动与资本要素投入的经济效益呈现一种负相关关系。在短期内，受到自身发展规模的影响，劳动要素的投入维持相对稳定，而对固定资本投资企业则依据经济形势的变化而调整，资本收益率波动幅度大于劳动工资率波动，企业以"劳动替代资本"方式实现生产率提升。（3）中小企业技术能力提升不明显，且融资能力处于较低水平，这阻碍了企业发展。而中小企业的营收能力处于较高水平，环境适应能力稳步提升，这是中小企业发展良好的动因。本章研究拓展了指数权重测算方法，同时对中小企业发展特征进行了描述。研究价值：有助于深入了解中小企业发展情况，在政府针对不同规模企业制定不同政策方面具有启示意义。

第一节　引　　言

中国经济发展步入高质量发展阶段，亟须转换经济发展新动力，探索经济发展新方式，中小企业作为经济活动的最小单元，其发展的质量、活力、创新力等决定着一个产业发展，乃至国家兴衰。正如现代管理之父皮特·德鲁克所言，"决定经济前行的，不是财富榜前五百强企业，真正对 GDP 贡献大的是那些名不见经传的中小企业"。中小企业是经济发展的重要支撑力量，在促进经济增长、增加就业、优化产业结构、科技创新与维持社会稳定方面具有不可替代的作用。根据工业和信息化部《促进中小企业发展规划(2016－2020 年)》公布的数据，截止到 2015 年底我国注册登记的中小企业超过 2000 万家，占总企业比为 97.4%，税金总额超过 49.2%，利润达到 4.1 万亿元。更为重要的是，中小企业解决了 80% 以上的城镇就业。中小企业规模小、生存压力大的特点使之相比于大企业更重视科技创新，其中试点城市中小企业专利申请量年均增长 53%，专利授权增速超过 30%。从中小企业生存与发展的典型事实中如何把握中小企业发展的内在动因和外在表现，尤其是在发展趋势方面，亟待从理论与计量上构建一种合理、可行的指数来客观反映中小企业发展动态，进而揭示中小企业发展的内在规律和特征。①

　　无论是新古典经济增长理论，还是内生经济增长理论，都证实了技术进步与生产率提升是影响企业发展的决定性因素，也是经济持续增长的源泉。近些年，从微观企业活动分析经济发展的内在规律俨然成为研究的热点，许多学者利用规模以上企业数据来研究企业生产率的异质性，证实了企业生产率差异是导致企业竞争加剧、市场波动的原因（Word Bank，2013），即企业生产率是决定企业优劣的关键因素。多数学者对微观企业效率的考察主要是基于对全要素生产率的测度，也就是测算 TFP 增长率或测算 TFP 对经济增长的贡献（李京文，1996；Chow & Lin，2002；Young，2003；Angus Maddison，2008）。国内许多学者采用最小二乘法、固定效应法、OP 法和 LP 法等参数法和非参数法对中国工业企业的 TFP 进行了估计（鲁晓东和连玉君，2012）。从生产率构成要素分析企业特征，有文献采用随机前沿生产模型分解全要素生产率，将 TFP 增长分解为前沿技术进步、相对前言技术效率、配置效率及规模经济性（Kumbhakar，2000）。我国大中型企业中，前沿技术进步决定了 TFP 的增长，而要素配置效率和企业的规模经济性对 TFP 增长影响甚微（涂正革等，2005）。基于加总生产率水平的分解，分析企业生产率提高的组内效应、资源配置的组间效应，以及企业的进入效应与退出效应等，主要分解方法有 BHC 分解法（Baily et al.，1992）、GR 分解

---

① 本章研究的中小企业为江苏省工业和信息化厅监测的规模以下中小企业。

法（Griliches & Regev，1995）、FHK 分解法（Foster et al.，2001）、BG 分解法（Baldwin & Gu，2006）、OP 分解法（Olley & Pakes，1996）、DOP 分解法（Melitz & Polanec，2015）等。

梳理文献发现，多数研究测算企业生产率，并不能完全反应企业发展特征，因此本章基于企业个体层面的全要素生产率构成项，确立一组替代或逼近企业 TFP 的指标，形成一种指数，来反映企业发展效率。很少文献有从生产率增长率分解层面构建企业发展指数进行研究，卢燕等（2016）从企业实力、活力及创新力三个层面构建指标体系对京津冀地区的企业发展水平进行了测度，但没有体现 TFP 对企业发展的影响。我们依据福斯特等（Foster et al.，2008）、谢和克莱诺（Hsieh & Klenow，2009）等提出的收益型全要素生产率函数（TFPR）理论，对笠原和罗德里格（Kasahara & Rodrigue，2008）包含中间投入的生产函数进行扩展，构建了包含运营投入的 TFPR 理论框架。将企业的收益型全要素分解为要素生产率增长效应、要素收益率增长效应、要素规模增长效应以及运营投入相关的构成项，来刻画企业发展特征。研究发现中小企业能力稳步上升，经营能力是中小企业持续发展的基础，以"劳动替代资本"方式稳定企业生产率提升，中小企业的营收能力、环境适应能力较强，但是技术与融资能力是小企业发展的短板。这些发展具有重要的启示意义，更为重要的是，基于中小企业数据分析企业发展，真实刻画规模以上企业所不同的特征。

在指数权重测算方面，现有文献的方法主要分为：主观赋权法，如 Delphi 法（Mareschal，1988）、AHP 法（Saaty，1980）、最小平方和法（Saaty，1977）和特征向量法（Hwang，2012）等；客观赋值法，如主成分分析（Harte，1996）、熵值法（Herrera，2005）、线性规划法（Xu，2004）和多目标最优化方法（Xu，2007）等。运用主观赋值法对目标决策进行赋权时，决策者往往会根据自己的个人经验或者偏好进行评估，导致最终决策带有随意性，结果出现偏差；利用客观赋值法求解权重，缺乏现代计量经济学的方法，不能辨识变量之间的因果影响关系。杰鲁尼（Cerulli，2014）分析了42 个新兴国家和发达国家之间"技术能力"对发明（测度"专利强度"）的影响，采用随机系数回归法对选取的企业创新、知识与技能、基础设施相关的 9 个投入变量核算出国家相应分数（TCR），其测度权重方法是将各个变量系数相加，而没有考虑各个变量之间的影响系数。本章将企业发展的各个因素之间的相互影响纳入权重分析模型，形成了一种随机系数回归法。

　　本章以企业收益型全要素生产率为核心指标构建理论框架，研究、分析与评估中小企业运行发展的影响因素以及作用机制，构建全面的企业发展指数，考察中小企业发展特征。与既有的同类文献相比，本章在以下几个方面取得了进展：一是基于经济学原理的分析，通过对收益型全要素生产率的分解，构建了真实的反映异质性企业的个体特征的企业发展指数，丰富了企业发展指数评价的文献；二是采用一种新随机系数法对企业发展情况进行测度，完善了指数权重测算的方法；三是在完成上述两项工作的基础上，以小企业的数据分析回答了小企业内在发展动力和运行特征。最后，得出了相关结论与启示。

第二节　理论基础

一、理论基础

　　索洛（Solow，1958）提出规模报酬不变特性下的"双因素模型"，为企业生产率的测算提供了理论基础，同时也解释了总产出中除生产要素投入之外的"剩余因素"，即全要素生产率（TFP）。其反映了生产率作为经济活动的一种本质（Massimo et al.，2011）。假定在竞争市场中，由 N 个生产差异化产品的企业构成，而厂商 i 的产出为 Y_{it}。市场的总产出表示为 CES 生产函数，如式（13-1）所示：

$$Y = \left(\sum_{i=1}^{N} Y_i^{(\sigma-1)/\sigma} \right)^{\sigma/(\sigma-1)} \qquad (13-1)$$

　　每个企业投入资本（K_{it}）和劳动（L_{it}）两种生产要素生产，厂商具有不同的生产率水平。企业的生产函数为 CD 生产函数形式，如式（13-2）所示：

$$Y_{it} = A_{it} K_{it}^{\alpha} L_{it}^{\beta} \qquad (13-2)$$

　　其中，α、β 分别为资本和劳动产出弹性。厂商与其他异质性商品的厂商进行垄断竞争，而在要素市场上则是完全竞争，厂商所面临的要素价格为：资本回报率（R_i）、工资率（w_i）。假设产品市场和要素市场中不存在扭曲因素，在厂商实现生产的利润最大化时，根据产品价格等于边际成本加成，可得垄断竞争厂商定价如式（13-3）所示：

$$P_i = \frac{\sigma - 1}{\sigma} \left(\frac{R_i}{\alpha} \right)^{\alpha} \left(\frac{w_i}{\beta} \right)^{\beta} \frac{1}{A_i} \qquad (13-3)$$

福斯特等（Foster et al.，2008）、谢和克莱诺（2009）等都强调了通过价格平减后得到数量型全要素生产率（TFPQ，Physical Productivity），由于厂商特定因素的存在导致厂商数量型全要素生产率与收益型全要素生产率（TFPR，Revenue Productivity）存在较大差异。根据其定义，两者的关系为：$TFPR_i = P_i \times TFPQ_i$。根据谢和克莱诺（2009）的做法，在不考虑存在扭曲因素时，价格方程式（13-3）可以得出 $TFPR$ 的表达式：

$$TFPR_i = P_i \times A_i = \frac{\sigma - 1}{\sigma} \left(\frac{R_i}{\alpha} \right)^\alpha \left(\frac{w_i}{\beta} \right)^\beta \tag{13-4}$$

进而，得出收益型全要素生产率与资本、劳动要素价格满足以下的关系为 $\ln TFPR_i \propto \ln w_i$、$\ln TFPR_i \propto \ln R_i$。可见，当要素价格上升时，企业生产成本上升，体现为行业中产品价格的上涨，表现为企业收益型全要素生产率的提升。但仍然无法直接判断企业内部存在要素投入与要素生产率对全要素生产率的影响，为此，我们需要对企业收益型全要素生产率作出进一步分解。首先，基于数量型全要素生产率，对式（13-2）移项并两边取对数，可以转化为以下线性形式，如式（13-5）所示：

$$\ln A_{it} = \ln TFPQ_{it} = \overbrace{\frac{1}{2} \ln \frac{Y_{it}}{K_{it}}}^{LKP_{it}} + \overbrace{\frac{1}{2} \ln \frac{Y_{it}}{L_{it}}}^{LLP_{it}} + \overbrace{\ln \frac{K_{it}^{1/2} L_{it}^{1/2}}{K_{it}^\alpha L_{it}^\beta}}^{LSP_{it}}$$

$$= \frac{1}{2} \ln \frac{Y_{it}}{K_{it}} + \frac{1}{2} \ln \frac{Y_{it}}{L_{it}} + \underbrace{\left(\frac{1}{2} - \alpha \right) \ln K_{it} + \left(\frac{1}{2} - \beta \right) \ln L_{it}}_{SE} \tag{13-5}$$

式（13-5）反映了全要素生产率及其增长率由以下构成项组成：资本生产率构成项（LKP_{it}）、劳动生产率构成项（LLP_{it}）、企业异质性（LSP_{it}）。通常情况下，企业之间的要素产出弹性反映的生产技术是有差异的，以资本、劳动产出弹性为 1/2 作为基准生产技术，通过 LSP_{it} 反映企业间在生产技术上的差异。在企业的要素产出弹性在特定时期中较为稳定，企业异质性大小对全要素生产率的影响就体现在要素的投入量上，简称要素规模增长效应。其次，就收益型全要素生产率的构成项来说，式（13-4）揭示的资本收益率、劳动工资率对收益型全要素生产率的影响，除了通过产品市场的价格机制产生作用，还通过影响数量型全要素生产率产生作用。学者研究发现资本回报率与数量型要素生产率之间存在正相关关系（Bai et al.，2006；方文全，2012），全要素生产率的提高是资本回报率上升的表现（张勋、徐建国，2016）。同时，劳动边际产出增长与全要素生产率同方向变化，其贡献超过

50%（Bosworth & Collins，2008；Brandt et al.，2012）。基于这些事实，本节需要将要素收益率的因素纳入式（13-5），可以进一步变化得出式（13-6）：

$$\ln TFPR_{it} = \frac{1}{2}\left(\ln\frac{P_{it}Y_{it}}{R_{it}K_{it}} + \ln\frac{P_{it}Y_{it}}{w_{it}L_{it}}\right) + \frac{1}{2}(\ln R_i + \ln w_i)$$

$$+ \left[\left(\frac{1}{2} - \alpha\right)\ln K_{it} + \left(\frac{1}{2} - \beta\right)\ln L_{it}\right] \tag{13-6}$$

由此，将决定企业发展的收益型全要素生产率及其增长率的构成项分别定义为要素生产率增长效应（简称要素投入效益，IE）、要素收益率增长效应（RE）及要素规模增长效应（SE）的构成项。为了进一步分析，对方程两边分别对 t 求导数，将上式转化为式（13-7）的形式：

$$\frac{\hat{TFPR}_{it}}{TFPR_{it}} = \underbrace{\left(\frac{1}{2}\frac{\hat{KRP}_{it}}{KRP_{it}} + \frac{1}{2}\frac{\hat{LWP}_{it}}{LWP_{it}}\right)}_{\text{要素投入的经济效益}(IE)} + \underbrace{\left(\frac{1}{2}\frac{\hat{R}_{it}}{R_{it}} + \frac{1}{2}\frac{\hat{w}_{it}}{w_{it}}\right)}_{\text{要素收益率效应}(RE)} + \underbrace{\left[\left(\frac{1}{2} - \alpha\right)\frac{\hat{K}_{it}}{K_{it}} + \left(\frac{1}{2} - \beta\right)\frac{\hat{L}_{it}}{L_{it}}\right]}_{\text{要素规模效应}(SE)}$$

$$\tag{13-7}$$

其中，资本要素生产率增长效应 $KRP_{it} = P_{it}Y_{it}/R_{it}K_{it}$，其中资本收益率为 $R_i = r_i + \delta_i$；劳动要素生产率增长效应为 $LWP_{it} = P_{it}Y_{it}/w_{it}L_{it}$。由式（13-7）可知，企业 $TFPR$ 增长率由要素配置效率、要素收益效应和要素规模增长效应三部分构成。

（一）$TFPR_{it}$ 增长率构成项：要素生产率增长效应

在 $TFPR_{it}$ 的构成项中，KRP_{it}、LWP_{it} 的经济学含义分别为每增加一单位资本成本企业的产出效益、每单位劳动成本企业的产出效益。这就意味着，若要构造一个以工资调整后劳动投入的产出效益分析框架，则应加入工资和劳动这两个构成要素，才能真实反映单位要素成本投入的经济效益。$P_{it}Y_{it}/wL_{it}$ 的含义是企业单位劳动成本得到的产值，如果企业工资率上涨，在产值与劳动力人数不变的情况下，企业单位劳动成本的产出将下降。在企业实践中，企业愿意支付较高的工资率，是为了提高劳动力的积极性。伴随着劳动工资上升，企业将优化劳动力结构、增加高技术劳动力，或者改善组织管理和激励机制，劳动生产率显著上升，在劳动力数量保持稳定的前提下，Y_{it} 将有一个显著的提高。在固定资本不变的情况下，表现出资本要素生产率提高或单位资本成本产出效益的提升，这是一种假象。反之，如果劳动数量和劳动结构不变，企业使用了更加先进的机器设备，企业的产出增加，表现为劳动生产率提高或单位劳动成本经济效率的上升，这也是一种假象。

在实际中，劳动工资率上升往往伴随着劳动数量降低，减少的劳动力多为低技术劳动力，从而抵消LWP_{it}在工资上升情况下的下降幅度。通常工资变化的绝对数大于就业人数变化的绝对数，既然工资上升是劳动生产率上升的表现，却使得LWP_{it}下降。那么，收益型全要素生产率的上升实际上是KRP_{it}变化导致的。如果在工资上升和劳动力不变或上升的情况下，LWP_{it}继续上升，那么就意味着企业的劳动生产率有了很显著的提高。如果LWP_{it}下降了，就需要用KRP_{it}来弥补，这部分反映了工资提高促进劳动力生产率提高的作用。

（二）$TFPR_{it}$增长率构成项：要素收益率增长效应

企业要素收益率增长效应（RE）分为资本回报率增长率和工资率增长率。在市场经济中，要素的稀缺性会导致企业在生产过程中形成相互竞争的关系，因此生产要素在利润最大化的驱使下体现为逐利性，如果生产要素在不同企业间获得的利润不同，会导致生产要素在不同企业间进行重新配置，最终会表现为企业产出的增加及生产率的提升，生产要素向边际产出率较高的企业流动。该理论分析的一个暗含假设是企业所在的市场是垄断竞争的，产品价格为要素收益率的加成。资本回报率的提升与劳动工资率的上涨，提升了垄断竞争企业在产品市场上的产品定价，提升了企业产品的竞争力。企业的$TFPR_{it}$又是$TFPQ_{it}$与产品价格的函数。因此可以将要素回报率的增长率作为评价企业发展能力的重要指标。

（三）$TFPR_{it}$增长率构成项：要素规模增长效应

式（13-7）中收益型全要素生产率的要素规模增长效应构成项，分为企业生产技术在特定时期异质性不变情况下的资本要素投入增长率（$1/2 - \alpha$）$\hat{K}_{it}/K_{it}$、劳动要素投入增长率（$1/2 - \beta$）$\hat{L}_{it}/L_{it}$。大量的实证研究证实，企业的资本与劳动的产出弹性维持稳定，而且均小于0.5（鲁晓东、连玉君，2012），考虑到不同行业的生产技术差异，在计量要素规模增长效应时应区分不同行业的企业异质性，分别测算要素产出弹性。

（四）与$TFPR_{it}$增长率关联的经营能力变量：营收、技术、融资及环境适应等能力指标

从福斯特等（2008）定义的收益型全要素生产率的表达式$TFPR_i =$

$p_i q_i/x_i$ 来看，$p_i q_i$ 是包含价格因素与物质性产出两种要素的 i 企业销售收入，x_i 表示投入。在利用 $TFPR_{it}$ 构成项来评价企业发展时，还可以选取一些与销售收入有关的代理指标，根据指数原理对这些指标进行加权合成。依据笠原和罗德里格（Kasahara & Rodrigue，2008）纳入中间投入的生产函数，本节选取了与企业经营中间投入相关的指标，将生产函数设定为：$Y_{it} = e^{\omega_{it}} TFPQ_{i,t-1} K_{it}^{\alpha} L_{it}^{\beta} \prod (u)$。其中，$\omega_{it}$ 表示企业生产率受到的冲击，$TFPQ_{i,t-1}$ 表示企业上一期的数量型全要素生产率，$\prod (u)$ 表示企业运营过程的投入，u 表示运营过程的投入种类。可以得出企业 t 时期收益型全要素生产率的表达式如式（13-8）所示：

$$TFPR_{it} = e^{\omega_{it}} TFPR_{i,t-1} \prod (u) \qquad (13-8)$$

由式（13-8）可以看出，企业 t 期的 $TFPR_{it}$ 与企业运营投入相关。[①]因此，可以选取一些与企业运营投入相关的代理指标，例如人均资本密集度、工资与主营收入之比，这两个指标实际上又反映了企业的技术升级能力，前者是利用更多先进机器设备的能力，后者是利用工资提高来使用更多高技术劳动力或人力资本的投入。相关投入指标还可以选取反映融资投入能力的指标，如工业总产值中借款余额比重、资产负债率；反映企业对经营环境的适应和控制能力的指标，如工业总产值中应收账款占比、工业总产值中应交税费占比。这两个指标值越小，表明企业对经营环境的适应和控制能力较强。为了便于与其他指标保持相同的变化方向，本节采用其倒数形式来反映。

二、企业发展指数的指标体系

全要素生产率增长是企业发展中的重要指标，但是其作为综合指标来反映企业发展指数，缺乏对企业经营各方面的变化趋势的区分。根据 $TFPR$ 构成项的分析，可以利用一系列相关指标来构建一个指数，替代和逼近 $TFPR$。该指标体系设置了 1 个目标层（企业发展指数）、7 个评价层（要素投入经济效应、要素规模增长效应、要素收益率增长效应、营收能力指数、技术能力指数、融资能力指数、环境适应指数），如表 13-1 所示。

---

① 本章主要是通过企业收益型全要素生产率的分解，构建企业发展指数，而企业运营投入的具体函数不再设定。

表 13 - 1 中小企业发展指标体系

目标层	次目标层	评价层	评价项目层	评价因子
企业发展指数	发展能力指数	要素投入经济效益	劳动投入效益	总产值与劳动工资总额比重的增长率
			资本投入效益	总产值与资本费用总额比重的增长率
		要素规模增长效应	劳动投入效应	经产出弹性调整的劳动要素投入增长率
			资本投资效应	经产出弹性调整的资本要素投入增长率
		要素收益率增长效应	劳动工资率效应	劳动工资率增长率
			资本收益率效应	资本收益率增长率
	经营能力指数	营收能力指数	营业利润率	营业利润/营业收入
			出口产值比	出口交货值/工业总产值
			营业收入产值比	营业收入/工业总产值
			主营收入增长率	主营收入增长率
		技术能力指数	人均资本密集度	固定资本/从业人员
			工资激励强度	工资总额/营业收入
		融资能力指数	产值融资率	借款余额/工业总产值
			资产负债率	负债/资产
		环境适应指数	产值账款率	工业总产值/应收账款
			产值应税率	工业总产值/应交税费

资料来源：根据江苏省工业和信息化厅检测数据整理所得。

三、企业发展指数权重核算方法与结果

（一）中小企业发展指数核算方法

假定影响企业发展绩效指标 Y_i 的因素为 x_{ij}（m 个），x_i 之间是相互独立的。[①] 中小企业发展指数中各个变量权重即体现为变量对企业发展绩效的影响程度。各个影响因素 x_i 均可作为被解释变量与剩余变量构建函数关系，依次对 x_{i1}，x_{i2}，$\cdots$，x_{im} 求导，每一个方程右边的变量为除去方程左边变量的所有变量，求导后由 m 组方程变为 $m-1$ 组方程。以对 x_{i1} 求导为例，x_{i2} 对 x_{i1} 求导时，可得矩阵形式如式（13-9）所示：

---

① 在实际中，很难保证各个变量之间是相互独立的，本节则采用较低的相关系数体现各个经济变量之间的独立性。

$$\begin{bmatrix} -1 & \beta_{x_{i3}}^{x_{i2}} & \cdots & \beta_{x_{im}}^{x_{i2}} \\ \beta_{x_{i2}}^{x_{i3}} & -1 & \cdots & \beta_{x_{im}}^{x_{i3}} \\ \vdots & \vdots & \vdots & \vdots \\ \beta_{x_{i2}}^{x_{im}} & \beta_{x_{i3}}^{x_{im}} & \cdots & -1 \end{bmatrix} \underbrace{\left[\frac{dx_{i2}}{dx_{i1}} \cdots \frac{dx_{im}}{dx_{i1}} \right]^T}_{X_1} = \left[-\beta_{x_{i1}}^{x_{i2}}, \cdots, -\beta_{x_{i1}}^{x_{im}} \right]^T \qquad (13-9)$$

通过求解式（13-9）这个方程，我们就可以得到各个变量对 x_{i1} 分别求一阶导数的一组解，可以表示为矩阵 X_1。对 x_{i2} 求导数，可得矩阵 X_2，最后我们可以得出系数矩阵 $K = [X_1, \cdots, X_m]^T$。依据总指数公式中各个变量间相互独立，Y_i 两边分别对变量 x_{ij} 求微分，则除 x_{ij} 外的加权变量为 0。[①] 结合式（13-9）可以得到式（13-10）：

$$K[k_{i1}, \cdots, k_{im}]^T = [\xi_{i1}, \cdots, \xi_{im}]^T \qquad (13-10)$$

综上可求得影响企业发展绩效变量的各个变量的数量关系系数 k_{im}，即影响企业发展的因素的数量关系系数，需要注意的是，其并非是企业发展指数的各个变量权重。由于各个指标之间的性质不同，合成指数时会存在差异，尤其是二级指标会出现波动趋势。因此，二级指数在核算时候采用线性综合法，即：$p_i = \sum\limits_{j=1}^{m} w_{ij} m_{ij}$。其中，$p_i$ 是第 i 个评价指标的指数值；w_{ij} 是指标 m_{ij} 的权重，其值为 k_{im} 单位化结果，m_{ij} 为第 i 个评价指标 x_{ij} 的标准化数据。对于中小企业发展指数的一级指标，是由相互独立或两两之间相关系数微小，而且经过单位化处理的二级指标构成。因此，一级指数采用等权的线性经过"动态均值"加成后核算，如式（13-11）所示：

$$P_i = \left[\sum\limits_{j=1}^{m} p_{ij} - Average\left(\sum\limits_{j=1}^{m} p_{ij} \right) \right] \qquad (13-11)$$

其中，P_i 为一级指标指数合成值，p_{ij} 为二级指标指数合成值。

（二）中小企业发展指数权重

本章在核算中小企业发展指数时，测评数据均为企业发展密切相关的指标，基于回归系数法核算权重较为客观，能真实地反映企业的发展势态，各个回归方程的系数见表13-2。

---

① 这里需要说明的是在理论上两变量间相互独立时，两变量不相关，则导数为零。但是，在现实经济中，各个变量之间不是完全不相关，故本节将其导数值取趋向于零的一个值，即 ξ 趋向于零。具体核算公式不再列出。

表 13－2

中小企业发展指数权重回归系数（2014～2016 年）

系数矩阵		解释变量										
		k1	k2	k3	k4	k5	k6	k7	k8	k9	k10	k11
被解释变量	k1	0.0000	-0.0103	0.0000	-0.0101	-0.0194	0.0016	-0.0112	0.0004	0.0008	-0.0005	-0.0004
	k2	-0.0039	0.0000	0.0002	-0.0303	0.0519	-0.0007	-0.0020	-0.0045	-0.0001	-0.0005	-0.0038
	k3	-0.0605	1.0785	0.0000	0.3947	0.3051	0.0165	-0.0081	-0.0057	-0.0021	0.0168	-0.0101
	k4	-0.0044	-0.0345	0.0001	0.0000	0.2370	0.0031	0.0000	0.0012	0.0003	-0.0028	-0.0026
	k5	-0.0095	0.0669	0.0001	0.2679	0.0000	-0.0088	-0.0015	-0.0016	-0.0002	0.0076	-0.0008
	k6	0.0991	-0.1162	0.0004	0.4482	-1.1254	0.0000	0.0146	0.0635	0.0003	-0.1171	0.0151
	k7	-0.9871	-0.4576	-0.0003	-0.0066	-0.2697	0.0207	0.0000	0.0025	-0.0011	-0.0098	0.0295
	k8	0.0453	-1.5350	-0.0003	0.3432	-0.4112	0.1316	0.0037	0.0000	0.0020	-0.0108	-0.0298
	k9	2.7231	-0.7321	-0.0028	2.5014	-1.4681	0.0159	-0.0440	0.0549	0.0000	-0.2298	0.0414
	k10	-0.0175	-0.0496	0.0002	-0.2324	0.5634	-0.0684	-0.0040	-0.0031	-0.0024	0.0000	0.0991
	k11	-0.0090	-0.2160	-0.0001	-0.1300	-0.0372	0.0052	0.0072	-0.0050	0.0003	0.0586	0.0000

注：所有计量模型均采用面板数据的多元线性模型、固定效应不变系数模型。

在进行核算方法的理论分析时，假定各个三级变量指标之间是相互独立的，则可以得出系数矩阵右边等于零。而实际中影响中小企业发展的各个变量之间相关系数较小，并非严格地相互对立。为此，我们在核算系数矩阵时，公式左边代表变量 x_{ij} 变动对其他剩余指标变量变动的影响程度和，P 值越小则 x_{ij} 对其他变量的线性关系越强，变量间独立性越差，因此在公式的右边采用变量 P 值和的倒数（调整数量级后）进行替代。

（三）中小企业发展指数权重系数

基于以上的分析，综合考虑影响中小企业发展水平的五个方面：企业全要素生产率、营收能力、技术能力、融资能力、环境适应能力，选了相关的变量指标评估了各个方面的发展程度，并基于本章的回归系数法核算出每个子项的权重，构建出了一个全面反映当前现实的中小企业发展指数。通过核算得出中小企业 TFPR 分项和权重为 30.75%（包含了 6 个子项，各占 5.12%），营业利润率指标权重为 10.92%、主营收入增长率权重为 13.63%、工资激励强度指标权重为 11.07%、产值账款率指标权重为 6.59%（见表 13-3）。

表 13-3　　　　　　　中小企业发展指标权重系数

一级指标		二级指标	三级指标	权重（%）	系数绝对值
中小企业发展指数	发展能力（TFPR 增长率）指数	要素投入经济效益	劳动投入效益	5.12	0.41
			资本投入效益	5.12	
		要素规模增长效应	劳动投入效应	5.12	
			资本投资效应	5.12	
		要素收益率增长效应	劳动工资率效应	5.12	
			资本收益率效应	5.12	
	经营能力指数	营收能力指数	营业利润率	10.92	0.15
			出口产值比	3.79	0.05
			营业收入产值比	2.04	0.03
			主营收入增长率	13.63	0.18
		技术能力指数	人均资本密集度	6.64	0.09
			工资激励强度	11.07	0.15
		融资能力指数	产值融资率	7.87	0.11
			资产负债率	4.15	0.06
		环境适应指数	产值账款率	6.59	0.09
			产值应税率	2.55	0.03

注：系数绝对值核算时，TFP 作为一个整体变量；而 TFP 分项赋权时，依据理论公式等权处理。

四、数据选取与处理

本章的数据来自江苏省工业和信息化厅监测的规模以下中小企业数据，样本企业 6573 家；中小企业发展指数权重核算采用 2014～2016 年数据核算，企业发展指数则为各月数据标准化后核算。以下是本章主要参数变量的核算。固定资本 K。测算资本存量的方法采用戈德史密斯（Goldsmith）提出的永续盘存法，基本公式为 $K_t = I_t + (1-\delta)K_{t-1}$，$K_t$ 表示 t 年的资本存量、K_{t-1} 表示 $t-1$ 年的资本存量、I_t 表示第 t 年的投资、δ 表示折旧率。邹至庄（1993）、贺菊煌（1992）、王小鲁和樊纲（2000）等学者基本都是在永续盘存法的基础上进行了细节的处理来核算宏观产业的资本存量，但是采用衍变后的永续盘存法测算企业的资本存量时，微观数据很难满足，因此我们只能采用一些企业相关的代理指标核资本存量。首先，对于基期资本存量 K 的确定，[①] 鲁晓东和连玉君（2012）采用固定资产合计进行核算，而本章基于中小企业数据则采用 2014～2016 年用电量均值为基期资本存量 K_0，考虑到企业数据年限较短，可认为固定资产投资价格指数影响较小；其次，当月的投资 I 则选取了企业的固定资产投资指标；最后，折旧率 δ 的选取出入较大，[②] 本章则采用珀金斯（Perkins，1998）、胡永泰（1998）、王小鲁（2000）以及王和姚（Wang & Yao，2001）等选取的 5%。资本利率 r：对于资本利率的测度，为了区别不同企业获取资本要素的成本不同，本章采用财务费用与负债比值作为资本利率的代理变量。要素产出弹性：对于资本产出弹性 α 及劳动产出弹性 β 的核算方法主要有三种：一是经验估计法，其值一般具有随意性，[③] 而企业层面的资本产出弹性与劳动力产出弹性更是霄壤之殊；二是最小二乘法，张军（2002）等学者采用此方法核算参数，虽然排除了规模报酬不变的假定，但是因未采用生产要素的联立方程体系，要素结构变化可能会对产出产生影响，甚至使核算的弹性系数为负值，因此受到

[①] 本章基于江苏省监测的中小微企业数据，数据为月度数据，故核算的基期定为 2014 年 1 月。

[②] 霍尔和琼斯（Hall & Jones，1999）、杨（Young，2000）等核算国家资本存量时折旧率采用 6%；龚六堂和谢丹阳（2004）等核算我国各省份资本存量时折旧率采用 10%；黄永峰等（2002）核算我国制造业、设备及其他类型投资的折旧率分别为 6.9%、14.9%、12.1%；张军等（2004）核算各省份固定资本时折旧率为 9.6%。

[③] 通常情况，资本产出弹性取值 0.8、0.4、0.6，在规模报酬不变的前提下，劳动产出弹性则取值 0.2、0.6、0.4。

了林毅夫和任若恩（2007）等的批判；三是比值法或份额法，采用资本或劳动力在要素成本（或者总产出）中所占份额核算，而此方法前提条件为完全竞争、利润最大化及规模报酬不变，可能会因经济发展中存在规模不经济导致核算结果存在偏差。而本章基于中小企业的微观数据，考虑到企业间产出弹性的异质性问题，而非核算宏观经济变量的要素产出弹性，综合看来采用份额法较为合适。企业资本产出弹性为企业固定资本乘以资本利率与各个企业工业增加值的比值，企业劳动产出弹性为企业的应付职工总薪酬与各企业工业总产值的比值。[①]

第三节 典型特征

一、中小企业以劳动密集型为主，工资成本不断攀升

经历 40 余年的高速增长，中国的要素结构经历了深刻的变化。中小企业是经济发展的重要支撑力量，在促进经济增长、增加就业、优化产业结构、科技创新与社会稳定方面具有不可替代的作用，要素禀赋结构变动在中小企业表现得尤为突出。从企业规模数据来看，规模以上工业企业人均资本由 2003 年的 29.3 万元每人提高到 2011 年的 69.2 万元每人，而规模以上中小型企业人均资本同期由 23.1 万元每人增加到 56.1 万元每人，近些年人均资本不断攀升，增长幅度远高于规模以上工业企业。总体而言，中国工业企业要素结构表现为逐渐由劳动相对丰裕转向资本相对丰裕的特征。而中小企业年均人均资本只占到规模以上工业企业人均资产的 78.8%，可见中小企业相比大企业劳动密集程度更高。图 13-1 汇报了分行业中小企业数量分布情况，可以明显看出中小企业主要集中在非金属矿物制品业、通用设备制造业、纺织业、化学原料及化学制品制造业、农副产品加工、塑料制品业及纺织服装制造业等 11 个劳动密集型行业中，2011 年中小企业数量占比达到 64.8%，而在劳动密集型中的 11 个行业中由中小企业提供就业岗位均值高

---

① 考虑到企业发展过程中，企业要素产出弹性较为稳定，故在核算时企业要素产出弹性采用半年均值；同时，企业指标数据（如固定资产投资、负债、资产、应付职工薪酬等）非每月发布，考虑到核算企业发展指数的延续性，则采用滞后一期的企业要素产出弹性核算，如 2016 年上半年企业发展指数中要素弹性基于 2015 年下半年企业的要素产出弹性核算。

达97.8%。图13-2则汇报了分行业中小企业资本劳动比情况，从要素禀赋结构看，纺织服装等制造业、皮革等制品业、家具制造业、木材加工等制品业、工艺品及纺织业等行业人均资本均在30万元/人以下。从时间序列看，分行业的中小企业资本劳动比一直不断增加，体现为资本深化程度加深。图13-1和图13-2反映了我国中小企业以劳动密集型为主，而企业要素结构逐渐由劳动向资本转变的特征。

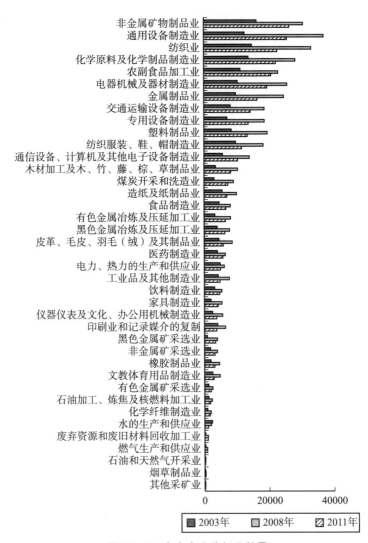

图13-1 中小企业分行业数量

资料来源：《中国中小企业统计年鉴》。

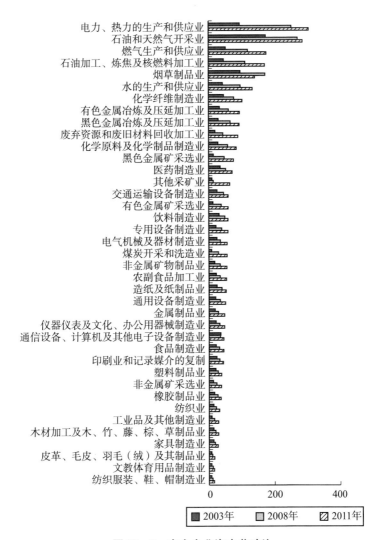

图 13 - 2　中小企业资本劳动比

资料来源：《中国中小企业统计年鉴》。

　　随着以劳动力短缺和工资持续提高为特征的"刘易斯拐点"的到来，以及以人口抚养比不再降低为表现的"人口红利"的消失，依靠资本和劳动要素投入推动经济增长的方式不可持续，通过提高资本劳动比以改善劳动生产率，可能会导致资本报酬递减（蔡昉，2013）。中国要素结构的变动，导致了中小企业出现"用工荒"，工资成本也不断上升。从外部经济环境看，近些年全球经济回暖促使中小企业，尤其是劳动密集型生产企业订单需求增加，在一段时期内出现大量的用工需求；从企业用工需求看，随着中国由制造业大国向创新型国家迈进，企业产业结构与产品战略将会调整，而企业更多需要具备专业知识、高素质、高技术的人才；从企业发展看，"用工荒"的主要原因是企业工资福利待遇过低，企业转型过程中面临的劳动力成本大幅上升，原材料价格不断上升，导致企业利润越来越少。

二、中小企业融资难、融资贵问题凸显

我国工业化起步晚，长期以来将国有企业当作改革发展的重点，在一定程度上忽视了中小企业的发展。中小企业长期面临着"两高一短"的成长困境，即"高出生率，短存活期，高死亡率"，而资金短缺往往导致高速增长的企业发展停滞。最新的统计显示，3 年期、5 年期的国债利率分别为4% 和 4.27%，全社会融资成本居高不下，中小企业融资难情况更加严重。从企业融资渠道看，当企业内源融资难以满足自身发展的资金需求时，企业更多地依赖外源融资。中小企业由于受到企业规模、经营能力、风险控制等诸多限制，很难达到直接融资的标准，往往是通过银行信贷间接获得融资。企业成长理论中金融融资是中小企业的最基础的资源（Eisenhardt & Schoonhoven，1990），而融资能力是影响中小企业的重要因素。

中国中小企业协会数据显示，截止到 2014 年中小企业数目已超过 1000万家，其中近 90% 的中小企业融资需求得不到满足，而占中国企业 90% 的中小企业获得的银行贷款仅占贷款总数的 15%，可见融资难、融资贵俨然成为阻碍中小企业发展的主要阻力。中国经济发展步入新常态后，中小企业融资问题进一步凸显，经济增速由 2010 年的 10.4% 下降到 2014 年的7.4%，增速下降了 3 个百分点，而实际利率上升了 3.76 个百分点（吕劲松，2015）。从宏观层面看，实际利率与经济增速的反方向变动，将会增加企业的融资成本，同时在"稳增长"与"防通胀"双重目标下，将会进一步提高利率水平。从微观层面看，一方面，经济下行导致企业整体收益率低、资金周转慢，而银行不能及时收回资金，将会形成资金沉淀；另一方面，由于中小企业信息不透明而不能提供充分的担保或抵押，导致各种形式的非正规金融在发展中国家或地区广泛存在（林毅夫、孙希芳，2005），中小企业因获取正规金融难度较大，为了确保企业发展的资金链不发生断裂，不惜以较大的成本通过民间融资渠道获得资金。与此同时，中小企业的非正

规金融融资加大了企业的偿债风险，容易滋生不良信贷，因此商业银行将会进一步提高企业融资准入门槛及压低抵质押率，导致中小企业融资难、融资贵的问题恶化。在市场作用失效的情况下，政府出台了一系列支持中小企业发展的法律法规和指导意见，以解决中小企业融资问题，如2018年新修订并实施的《中华人民共和国中小企业促进法》，明确规定"中国人民银行应当综合运用货币政策工具，鼓励和引导金融机构加大对小型微型企业的信贷支持，改善小型微型企业融资环境"。另外，政府通过积极推动担保机构发展和完善信用评级等市场手段，也可以在一定程度上缓解中小企业融资难问题（郭娜，2013）。

第四节　结果分析

一、经营能力是中小企业持续发展的基础，企业发展能力稳步提升

企业发展优劣取决于技术进步和生产率，生产率差异是导致企业竞争加剧、市场波动的原因，即企业生产率是决定企业优劣的决定性因素。小企业是面向市场求生存、求发展中最具活力的成分，但小企业发展也面临巨大的考验，既有微观运行问题又有宏观经济因素，既有市场机制原因又有体制缺陷问题。在经济转型中促进企业优势劣汰，以强大市场倒逼机制推动中小企业加快转型升级。我们将从经营能力和发展能力两个方面，对小企业的发展运营情况进行分析。图13-3显示了2014年1月至2017年6月江苏省中小企业发展指数走势。数据显示，2014年均值为39.3、2015年均值为39.4、2016年均值为39.3。从各年中小企业发展情况看，中小企业发展指数呈现先降后升的走势，2014年12月企业发展指数为40.1，2015年12月为41.3，2016年12月高达42.4，各年末中小企业发展指数表现为逐年增加的趋势。从年度整体上看，受到经济环境的影响，中小企业运行呈现波动性，但持续发展表现基本稳定。

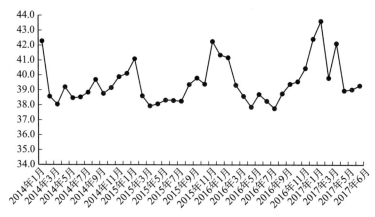

图 13 - 3　江苏省中小企业发展指数走势

资料来源：江苏省公信厅检测的规模以下中小企业数据。

图 13 - 4 中将中小企业发展总指数分为企业发展能力指数和经营能力指数并分别做了汇报。从分项指数结果看，中小企业经营能力指数基本维持在 23 ~ 27 区间，而在 2017 年上半年经营能力指数不断下降；中小企业发展能力指数稳定上升，从 2014 年初的 14.4 上升到 2016 年末的 16.5，2017 年上半年上升幅度较大。结合图 13 - 3 的中小企业发展总指数，可以看出中小企业发展能力指数与经营能力指数走势基本保持同步，而且经营能力在企业持

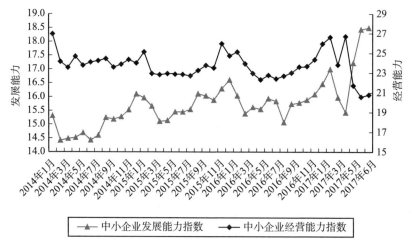

图 13 - 4　江苏省中小企业发展能力与经营能力指数走势

资料来源：江苏省公信厅检测的规模以下中小企业数据。

续发展中占比具有绝对地位，说明中小企业发展更多地受到企业经营能力的影响。另外，中小企业发展能力在样本期内稳步上升，在一定程度上反映出中小企业的发展势头良好。

图13-5显示了江苏中小企业发展能力指数与经营能力指数年度对比走势，基本证实了图13-4所得出的结论。从指数构成看，企业发展能力指数来自全要素生产率的分解，是企业自身竞争能力提升的体现，2015年与2016年各个月份之间走势稳定；企业经营能力指数则是与企业经营状况相关的测度，或者理解为企业外部因素对企业发展的影响，呈现一种先降后升的"U"型走势。这可能是因为中小企业规模小，职工流动性大，春节前后企业年底大酬金的薪资激励方式造成了离职高峰。同时，这给企业发展的资金周转带来了问题，甚至有的企业面临倒闭风险。

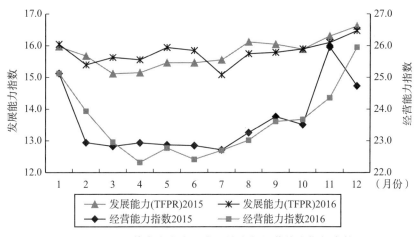

图13-5 江苏省中小企业发展能力与经营能力指数走势

二、中小企业以"劳动替代资本"实现企业生产率整体稳定发展

无论是工资成本上升，还是融资难、融资贵，中小企业发展的决定因素还是取决于企业全要素生产率的进步。只有提高全要素生产率，才能在成本上升的情形下实现产出和销售的较快增长，维持盈利水平。如果成本上升主要是来源于工资成本上升，那么对企业使用更多的先进机器设备、更高素质的劳动力将会有更强的激励效应，这些要素很大程度上会带来较高的产出水

平。企业发展指数分为要素生产率增长效应、要素规模增长效应及要素收益率增长效应三个指标，图 13 - 6 显示的是 2015 年与 2016 年这三个指标的走势。

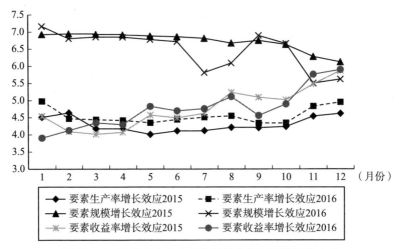

图 13 - 6　江苏省中小企业发展能力分项指数环比走势

从江苏省 2015 ~ 2016 年的要素生产率增长效应来看，除年末、年初外，走势基本维持在平均水平 4.4 单位。如图 13 - 7 所示，分项指标明显出现了不同走势，劳动投入的经济效益先由 2015 年初的 4.0 单位下降到年末的 1.5 单位，后由 2016 年初的 4.5 单位下降到年末的 1.3 单位；资本投入的经济效益由 2015 年初的 0.5 单位上涨到年底的 3.1 单位，后由 2016 年 0.5 单位上涨到 3.7 单位。劳动投入的经济效益与资本投入的经济效益出现此消彼长走势，在年度交接时导致企业要素投入效益出现小幅波动，而走势基本维持缓慢上升。究其原因，江苏省中小企业劳动力就业人员月度基本维持稳定，而企业劳动力平均工资增速高于企业的工业增加值增速，从而导致了劳动投入的经济效益逐渐下滑的趋势；而对于资本投入的经济效益方面，年度内企业对固定资本投资一般采用年度"一次性"式的投入，投入则随着生产及折旧而减少；但是资本的利率增速不能抵消企业的工业增加值的增速及弥补固定资本增长率的下降，因此资本投入的经济效益呈现出逐渐上升的趋势。可以发现，在劳动力成本不断上升的背景下，中小企业以雇佣更多的劳动替代资本，弥补融资约束下企业的融资压力，以保持企业生产率的稳定提升。

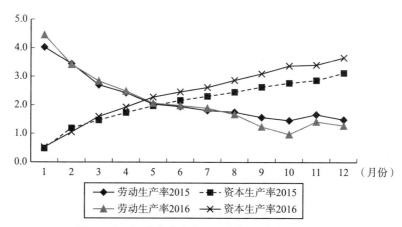

图13－7 江苏省中小企业要素投入效率指数走势

中小企业要素规模增长效应主要考察劳动、资本等要素投入对企业发展的影响，如图13－8所示，企业要素规模增长效应在2015年上半年呈现出水平状，而下半年出现缓跌；2016年上半年先降，而下半年意外地出现先升再降走势。究其原因，我们可以考察分项指标，发现劳动投入效应维持稳定，2015年及2016年均为4.0单位；而资本投入效应2014年基本呈现出水平状，2015年出现先降后升再降走势，其与企业要素规模增长效应走势吻合。也就是说，中小企业劳动要素投入效应的作用高于资本投资效应，而企业要素规模增长效应走势是由资本投资效应所决定的。企业生产过程中不断调整固定资本的投入，因而出现不同程度的波动，而在短期内劳动要素的投入则是维持相对稳定的。

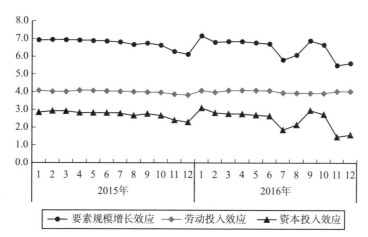

图13－8 江苏省中小微企业要素规模效应及分项

从图 13-9 中可以看出，江苏省中小企业要素收益率增长效应年度增长之间呈现出"N"型，由 2015 年初的 4.5 单位增加到年末的 5.9 单位，继而骤降到 2016 年初的 3.9 单位，而年末又达到了 5.9 单位。中小企业出现的企业要素收益率增长效应走势主要是由资本收益率效应导致的，而劳动工资率效应变化不大，基本维持在 2.2 单位水平。可见，江苏省中小企业发展过程中资本收益率不断提升，而对于企业的劳动工资率则没有表现得那么突出。

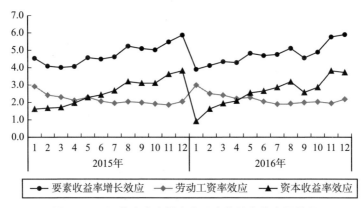

图 13-9 江苏省中小微企业要素收益率效应及分项

三、小企业技术与融资能力是短板，营收能力是核心，环境适应能力是优势

中小企业发展核心竞争力，除了表现在企业生产要素的投入上，经营绩效、企业转型升级、融资环境及经营环境等运营投入也是重要体现。为此，图 13-10 显示了营收能力指数、技术能力指数、融资能力指数及环境适应能力指数以考察中小企业发展情况，不同的指标反映出了企业不同的发展势头。

中小企业营收能力指数由营业利润率、出口产值比、营业收入产值比及主营收入增长率四部分构成，如图 13-11 所示。从分项指标看，企业的营业利润率对企业营收能力指数年均贡献率高达 77.6%，决定着中小企业经营状况，影响企业是否进一步扩大规模的决策。企业的主营收入增长率走势

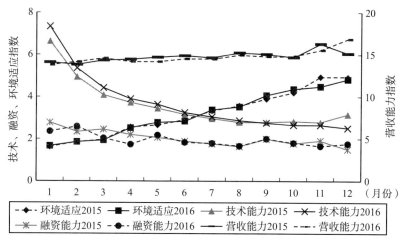

图 13-10　江苏省中小企业经营能力分项指数走势

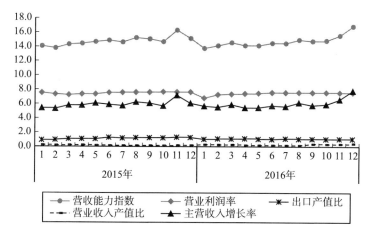

图 13-11　江苏省中小微企业营收能力指数

与企业的营收能力指数同步，对中小企业发展同样具有无可厚非的作用。而中小企业出口竞争力不强，在企业经营绩效指数中年均仅仅有 0.2 单位，同样，企业的出口产值比年均也只有 1.1 单位。

　　中小企业的技术能力，主要是由企业的人均资本密集度与工资激励强度决定的，后者采用企业营业收入中劳动者工资份额核算。在 2015~2016 年度，中小企业的工资激励强度维持在 2.3 单位上下，没有大幅度的波动，主要是因为企业发展过程中，企业的就业人数在短期内是固定的，而工资短期内具有"价格黏性"。企业技术能力指数年均值为 3.7，其分项工资激励强度年均值为2.3，分项贡献率为64.2%，可见，要是从要素投入视角提升企业技术能力，则应适度地提高劳动者报酬，增加员工的积极性，从而实现企业的良性发展。采用产值融资率和资产负债率衡量企业的融资能力，其中资产负债率反映了企业的资产状况和经营情况，也是企业调节财务管理的一个杠杆，太低则表明企业经营保守或者对行业看淡，太高则加大财务成本、增加运营风险。因此，在中小企业融资过程中，资产负债率对企业融资能力指数的贡献率达到71.1%，是企业运营过程中的核心指标。图13-12显示了江苏省中小微企业融资能力指数及分项。

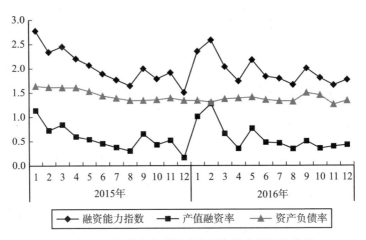

图13-12　江苏省中小微企业融资能力指数及分项

在企业的经营环境适应过程中，体现为以应收账款核算的产值账款率及以应交税费核算的产值应税率，而在图13-10中，企业环境适应指数由2015年初的1.6单位上升到年末的4.9单位，又骤降到2016年初的1.7单位，最后缓升到年末的4.8单位，呈现出一种"骤降缓增"的态势。原因可能为中小企业发展过程中，企业间应收账款不能按时交付，一直拖欠到年底，从而使得企业间的经营环境年度中不断改善。总而言之，中小企业运营能力强弱是参与市场优胜劣汰的重要基础，由于企业自身规模、政策偏向等原因，导致小企业融资能力不足，但是环境适应能力是小企业的重大优势，也是小企业保持活力的源泉。小企业发展只有"补短板"、发挥自身优势，同时政府要针对中小企业扩大市场准入范围，促进中小企业快速发展，并落实降税减负等扶持政策，扶持中小企业做大做强，发展成为主营业务突出、竞争力强、成长性高、专注于细分市场的专业化"小巨人"企业，不断提高发展质量和发展水平，才能以强大的市场机制促进中小企业转型升级。

第五节 结论与启示

本章基于微观层面剖析影响企业发展的动力因素，从理论上对企业收益型全要素生产率分解为企业要素投入经济效益、要素规模增长效应、要素收益率增长效应，同时考察了企业营收能力、技术能力、融资能力、环境适应等因素。通过选取全面反映企业发展现状的16个三级指标，以江苏省中小企业数据为样本，采用随机系数回归法核算了评价体系的权重，构建了客观评价当前中小企业发展水平的指数，并对小企业发展特征进行了分析，得出了以下简要的结论。

第一，企业的经营能力是企业持续发展的基础，近些年小企业发展能力稳步上升。从要素投入的经济效应看，小企业资本与劳动要素之间呈现出一种负相关关系。也就是说，企业愿意支付较高的工资，提高劳动力的积极性，在劳动力人数保持稳定的前提下，劳动生产率提高了。现实中固定资本基本不变，优化劳动力结构、增加高技术劳动力或者改善组织管理和激励机制，使劳动生产率显著上升，即产出有显著的提高，表现出资本要素生产率提高，这是一个资本生产率提高的假象。反之，如果企业劳动力数量和劳动力结构不变，企业使用了更加先进的固定资产，资本生产率水平显著上升，表现为劳动生产率提高，这也是一种假象。第二，在短期内，中小企业的要素规模增长效应，受到自身发展的影响，劳动要素的投入维持相对稳定，而对固定资本投资则根据经济形势的变化而调整，以"劳动替代资本"实现企业生产率提升。从要素收益率看，资本收益率波动幅度大于劳动工资率波动，这是由资本"价格刚性"与劳动"价格黏性"所致。第三，中小企业技术能力提升不明显，而且融资能力处于较低水平，不利于企业的持续发展。另外，中小企业的营收能力处于较高水平，环境适应能力稳步提升，这是中小企业发展的核心所在。中小企业的营收能力更多地体现在企业利润率及主营收入增长率上，而企业发展走势随后者的波动而波动。在要素投入促进企业技术能力提升方面，企业技术能力波动受资本投资驱动作用更大，而工资激励驱动机制占主导。产值融资率对企业融资、企业产值账款率对企业经营环境适应的作用比较明显。

本章的研究结果具有以下启示：（1）企业间收益型 TFPR 是导致企业发展优劣的决定因素，而企业工资差异也是重要的因素。指数权重核算得出全要素生产率三个构成项所占比重达到了 30.75%，技术能力指数中工资总额分项权重为 11.07%。可见，适当提高中小微企业的劳动力工资水平，提升企业的生产率水平，可以促使企业良性发展。（2）从企业的固定资本投资看，中小微企业的固定资本增长率远小于劳动要素增长率，通过增加企业的固定资本投资，可以实现企业规模的扩大。同时，企业的资本要素成本年度呈现不断增加特征，政府应该为中小企业发展"减负"，降低中小企业的融资成本。

全球视角：全球分工背景下中国企业加成率提升研究

本章测算衡量了生产分割程度的生产阶段数，探讨刻画了全球价值链分工程度的生产分割对企业加成率的微观影响与作用机制。采用 DLW 法测算了中国企业加成率，选用固定效应模型分析了全球价值链分工对企业加成率的影响，并构建了工具变量法以缓解内生性。研究发现：企业选择全球生产分割、国际生产分割与国内生产分割方式显著提高了企业加成率。全球生产分割方式显著提升了低生产率企业、高技术企业、民营企业的加成率，尤其是低生产率企业选择国际生产分割、高技术企业选择国内生产分割。生产分割一定程度上抵消了出口企业与内销企业因"竞争效应"导致的低加成率。另外，企业"技术进步效应"和"交易成本效应"是生产分割促进企业加成率提升的两个可能的渠道。本章研究丰富和拓展了全球价值链分工影响企业加成率的文献，从企业异质性、行业技术异质性以及结构性视角稳健性分析，并通过中介效应模型验证影响机制。这些发现对破解中国企业"低加成率陷阱"、提升企业全球价值链分工具有重要的启示意义。

第一节　引　言

在经济全球化背景下，国际市场分割、全球采购、外包、公司内贸易等新型生产和贸易模式不断涌现，同时生产过程日益分散化、碎片化，促使全球价值链在各国之间不断延伸和细化，而生产分割成为各国参与全球价值链的重要组织形式之一。生产分割使企业由集权、垂直一体化及单一地点转向地理分散，产品研发、制造、营销等不同环节在不同国家或者地区完成，实现生产过程的"功能分离"与"空间分离"（Romero et al.，2009），这种生产全球化、生产分割和分工细化的现象引起了众多学者的广泛关注（Hummels et al.，2001；刘戒骄，2011；Fally，2011、2012，Johnson & Noguera，2012；Koopman et al.，2014；倪红福等，2016；刘维刚等，2017）。有趣的是，国内外学者研究发现中国企业在参与国际分工过程中出现了"低加成率陷阱"或"出口低价之谜"现象（盛丹、王永进，2012；黄先海等，2016；Kee & Tang，2016），与新新贸易理论的出口企业相比，非出口企业往往具有较高的生产率相悖（Melitz & Ottaviano，2008）。当前世界经济处于国际金融危机的调整期，面临全球总需求疲软、国内资源和环境双重约束、劳动等生产要素成本不断攀升等一系列问题，尤其是2018年来的中美经贸摩擦，中国企业国际竞争力面临着极大的挑战。鉴于此，本章在检验全球分工是否提升中国企业加成率的基础上，试图从企业技术进步、交易成本等角度分析破解中国企业"低加成率陷阱"的微观机制，这对我国企业实现全球价值链地位攀升进而逃脱"低加成率陷阱"具有重要的理论意义和现实意义。

破解中国"低加成率陷阱"的重点在于厘清导致中国企业加成率低的原因是什么。从已有的研究来看，一种解释是政策因素，如出口退税、补贴政策（盛丹和王永进，2012；任曙明和张静，2013）、汇率变动（盛丹和刘竹青，2017）等；另一种解释是企业微观行为，如企业市场竞争（De Loecker & Warzynski，2012；盛丹和王永进，2012；刘啟仁和黄建忠，2015）、企业创新（刘啟仁和黄建忠，2015；诸竹君等，2017；黄先海等，2018）、要素成本（诸竹君等，2017；黄先海等，2018）等。而破解中国"低加成率陷阱"的关键在于探究促进企业加成率提升的内在机制是什么。根据梅里兹和奥塔维亚诺（Melitz & Ottaviano，2008）构建的异质性企业垄断竞争模型分析，出口强度越强且生产率越高的企业越能够保持较高的加成率，库格勒和费尔哈亨（Kugler & Verhoogen，2012）又证实生产高品质产品的企业具有较高加成率。一方面，经验分析发现中国对外投资高收入国家可以显著提升企业加成率，而跨国公司会通过水平溢出和垂直溢出影响本土企业加成率（毛其淋和许家云，2016、2017）；另一方面，中间品贸易自由化通过降低产品边际成本显著提升企业加成率（De Loecker et al.，2016；Brandt et al.，2017）。毋庸置疑，上述文献为认识和理解全球价值链分工深化、生产链条不断向国内外延伸、生产结构越来越复杂背景下企业生产效率和福利提升提供了有益的参考。

近些年，贸易自由化政策、技术进步的提升，降低了关税、运输等交易成本，加速了生产的空间分离，促成了全球范围内配置不同的生产工序。不仅如此，创新驱动企业倾向从事高附加值的研发活动，把具体加工和生产环节外包给其他企业，使生产和交易的中间环节增多，生产链条延长，生产结构更加复杂。生产分割作为全球价值链分工的重要测度，衡量一国参与全球价值链的广度或长度，多数研究聚焦于生产分割的测算①以及生产分割对生产率、就业、收入分配等的影响（Egger et al.，2001；Grossman & Helpman，2005；刘维刚等，2017）。而亚当·斯密（1774）认为财富与劳动分工密切相关，专业化程度的不断深入，促进了生产效率和福利水平。企业加成率高低决定一国在国际贸易中获得福利大小，在当今全球化浪潮中企业加成率的高低直接决定着一国在全球价值链中的利益分配，但既有文献鲜少涉及生产分割如何影响中国企业产品定价能力。长期以来中国企业过度出口依赖、缺乏产品定价权，在经济结构调整与发展方式转型的背景下，逃离"低加成率陷阱"迫在眉睫。

本章研究从以下几个方面取得了进展：（1）从生产分割视角研究企业加成率内在逻辑，并进行机制检验，在一定程度上丰富和拓展了现有文献，为揭示企业动态竞争能力的微观机制提供了新的分析视角和经验证据。（2）测算了反映经济或产业结构复杂程度的生产阶段数，将其作为生产分割的测度，相比国内外价值构成、贸易增加值的测算，是一种新的反映生产分割的指标。（3）研究发现生产分割显著促进了企业加成率的提升，且通过生产率与创新两个渠道发生作用，为破解中国企业"低加成率陷阱"提供了重要的政策启示。

第二节　理论分析

随着全球经济活动的进一步细化和专业化，企业之间的联系越来越紧

---

① 关于生产分割的测算方法，主要从产品的国内外价值构成角度（Hummels et al.，2001）、贸易增加值视角（Johnson & Noguera，2012；Koopman et al.，2014）测算"国际生产分割程度"，这主要基于国际贸易利得分析，而法利（2011、2012）、倪红福等（2016）测算反映经济或产业结构复杂程度的生产阶段数指标并分析行业生产分工。

密，产业结构越来越复杂，生产和交易的中间环节越来越多，因此产品的生产阶段数变大、生产链条拉长，体现为生产分工体系的不断深化。一方面，企业加成率作为度量企业市场势力和贸易利得的重要指标，反映的是企业将产品价格维持在边际生产之上的能力（任曙明和张静，2013），其能够全面准确地衡量一个企业市场竞争力的高低；另一方面，生产分割作为一种制造业组织形式，企业可以将产品研发、制造、销售、服务以及不同的生产环节在不同国家或地区完成，实现了企业从集权、垂直一体化、单一制造地点的生产模式到空间上分散化、网络化的生产模式，企业产品生产由越来越专业化、分工越来越细化的多阶段构成。同时，任何改变产品价格或企业生产成本的因素都可以影响企业加成率，我们下一步要分析的就是企业生产分割组织形式下如何影响企业加成率。

从生产分割的演变机理分析看，罗梅罗等（Romero et al.，2009）的理论认为企业生产过程视为一系列功能（研发、生产、销售等）的组合，企业技术水平越高，则生产功能越细化、模块化、标准化，生产过程的部分阶段将会具有分离出来的可能性，即当生产技术水平达到一定程度时，会促发"功能分离"；贸易政策自由化、运输、信息技术等交易成本的下降，将会促使产品产生"空间分离"，在全球范围内重新进行生产空间布局。"功能分离"促使企业更多的从事研发、设计等附加值高的环节，如苹果公司、英特尔公司等，企业因保持着技术垄断具有较高的产品定价权，从而获得较大的贸易利益。"空间分离"促使本土企业通过学习和模仿母公司先进的生产技术和管理经验，同时跨国公司通过开展技术研发合作、学习交流等途径降低了本土企业边际生产成本进而提高成本加成定价能力。根据上述分析，本章提出以下待检验的假说：

假说 14 - 1：在其他条件不变的情况下，生产分割长度越长，越有利于企业加成率的提升。

生产分割使企业从集权、垂直一体化、单一制造地点的生产转向空间上分散化、网络化的生产，大型企业，尤其是大型跨国企业充分发掘和利用这种比较优势，节约生产成本和提升生产效率，制造业组织形式表现以大型企业为中心、中小企业分布周围，或是大型跨国公司为中心、中小企业遍布全球。生产分割的可能性和程度主要取决于技术，生产技术的不断发展使得企业的部分生产环节与其他生产环节相分离，而且比垂直一体化生产更能节约成本，只有这样企业才可能选择生产分割方式（Hanson et al.，2005；Desai，2009）。大型企业或跨国公司选择生产分割的目的是在全球范围内进行资源整合与优化配置，获得不同国家或地区的比较优势，把生产部分环节分配到不同地区或采购其他优势企业优质的中间产品，以提升最终产品竞争力。产品生产分割的主要特征就是，在纵向上分化为不同层次，对应着不同企业的技术水平差异，主要表现就是大型企业或跨国公司"保留核心技术，外包其他业务"。一方面，从大型企业或跨国公司保留的核心技术业务一般处于价值链高端，而外包出去的业务更多的是中低端的业务（如加工、生产、组装等），委托给其他具有比较优势的企业，而"保留核心技术"的大型企业或跨国公司专注于研发设计、品牌与市场等高附加值活动，不断提升自身企业技术水平的同时可以制定较高的最终产品价格，以获得较高的企业利润；另一方面，对于承接外包业务企业来说，承接大型企业或跨国公司外包出来的生产环节和阶段，相对于承接企业的专业化生产环节和阶段来说，其所承接的外包业务可能是相对高端的生产环节和阶段。显然，从产品内分工视角看，承接了相对高端生产环节和阶段的承接企业转向了专业化更强、生产技术更强的产品生产与活动。因此，随着大型企业或跨国公司不断地向承接企业进行外包业务，在保持自身高附加值、高利润的优势外，可以提升承接企业的边际生产技术水平，从而在整体上提升企业的利润水平。

企业选择生产分割最直接的就是通过多种渠道对企业生产率产生影响。阿米蒂和魏（Amiti & Wei，2009）认为通过将低效率的生产阶段转移国外提升平均产出的"静态效率收益"、生产技术前沿移动促使本国生产环节更加有效的"重组效应"、学习与改进生产方式的"学习外部性"以及新的和多样化要素使用的"多样化效应"均可以提高企业生产率。戈尔格等（Görg et al.，2008）基于爱尔兰的企业数据分析发现生产分割显著促进了生产率提升，且出口企业作用更加明显。一方面，企业参与生产分割产生的"学习效应"提升了企业生产率，可以通过企业间的合作交流以及跨国公司内流动获得跨国公司的先进技术和管理经验，有助于降低边际生产成本；另一方面，参与生产分割的"技术外溢效应"也提升了企业生产率，主要是通过垂直溢出的前向关联与后向关联发生作用，跨国公司通过扩大产品种类增加了下游行业企业中间投入品范围，提高企业生产效率，而与上游行业竞争加剧，降低了中间投入品的市场价格，从而带来生产成本的下降（毛其淋和许家云，2016）。据此，可以得知，生产分割程度的深化提高了企业生产效率，而企业生产率进一步会影响边际生产成本（Melitz & Ottaviano，2008），即生产率越高的企业具有越高的生产技术，其边际生产成本越低，从而具有越高的加成率。可以得出内在机制：生产分割延伸，企业生产技术提升，企业边际成本下降，企业加成率提升，从而本章提出如下待检验的假说：

假说 14 - 2：企业选择生产分割方式通过缩小企业间技术差距进而提升企业的加成率水平，即存在一种"技术进步效应"。

产品内分工作为一种新型的分工模式，不同国家或地区具有要素禀赋结构差异、技术差异、需求偏好差异以及规模经济差异，如果一个产品生产阶段可以被分割，每个国家或地区将依据自身的比较优势专业化地生产和出口最具有比较优势的中间产品。从微观企业层面看，企业生产过程通过一系列的功能组合将资本、劳动、原材料、中间投入等投入转换为产出。而企业生产分割的延长实质是将产品研发、制造和营销等连续阶段，通过内部交易与企业外包进行功能的组合，更多的是分布在不同企业通过市场交易完成的，尤其是在不同地区间，企业功能组的选择受到交易成本（运输、管理、质量控制等）的限制。从理论上分析，企业一方面在给定生产要素成本的情况下，生产专业化水平的提升可以减少要素消耗数量；另一方面，也可以将部分生产活动转移到成本较低的国家或地区，利用低成本要素从事至少一个环节的生产（刘戒骄，2011）。虽然企业技术水平提升促使企业选择生产分割方式，有利于企业提升生产效率和节约生产成本，但是这种生产分工细化对于企业意味着交易费用上升。交易成本上升将会影响企业生产环节和阶段在空间上的分离，这主要是因为不同生产阶段空间分离后需要后续的服务协调和联系，如运输、管理等。尤其是，跨国公司将部分生产环节外包给其他国家企业将会受到贸易自由化、空间运输成本以及管理成本与组织成本等的影响。如果运输和信息传输技术不断进步、贸易自由化政策的改善将大大降低运输、协调等交易成本。因此，交易成本的降低可以促进大型企业或跨国公司重新布局企业生产环节和阶段，在全球范围内进行生产空间布局，以降低企业的边际生产成本，提升企业的盈利能力。由此，本章提出如下待检验的假说：

假说 14 - 3：企业选择生产分割方式受到交易成本的影响，且交易成本不断降低将会促进企业加成率水平提升。

第三节　研究设计

一、计量模型的设定

依据前文的理论分析以及本书的研究目标，为了分析生产分割对企业加成率的效应，我们将基础的计量模型设定为式（14-1）：

$$Markup_{ijt} = \alpha_0 + \alpha_1 psl_{mjt} + \theta_1 Z + \theta_2 \sum region$$

$$+ \theta_3 \sum indus + \theta_4 \sum year + \varepsilon_{ijt} \qquad (14-1)$$

其中，i、j、t 分别指企业、所属行业与年份，$Markup_{ijt}$ 表示企业的加成率水平。psl_{mjt} 表示 t 时期 i 企业所属的 2 位数行业的 m 类生产阶段数，其中 $m \in \{$全球、国内、国际$\}$。

控制变量：（1）企业规模（$size$），采用企业销售额的对数来衡量。一般认为，企业的规模越大，其自身在规模经济、生产技术或者外部融资方面越具有优势，从而获取较高的加成率。这种效应是否存在，需要通过实证研究对之加以检验。（2）企业年龄（age），采用企业注册成立年份与企业样本年份的时间间隔表示。（3）企业资本密集度（kl），采用企业价格平减后固定资产净值与企业从业人员比值的对数来衡量，资本密度高的行业往往进入门槛较高，从而导致竞争较小，而企业获得较高利润。（4）行业竞争程度（$compt$），本章采用不同（四分位）行业不同年份的企业数量的对数作为代理变量。（5）企业融资支持（$finance$），采用企业利息支出与固定资产的比值来衡量，该比值越大表明企业获得的融资规模越大。（6）企业人均工资（$wage$），人均工资是企业用工的显性指标，反映了企业的人力资本情况，因此人均工资上涨可能会提升企业的加成率。（7）出口密度（exp），用企业的出口交货值占企业销售额的比重衡量，异质性贸易理论强调"自选择效应"使得高生产率企业进入出口市场。从一国层面上看，企业更多地参与国际分工，更多是通过全球价值链的形式实现加工、生产环节的全球化，企业出口密集度越高，国际生产阶段数越长，可能会提升企业加成率。另外，还加入了企业所属行业、年份等虚拟变量，控制未观测到的固定效应因素。

二、核心变量的测算

（一）生产分割长度的测算

1. 封闭条件下的生产分割

用 GVC 生产阶段数指数，衡量一个国家参与全球价值链的广度和长度。根据法利（Fally, 2012）的核算框架，生产 i 产品的平均生产阶段数 N_i，度量有多少生产环节顺序进入了 i 产品的生产过程，其值是参与 i 产品生产的序列的企业的加权，即 $N_i = 1 + \sum_j a_{ij} N_j$。其中，$a_{ji}$ 表示生产一单位 i 产品需要直接消耗 a_{ji} 单位的 j 产品，其计算依赖于投入产出表中的直接消耗系数矩阵（$[a_{ji}]$）。若生产产品 i 不需要任何的中间投入产品，则生产阶段数 N_i 等于 1；若需要中间投入产品，生产阶段数 N_i 则取决于中间产品的投入数量以及相应中间产品自身的生产阶段数。矩阵形式如式（14-2）所示：

$$N = (I-A)^{-1} I \qquad (14-2)$$

其中，N 表示 $n \times 1$ 的行业生产阶段数矩阵，I 表示 $n \times 1$ 的单位矩阵，A 表示 a_{ji} 的 $n \times n$ 矩阵，而 $(I-A)^{-1}$ 为 Leontief 逆矩阵。这是基于单个国家投入产出测算来分析该国国内生产分割长度，而研究国际生产关系则需要基于全球投入产出模型进行测度。

2. 全球投入产出模型下的生产分割

倪红福等（2016）基于法利（Fally, 2012）的框架，对全球生产分割进行了定义。n 国 i 行业的生产阶段数 N_i^n [①]为：$N_i^n = 1 + \sum_{m,j} a_{ji}^{mn} N_j^m$。$N$ 个国家 M 个部门的生产分割长度为：$N^T = U^T + N^T A = U^T (I-A)^{-1} = U^T B$。其中，$n, m \in \{1, 2, \cdots, N\}$ 表示不同的国家，T 表示转置，$B = (I-A)^{-1}$。从而 n 国的生产阶段数如式（14-3）所示：

$$N^{nT} = u^T L^{nn} + u^T \left(\sum_{m \neq n} L^{nn} A^{nm} B^{mn} \right) + u^T \sum_{m \neq n} B^{mn} \qquad (14-3)$$

其中，N^n 为 n 国的全球生产阶段数，$u^T L^{nn}$ 表示国内生产阶段数，L^{nn} 表示 n 国的局部 Leontief 逆矩阵。从全球贸易视角看，$u^T L^{nn}$ 相当于 n 国不存在中间品贸易，不从国外进口中间产品，n 国的最终需求生产带来了本国的产

---

① n 表示国家，i 表示行业。

出增加，这与法利（2012）封闭条件下生产分割长度定义一致。因此，称 $u^T L^{nn}$ 为"国内生产阶段数"。

$u^T(\sum_{m\neq n} L^{nn} A^{nm} B^{mn})$ 或者 $\sum_{m\neq n} B^{nm} A^{mn} L^{nn}$ 表示的是国外产品生产对 n 国中间需求而引起的 n 国的生产阶段数。在该部分构成项中，B^{nm} 刻画了 n 国最终产品的增加，导致 m 国产品产出增加。从国际投入产出表来看，n 国最终产品的生产需要进口 m 国产品作为中间投入产品，同时 m 国最终产品的生产需要进口 n 国产品作为中间投入产品。$L^{nn} A^{nm} B^{mn}$ 则为中间产品出口带来 n 国的产出的增加。分解项 $u^T(\sum_{m\neq n} L^{nn} A^{nm} B^{mn})$ 表明了国家产品互相作为中间产品投入进行贸易的机制。该项值越大，则表示中间产品的国际贸易越强，各国之间交易次数越频繁，生产阶段数就越大。$u^T \sum_{m\neq n} B^{mn}$ 表示 m 国生产最终产品导致其他国家产品产出的增加，也体现了国际中间品贸易的存在。因此，这两部分统称为"国际生产阶段数"。

（二）企业加成率的测算

借鉴德洛克和瓦尔津斯基（De Loecker & Warzynski，2012）的做法（简称DLW法），采用结构方程模型，通过估计生产函数和产出弹性的方法测算中国企业加成率。优点是采用莱文森和彼得林（Levinsohn & Petrin，2003）半参数估计会降低不可观测因素导致的加成率估算偏差、放松规模报酬不变、不依赖于企业投资。DLW法的基本原理是相同生产技术的企业在产量既定条件下实现成本最小化，构建拉格朗日函数如式（14－4）所示：

$$L(X_{it}^1, \cdots, X_{it}^v, K_{it}, \lambda_{it}) = \sum_{v=1}^V P_{it}^{Xv} X_{it}^v + r_{it} K_{it} + \lambda_{it}[Q_{it} - Q(\cdot)] \quad (14-4)$$

其中，生产函数 $Q_{it}(\cdot)$ 是连续而且二阶可导，$Q_{it} = Q_{it}(X_{it}^1, \cdots, X_{it}^v, K_{it}, \omega_{it})$ 为企业 i 在 t 时期的实际产出水平；X_{it}^v 为中间要素的投入，P_{it}^v 为中间投入要素 X_{it}^v 的价格；K_{it} 为资本存量，r_{it} 为资本投入的成本率；ω_{it} 表示企业的生产率水平。假定企业生产过程中的中间投入要素的调整成本为零，则在既定产出水平下，企业边际成本为 $mc_{it} = \lambda_{it}$，$\lambda_{it} = \partial L_{it}/\partial Q_{it}$。可得：

$$\frac{\partial L_{it}}{\partial X_{it}^v} = P_{it}^{Xv} - \lambda_{it} \frac{\partial Q(\cdot)}{\partial X_{it}^v} = 0；\theta_{it}^{Xv} \equiv \frac{\partial Q(\cdot)}{\partial X_{it}^v} \frac{X_{it}}{Q_{it}} = \frac{1}{\lambda_{it}} \frac{P_{it}^{Xv} X_{it}^v}{Q_{it}}$$

定义企业加成率为 $\mu_{it} = P_{it}/\lambda_{it}$，并结合上式可以得到式（14－5）：

$$\mu_{it} = \theta_{it}^{X^v} (\alpha_{it}^{X^v})^{-1} \qquad (14-5)$$

其中，$\alpha_{it}^{X^v}$ 表示中间投入要素 X_{it}^v 的支出占企业总销售额的比重，即 $P_{it}^{X^v} X_{it}^v / P_{it} Q_{it}$；$\theta_{it}^{X^v}$ 表示要素产出弹性。依据 DLW 法，前提是投入要素可充分调整，而在中国劳动力受到户籍等因素的限制未能实现充分流动。因此，本章选取中间投入品作为估计企业产出弹性的投入要素（Lu & Yu，2015）。使用超越对数生产函数进行参数估计，具体如式（14-6）所示：

$$y_{it} = \beta_l l_{it} + \beta_k k_{it} + \beta_m m_{it} + \beta_{ll} (l_{it})^2 + \beta_{kk} (k_{it})^2 + \beta_{mm} (m_{it})^2 + \beta_{lk} (l_{it} k_{it})$$
$$+ \beta_{lm} (l_{it} m_{it}) + \beta_{km} (k_{it} m_{it}) + \beta_{lkm} (l_{it} k_{it} m_{it}) + tfp_{it} + \varepsilon_{it} \qquad (14-6)$$

其中，y_{it} 表示实际产出的对数值，l_{it} 表示企业劳动的对数值，k_{it} 表示实际资本存量的对数值，m_{it} 表示中间投入要素的对数值，tfp_{it} 表示企业的全要素生产率水平，ε_{it} 表示不可预期冲击的误差项。采用两步估计法：第一步采用生产率的代理变量进行估计，本节采用 LP 方法通过构造中间品的投入需求函数进行估计得到实际产出 $\hat{y}_{it}$ 与第一步的误差项 $\hat{\varepsilon}_{it}$，据此求出中间投入要素占企业总产出的比重 $\alpha_{it}^m = m_{it} / [\hat{y}_{it} exp(\hat{\varepsilon}_{it})]$；第二步使用 GMM 对式（14-6）进行参数估计，假定企业全要素生产率服从一阶的马尔科夫过程，不可观测的生产率冲击与当期的资本和滞后一期的劳动投入与中间品的投入不相关，$tfp_{it} = g_t(tfp_{it-1}) + \xi_{it}$，$\xi_{it}$ 表示异质性生产率冲击。得出 $\theta_{it}^m = \beta_m + 2\beta_{mm} m_{it} + \beta_{lm} l_{it} + \beta_{km} k_{it} + \beta_{lkm} (l_{it} k_{it})$ 中间投入品产出弹性，将其代入式（14-5），求出成本加成率。

（三）"技术进步效应" 的测算

本章参考阿吉翁等（2005）分析思路，测算企业选择生产分割方式企业间知识溢出引致的技术进步效应 $Techpro_{it}$，主要是通过对产业内领导企业与跟随企业生产率差距的构建指标，具体如下：$Techpro_{ijm} = (TFP_{ijm} - TFP_{jm}^{min}) / TFP_{jm}^{min}$。$TFP_{ijm}$ 表示 j 地区（市）m 行业 i 企业的全要素生产率（LP 法核算）；TFP_{jm}^{min} 表示 j 地区（市）m 行业中最低企业的全要素生产率。由此，行业中生产率最低的企业技术进步为 0，企业生产率提升越高表明技术进步效应越大。

（四）"交易成本效应" 的测算

生产分割方式除受技术进步的直接影响外，生产环节和阶段还受到交易成本影响，尤其是大型企业的空间生产布局，产品生产要实现空间分离一般会受到交易成本的影响，因为需要运输、管理、质量控制等服务来协调产品的空间转移。本章交易成本 Trade_cost 用行业的销售费用和管理费用占行业销售收入的比重核算。

三、数据来源及重要变量处理

本章基础数据是中国工业企业数据库，涵盖了主营业务收入（即销售额）在 500 万元以上企业。借鉴宋建和王静（2020）的做法对样本匹配混乱、变量大小异常、变量定义模糊等问题进行了处理，同时删除了企业加成率大于 10、小于 0 以及缺失值。调整后数据库共有 508081 家企业 2481667 个观测值。第二个数据来源是 WIOD 数据库，主要包含了 OECD 以及其他国家和地区 1995～2011 年各行业分类数据。按照二分类行业确定的 29 个制造业行业，将两个数据库进行合并。

本章在布兰特等（Brandt et al.，2012）基础上对该数据库进行了处理，包括构建面板、资本变量处理、价格指数处理等过程。处理面板的思路是，第一阶段匹配连续两年的企业，以企业的"法人代码"进行匹配，若企业法人代码匹配不上或者法人代码重复，则使用"企业名称"匹配，若企业名称依然匹配不上或者企业名称重复，则使用企业"法人代表姓名＋地区（县）"匹配，以此类推使用"地区（县）＋行业类别（四位数行业）＋电话号码""开工年份＋地区（县）＋行业类别（四位行业）＋主要产品"基准变量进行匹配得到非平衡面板数据集。剔除工业总产值、工业增加值、固定资产合计、中间投入小于 0 以及劳动力（从业人数）缺失或者小于等于 8 人的观测样本。本章以 1998 年为基期，工业总产值和工业增加值用工业产品分行业出厂价格指数平减，中间投入用分地区的原材料、燃料和动力购进价格指数进行价格平减。数据来自《中国城市（镇）生活与价格年鉴》和《中国工业经济统计年鉴》。资本存量的核算采用永续盘存法计算企业投资，用固定资本净值衡量资本，折旧率参考布兰特等（2012）的 9%[①]。为了消除异常值的影响，在第 5 和第 95 百分位

[①]　有些文献采用了 10% 或其他折旧率。使用其他折旧率或价格平减指数，不会影响本章的主要结果。

进行 Winsor 处理。

变量处理。梳理数据库发现：固定资产（K）、劳动人数（L）的时间跨度为 1998～2011 年，而工业增加值（Y_add）在 2008～2009 年、2011 年内没有汇报，若直接采用 OP 法来估计整个样本期内企业生产率，则会存在严重问题。LP 法核算企业生产率的被解释变量为工业增加值对数值或工业总产值的增加值，所幸数据库中工业总产值（Y）的时间跨度为 1998～2011 年，但是中间投入品（M）的时间跨度为 1998～2007 年。因此，需要参考数据库其他变量辅助核算出企业 2008～2009 年、2011 年的相关变量。主要过程为：先按照二分位行业分类采用 OP 法核算出资本、劳动产出弹性；然后参考其他变量间接核算出未知年份的工业增加值；最后，依据估测的工业增加值，计算出工业企业的中间投入，进而间接测算出 2008～2009 年、2011 年的 TFP。具体而言，采用要素报酬核算工业增加值年份缺失变量，劳动要素报酬（应付工资总额）的样本期为 1998～2007 年、2010 年，可以先按照应付工资总额估算出 2011 年的工业增加值。然后，资本报酬数据无法从数据库中获取，根据公式"资本报酬 = 利息支出 ÷ 负债总额 × 固定资产"，估算出 2008 年和 2009 年的工业增加值。需要说明的是，劳动报酬核算法准确性高于资本报酬核算，所以先进行前者估算，再进行后者更新。另外，OP 法核算生产率考虑企业退出并用投资作为生产率的代理变量，并不是所有企业每一期都有投资行为，而 LP 法把中间要素作为生产率的代理变量，一定程度上避免了 OP 法核算损失有效信息。

第四节　结果分析

一、生产分割与企业加成率：基准估计结果

表 14-1 是全球生产分割、国际生产分割及国内生产分割对企业加成率的影响效应的基本检验结果。通过 Hausman 检验结果显著拒绝了随机效应模型，故列（1）～（7）汇报了固定效应模型的结果，同时采用企业层面聚类稳健性估计消除面板数据的异方差问题。表 14-1 列（1）是所有企业样

本的估计结果，在控制了一系列相关影响因素的条件下，全球生产分割（ppsl）对企业加成率的估计系数在 1% 的统计水平显著为正。这说明了企业业参与全球价值链的生产环节越多、产品生产的分工越细化，全球生产分割的深化越会促进企业加成率的提升。我们更加关注中国本土企业加成率，考虑到样本选择性偏差，在列（2）中剔除了外资企业，在列（3）中同时剔除外资和港澳台企业重新估计，均显示全球生产分割对中国企业加成率有显著的正向促进效应，全球生产分割每增加 1 单位将促进企业加成率水平提升 0.196 单位，这初步支持了研究假设 1。将全球生产分割进一步分为国际生产分割（pfpsl）与国内生产分割（pdpsl），列（4）、列（5）与列（6）汇报了其对企业加成率的影响。无论是国际生产分割还是国内生产分割，均显著提升了中国企业成本加成定价能力，从剔除外资与港澳台企业的回归结果看，国内生产分割延长促进企业加成率的提升效应大于国际生产分割，国内生产分割每提升 1 单位将促进企业加成率提升 0.131 单位，而国内生产分割提升 1 单位将促进企业加成率提升 0.185 单位。综上可知，参与全球生产分割促进了中国企业加成率的提升，而且本土企业参与国内生产分割对企业加成率的提升作用明显高于其参与国际生产分割。为了增加结果的稳健性，借鉴法利等（2012）的核算方法重新核算全球分工的代理变量，[①] 结果进一步证实了企业参与全球生产分割可以提升加成率。这主要是因为，一方面，随着企业生产技术的进步，生产功能越来越细化、模块化、标准化，生产过程中部分任务或功能以外包形式实现分离，降低了企业的生产成本，增加了生产效率；另一方面，贸易自由化政策降低了关税成本及外商投资成本，这种国际间交易成本的降低促使跨国企业优化选择功能组，在全球范围内进行生产空间布局。加成率反映的是企业将价格维持在边际成本之上的能力，初步结果证实了产业分工越深化、产业关联程度越强、产业链条越长，越将显著提升企业加成率，即验证了前文提出的假说 14-1。同时，能否保持较高加成率也是企业动态竞争能力的重要标志之一。

---

　　① 法利等（2012）在核算生产阶段数的基础上，测算了全球价值链最终需求距离指数，即上游度指数。GVC 上游度指标是衡量个体在全球价值链的所处地位，反映的是某产业生产的产品或服务在达到最终消费之前，还剩下多少生产环节，反映的是更多的专业化处于研发设计等价值链上游部分，还是处于组装或销售等价值链的下游部分。

表 14 - 1 生产分割与企业加成率：基准回归

变量	(1)	(2)	(3)	(4)	(5)	(6)	(7)
	全球生产分割			国际生产分割与国内生产分割			替换变量
	全部企业	剔除外资企业	剔除外资、港澳台企业	全部企业	剔除外资企业	剔除外资、港澳台企业	剔除外资、港澳台企业
ppsl	0.194 *** (0.001)	0.196 *** (0.001)	0.196 *** (0.001)				
plv							0.070 *** (0.001)
pfpsl				0.120 *** (0.003)	0.133 *** (0.003)	0.131 *** (0.003)	
pdpsl				0.183 *** (0.001)	0.186 *** (0.001)	0.185 *** (0.001)	
exp	- 0.006 *** (0.000)	- 0.005 *** (0.000)	- 0.005 *** (0.000)	- 0.006 *** (0.000)	- 0.005 *** (0.000)	- 0.005 *** (0.000)	- 0.007 *** (0.000)
compt	- 0.093 *** (0.001)	- 0.096 *** (0.001)	- 0.096 *** (0.001)	- 0.090 *** (0.001)	- 0.094 *** (0.001)	- 0.093 *** (0.001)	- 0.101 *** (0.001)
size	0.123 *** (0.000)	0.128 *** (0.000)	0.127 *** (0.000)	0.125 *** (0.000)	0.130 *** (0.000)	0.129 *** (0.000)	0.127 *** (0.000)
kl	- 0.102 *** (0.000)	- 0.103 *** (0.000)	- 0.102 *** (0.000)	- 0.102 *** (0.000)	- 0.103 *** (0.000)	- 0.102 *** (0.000)	- 0.109 *** (0.000)
wage	0.083 *** (0.001)	0.081 *** (0.001)	0.081 *** (0.001)	0.085 *** (0.001)	0.082 *** (0.001)	0.082 *** (0.001)	0.071 *** (0.001)
age	- 0.006 *** (0.000)	- 0.005 *** (0.000)	- 0.005 *** (0.000)	- 0.006 *** (0.000)	- 0.005 *** (0.000)	- 0.005 *** (0.000)	- 0.006 *** (0.000)
finance	0.009 *** (0.000)	0.009 *** (0.000)	0.009 *** (0.000)	0.009 *** (0.000)	0.009 *** (0.000)	0.009 *** (0.000)	0.009 *** (0.000)
常数项	0.089 (0.081)	0.080 (0.090)	0.090 (0.089)	0.096 (0.081)	0.089 (0.090)	0.099 (0.089)	0.502 *** (0.091)
年份、地区、行业效应	控制	控制	控制	控制	控制	控制	控制
N	2405782	2165076	2157188	2405782	2165076	2157188	2157174
Hausman 检验	70589.85 P 值 < 0.00	67647.96 P 值 < 0.00	66852.37 P 值 < 0.00	66653.45 P 值 < 0.00	63714.05 P 值 < 0.00	62863.90 P 值 < 0.00	60532.61 P 值 < 0.00
R^2	0.152	0.157	0.155	0.152	0.157	0.155	0.131

注：括号内数值表示企业层面聚类稳健标准误；***、**、*分别表示 1%、5%、10% 的显著性水平。所有模型均采用控制年份、地区、行业效应的固定效应模型。

在控制变量中，我们比较关心的两个变量，一是出口密集度（*exp*）表示出口企业"选择效应"，二是市场竞争（*compt*）表示企业的"竞争效应"。通常而言，企业进入国际市场往往面临更高的固定成本，具有成本优势的高生产率企业会通过"自选择效应"进入出口市场（Melitz & Ottaviano，2008），高生产率企业相比低生产率企业具有更高的加成率。但是中国的情况恰恰相反，由于我国出口贸易的特殊性，出口市场的"选择效应"没有得到有效发挥，使得出口企业的平均生产率较低，而大量涌入出口市场的企业竞相降价，导致市场上存在较大的"竞争效应"，出口企业往往陷入"低加成率陷阱"（盛丹和王永进，2012；刘啟仁和黄建忠，2015）。从回归结果看，出口密集度的系数均显著为负，市场竞争的系数也显著为负，且市场竞争的系数远大于出口密集度的系数，这说明了出口密集度越高，企业的加成率越低，市场过度竞争导致我国本土企业加成率较低。企业规模（*size*）回归系数均显著为正，说明规模越大的企业加成率越高，这可能是因为大企业可以发挥规模经济优势以降低生产成本，从而获得较高的加成率。企业平均工资（*wage*）越高加成率越高，其中一种解释是企业平均工资体现了企业雇佣劳动力的技能水平，人均工资高则说明企业更多采用资本技术密集型生产方式，雇佣更多的高技术劳动力（邵文波和盛丹，2017）。另外，企业融资支持（*finance*）显著为正，说明获得融资规模越大的企业，其加成率水平越高。此外，企业年龄（*age*）的估计系数均在 1% 的统计水平上显著为负，表明企业年龄越大，其加成率越低，一方面可能因为企业成立时间越早的企业成长越缓慢，另一方面可能因为企业年龄越大研发投入越少，导致企业获得垄断利润的能力较低。

二、生产分割与企业加成率的异质性分析

接下来我们从生产率异质性[①]、不同技术密度行业[②]、不同所有制企业角度展开分析。表 14-2 显示了企业生产率异质性与不同技术密度行业中生

[①] 本章选取了企业生产率的 50 分为点（3.49）作为临界点，将企业划分为高生产率企业与低生产率企业。

[②] 本章分析不同技术密度行业中生产阶段数对企业加成率是否产生不同的影响，并将 41 个制造业行业划分为高技术行业与低技术行业。具体分类标准为，将各行业研发强度均值与制造业总体行业均值比较，若研发强度比大于 1，则归类为高技术行业；若研发强度比小于 1，则归类为低技术行业。

产分割对企业加成率的影响。在表 14 - 2 列（1）~（4）中，企业全球生产分割每延长 1 个单位，低生产率企业加成率将增加 0.242 单位，而高生产率企业仅增加 0.101 单位，这说明了随着全球化生产过程日益分散化与分工细化，生产链条向国内外延伸，企业全球生产分割促进我国低生产率企业加成率提升更明显。从国内和国际的生产分工看，企业参与国际生产分割每延长 1 单位，低生产率企业加成率显著增加 0.244 单位，高生产率企业加成率显著增加 0.035 单位；企业参与国内生产分割每延长 1 单位，低生产率企业加成率显著提升 0.237 单位，高生产率企业加成率显著提升 0.092 单位。这说明了中国低生产率企业参与国际分工、国内分工程度越高，企业加成率提升越高，尤其是低生产率企业，参与国际分工更加明显，而高生产率企业参与国内与国际分工促进企业加成率提升的程度远小于较低生产率企业，且高生产率企业参与国内分工促进效应高于参与国际分工。

表 14 - 2　　　　　　　　　生产分割对企业加成率的异质性分析

变量	(1)	(2)	(3)	(4)	(5)	(6)	(7)	(8)
	高生产率企业		低生产率企业		高技术行业		低技术行业	
	Mol1	Mol2	Mol3	Mol4	Mol5	Mol6	Mol7	Mol8
$ppsl$	0.101 *** (0.001)		0.242 *** (0.001)		0.218 *** (0.001)		0.173 *** (0.001)	
$pfpsl$		0.035 *** (0.005)		0.244 *** (0.005)		0.141 *** (0.004)		0.142 *** (0.006)
$pdpsl$		0.092 *** (0.001)		0.237 *** (0.001)		0.207 *** (0.001)		0.166 *** (0.001)
exp	-0.003 *** (0.000)	-0.003 *** (0.000)	-0.008 *** (0.000)	-0.008 *** (0.000)	-0.006 *** (0.000)	-0.005 *** (0.000)	-0.006 *** (0.000)	-0.006 *** (0.000)
$compt$	-0.060 *** (0.001)	-0.057 *** (0.001)	-0.101 *** (0.001)	-0.101 *** (0.001)	-0.098 *** (0.001)	-0.094 *** (0.001)	-0.105 *** (0.001)	-0.105 *** (0.001)
其他变量	控制	控制	控制	控制	控制	控制	控制	控制
年份、地区、行业效应	控制	控制	控制	控制	控制	控制	控制	控制

续表

变量	(1)	(2)	(3)	(4)	(5)	(6)	(7)	(8)
	高生产率企业		低生产率企业		高技术行业		低技术行业	
	Mol1	Mol2	Mol3	Mol4	Mol5	Mol6	Mol7	Mol8
N	1083646	1083646	1081430	1081430	1102692	1102692	1186281	1186281
R^2	0.054	0.054	0.251	0.251	0.171	0.171	0.142	0.143

注：括号内数值表示企业层面聚类稳健标准误；***、**、*分别表示1%、5%、10%的显著性水平；所有模型均采用控制年份、地区、行业效应的固定效应模型，均通过了 Hausman 效应检验；其他控制变量与表 14-1 相同，结果备索。

列（5）~列（8）汇报了高技术行业与低技术行业情况。具体而言，$ppsl$、$pfpsl$、$pdpsl$ 均在 1% 的统计水平上显著为正，每增加 1 单位，低技术行业企业加成率分别提高 0.173 单位、0.142 单位及 0.166 单位，其原因可能是中国融入全球价值链后，成为"制造大国""生产工厂"，参与国际分工企业多以低技术的劳动密集型行业为主，而长期以来中国企业依靠较低劳动力成本的"人口红利"，促使企业向前或向后延伸产业链条以保持自己的市场地位，获得较高的企业利润。每增加 1 单位，高技术行业企业加成率分别提高 0.218 单位、0.141 单位及 0.207 单位。这说明了高技术企业的全球化的产业链条延长、产业分工程度增加，促进企业加成率提升的程度明显高于低技术企业，且高技术企业在国内产业分工中具有明显优势。这主要是因为处于高技术行业的企业更加注重技术创新，不断投入 R&D，企业间进行联合研发和创新活动，互相之间的联系越来越复杂，产品的生产阶段数增大，产品的生产链条拉长，促进了生产效率的提升，企业获得了更高的利润。

接着，我们将企业分为出口企业与内销企业、国有企业与民营企业对其进行再检验，如表 14-3 所示。需要特别关注的一个现象是，我国出口高生产率企业"选择效应"没有有效发挥出来，长期存在"生产率悖论"，现实是在出口市场存在显著的"竞争效应"，出口市场的"竞争效应"大于"选择效应"导致了出口企业陷入"低加成率陷阱"（刘啟仁和黄建忠，2015）。从表 14-3 列（1）和列（3）中区分出口企业与内销企业的估计结果看，无论是出口企业还是内销生产分割的延长均显著提升了企业加成率水平。出口企业在国际市场参与价值链分工，而内销企业主要是参与国内价值链分工，为了更加准确地分析两类企业的生产分割效应，列（2）和列（4）的结果显示，出口企业的国际生产分割延长对企业加成率的估计系数显著为正，内销企业的国内生产分割延长对企业加成率的估计系数也显著为正。另外一个较为关键的变量是市场竞争 *compt*，可以发现无论是国内市场还是国际市场上的企业，市场竞争的估计系数显著为负，这说明了国内与国际市场上"竞争效应"越大，越将抑制出口企业与内销企业的加成率。长期以来，出口企业更多地依赖低级要素的成本优势，以生产、加工等方式参与国际分工，低生产率企业参与分工链条的延长，一定程度上会抵消"竞争效应"导致的低加成率；随着发展程度的提升，在超大规模国家基础上逐步形成国内强大市场的比较优势，这种市场规模进一步衍生出规模化低成本、精细化专业分工、自主创新等竞争优势，内销企业的生产分割不断延长，促进了企业加成率提升，也会抵消国内市场"竞争效应"的不利影响，也就是说企业生产分割的不断延长在一定程度上会避免或者抑制陷入"低加成率陷阱"。

表 14-3　　　　　　　生产分割与企业加成率的企业异质性分析

变量	(1)	(2)	(3)	(4)	(5)	(6)	(7)	(8)
	出口企业		内销企业		国有企业		民营企业	
	Mol1	Mol2	Mol3	Mol4	Mol5	Mol6	Mol7	Mol8
ppsl	0.119 *** (0.002)		0.189 *** (0.001)		0.097 *** (0.004)		0.199 *** (0.002)	
pfpsl		0.265 *** (0.005)				-0.025 ** (0.010)		0.171 *** (0.004)
pdpsl				0.157 *** (0.001)		0.092 *** (0.004)		0.193 *** (0.001)
exp	-0.072 *** (0.000)	-0.073 *** (0.000)	0.021 *** (0.003)	0.027 *** (0.003)	-0.003 *** (0.001)	-0.003 *** (0.001)	-0.006 *** (0.000)	-0.006 *** (0.000)
compt	-0.064 *** (0.001)	-0.053 *** (0.001)	-0.080 *** (0.001)	-0.073 *** (0.001)	-0.036 *** (0.002)	-0.031 *** (0.002)	-0.103 *** (0.001)	-0.102 *** (0.001)
其他变量	控制	控制	控制	控制	控制	控制	控制	控制
年份、地区、行业效应	控制	控制	控制	控制	控制	控制	控制	控制
N	546094	546094	1618982	1618982	248151	248151	1909037	1909037
R^2	0.195	0.189	0.098	0.096	0.025	0.026	0.178	0.178

注：同表 14-2。

众所周知，从中国的现实背景看，国有企业由于自身特殊的国家发展战略定位，而长期的出口退税、补贴政策、行业竞争等方面具有独特的政策扶持优势。因此，中国企业的生产分割延长促进加成率提升，是否会在国有与民营不同所有制企业中存在不同表现？从列（5）和列（7）的估计结果看，国有企业与民营企业全球生产分割每延长1单位，将促进企业加成率分别提升0.097单位、0.199单位，显然，民营企业参与分工细化、价值链延长提升加成率的效果程度更大。在民营企业中，企业的国际生产分割与国内生产分割的估计系数都显著为正，虽然国有企业国内生产分割显著为正，但是国有企业的国际生产分割系数显著为负。这说明了国有企业与民营企业参与全球价值链分工、拉长了生产链条，显著地提升了企业的加成率，且民营企业的促进作用更加明显。进一步看，随着民营企业国内生产分割与国际生产分割变长，产业分工细化，产业链延长，提升了企业加成率，国有企业国际生产分割的延长并没有显著提升企业加成率，而是通过国内生产分割的延长来提升企业的加成率。这其中的原因可能是国有企业获得了更多的补贴，补贴企业的加成率反而低于非补贴企业，补贴并没有起到增强本土企业竞争力的作用（任曙明和张静，2013；孙小军等，2017）。

三、生产分割与企业加成率的经济周期分析

表14-4显示了不同时期生产分割对企业加成率的影响。表14-4列（1）与列（4）汇报了1998~2003年经济周期内全球生产阶段数、国际生产阶段数及国内生产阶段数对企业加成率的回归结果，全球生产分割与国内生产分割的估计系数均显著为正，而国际生产分割的系数没有通过显著性检验。在这一阶段，一方面，中国面临国有企业改革，大批国有企业进行兼并、重组甚至破产，导致了企业数量减少，企业间的中间品贸易转变为企业内部交易，在一定程度上抑制了生产链条的延长；另一方面，随着经济全球化的进程不断加快，中国企业通过多渠道参与全球价值链分工，企业生产链条不断向全球延伸，而国内产业分工深化、生产结构越复杂提升了企业加成率。列（2）和列（5）则汇报了2004~2008年经济周期的回归结果，全球生产分割、国际生产分割与国内生产分割的估计系数均显著为正，这说明了在中国加入WTO后到全球金融危机爆发前，中国企业参与国际生产链条、国内生产链条的延长提升了企业的加成率水平，增强了企业的竞争力。这主

要是因为，这一时期全球经济迅速发展，中国出口规模迅速扩大，发达国家加快向中国进行产业转移，中国成为世界制造工厂，促使中国经济内部产业分工进一步细化，产业链不断延长，这在很大程度上促进了企业利润的大幅增加。列（3）和列（6）汇报了2009～2011年经济周期内生产分割对企业加成率的影响，同样我们关注的是生产分割的估计结果，全球生产分割和国内生产分割的估计系数显著为正，而国际生产分割的估计显著为负，这说明了企业全球生产分割、国内生产分割长度变长，生产结构复杂度提高，促进了企业加成率的提升，而国际生产分割的延长反而抑制了企业加成率的增长。众所周知，全球金融危机后，经济发展面临巨大的挑战，企业生产面临着很大的困难，过去以低要素成本为出口导向的优势不再明显与显著。进而催生了以超大规模国家基础上形成了国内强大市场的比较优势，这种超级市场规模衍生出规模化低成本、精细化专业分工，企业的国内生产分割延长促进了加成率提升，增强了企业的竞争力。

表14-4　　　　　　　　　生产分割对企业加成率的结构性分析

变量	(1)	(2)	(3)	(4)	(5)	(6)
	全球生产分割			国际生产分割与国内生产分割		
	1998～2003年	2004～2008年	2009～2011年	1998～2003年	2004～2008年	2009～2011年
	Mol1	Mol2	Mol3	Mol4	Mol5	Mol6
$ppsl$	0.010 * (0.006)	0.026 *** (0.001)	0.039 * (0.022)			
$pfpsl$				0.006 (0.009)	0.080 *** (0.003)	-0.258 *** (0.034)
$pdpsl$				0.011 * (0.007)	0.031 *** (0.001)	0.211 *** (0.025)
exp	-0.001 *** (0.000)	0.000 (0.000)	-0.012 *** (0.001)	-0.001 *** (0.000)	0.000 (0.000)	-0.012 *** (0.001)
$compt$	0.001 * (0.001)	-0.002 *** (0.001)	0.008 *** (0.002)	0.001 * (0.001)	-0.003 *** (0.001)	0.007 *** (0.002)
其他变量	控制	控制	控制	控制	控制	控制
年份、地区、行业效应	控制	控制	控制	控制	控制	控制
N	700327	1170399	447180	700327	1170399	447180
R^2	0.013	0.007	0.500	0.013	0.007	0.501

注：同表14-2。

四、稳健性分析

已有的研究证实了研发强度、资本密集程度、高技术劳动比重等都与生产分割具有显著关系（倪红福等，2016）。由此，加成率高的企业将会对生产分工产生影响，导致行业生产阶段数差异，相反，处于较高生产阶段数或分工较为复杂的企业也会获得较高的利润，从而解释变量与被解释变量之间可能存在逆向因果关系导致的内生性问题。为了降低内生性，我们一方面采用不同的计量方法，以增加结果的稳健性；另一方面，我们试图寻找生产阶段数的工具变量，其需要满足两个条件：工具变量与中国的生产阶段数高度相关；工具变量不直接影响中国企业的加成率。基于以上考虑，本节选取了巴西、印度、日本和韩国的生产分割作为中国生产分割的工具变量，四国各自的生产阶段数是根据各自国家的投入产出核算的，这与中国企业的加成率之间没有必然的联系，即满足严格外生性。其中，日本与中国地理位置上相邻，而巴西和中国都是"金砖国家"成员，作为重要的新兴国家市场，进出口贸易量不断扩大，四国的贸易相关程度与中国的生产分割关系密切，即满足与被解释变量高度相关。表 14 - 5 则采用 IV-2SLS 模型进行估计，列（1）、列（3）和列（5）的第一阶段 F 值均通过了检验。列（2）、列（4）和列（6）的估计系数均显著为正，这说明随着企业参与国际分工的不断细化，促进了企业加成率不断提升。由此，工具变量方法进一步验证了本章所得结论的稳健性。

表 14 - 5　　　　　　　　　　稳健性分析：工具变量法

变量	(1)	(2)	(3)	(4)	(5)	(6)
	第一阶段	第二阶段	第一阶段	第二阶段	第一阶段	第二阶段
	ppsl	*Markup*	*pfpsl*	*Markup*	*pdpsl*	*Markup*
ppsl	0.108 *** (0.001)	0.108 *** (0.031)				
pfpsl			0.378 *** (0.001)	0.024 *** (0.009)		
pdpsl					0.042 *** (0.001)	0.203 ** (0.098)

变量	(1)	(2)	(3)	(4)	(5)	(6)
	第一阶段	第二阶段	第一阶段	第二阶段	第一阶段	第二阶段
	ppsl	*Markup*	*pfpsl*	*Markup*	*pdpsl*	*Markup*
exp	-0.000 (0.000)	-0.004 *** (0.000)	0.000 *** (0.000)	-0.004 *** (0.000)	-0.000 *** (0.000)	-0.004 *** (0.000)
compt	0.005 *** (0.000)	0.002 *** (0.001)	0.000 *** (0.000)	0.003 *** (0.001)	0.003 *** (0.000)	0.002 *** (0.001)
其他变量	控制	控制	控制	控制	控制	控制
年份、地区、行业效应	控制	控制	控制	控制	控制	控制
N	2080891	2080891	2080891	2080891	2080891	2080891
F	27399.50	35314.5	46883.98	35337.2	2418.37	35327.39

注：括号内数值表示稳健标准误；***、**、*分别表示1%、5%、10%的显著性水平；列（2）和列（4）工具变量使用日本生产阶段数，列（6）中工具变量采用印度生产阶段数；使用工具变量回归时进行弱工具变量检验，Cragg Donald Wald F 统计值远大于 Stock-Yogo 弱工具变量5%的临界值。

第五节　机　制　分　析

一、中介效应模型的设定

在以上的各种回归模型中，有效地解决了生产分割影响企业加成率的内生性问题，并初步探讨了两者之间的关系。本节采用中介效应模型有效识别其内在机制，思路是将解释变量 X 对被解释变量 Y 的影响，分为 X 对 Y 的直接影响以及中间变量 M 对 Y 的间接影响，即 X 通过中间变量 M 对 Y 发生作用。本节构建了以下的递归模型以检验生产分割通过"技术进步效应"和"交易成本效应"的传导机制影响企业的加成率。具体如式（14-7）、式（14-8）和式（14-9）所示：

$$Markup_{ijt} = \alpha_0 + \alpha_1 psl_{mjt} + \theta_1 Z + \theta_2 \sum region + \theta_3 \sum indus + \theta_4 \sum year + \varepsilon_{ijt}$$

$$(14-7)$$

$$X = \beta_0 + \beta_1 psl_{mjt} + \eta_1 Z + \eta_2 \sum region + \eta_3 \sum indus + \eta_4 \sum year + \varepsilon_{ijt}$$

$$(14-8)$$

$$Markup_{ijt} = \gamma_0 + \gamma_1 psl_{mjt} + \gamma_2 \sum X + \phi_1 Z + \phi_2 \sum region + \phi_3 \sum indus$$

$$+ \phi_4 \sum year + \varepsilon_{ijt} \qquad (14-9)$$

其中，　　　　　　　　$X = \{ Techpro_{ijt}, \ Trade\_cost_{ijt} \}$

第一步验证回归系数 α_1 是否显著。若不显著则表明两者之间没有稳定关系，中介效应不存在；若系数 α_1 显著为正，这就意味着生产分割长度增加提升企业加成率，同时进行第二步的回归。计量模型公式（14 - 8）检验了生产分割对中介变量"技术进步效应"与"交易成本效应"的系数 β_1 是否显著，若系数显著则表明生产分割对两者存在影响。计量模型公式（14 - 9）回归系数 γ_1 和 γ_2 显著，且系数 γ_1 相比系数 α_1 的数值有所下降，表明存在部分中介效应；若系数 γ_3 显著，而系数 γ_1 不显著，则可能说明生产分割通过该变量体现为完全中介效应。

二、企业"技术进步效应"影响机制

表 14 - 6 显示了利用以上递归计量模型框架，全球生产阶段数、国内生产阶段数以及国际生产阶段数通过"技术进步效应"渠道作用于企业加成率。从全球生产阶段数的回归结果看，列（1）中 ppsl 的回归系数显著为正，列（4）中 pfpsl 和 pdpsl 显著为正，表明了企业全球生产分割、国际生产分割与国内生产分割的延长显著提高了企业加成率，因此中介效应可以继续进行。列（2）为 ppsl 对中介变量 Techpro 的影响，回归系数显著为正，列（5）中 pfpsl 和 pdpsl 的估计系数也显著为正，这说明了企业生产分割的延长可以促进企业的技术进步提升。进一步来看，企业国内生产分割延长 1 单位可以显著促进企业技术进步 0.032 个单位，而企业国际生产分割延长 1 单位可以显著提升 0.103 个单位。企业生产分割的延长之所以可以提升企业的技术进步，其中主要的原因在于：一方面，全球金融危机爆发前，我国长期受到内需不足困扰，但是外需市场需求较为旺盛，导致了大量企业进入出口市场，低成本、高补贴的出口企业竞相降价，导致存在较大的"竞争效应"，后金融危机时代，在超大规模国家基础上形成的强大国内市场，国内外市场竞争程度增加促进了企业研发活动和自主创新能力提升，进一步衍生

出规模化低成本、精细化专业分工、自主创新等竞争优势；另一方面，随着我国产业结构不断优化，吸收外资与对外投资进一步增加，生产技术、通信技术和运输技术飞速发展，企业参与生产分割程度深化，加强了企业间的联系，企业通过"学习效应"学习先进的技术和管理、提升学习和创新能力，促进了企业的技术进步，同时提高了企业的盈利能力。列（3）和列（6）显示了因变量对基本自变量和中介变量的结果，可以看出中介变量 Techpro 的估计系数均显著为正值，这说明了企业技术进步可以明显提高企业的加成率。这主要是因为随着企业技术不断进步，企业不断改进生产工艺流程、提升产品质量，表现为产品特性与功能的丰富，产品质量提升增加了消费需求，增强了企业自身的垄断能力，因此企业可以将价格维持在较高的水平上。进一步分析，与列（1）和列（4）的基准组估计结果相比，企业全球生产分割的估计系数值由 0.183 下降为 0.178，国际生产分割与国内生产分割的估计系数分别由 0.148、0.177 下降到 0.122、0.169，同时加入中介变量后自变量的估计系数通过显著性检验，这初步显示企业生产分割促进加成率提升的"技术进步效应"的存在，即本章的理论假说 14-2 得以验证。

表 14-6　　　　　　生产分割对企业加成率的"技术进步效应"

变量	(1)	(2)	(3)	(4)	(5)	(6)
	Markup	Techpro	Markup	Markup	Techpro	Markup
	Mol1	Mol2	Mol3	Mol4	Mol5	Mol6
ppsl	0.183 *** (0.001)	0.026 *** (0.000)	0.178 *** (0.001)			
pfpsl				0.148 *** (0.004)	0.103 *** (0.001)	0.122 *** (0.004)
pdpsl				0.177 *** (0.001)	0.032 *** (0.000)	0.169 *** (0.001)
Techpro			0.192 *** (0.004)			0.198 *** (0.004)
控制变量	控制	控制	控制	控制	控制	控制
年份、地区、行业效应	控制	控制	控制	控制	控制	控制
N	1662282	1662282	1662282	1662282	1662282	1662282
R^2	0.177	0.099	0.179	0.177	0.104	0.179

注：同表 14-2。

三、企业"交易成本效应"与"双重效应"的分析

随着生产技术的不断发展，企业生产越来越细化、规模化、标准化，而生产分割作为制造业组织形式，可以对企业生产产生一种成本效应。企业生产分割的延长可以通过专业化减少生产要素投入，将一些生产活动转移至低成本地区；同时，贸易自由化政策、运输、信息技术的进步大大降低了关税成本、运输、协调和监管成本，企业将会重新布局生产功能组。由此，我们更加关心的是生产分割能否通过"交易成本效应"这一渠道促进企业加成率提升。

表 14-7 显示了企业生产分割的"交易成本效应"和"双重效应"检验结果。表 14-7 中列（1）和列（4）为以交易成本 Trade_cost 为结果变量的估计结果，可以看出全球生产阶段数、国际生产阶段数、国内生产阶段数的估计系数均显著为负，这表明企业生产分割的延长显著降低了企业间的交易成本。进一步分析，与国内生产分割相比，国际生产分割的延长降低交易成本的效果更加明显。这主要是因为，经济主体间越复杂、产品生产阶段数越大，产品生产链条越长，由产品间分工转向产品内贸易，不同地区的企业利用生产要素成本优势从事活动，分工更加细化、更加专业化，这种组织形式大大降低了企业间的交易成本。在列（2）和列（5）中，可以看出 Trade_cost 变量的系数均显著为负，这说明企业间交易成本的降低可以显著提升企业的加成率水平。这主要是因为生产分工过程中，企业的边际成本受制于自身生产要素成本与企业间的交易成本，当交易成本下降促使企业边际成本降低，在价格保持不变或维持较高水平时，企业加成率不断提升。在列（3）和列（6）中同时加入 Techpro 和 Trade_cost，且 Techpro 的估计系数显著为正，Trade_cost 的估计系数显著为负。我们还发现，分别加入因变量全球生产阶段数 ppsl（表 14-6 第 3 列、表 14-7 第 2 列）、国际生产阶段数 pfpsl 和国内生产阶段数 pdpsl（表 14-6 第 6 列、表 14-7 第 5 列）的估计系数值和显著性水平相比基准组（表 14-6 第 1 列、第 4 列）均出现了下降，这说明了"技术进步效应"和"交易成本效应"中介效应的存在。在同时加入了中介变量 Techpro 和 Trade_cost（表 14-7 第 3 列和第 6 列）后，全球生产阶段数 ppsl、国际生产阶段数 pfpsl 和国内生产阶段数 pdpsl 的估计系数值相比下降了。这进一步表明，企业生产分割延长是通过技术进步提高

和交易成本降低两个渠道促进企业加成率提升的，这证实了本章的理论假说3。

表 14 – 7　生产分割对企业加成率的"交易成本效应"与"双重效应"

变量	(1) Trade_Cost Mol1	(2) Markup Mol2	(3) Markup Mol3	(4) Trade_Cost Mol4	(5) Markup Mol5	(6) Markup Mol6
ppsl	− 0. 015 *** （0. 000）	0. 165 *** （0. 001）	0. 167 *** （0. 001）			
pfpsl				− 0. 055 *** （0. 000）	0. 065 *** （0. 003）	0. 044 *** （0. 004）
pdpsl				− 0. 019 *** （0. 000）	0. 152 *** （0. 001）	0. 151 *** （0. 001）
Trade_cost		− 1. 376 *** （0. 009）	− 1. 388 *** （0. 009）		− 1. 415 *** （0. 009）	− 1. 430 *** （0. 009）
Techpro			0. 048 *** （0. 003）			0. 059 *** （0. 003）
控制变量	控制	控制	控制	控制	控制	控制
年份、地区、 行业效应	控制	控制	控制	控制	控制	控制
N	2119349	2119349	2074079	2119349	2119349	2074079
R^2	0. 093	0. 171	0. 176	0. 103	0. 171	0. 177

注：同表 14 – 2。

第六节　结论与启示

新常态下中国经济结构面临调整，经济发展方式亟须转型，随着中国与世界其他国家联系越来越紧密，生产阶段数变大、产品生产链条进一步拉长，中国企业能否具有产品定价能力，这是全球价值链分工体系下企业竞争能力的体现，同时又是摆在中国学者面前的一项重要研究课题。鉴于此，探讨了全球价值链分工程度的全球生产阶段数、国际生产阶段数及国内生产阶段数对中国企业加成率的直接影响与内在机制。研究发现：生产阶段数越大、生产链条越长，越会显著提升中国企业的加成率；从企业异质性视角看，企业选择全球生产分割方式对提升低生产率企业加成率有明显效果，其参与国际分工、国内分工程度越高，企业加成率提升越高，尤其是低生产率企业参与国际分工更加明显，高生产率企业参与国内分工促进效应高于参与国际分工；从行业技术异质性看，高技术企业的全球化的产业链条延长、产业分工程度增加，促进企业加成率提升的程度明显高于低技术企业，且高技术企业在国内产业分工中具有明显优势；国内与国际市场上"竞争效应"抑制了出口企业与内销企业的加成率，出口企业以生产、加工等方式参与国际分工，低生产率企业参与分工链条的延长，一定程度上抵消了"竞争效应"导致的低加成率，内销企业依靠在超大规模市场规模上衍生出规模化低成本、精细化专业分工、自主创新等竞争优势，生产分割的延长也会抵消国内市场"竞争效应"的不利影响；国有企业与民营企业参与全球价值链分工、拉长了生产链条，显著地提升了企业的加成率，且民营企业的促进作用更加明显。从经济周期看，2008 年前中国企业参与国际生产链条、国内生产链条的延长提升了企业的加成率水平，增强了企业的竞争力，而后金融时代国际生产分割的延长反而抑制了企业加成率的增长，转向依靠超大市场规模优势催生国内生产分割方式提升企业加成率。进一步，通过构建中介效应模型揭示了生产分割影响企业加成率的作用机制的研究发现，企业"技术进步效应"和"交易成本效应"是生产链条拉长促进企业加成率提升的两个可能的渠道，这些发现对中国企业如何逃脱"低加成率陷阱"提供了新的视角。

本章在一定程度上丰富了企业全球价值链攀升与加成率之间关系的研究，从微观企业层面检验了生产分割对企业加成率的因果效应，揭示了背后的作用机制，这对我国企业参与全球价值链分工具有一定的启示意义。更为重要的是，这些经验发现对如何实现经济转型及全球价值链的地位攀升，以及如何实施创新驱动发展战略等问题的解答具有重要的参考价值。可以得到以下启示：第一，要营造好中国企业参与全球生产分割的环境，为中国制造业在全球价值链的地位攀升创造必要的支持条件，其中出口结构、生产环节的研发力度都是非常重要的环境因素；第二，企业在参与全球价值链分工中要加大创新力度，通过前向关联与后向关联积极吸收创新资源，不断提高产品质量以及提供更具有竞争力的产品，从而提升企业自身的盈利能力；第三，成本，尤其是劳动力成本，是驱动国际分工的重要因素，推动中国企业加快转向高端、高技术领域，进行更专业化的生产，更集中于制造研发和技术能力较高的复杂产品，谋求提高生产质量、创新能力和差异化竞争能力，进一步重构中国企业的国际竞争新优势。

第十五章

产业政策：生产补贴提升与全球价值链分工研究

本章匹配了中国工业企业 1998～2011 年数据与 WIOD 数据库，并使用多种方法测算了衡量生产分割程度的生产阶段数，探讨了政府生产补贴对全球价值链分工程度提升的内在机制效应。研究结果发现：（1）政府生产补贴对生产分割具有显著的促进作用，且生产补贴与全球生产分割及国内生产分割具有显著 "U" 型关系，而与国际生产分割为倒 "U" 型关系。（2）政府生产补贴对生产分割的影响通过企业 "生产率效应" "产品创新" 以及 "交易成本" 发生作用，企业获得生产补贴通过提高企业生产率显著地提升了国际生产阶段数，降低了全球生产阶段数和国内生产阶段数；生产补贴提升了企业的创新能力，产业分工深化、产业链延长，国际和国内外包呈现互补效应；政府生产补贴对生产分割的促进作用会受到交易成本的影响，交易成本的上升抑制了产品生产链条延长，使产业的分工程度降低。（3）中介效应模型的结果显示，政府生产补贴与企业 "生产率效应" "产品创新" 以及 "交易成本" 存在部分性质的中介效应，且生产补贴与全要素生产率及企业创新活动之间存在先上升后下降的倒 "U" 型关系。本章具体安排如下：第一节为引言；第二节阐述了政府补贴如何影响生产分割以及相关的机制与路径分析；第三节构建了计量模型，并对数据进行了说明；第四节汇报了检验结果并对其进行分析；第五节对基本结果进行了稳健性检验；第六节是结论与启示。

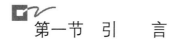

第一节　引　言

全球经济一体化和信息通信技术飞速发展，催生了国际市场分割（production fragmentation）、全球采购、外包、公司内贸易等新型的生产和贸易模式，生产过程日益呈现分散化、碎片化，促使不同产业在各国之间的分工不断延伸和细化，逐步塑造国际分工与贸易的新体系（Gereffi，1999）。生产分割成为各国参与全球价值链分工的重要组织形式之一，企业生产由集权、垂直一体化及单一地点转向地理分散，实现产品研发、制造、营销等不同环节在不同国家或者地区完成，实现生产过程的"功能分离"与"空间分离"（Romero et al.，2009），这种生产全球化、生产分割和分工细化已经成为学界研究的热点问题（Hummels et al.，2001；Fally，2011、2012；Johnson & Noguera，2012；Koopman et al.，2014；倪红福等，2016；刘维刚等，2017）。尤其是胡梅尔斯等（Hummels et al.，2001）、库普曼等（Koopman et al.，2014）以及安特拉斯（Antràs，2013）将一国出口增加值分解为国内增加值与国外增加值，其中国外部分测度一国垂直专业化水平或全球价值链嵌入程度，这种分解能够反映一国国际贸易过程中真实的贸易利得，因此被广泛应用于国际生产分工问题的研究。

近些年，中国在全球价值链分割体系中分工地位攀升、生产过程细化，同时，新常态下中国经济与社会面临转型。政府生产补贴是促进中国经济发展转型的重要政策工具之一，通过干预资源再分配，以调节微观经济行为。企业获得政府的生产性补贴可以弥补市场失灵、提升出口竞争力以及获得规模经济（Schwartz & Clements，1999）。对于发展中国家而言，政府补贴这只"看得见的手"经常扮演着企业发展的"援助之手"。统计数据显示，在规模以上非上市企业中，1999～2007年约有12.1%的企业获得了政府补贴，年均增长率达28.35%（张杰和郑文平，2015）。另外，随着生产分工的日益细化、生产结构日益复杂化，大多数国家参与全球生产分割的程度在不断提升（Hummels et al.，2001；Johnson & Noguera，2012），我国企业通过进口上游产品、制造和出口相对下游产品，也拓展了全球生产分割的生产阶段数，倪红福等（2016）的研究表明1995～2011年中国整体全球生产阶段数上升了13.10%，整体国内生产阶段数上升了10.34%，整体国际生产阶段数上升了36.50%。由此引出了几个关键问题：政府生产补贴是否有助于企业产品生产分工的进一步细化、生产链条不断向外延伸？即政府生产补贴是否提升了生产分割？生产补贴强度是否越高越好？以及政府补贴通过何种内在机制影响生产分割？当前中国经济处于下行期，面临着结构转型、稳定经济增长等挑战，回答这些问题具有重要的理论和现实意义。

关于政府生产补贴与生产分割内在机制的文献非常少，更多学者集中于生产分割的研究。一是关于生产分割的测算方法，主要从产品的国内外价值构成角度（Hummels et al.，2001）、贸易增加视角（Johnson & Noguera，2012；Koopman et al.，2014）测算"国际生产分割程度"，主要基于国际贸易利得进行分析。法利（Fally，2011、2012）、倪红福等（2016）测算了反映经济或产业结构复杂程度的生产阶段数指标并分析行业生产分工。生产分割测度的是全球价值链的广度和深度，而判断一国在全球价值链所处的环节尤为重要。安特拉斯等（Antràs et al.，2012）、安特拉斯和查尔（Antràs & Chor，2013）研究了生产流程的有序性如何塑造最终产品生产商与他们的中间产品供应商之间的契约关系，以及如何设计最优契约关系配置价值链上的控制权力达到最优社会的总体福利，并将法利（2012）的生产分割测算方法扩展到开放经济条件下，构建了反映特定行业在 GVC 所处的位置的"上游度"指标，其含义为某行业中间产品或服务在成为最终需求品或达到最终消费者之前还剩下多少生产环节，通过核算发现美国和欧洲各行业的上游度差异很大。二是分析生产分割对生产率、就业、收入分配等的影响（Egger et al.，2001；Grossman & Helpman，2005；刘维刚等，2017）。三是研究影响参与生产分割的因素。近些年，贸易自由化政策的推行和信息技术的进步，降低了关税成本、运输成本等交易成本，大大加速了生产的空间分离，使得全球范围内配置不同的生产工序变得可行。不仅如此，企业创新强度的增加促使企业倾向进行高增加值的研发活动，把具体加工和生产环节外包给其他企业，使得生产和交易的中间环节增多，生产链条延长，生产结构更加复杂。在中国经济结构调整和经济发展方式转型的背景下，政府补贴作为实施宏观调控和产业政策的重要工具，可以通过提升企业生产率、促进企业研发、出口及规模化生产等方式提升企业竞争力，提升企业在全球价值链的分工地位，避免"低端锁定"，而政府补贴是否促进了中国制造业企业全球分工是一个值得深入探讨的问题。区别于已有的文献，本章在以下两个方面取得了进展：一是拓展了政府生产补贴如何影响微观企业活动导致生产分割的研究视角；二是加深了政府生产补贴对企业参与全球分工行为影响机制的认识。

第二节 理 论 机 制

一、全球分工视角下政府生产补贴的企业"生产率效应"

中国企业全要素生产率的增加是企业在生产分割中实现价值链攀升的重要方式，关系到整体经济由"速度效益型"向"质量效益型"的转变。政府补贴对企业质量提升具有支持和引导作用，若政府对企业在投入、生产、销售及运营过程中实施生产性补贴，就能够直接降低企业的资本成本，这在一定程度上会增加固定资本折旧、加大劳动力投入，将会改变要素投入结构，从而增加企业营业利润，提升企业的效益（Bernini & Pellegrini，2011；Cerqua & Pellegrini，2014）；若政府在企业的非生产性环节进行补贴，则会抵消企业生产税、增加企业利润，这会对工业的增加值产生直接的影响。同时，政府补贴会改变企业行为，扩大企业投资规模，利用规模经济获得生产率水平的提升，增加企业的市场竞争力（Schwartz & Clements，1999），从而促使企业承接较大难度的产品生产，使各个企业间的联系更加紧密，参与产品生产价值链的分工更加细化，拉长了产品生产链条，促进了产业的生产结构复杂程度的提升。

从补贴企业的外部因素来看，由于存在市场失灵，政府对生产企业进行补贴会产生一些负面效应。例如政府为了稳定就业目标可能会给予生产率较低甚至亏损的企业较多的补贴。从补贴企业的内部因素来看，政府补贴强度较大时可能会导致技术效率低下。政府补贴作为企业利润总额的一部分，降低了企业倒闭的风险，使这类企业缺乏改善经营管理和提升生产率的动力，相反，面临倒闭的风险的企业将会付出更多的努力以降低生产成本、提升企业生产率。另外，当补贴收入很高时，企业可能更多地进行"寻补贴"投资，而非将资源用于提升生产率（Gwartney et al.，1998）。

随着经济活动的进一步细化和专业化，企业生产率的不断提升促使企业之间的联系越来越紧密，产业结构越来越复杂，生产和交易的中间环节增多，从而使产品的生产阶段数变大，产品的生产链条拉长，体现为生产分工体系的细化。根据罗梅罗等（Romero et al.，2009）的理论，当生产技术水平达到一定程度时，企业生产过程会促发"功能分离"。当政府补贴适宜时，将促进企业生产率的提升，产业分工更加细化，产业间的关联程度增强，产业链条不断延长；而当政府补贴较高时，可能因"寻补贴"导致企业失去提升效率的动力，导致产业间关联程度降低，从而减少了生产结构的复杂度。从而，本章可以得出以下假说：

假说 15 − 1：政府生产补贴是否能够延长生产分割长度与补贴力度有关，适当的补贴可以促进产品生产分工细化，而高额的政府补贴可能会抑制生产链条向外延伸，即政府生产补贴在促进生产分割的同时可能存在非线性关系。

假说 15 − 2：政府生产补贴通过企业"生产率效应"影响生产分割产生，且政府补贴与企业生产率之间存在倒"U"型关系。

二、全球分工视角下政府生产补贴的企业"创新效应"

通常情况下，生产性企业进行研发创新活动，需要购买先进的设备以及引进配套的专业技术人员，在这个过程中需要大量的资金投入。企业创新活动是一项长期的投资项目，而且面临着很大的不确定性（Hall，2002），在短期内很难获得较大的回报。政府补贴作为促进企业创新能力提升的重要工具，小企业因其自身规模以及承担风险的能力有限，很难承受前期大量的创新投资，而对大中型企业而言，也需要根据企业创新活动的成本与收益评估后再做出是否进行产品创新的决策。政府补贴作为企业利润的一部分，企业可用于生产再投资以扩大生产规模，也可以为创新活动提供资金。尤其是针对企业新产品开发或者科研创新的专项补贴，极大地降低了企业的投入成本，也降低了不确定风险，激发了更多的企业参与创新活动。内源融资是企业创新所需资金的主要来源，政府补贴可以缓解企业融资约束，促进企业创新（Czarnitzki & Hottenrott，2011；Brown et al.，2012）。

在中国经济转型背景下，地方政府控制着大量资源的定价权，以及在财政支出上的支配权，在没有明确法律和制度约束的情况下容易滋生企业与政府之间的寻租行为，政府的补贴决定及补贴额度并不是取决于企业的盈利状况，而更多是依赖企业与政府之间的寻租关系。企业希望获得更多的政府补贴，但要付出相应的寻租成本，从一定程度上讲，企业的这种成本通过非生产性支出与政府补贴额度之间存在正相关。企业是通过提升生产效益的方式还是通过与政府之间建立寻租方式来获得超额利润，这取决于企业在寻租成本与生产投资之间的权衡（任曙明和张静，2013），当政府补贴强度很高时，企业进行"寻补贴"的动机就会增强（邵敏和包群，2012）。企业为了获得高额的政府补贴，将会进行"寻补贴"投资，以较高的寻租成本建立与政府的寻租关系，而这部分支出有可能挤出企业自身研发投入，进而在一定程度上阻碍企业的创新行为（Wallsten，2000；Kaiser，2006）。另外，当企业获得高额的政府补贴时，作为企业的超额利润，这将极大抑制企业通过研发投入改善生产效率获得利润的研发动力。从企业生产来看，一个企业研发强度越高，企业可能越倾向进行高增加值的研发活动，而把具体的加工、生产环节外包给其他企业，如苹果、耐克公司把加工制造阶段转到成本较低的中国、越南等国家，只保留产品研发设计生产阶段，生产阶段数越大，生产分割长度越长。因此，本章得出以下假说：

假说 15 – 3：政府生产补贴通过企业"创新效应"与生产分割产生作用。

三、全球分工视角下政府生产补贴的企业"交易成本"效应

与全球价值链相关的另一个理论是交易成本理论。该理论解释了市场和企业生产的边界，当交易成本较大时，企业会自己生产中间投入品；而当交易成本较小时，企业的内部组织生产成本高于市场交易成本，企业则会通过其他企业购买中间投入品。因此，企业生产分工地位要看内部的组织生产成本与外部的市场交易成本孰大孰小。换言之，企业面临的市场交易成本越小，则生产分工越细化、生产结构越复杂化，生产分割越长。市场规模的扩大引起专业化和劳动分工，政府生产补贴作为扩大企业经营规模的一项重要政策工具，在提升企业比较优势、激励扩大生产等方面作用非常明显。解释政府生产补贴的促进价值链分工地位最为典型的就是降低交易成本假说，伯纳德和杰森（Bernard & Jensen，2004）考察美国制造业企业进入出口企业的因素，发现政府补贴可以弥补企业进入国外市场收集市场信息而产生的各类固定成本或沉没成本，或者加强潜在出口企业与在位企业之前的联系以进入国际市场的各类固定成本或沉没成本，从而激励企业进入国际市场。洛佩斯等（Lopes et al.，2008）拓展了伯纳德和杰森（2004）的经典思路，进一步指出由于国际市场中，存在信息不对称以及风险问题，企业在寻找及确认潜在的贸易伙伴，并对其资信、商誉、经营能力等进行评估的环节都要支付高额的固定成本或沉没成本。在这种情况下，政府补贴可以弥补出口企业

面临的信息不对称及潜在风险，降低出口过程中的交易成本，从而促进企业的出口活动。政府补贴可以在一定程度上弥补进口中间品价格的上涨，降低出口企业的贸易成本，因此国际垂直生产分割长度越长，企业获得的贸易利益越多。罗梅罗等（2009）认为贸易政策自由化、运输、信息技术等交易成本的下降，将会促使生产"空间分离"，在全球范围内重新进行生产空间布局。从而，得出以下假说：

假说15－4：政府生产补贴通过企业"交易成本"对生产分割产生作用。

综上所述，政府生产补贴影响企业参与全球分工效应的梳理和总结，政府补贴对生产分割的作用机制如图15－1所示。

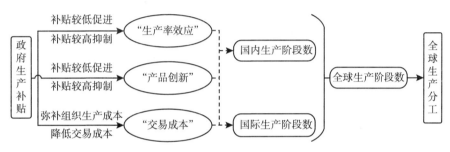

图15－1　政府补贴影响全球分工的机制分析

第三节　研究设计

一、计量模型的设定

依据前文的理论分析以及本文的研究目标，为了分析政府生产补贴对生产分割的效应，我们将基础的计量模型设定为式（15－1）：

$$psl_{mit} = \alpha_0 + \alpha_1 Subsidy_{it} + \alpha_2 tfp_{it} + \theta Z + \eta \sum indus_{it} + year_{it} + \varepsilon_{it}$$

$$(15-1)$$

其中，i、t分别指企业所属行业与年份。psl_{mit}表示t时期企业所属的两位数i行业的m类生产阶段数，其中$m \in \{$全球、国内、国际$\}$，具体的测算方法及细节见下节。为了保证所得结果的稳健性，本章采用了三种方法对

Subsidy 进行了去规模化处理：一是采用行业的政府补贴收入与行业工业总产值的比值；二是采用行业的政府补贴收入与价格平减后的行业固定资产合计比值；三是采用行业的政府补贴收入与价格平减后的行业资产总计的比值，具体是按照企业和年度加总到行业层面再取比值得到的。tfp_{it} 表示在 t 时期 i 行业平均全要素生产率水平，[①] 具体为核算每个企业的全要素生产率水平，在此基础上平均计算出 29 个制造业行业的全要素生产率水平。

参考了已有的研究成果，本章加入了一系列的控制变量 Z，其中包括行业平均企业规模、行业平均企业经营年限、行业资本密集度、高技术劳动力强度、市场竞争程度等。（1）行业平均企业规模（Size）：采用（二分位）行业企业平均销售额的对数来衡量。一般认为，企业的规模越大，自身在规模经济、生产技术或者外部融资方面具有优势，该企业的经济复杂度越高，导致企业所属行业的生产阶段数越大，生产分割长度越长。（2）行业平均企业经营年限（Age）：采用企业注册成立年份与企业样本年份的时间间隔，然后按照行业取平均得到。（3）行业资本密集度（KL）：采用行业价格平减后固定资产净值与行业从业人员比值的对数来衡量。资本密集型的企业倾向于依赖企业总部的高投资，更倾向于外包部门业务。也就是说，行业资本密集度越高，生产阶段数越大，生产分割长度也越长。（4）高技术劳动力强度（Skill）：采用行业科技活动人员占行业总就业人数的比重衡量，通常而言，技术能力强的行业的外包业务较少，因此行业生产阶段数较少，生产分割长度较短。（5）行业市场竞争程度（HHI）：本章采用赫芬达尔指数，以企业的销售额为基础计算不同行业的市场竞争程度，该指标与市场竞争程度成反比，其接近于 1 时趋向于完全垄断市场，市场竞争程度较弱，预计估计系数为负。行业平均出口倾向（Exp），异质性贸易理论强调了生产率在企业出口中的决定作用，通过自选择效应高生产率的企业进入出口市场。从一国层面上看，企业更多的参与国际分工，可能会通过全球价值链的形式实现加工、生产环节的全球化，企业出口份额越高，国际生产阶段数越长，但是可能会抑制国内生产阶段数，本章利用（二分位）行业平均的企业出口交货额占总销售额的比重进行测算。另外，还加入了企业所属行业、年份等虚拟变量，控制未观测到的固定效应因素。

[①] 本章采用了 OP 和 LP 两种方法对企业全要素生产率进行核算。

二、全球价值链的生产链长度与位置测算

（一）封闭条件下的生产分割长度的定义

GVC 生产阶段数指数，衡量一个国家参与全球价值链的广度和长度。一般而言，全球价值链分工包括研发、设计、生产组装、销售等环节。而法利（2012）利用投入产出表计算出各个行业生产阶段数，测算了中国制造业行业的生产分割长度。具体公式为：$N_i = 1 + \sum_j a_{ji} N_j$。其中，$N_i$ 为生产 i 产品的平均生产阶段数，度量有多少生产环节顺序进入了 i 产品的生产过程，其值是参与 i 产品生产的序列的企业加权的和。a_{ji} 表示生产一单位 i 产品需要直接消耗 a_{ji} 单位的 j 产品，其计算依赖于投入产出表中的直接消耗系数矩阵（$[a_{ji}]$）。若生产产品 i 不需要任何的中间投入产品，则产品 i 的生产阶段数 N_i 等于1；若产品 i 的生产需要中间投入产品，生产阶段数 N_i 则取决于中间产品的投入数量以及相应中间产品自身的生产阶段数。将公式表示为矩阵的形式，如式（15-2）所示：

$$N = (I - A)^{-1} I \qquad (15-2)$$

其中，N 表示 $n \times 1$ 的各个行业的生产阶段数矩阵，I 表示 $n \times 1$ 的单位矩阵，A 表示 a_{ji} 的 $n \times n$ 矩阵，而 $(I - A)^{-1}$ 为 Leontief 逆矩阵。这种测算生产分割长度的方法主要是基于单个国家投入产出框架，分析该国国内生产分割长度，而研究国际生产联系导致的生产分割则需要基于全球投入产出模型进行测度。

（二）全球投入产出模型下生产分割的定义

国内学者倪红福等（2016）基于法利（2012）的框架，对全球投入产出模型下生产分割进行了定义。n 国 i 行业的生产阶段数 N_i^n [①]如式（15-3）所示：

$$N_i^n = 1 + \sum_{m,j} a_{ji}^{mn} N_j^m \qquad (15-3)$$

N 个国家 M 个部门的生产分割长度为：$N^T = U^T + N^T A = U^T (I - A)^{-1} =$

---

① n 表示国家，i 表示行业。

$U^T B$。其中，n，$m \in \{1, 2, \cdots, N\}$ 表示不同的国家，T 表示转置，I 表示单位矩阵，$B = (I - A)^{-1}$ 为 Leontief 逆矩阵。因此 n 国家的生产阶段数如式（15 –4）所示：

$$N^{nT} = u^T L^{nn} + u^T \left(\sum_{m \neq n} L^{nn} A^{nm} B^{mn} \right) + u^T \sum_{m \neq n} B^{mn} \qquad (15-4)$$

其中，N^n 为 n 国的全球生产阶段数，$u^T L^{nn}$ 表示国内生产阶段数，L^{nn} 表示 n 国的局部 Leontief 逆矩阵。从全球贸易视角看，$u^T L^{nn}$ 相当于 n 国不存在中间品贸易，不从国外进口中间产品，n 国的最终需求生产带来了本国的产出增加，这与法利（2012）封闭条件下生产分割长度定义一致。因此，称 $u^T L^{nn}$ 为"国内生产阶段数"。

$u^T \left(\sum_{m \neq n} L^{nn} A^{nm} B^{mn} \right)$ 或者 $\sum_{m \neq n} B^{nm} A^{mn} L^{nn}$ 表示的是国外产品生产对 n 国中间需求而引起的 n 国的生产阶段数。在该部分构成项中，B^{nm} 刻画了 n 国最终产品的增加，导致了 m 国产品产出增加。从国际投入产出表来看，n 国最终产品的生产需要进口 m 国产品作为中间投入产品，同时 m 国最终产品的生产需要进口 n 国产品作为中间投入产品。$L^{nn} A^{nm} B^{mn}$ 则为中间产品出口带来 n 国的产出的增加。分解项 $u^T \left(\sum_{m \neq n} L^{nn} A^{nm} B^{mn} \right)$ 表明了国家产品互相作为中间产品投入进行贸易的机制。该项值越大，则表示中间产品的国际贸易越强，各国之间交易次数越频繁，生产阶段数就越大。$u^T \sum_{m \neq n} B^{mn}$ 表示 m 国生产最终产品导致其他国家产品产出的增加，也体现了国际中间品贸易的存在。因此，这两部分统称为"国际生产阶段数"。

三、数据来源及重要变量处理

本章使用的是中国工业企业数据库，该数据库存在样本匹配混乱、变量大小异常、变量定义模糊等严重问题，需要对其进行处理。第二个数据来源是 WIOD 数据库，主要包含了 OECD 以及其他国家和地区 1995～2011 年各行业分类数据。根据法利（2012）、倪红福等（2016）的测算方法计算全球价值链的生产阶段数，以分析各行业的生产分割。按照二分类行业确定的 29 个制造业行业，将两个数据库进行合并。

本章在布兰特等（Brandt et al.，2012）的研究基础上对该数据库进行了处理，包括构建面板、资本变量处理、价格指数处理等过程。处理面板的思路是，第一阶段匹配连续两年的企业，以企业的"法人代码"进行匹配，若企业法人代码匹配不上或者法人代码重复，则使用"企业名称"匹配，若企业名称依然匹配不上或者企业名称重复，则使用企业"法人代表姓名＋地区（县）"匹配，以此类推使用"地区（县）＋行业类别（四位数行业）＋电话号码""开工年份＋地区（县）＋行业类别（四位行业）＋主要产品"基准变量进行匹配，得到非平衡面板数据集。剔除工业总产值、工业增加值、固定资产合计、中间投入小于 0 以及劳动力（从业人数）缺失或者小于等于 8 人的观测样本。本章以 1998 年为基期，工业总产值和工业增加值用工业产品分行业出厂价格指数平减，中间投入用分地区的原材料、燃料和动力购进价格指数进行价格平减。价格指数核算数据来自 2012 年《中国城市（镇）生活与价格年鉴》。资本存量的核算采用永续盘存法计算企业投资，用固定资本净值衡量资本，折旧率参考布兰特等（2012）的 9%[①]。为了消除异常值的影响，本章还对工业企业样本数据按照在第 5 和第 95 百分位进行了缩尾（winsor）处理。

第四节　结 果 分 析

一、政府生产补贴对中国制造业生产分割的基准回归结果

本节采用国民经济行业分类下的二位行业中全部的制造业行业样本，实证检验了政府生产补贴作为"看得见的手"对中国制造业行业的全球生产分割、国内生产分割及国际生产分割的影响。本节首先进行豪斯曼检验，结果显著拒绝随机效应模型，故表 15－1 只显示了固定效应模型的结果，同时采用稳健性估计消除面板数据的异方差问题。为了避免由于测量误差导致的内生性问题，本节选取了行业政府补贴收入占行业工业总产值比、行业政府补贴收入占行业固定资产总值比重和行业政府补贴收入占行业总资产比来衡量政府生产补贴情况。

---

① 有些文献采用了 10% 或者其他折旧率。使用其他折旧率或者价格平减指数，不会影响本章的主要结果。

表 15 - 1　　生产补贴对中国制造业生产分割的检验结果

被解释变量	全球生产分割长度			国内生产分割长度			国际生产分割长度		
	(1) Subsidy1	(2) Subsidy2	(3) Subsidy3	(4) Subsidy1	(5) Subsidy2	(6) Subsidy3	(7) Subsidy1	(8) Subsidy2	(9) Subsidy3
Subsidy	0.016*** (0.005)	0.006*** (0.002)	0.011** (0.005)	0.020** (0.008)	0.006** (0.003)	0.017** (0.008)	0.014** (0.006)	0.006*** (0.002)	0.014*** (0.005)
tfp	0.007*** (0.001)	0.007*** (0.001)	0.007*** (0.001)	-0.002 (0.001)	-0.001 (0.001)	-0.002* (0.001)	0.009*** (0.001)	0.009*** (0.001)	0.010*** (0.001)
Size	0.049*** (0.002)	0.047*** (0.002)	0.048*** (0.002)	0.008** (0.003)	0.006* (0.003)	0.007** (0.003)	-0.001 (0.003)	-0.001 (0.003)	-0.001 (0.003)
KL	-0.051*** (0.003)	-0.047*** (0.003)	-0.048*** (0.003)	-0.082*** (0.005)	-0.076*** (0.005)	-0.079*** (0.005)	0.010*** (0.003)	0.009*** (0.003)	0.010*** (0.003)
Skill	-0.155*** (0.002)	-0.156*** (0.002)	-0.156*** (0.002)	-0.217*** (0.003)	-0.215*** (0.003)	-0.216*** (0.003)	0.044*** (0.003)	0.044*** (0.003)	0.044*** (0.003)
Age	-0.015*** (0.000)	-0.015*** (0.000)	-0.015*** (0.000)	-0.010*** (0.000)	-0.009*** (0.000)	-0.009*** (0.000)	-0.007*** (0.000)	-0.007*** (0.000)	-0.007*** (0.000)
HHI	-8.309*** (0.390)	-8.254*** (0.380)	-8.307*** (0.382)	-1.577*** (0.344)	-1.620*** (0.338)	-1.709*** (0.337)	-3.065*** (0.384)	-2.954*** (0.382)	-2.992*** (0.381)
Exp	-0.004 (0.012)	-0.002 (0.012)	-0.004 (0.012)				0.072*** (0.011)	0.074*** (0.012)	0.072*** (0.011)
常数项	3.415*** (0.028)	3.410*** (0.028)	3.421*** (0.028)	3.000*** (0.038)	2.978*** (0.037)	2.989*** (0.038)	0.440*** (0.037)	0.437*** (0.037)	0.443*** (0.036)
N	56894	56411	56745	48207	47845	48109	12568	12445	12561
R²	0.282	0.279	0.281	0.042	0.038	0.039	0.234	0.236	0.238
F	1849.994	1837.146	1860.864	246.474	219.484	221.847	157.444	155.788	159.079

注：括号内数值表示标准误差；***、**、*分别表示1%、5%、10%的显著性水平。

表 15－1 中列（1）～列（3）显示了在控制一系列相关影响因素的条件下，政府生产补贴对全球生产分割长度的影响，三种方法测算的生产补贴的回归系数均显著为正。政府生产补贴每增加 1%，中国制造业行业的全球生产分割长度分别增加 0.016%、0.006%、0.011%，即生产补贴作为体现政府干预微观经济活动的"看得见的手"，显著促进了中国制造业的全球生产分割长度。全球生产分割分为国内生产分割与国际生产分割，列（4）～列（6）与列（7）～列（9）分别汇报了政府生产补贴对其生产分割的影响。结果显示，以上三种形式的生产补贴代理变量对国际生产分割的回归系数显著为正值，这表明生产补贴对中国制造业国内生产分割同样具有正向促进作用。政府补贴对中国制造业国内生产分割长度与国际生产分割长度产生了差异较大的影响，这主要是因为作为出口主体的中国制造业所得到的政府补贴，无论是范围还是数量规模均相当惊人。整理后数据显示，1998～2011年，出口企业中有 40.8% 的企业获得了不同程度的政府补贴，而非出口企业中只有 26.9% 的企业获得了政府补贴。这初步验证了本章的假说 15－1，也就是政府生产性补贴促进了企业参与全球价值链的广度或长度。

当企业参与全球价值链的深度和广度都确定后，判断一个企业处于全球价值链的哪一个环节对于分析企业全球价值链分工地位尤为重要。为此，我们在法利等（2012）核算生产阶段数的基础上，测算了全球价值链的最终需求距离指数，分析政府生产补贴是否提升了全球价值链分工。从表 15－2 的估计结果看，行业政府补贴占行业固定资产总值比重或行业政府补贴占行业总资产比重作为代理变量时，政府生产性补贴均在 1% 的统计水平上显著为正，虽然采用行业政府补贴收入占行业工业总产值比的估计结果不显著，但是其数值为正值。可以得出，政府生产补贴促进了企业全球价值链攀升，即企业获得政府补贴程度的增加，促进了生产链条的延长，企业选择生产分割的方式参与生产分工，促使企业从事生产原材料或研发设计等无形环节，在价值链上游从事专业化生产。

表 15－2　　　　　生产补贴对中国制造业企业价值链攀升

被解释变量	(1)	(2)	(3)
	GVC 最终需求距离：上游度指数		
$Subsidy1$	0.005 (0.004)		

续表

被解释变量	(1)	(2)	(3)
	GVC 最终需求距离：上游度指数		
Subsidy2		0.008 *** (0.001)	
Subsidy3			0.021 *** (0.004)
控制变量	控制	控制	控制
N	56894	56411	56745
R^2	0.365	0.361	0.359
F	993.046	957.485	970.113

注：括号内数值表示标准误；***、**、*分别表示1%、5%、10%的显著性水平；限于篇幅，表中没有报告控制变量的回归结果。

二、政府生产补贴对企业行为影响的进一步分析

我们进一步探究政府生产补贴是如何通过生产率效应、创新效应及交易成本效应的传导机制，对全球生产分割、国内生产分割及国际生产分割产生影响的。我们将检验传导机制的计量模型方程具体设定如式（15 – 5）所示：

$$psl_{mit} = \alpha_0 + \alpha_1 Subsidy_{it} + \alpha_2 Subsidy_{it}^2 + \alpha_3 \sum X_{it} + \alpha_4 \sum Subsidy_{it} \times X_{it}$$
$$+ \theta Z + \eta \sum year_{it} + \varepsilon_{it} \qquad\qquad (15 - 5)$$

其中，$X = \{tfp_{it}, Inno_{it}, Cost_{it}\}$。考虑到生产补贴的影响未必是线性的，在计量方程式（15 – 5）中纳入了政府生产补贴的平方项（$Subsidy_{it}^2$），以检验对生产分割可能的非线性影响。本节为了验证政府补贴可能会通过三种机制对全球生产阶段数、国内生产阶段数及国际生产阶段数影响，又将行业企业生产率（tfp_{it}）、产品创新（$Inno_{it}$）、交易成本（$Cost_{it}$）与政府补贴的不同代理变量的交互项放入计量回归方程式（15 – 5）中。产品创新的代理变量则用行业新产品产值与行业工业总产值的比值测度，该比值越大，说明企业更偏向通过创新实现企业发展。客观来看，在中国经济转型背景下，

制造业企业在全球价值链的位置不断攀升，政府对企业的补贴以及异质性企业的生产效率、创新能力存在显著差异，这为本章提供了很好的研究视角。交易成本用行业的销售费用和管理费用占行业销售收入的比重核算，产品生产要实现空间分离，一般会受到交易成本的影响，因为需要运输、管理、质量控制等服务来协调产品的空间转移。

表 15-3 显示了政府生产补贴对生产阶段数影响机制的回归结果。一系列的检验证实了政府补贴增加、企业生产率提升以及企业创新等行为都会促进生产和交易的中间环节的增加，生产结构越来越复杂化，产业链条越来越长，表现为生产阶段数的增加，而交易成本的上升则会降低生产分割。在控制了一系列的控制变量后，政府生产补贴与全要素生产率的系数均为正，而两者交互项在全球生产阶段数以及国内生产阶段数的回归系数均显著为负，在国际生产阶段数的回归系数为正。即政府补贴通过提升企业生产率提升了国际生产阶段数，而降低了全球生产阶段数和国内生产阶段数，全球、国内的生产结构复杂度降低，国内和国际生产分工出现替代效应，生产链条呈现向国外转移的趋势。在全球生产阶段数与国内生产阶段数估计结果中，政府生产补贴与产品创新的交互项均显著为正，而国际生产阶段数的系数显著为负，从企业层面看，政府补贴提升了企业的创新能力，企业选择研发创新，开发新产品和新技术，而把具体的加工和生产环节外包给其他的企业，产业分工深化、产业链延长，国际和国内外包呈现替代效应，生产链向国内转移。政府补贴与交易成本的交互项，全球生产阶段数、国内生产阶段数以及国际生产阶段数的估计系数均为负值，这表明政府生产补贴对生产分割的促进作用会受到交易成本的影响，交易成本的上升抑制了产品生产链条延长，产业的分工程度降低。

最后，从政府生产补贴的二次项看，全球生产阶段数与国内生产阶段数的系数显著为"U"型关系，而国际生产阶段数的系数显著为负值，即表明政府补贴与国际生产阶段数之间呈现倒"U"型关系。也就是说当政府对企业补贴规模较小时，对国内生产阶段数与国际生产阶段数有促进作用，政府补贴促进了国际外包活动，拉长了国际生产分割长度，同时深化了国内产业分工，延长了产业链条；而政府补贴规模过大时，则会对国际生产分割长度产生抑制效应。

表 15 - 3　　生产补贴通过企业生产率效应、创新效应及交易成本影响生产阶段数的检验结果

被解释变量	全球生产阶段数			国内生产阶段数			国际生产阶段数		
	Subsidy1 (1)	Subsidy2 (2)	Subsidy3 (3)	Subsidy1 (4)	Subsidy2 (5)	Subsidy3 (6)	Subsidy1 (7)	Subsidy2 (8)	Subsidy3 (9)
Subsidy	0.143* (0.074)	0.067*** (0.022)	0.110* (0.066)	0.232** (0.098)	0.087*** (0.030)	0.176** (0.087)	-0.030 (0.070)	0.029 (0.020)	0.028 (0.062)
$Subsidy^2$	0.168*** (0.035)	0.020*** (0.004)	0.120*** (0.031)	0.200*** (0.044)	0.025*** (0.005)	0.164*** (0.036)	-0.114*** (0.033)	-0.011*** (0.003)	-0.107*** (0.026)
Subsidy×tfp	-0.071*** (0.019)	-0.032*** (0.006)	-0.067*** (0.017)	-0.113*** (0.026)	-0.043*** (0.008)	-0.105*** (0.022)	0.038** (0.019)	0.003 (0.005)	0.028* (0.017)
Subsidy×Inno	4.728*** (0.484)	2.319*** (0.136)	6.390*** (0.410)	5.056*** (0.714)	2.598*** (0.194)	7.300*** (0.605)	-0.752* (0.438)	-0.224* (0.115)	-0.733** (0.359)
Subsidy×Cost	-0.799*** (0.237)	-0.477*** (0.090)	-0.870*** (0.252)	-0.646* (0.340)	-0.490*** (0.120)	-0.754** (0.338)	-0.250 (0.231)	-0.104 (0.082)	-0.433* (0.235)
tfp	0.035*** (0.005)	0.042*** (0.005)	0.034*** (0.005)	0.004 (0.006)	0.013** (0.006)	0.002 (0.006)	0.054*** (0.004)	0.058*** (0.004)	0.058*** (0.004)
Inno	3.252*** (0.077)	2.775*** (0.075)	2.885*** (0.075)	3.774*** (0.112)	3.206*** (0.110)	3.302*** (0.111)	-0.576*** (0.064)	-0.569*** (0.063)	-0.574*** (0.063)
Cost	-0.558*** (0.056)	-0.461*** (0.056)	-0.561*** (0.056)	-0.725*** (0.078)	-0.577*** (0.077)	-0.701*** (0.077)	-0.147*** (0.051)	-0.158*** (0.052)	-0.154*** (0.051)
控制变量	控制	控制	控制	控制	控制	控制	控制	控制	控制
N	48532	48278	48499	38591	38423	38540	11358	11288	11392
R^2	0.141	0.139	0.140	0.112	0.110	0.110	0.139	0.142	0.149
F	481.165	479.853	474.191	306.161	298.657	299.620	75.300	76.900	82.409

注：同表 15 - 2。

三、稳健性检验

为了降低内生性，我们在表 15 - 4 列（1）~ 列（6）中将政府补贴变量的滞后二期作为 IV 变量以缓解模型的联立性偏误，列（7）则将被解释变量选为生产上游度①作为全球分工的代理变量。具体来看，列（1）和列（2）的估计结果显示政府生产补贴对全球生产分割的系数显著为正，生产补贴与全要素生产率、生产补贴与交易成本的交互项系数均显著为负值，生产补贴与企业产品创新的交互项系数显著为正值，同样，列（3）和列（4）的估计结果也显著通过检验。这说明了政府生产补贴促进了全球生产分割与国内生产分割的延长，同时企业生产率的提升和交易成本的上升抑制了这种促进作用，企业产品创新产生促进效应。从列（5）和列（6）的估计结果看，政府补贴的二次项均在 1% 的统计水平上显著为负，当政府补贴程度较低时，政府补贴这只"看得见的手"对国际生产阶段数有促进效应；当政府补贴超过一定程度后，政府补贴对国际生产阶段数有抑制效应，从而呈现先上升后下降的倒"U"型趋势。综合而言，随着政府生产补贴的加大，生产分割不断提升，全球生产分工不断深化、产业链条延长，当补贴超过一定强度后，国际生产分割降低，产业链有向国内转移的趋势。这与表 15 - 2 的结果是一致的，从而进一步证实了本章所得结果的稳健性。

表 15 - 4　　　　　　　　生产分割：2SLS 的估计结果

被解释变量	（1）	（2）	（3）	（4）	（5）	（6）	（7）
	ppsl	*ppsl*	*pdpsl*	*pdpsl*	*pfpsl*	*pfpsl*	*syd*
Subsidy	0.678 *	5.544 **	0.738 *	12.627 ***	0.555 ***	1.747 ***	0.987 ***
	（0.385）	（2.758）	（0.440）	（3.847）	（0.150）	（0.632）	（0.303）
Subsidy²					− 0.631 ***	− 0.436 ***	− 1.109 ***
					（0.170）	（0.145）	（0.343）
Subsidy × tfp		− 1.568 **		− 3.576 ***		− 0.404 ***	
		（0.774）		（1.083）		（0.152）	

---

① 法利等（2012）在 GVC 生产阶段数指数的基础上，又提出了 GVC 最终需求距离指数，其含义为一国某产业生产的产品或服务在达到最终消费者之前，还剩下多少个生产环节，具体公式不再罗列。

续表

被解释变量	(1)	(2)	(3)	(4)	(5)	(6)	(7)
	ppsl	ppsl	pdpsl	pdpsl	pfpsl	pfpsl	syd
Subsidy × Inno		4.862 *** (1.379)		9.895 *** (1.568)		− 0.553 ** (0.259)	
Subsidy × Cost		− 6.150 * (3.156)		− 13.512 *** (4.148)		− 1.752 *** (0.519)	
tfp	0.069 *** (0.006)	0.238 *** (0.080)	0.060 *** (0.007)	0.342 *** (0.111)	0.037 *** (0.001)	0.074 *** (0.015)	− 0.031 *** (0.003)
Inno	2.131 *** (0.146)	2.146 *** (0.131)	2.136 *** (0.188)	4.345 *** (0.185)	− 0.345 *** (0.030)	− 0.309 *** (0.030)	− 0.303 *** (0.058)
Cost	− 0.305 *** (0.072)	0.439 (0.362)	− 0.306 *** (0.084)	0.447 (0.485)	− 0.187 *** (0.017)	− 0.006 (0.058)	0.062 * (0.032)
控制变量	控制	控制	控制	控制	控制	控制	控制
年份	控制	控制	控制	控制	控制	控制	控制
行业	控制	控制	控制	控制	控制	控制	控制
N	31741	30764	24171	35066	35977	29109	32988
R²	0.263	0.253	0.337	− 0.272	0.230	0.282	0.242
第一阶段的 F 值	1281.094	947.414	1338.334	298.193	1437.575	1029.299	1299.096

注：同表 15 – 2。

第五节 机制分析

本节构建了以下的中介效应模型，以检验政府补贴通过"生产率效应""产品创新效应"以及"交易成本"的传导机制影响行业的全球分工程度。具体如式（15 – 6）、式（15 – 7）和式（15 – 8）所示：

$$psl_{mit} = \alpha_0 + \alpha_1 Subsidy_{it} + \alpha_2 Subsidy_{it}^2 + \theta_1 Z + \theta_2 \sum indus_{it} + year_{it} + \varepsilon_{it}$$

$$(15 - 6)$$

$$X = \beta_0 + \beta_1 Subsidy_{it} + \beta_2 Subsidy_{it}^2 + \eta_1 Z + \eta_2 \sum indus_{it} + year_{it} + \varepsilon_{it}$$

$$(15 - 7)$$

$$psl_{mit} = \gamma_0 + \gamma_1 Subsidy_{it} + \gamma_2 Subsidy_{it}^2 + \gamma_3 \sum X + \phi_1 Z$$
$$+ \phi_2 \sum indus_{it} + year_{it} + \varepsilon_{it} \qquad (15-8)$$

其中，若 α_1 不显著则表明两者之间没有稳定关系，中介效应不存在；若该变量的系数 α_1 显著为正，这就意味着政府补贴行为有利于延长行业生产阶段数，增加价值链长度，若政府补贴二次项系数 α_2 显著为负，则这种促进效应呈现先升后降的倒"U"型关系，同时进行第二步的回归。计量模型（15-7）检验了政府补贴对中介变量"生产率效应""产品创新效应"以及"交易成本"的系数 β_1 是否显著，若系数显著则表明政府补贴对三者存在影响。计量模型（15-8）中，若回归系数 γ_1 和 γ_3 显著，且系数 γ_1 相比系数 α_1 的数值有所下降，表明存在部分中介效应；若系数 γ_3 显著，而系数 γ_1 不显著，这可能说明政府补贴通过该变量体现为完全中介效应。

一、政府生产补贴影响企业"生产率效应"为传导途径

表15-5显示了政府补贴通过"生产率效应"这个中介传导机制影响全球分工的检验结果。从全球生产阶段数的回归结果看，模型1中政府补贴的一次项回归系数在1%的统计水平上显著为正；模型2中政府补贴的一次项回归系数显著为正，二次项回归系数在1%的统计水平上显著为负；模型3中政府补贴二次项系数通过检验，企业生产率的回归系数在1%的统计水平上显著为正。这说明政府生产补贴在影响生产分工时，呈现为先升后降的关系，而这部分通过政府补贴与企业生产率之间存在的倒"U"型关系对这个传导机制产生作用。从国内生产阶段数的回归结果看，模型4中政府补贴的回归系数显著为正，模型5中企业生产率作为中介变量的回归系数在1%的统计水平上显著为正，模型6中政府补贴与企业生产率的回归系数至少在5%的统计水平上为正，说明存在部分中介效应。类似地，模型7至模型9的回归结果呈现了以上同样的分析逻辑，进一步验证了政府补贴对国际生产阶段数的影响中企业生产率起到了部分中介效应的作用，而在模型9中发现政府补贴通过企业生产率的中介效应影响国际生产阶段数时，表现为先升后降的倒"U"型趋势，这与基准回归得出的结果是一致的。

表15-5 生产补贴通过企业"生产率效应"影响全球分工的检验结果

被解释变量	全球生产阶段数		国内生产阶段数				国际生产阶段数		
	模型1	模型2	模型3	模型4	模型5	模型6	模型7	模型8	模型9
	ppsl	tfp	ppsl	pdpsl	tfp	pdpsl	pfpsl	tfp	pfpsl
Subsidy	0.036*** (0.006)	0.184*** (0.027)	0.003 (0.018)	0.025*** (0.009)	0.187*** (0.031)	-0.062** (0.024)	0.007 (0.006)	0.219*** (0.069)	0.049*** (0.015)
Subsidy²		-0.156*** (0.032)	0.038* (0.021)		-0.168*** (0.037)	0.111*** (0.029)		-0.196** (0.084)	-0.058*** (0.019)
tfp			0.026*** (0.003)			-0.012*** (0.004)			0.056*** (0.003)
控制变量	控制	控制	控制	控制	控制	控制	控制	控制	控制
样本量	70648	61376	61376	55690	48171	48171	15485	13773	13701
拟合优度	0.072	0.048	0.071	0.033	0.050	0.035	0.138	0.066	0.207
F	737.749	349.203	462.672	292.365	315.584	188.183	221.527	72.481	232.268

注：同表15-2。

二、政府生产补贴影响企业"产品创新效应"为传导途径

表 15 - 6 显示了政府补贴通过"创新效应"影响全球分工的检验结果。从全球生产阶段数的结果看，模型 1 中政府补贴的系数均在 1% 的统计水平上显著通过；模型 2 为政府补贴度中介变量企业创新的影响，一次项系数在 1% 的统计水平上显著为正，二次项系数在 1% 的显著水平上显著为负，即政府补贴与企业创新之间存在先升后降的倒"U"型关系；模型 3 中企业创新回归系数显著为 1.944，政府补贴回归系数均显著通过。这验证了政府补贴通过企业"产品创新效应"这个中介传导机制，对全球生产阶段数产生作用。从国内生产阶段数的回归结果看，模型 5 中政府补贴与企业产品创新之间存在显著的倒"U"型关系，模型 6 中政府补贴的二次项回归系数在 1% 的统计水平上显著为正，企业创新变量回归系数在 1% 的显著水平上为 3.659，验证了政府补贴对国内生产阶段数的影响也通过企业"产品创新效应"起到了部分中介效应的作用。从国际生产阶段数的回归结果看，模型 7 至模型 9 同样呈现了以上的分析逻辑，进一步验证了政府补贴也通过企业"产品创新效应"这个中间传导机制对国际生产阶段数产生影响。从模型 2、模型 5 及模型 8 的结果看出，无论是全球生产阶段数、国内生产阶段数，还是国际生产阶段数中，政府补贴与企业"产品创新效应"之间都存在显著的倒"U"型关系，这可能是政府补贴超过一定程度后，政府补贴可能会挤出企业自身研发投入而在一定程度上阻碍企业的创新行为（Busom，2000；Wallsten，2000；Kaiser，2006）。

三、政府生产补贴影响企业"交易成本"为传导途径

表 15 - 7 显示了政府生产补贴通过企业"交易成本"影响生产阶段数的实证结果。从模型 1 看，生产补贴对全球生产阶段数产生了显著的促进作用；从模型 2、模型 5 和模型 8 的估计结果看，政府生产补贴与企业交易成本变量的一次项系数至少在 5% 的统计水平上显著为正，而模型 2 和模型 5 二次项系数显著为负，即政府生产补贴于企业交易成本之间存在倒"U"型关系；从模型 3、模型 6 和模型 9 的估计结果看，企业交易成本变量系数 1% 的统计水平上显著为负，政府生产补贴对全球生产分割的系数显著为正，

表15-6　生产补贴通过企业"产品创新效应"影响全球分工的检验结果

被解释变量	全球生产阶段数			国内生产阶段数			国际生产阶段数		
	模型1	模型2	模型3	模型4	模型5	模型6	模型7	模型8	模型9
	$ppsl$	$Inno$	$ppsl$	$pdpsl$	$Inno$	$pdpsl$	$pdfpsl$	$Inno$	$pdfpsl$
$Subsidy$	0.019*** (0.006)	0.021*** (0.002)	-0.061*** (0.018)	0.025*** (0.009)	0.019*** (0.002)	-0.127*** (0.029)	0.016*** (0.006)	0.030*** (0.006)	0.052*** (0.018)
$Subsidy^2$		-0.018*** (0.002)	0.076*** (0.021)		-0.014*** (0.002)	0.166*** (0.034)		-0.028*** (0.007)	-0.049** (0.022)
$Inno$			1.944*** (0.054)			3.659*** (0.085)			-0.177*** (0.046)
tfp	0.060*** (0.003)		0.053*** (0.003)	-0.012*** (0.004)	0.006*** (0.000)	-0.032*** (0.005)	0.050*** (0.002)	0.007*** (0.001)	0.052*** (0.003)
控制变量	控制	控制	控制	控制	控制	控制	控制	控制	控制
样本量	56410	53924	47136	48171	40652	40652	12370	9986	9986
拟合优度	0.302	0.036	0.352	0.035	0.027	0.102	0.322	0.064	0.347
F	2385.145	193.182	1917.524	217.033	116.068	409.510	367.185	33.808	237.780

注：同表15-2。

表15－7　政府生产补贴通过企业"交易成本"影响全球分工的检验结果

被解释变量	全球生产阶段数			国内生产阶段数			国际生产阶段数		
	模型1	模型2	模型3	模型4	模型5	模型6	模型7	模型8	模型9
	ppsl	Cost	ppsl	pdpsl	Cost	pdpsl	pfpsl	Cost	pfpsl
Subsidy	0.019*** (0.006)	0.007*** (0.002)	0.015** (0.006)	-0.062** (0.024)	0.010*** (0.002)	-0.061** (0.026)	0.062*** (0.014)	0.005** (0.002)	0.060*** (0.015)
Subsidy²		-0.005** (0.002)		0.111*** (0.029)	-0.007** (0.003)	0.108*** (0.031)	-0.061*** (0.018)		-0.068*** (0.019)
Cost			-0.509*** (0.034)			-0.411*** (0.061)			-0.273*** (0.035)
tfp	0.060*** (0.003)	-0.002*** (0.000)	0.079*** (0.003)	-0.012*** (0.004)	-0.001*** (0.000)	0.005 (0.005)	0.050*** (0.002)	-0.004*** (0.001)	0.060*** (0.003)
控制变量	控制	控制	控制	控制	控制	控制	控制	控制	控制
样本量	56410	52200	57903	48171	41025	44369	12370	12725	12725
拟合优度	0.302	0.166	0.264	0.035	0.157	0.037	0.323	0.118	0.243
F	2385.145	890.141	2027.541	188.183	692.415	157.737	328.289	120.529	224.605

注：同表15－2。

模型 6 显示国内生产分割的二次项系数显著为正，而模型 9 显示国际生产阶段数的二次项系数显著为负，即政府补贴与国际生产阶段数之间存在倒"U"型关系。这说明了政府生产补贴促进了国内与国际产业分工的深化，生产结构复杂度增加，生产分割长度增加，随着补贴强度的进一步增加，国际生产分割长度受到了抑制，生产链向国内转移，但是生产补贴又整体促进了全球生产分工，也就是全球生产分割的延长。同时，证实了政府生产补贴通过企业"交易成本"这个中介传导机制发生作用，企业交易成本的上升则会抑制政府生产补贴对生产分割的促进作用。

第六节　结论与启示

　　新常态下中国经济结构面临调整，经济发展方式亟须转型，而政府补贴作为实施宏观调控和产业政策的重要工具，政府干预如何影响微观企业行为，进而对产品生产阶段数以及全球价值链分工深化产生何种影响，是摆在中国学者面前的一项重要研究课题。鉴于此，本章匹配了中国工业企业数据与 WIOD 数据库，采用多种测算方法衡量了生产分割程度的生产阶段数，探讨了政府生产补贴对刻画全球价值链分工程度的生产分割的内在机制。本章的核心发现如下：首先，政府补贴对生产分割具有显著的促进作用。从生产阶段数的性质划分来看，政府生产补贴对国际生产分割呈现先上升后下降的倒"U"型关系，而对全球生产分割和国内生产分割具有显著的"U"型关系。其次，政府生产补贴对生产分割的影响通过企业"生产率效应""产品创新"以及"交易成本"机制发生作用，政府补贴通过提升全要素生产率显著地提升了国际生产阶段数，降低了全球生产阶段数和国内生产阶段数，全球、国内的生产结构复杂度降低，国内和国际生产分工出现替代效应，生产链条呈现向国外转移的趋势。政府补贴提升了企业的创新能力，通过积极开发新产品和新技术，把具体的加工和生产环节外包给其他的企业，使产业分工深化、产业链延长。政府生产补贴对生产分割的促进作用会受到交易成本的影响，交易成本的上升抑制了产品生产链条延长，使产业的分工程度降低。最后，中介效应模型的结果显示，政府生产补贴与企业"生产率效应""产品创新"以及"交易成本"效应存在部分性质的中介效应，且政府补贴与全要素生产率及产品创新活动之间存在先上升后下降的倒"U"型关系。

本章为中国制造业企业参与全球价值链分工提供了新的解释，这些经验发现对如何实现经济转型及全球价值链的地位攀升，以及如何实施创新驱动发展战略具有重要的参考价值和明显的政策含义与启示。

第一，政府对企业的补贴强度要适当。本章的研究发现政府生产补贴与全要素生产率、企业产品创新之间并不是简单的线性关系，而是先升后降的倒"U"型关系，只有适度的政府补贴才能提升企业全要素生产率水平、激励企业更多地进行新产品创新活动，从而促使企业之间的联系越来越紧密，产业结构越来越复杂，生产和交易的中间环节越多，使产品的生产阶段数变大，产品的生产链条拉长。因此，设定适当的政府对企业的补贴强度显得尤为重要。具体而言，政府在实施补贴前需要对预补贴企业的整体经营状况以及发展前景等进行详细的评估，要结合企业实际发展的需求提供补贴，避免资源源源不断地流向"僵尸企业"。同时，应该针对地方产业发展规划，有针对性地为企业提供政府补贴，以免出现 LED、光伏等战略性新兴产业的高额补贴，不但没有提升企业竞争力，反而弱化了企业创新能力，导致大量的产能过剩、企业业绩下滑甚至破产。

第二，加强和完善知识产权保护，鼓励并激发企业的创新活力。进一步完善知识产权保护在很大程度上可以激励企业进行新产品研发。地区的研发制度环境不完善是导致中国制造业企业缺乏创新活力的关键因素，新技术和频繁的创新活动才是企业竞争力的核心。为了完善地区良好的知识产权保护制度，需要做好以下几个方面：一是不断完善地区知识产权的法律法规，提高企业的产权保护意识，合理合法地对企业知识产权加以保护，在政府补贴的适度范围内实施产品创新；二是提高违法违规成本，严惩侵犯知识产权的行为。

第三，继续坚持市场化改革，不断降低企业的交易成本。政府生产补贴在提升制造业企业全球价值链分工的同时，降低交易成本可以进一步促进企业间中间产品贸易，不断拉长产品的生产链条。而中国的现实是地方政府为了追求经济发展大搞"GDP 竞赛"，导致地区间存在严重的市场分割，企业间贸易往来存在高额的流程成本壁垒，直接导致中国未形成有序竞争的统一市场。因此，政府应该放松行业进入壁垒，引入竞争机制，按照市场化原则进行资源配置，创造良好的市场交易环境，从而降低企业通过市场交易方式获取中间品的成本，实现企业产品生产的"空间分离"，提升中国制造业企业的垂直专业化分工，并在全球范围内重新进行生产空间布局。

参 考 文 献

［1］安格斯·麦迪逊. 中国经济的长期表现：公元960—2030年［M］. 伍晓鹰，马德斌，译. 上海：上海人民出版社，2008.

［2］安同良，施浩，Ludovico Alcorta. 中国制造业企业R&D行为模式的观测与实证：基于江苏省制造业企业问卷调查的实证分析［J］. 经济研究，2006（2）：21－30，56.

［3］白重恩，钱震杰. 国民收入的要素分配：统计数据背后的故事［J］. 经济研究，2009，44（3）：27－41.

［4］包群，赖明勇. FDI技术外溢的动态测算及原因解释［J］. 统计研究，2003（6）：33－38.

［5］蔡昉. 理解中国经济发展的过去、现在和将来：基于一个贯通的增长理论框架［J］. 经济研究，2013，48（11）：4－16，55.

［6］蔡昉. 以新常态超越"新平庸"［N］. 人民日报，2015－3－9.

［7］蔡昉. 中国经济改革效应分析：劳动力重新配置的视角［J］. 经济研究，2017（7）：4－17.

［8］蔡昉. 中国经济增长如何转向全要素生产率驱动型［J］. 中国社会科学，2013（1）：56－71，206.

［9］陈秋霖，许多，周羿. 人口老龄化背景下人工智能的劳动力替代效应：基于跨国面板数据和中国省级面板数据的分析［J］. 中国人口科学，2018（6）：30－42.

［10］陈迅，高远东. FDI与中国产业结构变动相互影响的实证研究［J］. 开发研究，2006（1）：75－77，64.

［11］陈彦斌，林晨，陈小亮. 人工智能、老龄化与经济增长［J］. 经济研究，2019，54（7）：47－63.

［12］陈永伟，胡伟民. 价格扭曲、要素错配和效率损失：理论和应用［A］.《经济学季刊》编辑部. 经济学（季刊）第10卷第4期［C］. 北京

大学国家发展研究院，2011：250 –271.

[13] 陈永伟，胡伟民.价格扭曲、要素错配和效率损失：理论和应用 [J].经济学（季刊），2011，10（4）：1401 –1422.

[14] 程大中.中国服务业增长的特点、原因及影响：鲍莫尔－富克斯假说及其经验研究 [J].中国社会科学，2004（2）：18 –32，204.

[15] 程大中.中国直辖市服务业中的"成本病"问题 [J].学术月刊，2008，40（11）：94 –99.

[16] 程惠芳.国际直接投资与开放性内生经济增长 [J].经济研究，2002（10）.

[17] 程开明.聚集抑或扩散：城市规模影响城乡收入差距的理论机制及实证分析 [J].经济理论与经济管理，2011（8）：14 –23.

[18] 程培堰，周应恒，殷志扬.FDI 对国内投资的挤出（入）效应：产业组织视角 [J].经济学（季刊），2009，8（4）：1527 –1548.

[19] 戴觅，徐建炜，施炳展.人民币汇率冲击与制造业就业：来自企业数据的经验证据 [J].管理世界，2013（11）：14 –27，38，187.

[20] 单豪杰.中国资本存量 K 的再估算：1952 ~2006 年 [J].数量经济技术经济研究，2008，25（10）：17 –31.

[21] 邓金钱.政府主导、人口流动与城乡收入差距 [J].中国人口·资源与环境，2017（2）：143 –150.

[22] 丁明智.外商直接投资的就业效应剖析 [J].软科学，2005（3）：26 –29.

[23] 丁一兵，傅缨捷，曹野.金融发展、技术创新与产业结构优化：基于中等收入国家的经验分析 [J].产业经济评论，2014（1）：82 –104.

[24] 段平忠.中国省际间人口迁移对经济增长动态收敛的影响 [J].中国人口·资源与环境，2011（12）：146 –152.

[25] 范方志，张立军.中国地区金融结构转变与产业结构升级研究 [J].金融研究，2003（11）：36 –48.

[26] 方明月，聂辉华，江艇，谭松涛.中国工业企业就业弹性估计 [J].世界经济，2010，33（8）：3 –16.

[27] 方文全.中国的资本回报率有多高？：年份资本视角的宏观数据再估测 [J].经济学（季刊），2012，11（2）：521 –540.

[28] 方勇，张二震.长江三角洲地区外商直接投资与地区经济发展

[J]. 中国工业经济，2002 (5)：55 - 61.

[29] 冯根福，石军，韩丹. 股票市场、融资模式与产业结构升级：基于中国 A 股市场的经验证据 [J]. 当代经济科学，2009 (3)：21 - 29.

[30] 傅进，吴小平. 金融影响产业结构调整的机理分析 [J]. 金融纵横，2005 (2)：30 - 34.

[31] 盖晓敏. 中国 FDI 产业集聚研究 [M]. 北京：经济科学出版社，2011.

[32] 干春晖，郑若谷. 改革开放以来产业结构演进与生产率增长研究：对中国 1978 ~ 2007 年"结构红利假说"的检验 [J]. 中国工业经济，2009 (2)：55 - 65.

[33] 高峰. 利用外资促进我国产业结构优化作用机理探讨 [J]. 经济问题，2002 (11)：18 - 20.

[34] 官旭红，曹云祥. 资本深化与制造业部门劳动生产率的提升：基于工资上涨及政府投资的视角 [J]. 经济评论，2014 (3)：51 - 63.

[35] 龚关，胡关亮. 中国制造业资源配置效率与全要素生产率 [J]. 经济研究，2013, 48 (4)：4 - 15, 29.

[36] 龚六堂，谢丹阳. 我国省份之间的要素流动和边际生产率的差异分析 [J]. 经济研究，2004 (1)：45 - 53.

[37] 郭凯明. 人工智能发展、产业结构转型升级与劳动收入份额变动 [J]. 管理世界，2019, 35 (7)：60 - 77, 202 - 203.

[38] 郭克莎. 外商直接投资对我国产业结构的影响研究 [J]. 经济研究参考，2000 (21)：2 - 19.

[39] 郭娜. 政府？市场？谁更有效：中小企业融资难解决机制有效性研究 [J]. 金融研究，2013 (3)：194 - 206.

[40] 韩剑，郑秋玲. 政府干预如何导致地区资源错配：基于行业内和行业间错配的分解 [J]. 中国工业经济，2014 (11)：69 - 81.

[41] 何洁. 外国直接投资对中国工业部门外溢效应的进一步精确量化 [J]. 世界经济，2000 (12)：29 - 36.

[42] 何德旭，姚战琪. 中国产业结构调整的效应、优化升级目标和政策措施 [J]. 中国工业经济，2008 (5)：46 - 56.

[43] 贺京同，何蕾. 要素配置、生产率与经济增长：基于全行业视角的实证研究 [J]. 产业经济研究，2016 (3).

［44］贺菊煌．我国资产的估算［J］．数量经济技术经济研究，1992
（8）：24－27.

［45］胡鞍钢．中国就业状况分析［J］．管理世界，1997（3）：37－
55.

［46］胡永泰．中国全要素生产率：来自农业部门劳动力再配置的首要
作用［J］．经济研究，1998（3）：33－41.

［47］胡祖六．关于中国引进外资的三大问题［J］．国际经济评论，
2004（2）：24－28.

［48］黄先海，金泽成，余林徽．出口、创新与企业加成率：基于要素
密集度的考量［J］．世界经济，2018，41（5）：125－146.

［49］黄先海，诸竹君，宋学印．中国出口企业阶段性低加成率陷阱
［J］．世界经济，2016，39（3）：95－119.

［50］江飞涛，李晓萍．直接干预市场与限制竞争：中国产业政策的取
向与根本缺陷［J］．中国工业经济，2010（9）：26－36.

［51］江小涓．2001年外商对华投资分析及2002年前景展望［J］．管理
世界，2002（1）：27－34.

［52］蒋殿春，张宇．行业特征与外商直接投资的技术溢出效应：基于
高新技术产业的经验分析［J］．世界经济，2006（10）：21－29，95.

［53］蒋冠宏．我国企业对外直接投资的"就业效应"［J］．统计研究，
2016，33（8）：55－62.

［54］金玲娣，陈国宏．企业规模与R&D关系实证研究［J］．科研管
理，2001（1）：51－57.

［55］孔高文，刘莎莎，孔东民．机器人与就业：基于行业与地区异质
性的探索性分析［J］．中国工业经济，2020（8）：80－98.

［56］匡远配．我国城乡居民收入差距：基于要素收入流的一个解释
［J］．农业经济问题，2013（2）：76－83.

［57］赖明勇，包群，彭水军，张新．外商直接投资与技术外溢：基于
吸收能力的研究［J］．经济研究，2005（8）：95－105.

［58］李京文．生产率与中国经济增长的研究（1953—1990年）［J］．
数量经济技术经济研究，1992（1）：66－70.

［59］李磊，白道欢，冼国明．对外直接投资如何影响了母国就业？：
基于中国微观企业数据的研究［J］．经济研究，2016，51（8）：144－158.

［60］李强．环境分权与企业全要素生产率：基于我国制造业微观数据的分析［J］．财经研究，2017，43（3）：133－145．

［61］李青原，李江冰，江春，Kevin X. D. Huang．金融发展与地区实体经济资本配置效率：来自省级工业行业数据的证据［J］．经济学（季刊），2013，12（2）：527－548．

［62］李树，陈刚．环境管制与生产率增长：以APPCL2000的修订为例［J］．经济研究，2013（1）：17－31．

［63］李文臣，刘超阳．FDI产业结构效应分析：基于中国的实证研究［J］．改革与战略，2010，26（2）：116－118，169．

［64］李翔，刘刚，王蒙．第三产业份额提升是结构红利还是成本病［J］．统计研究，2016，33（7）：46－54．

［65］李旭超，罗德明，金祥荣．资源错置与中国企业规模分布特征［J］．中国社会科学，2017（2）：25－43，205－206．

［66］梁琦，陈强远，王如玉．户籍改革、劳动力流动与城市层级体系优化［J］．中国社会科学，2013（12）：36－59，205．

［67］林毅夫，陈斌开．发展战略、产业结构与收入分配［J］．经济学（季刊），2013，12（4）：1109－1140．

［68］林毅夫，刘明兴，章奇．政策性负担与企业的预算软约束：来自中国的实证研究［J］．管理世界，2004（8）：81－89，127－156．

［69］林毅夫，任若恩．东亚经济增长模式相关争论的再探讨［J］．经济研究，2007（8）：4－12，57．

［70］林毅夫，孙希芳．信息、非正规金融与中小企业融资［J］．经济研究，2005（7）：35－44．

［71］林毅夫．新结构经济学：重构发展经济学的框架［J］．经济学（季刊），2011，10（1）：1－32．

［72］刘戒骄．生产分割与制造业国际分工：以苹果、波音和英特尔为案例的分析［J］．中国工业经济，2011（4）：148－157．

［73］刘啟仁，黄建忠．异质出口倾向、学习效应与"低加成率陷阱"［J］．经济研究，2015，50（12）：143－157．

［74］刘世锦．为产业升级和发展创造有利的金融环境［J］．上海金融，1996（4）：3－4．

［75］刘树成．中国经济增长与经济周期［M］．北京：中国经济出版

社，2009.

[76] 刘维刚，倪红福，夏杰长. 生产分割对企业生产率的影响 [J]. 世界经济，2017，40（8）：29 - 52.

[77] 刘伟，张辉. 中国经济增长中的产业结构变迁和技术进步 [J]. 经济研究，2008，43（11）：4 - 15.

[78] 卢荻. 外商投资与中国经济发展：产业和区域分析证据 [J]. 经济研究，2003（9）：40 - 48，93.

[79] 鲁晓东，连玉君. 中国工业企业全要素生产率估计：1999—2007 [J]. 经济学（季刊），2012，11（2）：541 - 558.

[80] 陆铭，陈钊，万广华. 因患寡，而患不均：中国的收入差距、投资、教育和增长的相互影响 [J]. 经济研究，2005（12）：4 - 14，101.

[81] 陆铭，陈钊. 城市化、城市倾向的经济政策与城乡收入差距 [J]. 经济研究，2004（6）：50 - 58.

[82] 陆铭，欧海军. 高增长与低就业：政府干预与就业弹性的经验研究 [J]. 世界经济，2011（12）：3 - 31.

[83] 陆毅，李冬娅，方琦璐，陈熹. 产业集聚与企业规模：来自中国的证据 [J]. 管理世界，2010（8）：84 - 89，101.

[84] 吕健. 产业结构调整、结构性减速与经济增长分化 [J]. 中国工业经济，2012（9）：31 - 43.

[85] 吕劲松. 关于中小企业融资难、融资贵问题的思考 [J]. 金融研究，2015（11）：115 - 123.

[86] 罗长远，张军. 经济发展中的劳动收入占比：基于中国产业数据的实证研究 [J]. 中国社会科学，2009（4）：65 - 79，206.

[87] 罗德明，李晔，史晋川. 要素市场扭曲、资源错置与生产率 [J]. 经济研究，2012，47（3）：4 - 14，39.

[88] 罗勤. 论政府在产业结构调整中的作用 [J]. 社会科学辑刊，2001（4）：97 - 99.

[89] 马弘，乔雪，徐嫄. 中国制造业的就业创造与就业消失 [J]. 经济研究，2013，48（12）：68 - 80.

[90] 马歇尔. 经济学原理（上）[M]. 朱志泰，译. 北京：商务印书馆，1964.

[91] 毛其淋，许家云. 跨国公司进入与中国本土企业成本加成：基于

水平溢出与产业关联的实证研究 [J]. 管理世界, 2016 (9): 12 - 32, 187.

[92] 毛其淋, 许家云. 中间品贸易自由化提高了企业加成率吗?: 来自中国的证据 [J]. 经济学 (季刊), 2017, 16 (2): 485 - 524.

[93] 毛其淋, 许家云. 中间品贸易自由化与制造业就业变动: 来自中国加入 WTO 的微观证据 [J]. 经济研究, 2016, 51 (1): 69 - 83.

[94] 毛日昇. 人民币实际汇率变化如何影响工业行业就业? [J]. 经济研究, 2013, 48 (3): 56 - 69.

[95] 倪红福, 龚六堂, 夏杰长. 生产分割的演进路径及其影响因素: 基于生产阶段数的考察 [J]. 管理世界, 2016 (4): 10 - 23, 187.

[96] 聂辉华, 贾瑞雪. 中国制造业企业生产率与资源误置 [J]. 世界经济, 2011, 34 (7): 27 - 42.

[97] 聂辉华, 谭松涛, 王宇锋. 创新、企业规模和市场竞争: 基于中国企业层面的面板数据分析 [J]. 世界经济, 2008 (7): 57 - 66.

[98] 戚聿东, 刘翠花, 丁述磊. 数字经济发展、就业结构优化与就业质量提升 [J]. 经济学动态, 2020 (11): 17 - 35.

[99] 钱纳里, 斯特劳特. 外援与经济发展 [M]// 郭熙保. 发展经济学经典论著选. 北京: 中国经济出版社, 1998.

[100] 钱水土, 周永涛. 金融发展、技术进步与产业升级 [J]. 统计研究, 2011 (1): 24 - 35.

[101] 屈小博, 高凌云, 贾朋. 中国制造业就业动态研究 [J]. 中国工业经济, 2016 (2): 83 - 97.

[102] 任曙明, 张静. 补贴、寻租成本与加成率: 基于中国装备制造企业的实证研究 [J]. 管理世界, 2013 (10): 118 - 129.

[103] 邵敏, 包群. 政府补贴与企业生产率: 基于我国工业企业的经验分析 [J]. 中国工业经济, 2012 (7): 70 - 82.

[104] 邵挺. 金融错配、所有制结构与资本回报率: 来自 1999 ~ 2007 年我国工业企业的研究 [J]. 金融研究, 2010 (9): 51 - 68.

[105] 邵文波, 盛丹. 信息化与中国企业就业吸纳下降之谜 [J]. 经济研究, 2017, 52 (6): 120 - 136.

[106] 沈坤荣, 耿强. 外国直接投资、技术外溢与内生经济增长: 中国数据的计量检验与实证分析 [J]. 中国社会科学, 2001 (5): 82 - 93, 206.

［107］沈坤荣，唐文健.大规模劳动力转移条件下的经济收敛性分析［J］.中国社会科学，2006（5）：46－57.

［108］沈坤荣，滕永乐."结构性"减速下的中国经济增长［J］.经济学家，2013（8）：29－38.

［109］盛丹，刘竹青.汇率变动、加工贸易与中国企业的成本加成率［J］.世界经济，2017，40（1）：3－24.

［110］盛丹，王永进.中国企业低价出口之谜：基于企业加成率的视角［J］.管理世界，2012（5）：8－23.

［111］宋冬林，王林辉，董直庆.技能偏向型技术进步存在吗？：来自中国的经验证据［J］.经济研究，2010，45（5）：68－81.

［112］宋建，王静.生产补贴提升全球价值链分工了吗：基于生产分割视角的考察［J］.国际贸易问题，2020（6）：93－110.

［113］宋建，郑江淮.产业结构、经济增长与服务业成本病：来自中国的经验证据［J］.产业经济研究，2017（2）：1－13.

［114］苏建军，徐璋勇.金融发展、产业结构升级与经济增长：理论与经验研究［J］.工业技术经济，2014（2）：139－149.

［115］孙敬水，张周静.人力资本对城乡收入差距及其收敛性的影响：基于我国省际面板数据分析［J］.农业技术经济，2010（9）：105－113.

［116］唐东波.垂直专业化贸易如何影响了中国的就业结构？［J］.经济研究，2012，47（8）：118－131.

［117］唐帅，宋维明.FDI、技术溢出与我国造纸产业的技术进步：基于DEA与VAR模型的实证分析［J］.经济问题探索，2014（2）：52－57.

［118］田新民，王少国，杨永恒.城乡收入差距变动及其对经济效率的影响［J］.经济研究，2009（7）：107－118.

［119］涂正革，肖耿.中国大中型工业的成本效率分析：1995—2002［J］.世界经济，2007（7）：47－55.

［120］涂正革，肖耿.中国的工业生产力革命：用随机前沿生产模型对中国大中型工业企业全要素生产率增长的分解及分析［J］.经济研究，2005（3）：4－15.

［121］涂正革，肖耿.中国工业增长模式的转变：大中型企业劳动生产率的非参数生产前沿动态分析［J］.管理世界，2006（10）：57－67，81.

［122］王兵，吴延瑞，颜鹏飞.环境管制与全要素生产率增长：APEC

的实证研究 [J]. 经济研究, 2008, 5 (1): 19 - 32.

[123] 王皓. 金融危机对产业结构的影响 [J]. 中国社会科学报, 2009 (2): 7.

[124] 王金照. 典型国家工业化历程比较与启示 [M]. 北京: 中国发展出版社, 2010.

[125] 王坤宇. 国家发展战略与能源效率 [J]. 经济评论, 2017 (5): 3 - 13.

[126] 王林辉, 胡晟明, 董直庆. 人工智能技术会诱致劳动收入不平等吗: 模型推演与分类评估 [J]. 中国工业经济, 2020 (4): 97 - 115.

[127] 王鹏, 尤济红. 产业结构调整中的要素配置效率: 兼对 "结构红利假说" 的再检验 [J]. 经济学动态, 2015 (10): 70 - 80.

[128] 王然, 燕波, 邓伟根. FDI 对我国工业自主创新能力的影响及机制: 基于产业关联的视角 [J]. 中国工业经济, 2010 (11): 16 - 25.

[129] 王少平, 欧阳志刚. 中国城乡收入差距对实际经济增长的阈值效应 [J]. 中国社会科学, 2008 (2): 54 - 66, 205.

[130] 王文, 牛泽东, 孙早. 工业机器人冲击下的服务业: 结构升级还是低端锁定 [J]. 统计研究, 2020, 37 (7): 54 - 65.

[131] 王文, 孙早, 牛泽东. 资源配置与中国非农部门全要素生产率: 基于制造业和服务业之间资源错配的分析 [J]. 经济理论与经济管理, 2015 (7): 87 - 99.

[132] 王小鲁, 樊纲. 中国经济增长的可持续性: 跨世纪的回顾与展望 [M]. 北京: 经济科学出版社, 2000.

[133] 王耀中, 陈洁. 鲍莫尔 - 富克斯假说研究新进展 [J]. 经济学动态, 2012 (6): 123 - 129.

[134] 王永钦, 董雯. 机器人的兴起如何影响中国劳动力市场?: 来自制造业上市公司的证据 [J]. 经济研究, 2020, 55 (10): 159 - 175.

[135] 王志鹏, 李子奈. 外商直接投资对国内投资挤入挤出效应的重新检验 [J]. 统计研究, 2004 (7): 37 - 43.

[136] 卫瑞, 庄宗明. 生产国际化与中国就业波动: 基于贸易自由化和外包视角 [J]. 世界经济, 2015, 38 (1): 53 - 80.

[137] 魏浩, 李晓庆. 进口投入品与中国企业的就业变动 [J]. 统计研究, 2018, 35 (1): 43 - 52.

［138］魏后凯，贺灿飞，王新．外商在华直接投资动机与区位因素分析：对秦皇岛市外商直接投资的实证研究［J］．经济研究，2001（2）：67－76，94.

［139］吴昊，李萌．技术引进、自主创新与就业：基于动态空间面板模型的实证研究［J］．财经理论与实践，2020，41（1）：109－116.

［140］吴敬琏．中国增长模式抉择（第4版）［M］．上海：上海远东出版社，2014.

［141］吴延兵．R&D与生产率：基于中国制造业的实证研究［J］．经济研究，2006（11）：60－71.

［142］吴翌琳．技术创新与非技术创新对就业的影响研究［J］．统计研究，2015，32（11）：59－64.

［143］伍海华，张旭．经济增长·产业结构·金融发展［J］．经济理论与经济管理，2001（5）：11－16.

［144］伍山林．劳动收入份额决定机制：一个微观模型［J］．经济研究，2011，46（9）：55－68.

［145］武剑．外商直接投资的区域分布及其经济增长效益［J］．经济研究，2002（4）.

［146］谢萌萌，夏炎，潘教峰，等．人工智能、技术进步与低技能就业：基于中国制造业企业的实证研究［J］．中国管理科学，2020，28（12）：54－66.

［147］徐现祥，周吉梅，舒元．中国省区三次产业资本存量估计［J］．统计研究，2007（5）：6－13.

［148］许召元，李善同．区域间劳动力迁移对经济增长和地区差距的影响［J］．数量经济技术经济研究，2008（2）：38－52.

［149］亚当·斯密．国富论［M］．郭大力、王亚南，译．上海：上海三联书店，2009.

［150］亚当·斯密．国民财富的性质和原因的研究［M］．郭大力，王亚南，译．北京：商务印书馆，1974.

［151］闫雪凌，朱博楷，马超．工业机器人使用与制造业就业：来自中国的证据［J］．统计研究，2020，37（1）：74－87.

［152］杨大楷，孙敏．公共投资与宏观经济结构的实证研究［J］．经济问题，2009（4）：21－24.

[153] 杨柳勇，沈国良．外商直接投资对国内投资的挤入挤出效应分析 [J]．统计研究，2002 (3)：6 – 8.

[154] 杨汝岱．中国制造业企业全要素生产率研究 [J]．经济研究，2015，50 (2)：61 – 74.

[155] 杨文举．技术效率、技术进步、资本深化与经济增长：基于 DEA 的经验分析 [J]．世界经济，2006 (5)：73 – 83，96.

[156] 杨晓军．中国户籍制度改革对大城市人口迁入的影响：基于 2000 – 2014 年城市面板数据的实证分析 [J]．人口研究，2017，41 (1)：98 – 112.

[157] 杨德勇，董左卉子．资本市场发展与我国产业结构升级研究 [J]．中央财经大学学报，2007 (5)：45 – 50.

[158] 姚先国，周礼，来君．技术进步、技能需求与就业结构：基于制造业微观数据的技能偏态假说检验 [J]．中国人口科学，2005 (5)：47 – 53，95 – 96.

[159] 姚战琪，夏杰长．资本深化、技术进步对中国就业效应的经验分析 [J]．世界经济，2005 (1)：58 – 67，80.

[160] 姚枝仲，周素芳．劳动力流动与地区差距 [J]．世界经济，2003 (4)：35 – 44.

[161] 于文超．FDI、环境管制与产业结构升级：基于城市面板数据的实证研究 [J]．产业经济评论，2015 (1)：39 – 47.

[162] 俞伯阳．人工智能技术促进了中国劳动力结构优化吗?：基于省级面板数据的经验分析 [J]．财经问题研究，2020 (3)：94 – 102.

[163] 袁富华，李义学．中国制造业资本深化和就业调整：基于利润最大化假设的分析 [J]．经济学（季刊），2009，8 (1)：197 – 210.

[164] 袁富华．长期增长过程的"结构性加速"与"结构性减速"：一种解释 [J]．经济研究，2012 (3)：127 – 140.

[165] 袁云峰，贾康，徐向东．金融竞争、相对资本深化与地区经济效率 [J]．统计研究，2012，29 (3)：45 – 53.

[166] 袁志刚，解栋栋．中国劳动力错配对 TFP 的影响分析 [J]．经济研究，2011，46 (7)：4 – 17.

[167] 曾先峰，李国平．资源再配置与中国工业增长：1985 ~ 2007 年 [J]．数量经济技术经济研究，2011，28 (9)：3 – 18.

［168］张冰，金戈．港台产业结构变迁：模型与比较 ［J］．台湾研究，2007（2）：44－49．

［169］张帆，郑京平．跨国公司对中国经济结构和效率的影响 ［J］．经济研究，1999（1）：47－54．

［170］张杰，郑文平．政府补贴如何影响中国企业出口的二元边际 ［J］．世界经济，2015，38（6）：22－48．

［171］张军．改革以来中国的资本形成与经济增长：一些发现及其解释 ［J］．世界经济文汇，2002（1）：18－31，17．

［172］张军．资本形成、工业化与经济增长：中国的转轨特征 ［J］．经济研究，2002（6）：3－13，93．

［173］张伟，张晓青，吴学花．FDI 集群经济效应及环境效应的空间面板计量分析 ［J］．经济学动态，2013（10）：96－101．

［174］张勋，徐建国．中国资本回报率的驱动因素 ［J］．经济学（季刊），2016，15（3）：1081－1112．

［175］张宇，蒋殿春．FDI、产业集聚与产业技术进步：基于中国制造行业数据的实证检验 ［J］．财经研究，2008（1）：72－82．

［176］章韬，孙楚仁．贸易开放、生产率形态与企业规模 ［J］．世界经济，2012，35（8）：40－66．

［177］章元，刘时菁，刘亮．城乡收入差距、民工失业与中国犯罪率的上升 ［J］．经济研究，2011（2）：59－72．

［178］郑若谷，干春晖，余典范．转型期中国经济增长的产业结构和制度效应：基于一个随机前沿模型的研究 ［J］．中国工业经济，2010（2）：58－67．

［179］钟仁耀，刘苇江，刘晓雪，张熠．科技进步对上海就业影响的实证分析：基于分行业的视角 ［J］．人口与经济，2013（2）：78－85．

［180］周晓，朱农．论人力资本对中国农村经济增长的作用 ［J］．中国人口科学，2003（6）：17－24．

［181］朱钟棣，李小平．中国工业行业资本形成、全要素生产率变动及其趋异化：基于分行业面板数据的研究 ［J］．世界经济，2005（9）：51－62．

［182］诸竹君，黄先海，宋学印．劳动力成本上升、倒逼式创新与中国企业加成率动态 ［J］．世界经济，2017，40（8）：53－77．

［183］竺彩华.FDI 外部性与中国产业发展［M］.北京：经济科学出版社，2008.

［184］Acemoglu D, Aghion P, Bursztyn L, Hemous D. The Environment and Directed Technical Change［J］. American Economic Review, 2012, 102 (1): 131 – 166.

［185］Acemoglu D, P. Restrepo. Robots and Jobs: Evidence from U. S. Labor Markets［J］. Journal of Political Economy, 2020, 128 (6): 2188 – 2244.

［186］Acemoglu D, P. Restrepo. The Race Between Man and Machine: Implications of Technology for Growth, Factor Shares and Employment［J］. American Economic Review, 2018, 108 (6): 1488 – 1542.

［187］Acemoglu D, Guerrieri V. Capital Deepening and Nonbalanced Economic Growth［J］. Journal of Political Economy, 2008, 116: 467 – 498.

［188］Acemoglu D, Autor D. Skills, Tasks and Technologies: Implications for Employment and Earnings［M］. Handbook of Labor Economics. Elsevier, 2011, 4: 1043 – 1171.

［189］Acemoglu D, Guerrieri V. Capital Deepening and Nonbalanced Economic Growth［J］. Journal of Political Economy, 2008, 116 (3): 467 – 498.

［190］Acemoglu D, Restrepo P. The race between man and machine: Implications of technology for growth, factor shares, and employment［J］. American Economic Review, 2018, 108 (6): 1488 – 1542.

［191］Acemoglu D. Directed Technical Change［J］. Review of Economic Studies, 2002, 69 (4): 781 – 809.

［192］Acemoglu D. Directed Technical Change［J］. The Review of Economic Studies, 2002, 69 (4): 781 – 809.

［193］Adamopoulos T, Restuccia D. The Size Distribution of Farms and International Productivity Differences［J］. American Economic Review, 2014, 4 (6): 1667 – 1697.

［194］Aghion P, Antonin C, Bunel S. Artificial intelligence, growth and employment: The role of policy［J］. Economie et Statistique, 2019, 510 (1): 149 – 164.

［195］Aghion P, Bloom N, Blundell R. Competition and Innovation: An

Inverted-U Relationship［J］. The Quarterly Journal of Economics, 2005, 120 (2): 701 – 728.

［196］Aghion P, Howitt P, Howitt P. W, et al. Endogenous Growth Theory［M］. MIT Press, 1998.

［197］Aghion P, Howitt P, Mayer Foulkes D. The Effect of Financial Development on Convergence: Theory and Evidence［J］. The Quarterly Journal of Economics, 2005 (1): 173 – 222.

［198］Aghion P, Howitt P. A Model of Growth Through Creative Destruction ［J］. Econometrica, 1992, 60 (2): 323 – 351.

［199］Agrawal A, Gans J. S, Goldfarb A. Artificial Intelligence: The Ambiguous Labor Market Impact of Automating Prediction ［J］. Journal of Economic Perspectives, 2019, 33 (2): 31 – 50.

［200］Akbar Y. H. and McBride J. B. Multinational Enterprise Strategy, Foreign Direct Investment and Economic Development: the Case of the Hungarian Banking Industry ［J］. Journal of World Business, 2004, 39 (1).

［201］Akerman A, I. Gaarder, M. Mogstad. The Skill Complementarity of Broadband Internet ［J］. Quarterly Journal of Economics, 2015, 130 (4): 1781 – 1824.

［202］Alexopoulos M, Cohen J. The medium is the measure: Technical change and employment, 1909 – 1949 ［J］. Review of Economics and Statistics, 2016, 98 (4): 792 – 810.

［203］Allen F, Bartiloro L, Kowalewski O. Does economic structure determine financial structure? ［C］. AFA 2007 Chicago Meetings Paper, 2006.

［204］Alvarez Cuadrado F, Van Long N, Poschke M. Capital-labor Substitution, Structural Change, and Growth ［J］. Theoretical Economics, 2017, 12 (3): 1229 – 1266.

［205］Ambec S, Cohen M. A, Elgie S, Lanoie P. The Porter Hypothesis at 20: Can Environmental Regulation Enhance Innovation and Competitiveness? ［J］. Review of Environmental Economics and Policy, 2013, 7 (1): 2 – 22.

［206］Amiti M, Wei S. J. Service Offshoring and Productivity: Evidence from the US ［J］. World Economy, 2009, 32 (2): 203 – 220.

［207］Antras P, Chor D, Fally T. Measuring the Upstreamness of Production and Trade Flows [J]. American Economic Review, 2012, 102 (3): 412 – 416.

[208] Antras P, Chor D. Organizing the Global Value Chain [J]. Econometrica, 2013, 81 (6): 2127 – 2204.

[209] Aoki S, A Simple Accounting Framework for the Effect of Resource Misallocation on Aggregate Productivity [J]. Journal of the Japanese & International Economies, 2012, 26 (4): 473 – 494.

[210] Arntz M, T. Gregory, and U. Zierahn. The Risk of Automation for Jobs in OECD Countries: A Comparative Analysis [R]. OECD Social, Employment and Migration Working Papers, 2016, 189.

[211] Asker J, A. Collard. Wexler, and J. D. Loecker, Dynamic Inputs and Resource (Mis) Allocation [J]. Journal of Political Economy, 2014, 22 (5): 1013 – 1063.

[212] Au C. C, Henderson J. V. How Migration Restrictions Limit Agglomeration and Productivity in China [J]. Journal of Development Economics, 2006, 80 (2): 350 – 388.

[213] Autor D, D. Dorn. The Growth of Low-Skill Service Jobs and the Polarization of the US Labor Market [J]. American Economic Review, 2013, 103 (5): 1553 – 1597.

[214] Autor D, Salomons A. Is Automation Labor—Displacing? Productivity Growth, Employment, and the Labor Share [R]. NBER Working Papers, 2018, No. 24871.

[215] Autor D. H, Dorn D, Hanson G. H. Untangling trade and technology: Evidence from local labour markets [J]. The Economic Journal, 2015, 125 (584): 621 – 646.

[216] Autor D. H, Katz L. F, Kearney M. S. The Polarization of the U. S. Labor Market [J]. American Economic Review, 2006, 96 (2): 189 – 194.

[217] Autor D. H, Katz L. F, Krueger A. B. Computing Inequality: Have Computers Changed the Labor Market? [J]. The Quarterly Journal of Economics, 1998, 113 (4): 1169 – 1213.

[218] Bai C. E, Hsieh C. T, Qian Y. The Return to Capital in China [J].

Brookings Papers on Economic Activity, 2006, 2006 (2): 61 – 88.

[219] Baily M. N, Hulten C, Campbell D. Productivity Dynamics in Manufacturing Plants [J]. Brookings Papers on Economic Activity Microeconomics, 1992: 187 – 267.

[220] Baldwin J, Yan B. Market Expansion and Productivity Growth: Do New Domestic Markets Matter as Much as New International Markets? [J]. Journal of Economics & Management Strategy, 2012, 21 (2): 469 – 491.

[221] Baldwin J. R, Gu W. Plant Turnover and Productivity Growth in Canadian Manufacturing [J]. Industrial and Corporate Change, 2006, 15 (3): 417 – 465.

[222] Bank W. China 2030: Building a Modern, Harmonious, and Creative Society [J]. World Bank Publications, 2013, 91 (4): 36 – 37.

[223] Barro R. T, Sala. I. Martin X. Regional growth and migration: a Japan-United States comparison [J]. Journal of the Japanese and International Economies, 1992, 6 (4): 312 – 346.

[224] Bartelsman E, J. Haltiwanger, and S. Scarpetta, Cross-Country Differences in Productivity: The Role of Allocation and Selection [J]. American Economic Review, 2013, 103 (1): 305 – 334.

[225] Baumol W. J, Blackman S. A. B, Wolff E. N. Unbalanced Growth Revisited: Asymptotic Stagnancy and New Evidence [J]. American Economic Review, 1985, 75 (4).

[226] Baumol W, Bowen W. G. On the Performing Arts: the Anatomy of Their Economic Problems [J]. American Economic Review, 1965, 55. (1/2): 495 – 502.

[227] Baumol W. J. Macroeconomics of Unbalanced Growth: the Anatomy of Urban Crisis [J]. American Economic Review, 1967, 57 (3): 415 – 426.

[228] Baumol W. Macroeconomics of unbalanced growth: the anatomy of urban crisis [J]. American economic review, 1967, 57 (3): 415 – 426.

[229] Baumol W. Paradox of the Services: Exploding Costs, Persistent Demand [J]. Raa, Schettkat (Hrsg.), 2001: 3 – 28.

[230] Baum-Snow N, Pavan R. Inequality and City Size [J]. Review of Economics and Statistics, 2013, 95 (5): 1535 – 1548.

［231］ Benhabib J, Perla J, Tonetti C. Catch-up and Fall-back through Innovation and Imitation ［J］. Journal of Economic Growth, 2014, 19 (1): 1 – 35.

［232］ Benjamin D, Brandt L, Giles J. Did Higher Inequality Impede Growth in Rural China? ［J］. The Economic Journal, 2011, 121 (557): 1281 – 1309.

［233］ Bergstrand J. H. Structural Determinants of real exchange rates and national price levels: some empirical evidence ［J］. American Economic Review, 1991, 81 (1): 325 – 334.

［234］ Berman E, Bound J, Griliches Z. Changes in the Demand for Skilled Labor within US Manufacturing: Evidence from the Annual Survey of Manufactures ［J］. The Quarterly Journal of Economics, 1994, 109 (2): 367 – 397.

［235］ Bernard A. B, Jensen J. B. Why Some Firms Export ［J］. Review of Economics & Statistics, 2004, 86 (2): 561 – 569.

［236］ Bernini C, Pellegrini G. How are Growth and Productivity in Private Firms Affected by Public Subsidy? Evidence from a Regional Policy ［J］. Regional Science and Urban Economics, 2011, 41 (3): 253 – 265.

［237］ Binh K. B, Park S. Y, Shin B. S. Financial Structure and industrial growth: A direct evidence from OECD countries ［J］. Retrieved on June, 2005, 4 (23): 2009.

［238］ Birbuet J. C. Misallocation and Manufacturing TFP in Bolivia during the Market Liberalization Period ［J］. The B. E. Journal of Macroeconomics, 2012, 12 (1).

［239］ Blanchard E. J, Bown C. P, Johnson R. C. Global Supply Chains and Trade Policy ［J］. Policy Research Working Paper, 2016.

［240］ Blanchard O, Giavazzi F. Macroeconomic Effects of Regulation and Deregulation in Goods and Labor Markets ［J］. The Quarterly Journal of Economics, 2003, 118 (3): 879 – 907.

［241］ Boppart T. Structural Change and the Kaldor Facts in a Growth Model with Relative Price Effects and Non-Gorman Preferences ［J］. Econometrica, 2014, 82 (6): 2167 – 2196.

［242］ Bosworth B, Collins S. M. Accounting for Growth: Comparing China and India [J]. Journal of Economic Perspectives, 2008, 22 (1): 45 – 66.

[243] Boyreau. Debray G, S. J. Wei. Pitfalls of a State-Dominated Financial System: The Case of China [J]. NBER Working Paper, 2005, 11214.

[244] Brandt L, Biesebroeck J, Zhang Y. Creative Accounting or Creative Destruction? Firm-level ProductivityGrowth in Chinese Manufacturing [J]. Journal of Development Economics, 2012, 97 (2): 339 – 351.

[245] Brandt L, Biesebroeck J. V, Wang L. WTO Accession and Performance of Chinese Manufacturing Firms [J]. American Economic Review, 2017, 107 (9): 2784 – 2820.

[246] Brandt L, Tombe T, Zhu X. Factor Market Distortions across Time, Space and Sectors in China [J]. Review of Economic Dynamics, 2013, 16 (1): 39 – 58.

[247] Brouwer E, Kleinknecht A, Reijnen J. O. N. Employment Growth and Innovation at the Firm Level [J]. Journal of Evolutionary Economics, 1993, 3 (2): 153 – 159.

[248] Brown J. R, Martinsson G, Petersen B. C. Do Financing Constraints Matter for R&D? [J]. European Economic Review, 2012, 56 (8): 1512 – 1529.

[249] Buson I. An Empirical Evaluation of the Effects of R&D Subsidies [J]. Economics of Innovation and New Technology, 2000, 9 (2): 111 – 148.

[250] Busso M, M. V. Fazio S. L. Algazi. (In) Formal and (Un) Productive: The Productivity Costs of Excessive Informality in Mexico [J]. IDB Working Paper Series, 2012, IDB-WP-341.

[251] Busso M, Madrigal L. Pages C. Productivity and Resource Misallocation in Latin America [J]. Inter-American Development Bank, Research Department, 2012: 30.

[252] Cai F, Wang M. Growth and Structural Changes in Employment in Transition China [J]. Journal of Comparative Economics, 2010, 38 (1): 71 – 81.

[253] Calderon C, Chong A, Leon G. Institutional Enforcement, Labor-market Rigidities, and Economic Performance [J]. Emerging Markets Review, 2007, 8 (1): 38 – 49.

［254］Carlin W, Mayer C. Finance, investment and growth ［J］. Journal of Financial Economics, 2003 （3）: 191 – 226.

［255］Caves R. E. Causes of Direct Investment: Foreign Firms' Shares in Canadian and United Kingdom Manufacturing Industries ［J］. Review of Economics and Statistics, 1974, 56 （3）.

［256］Cerqua A, Pellegrini G. Do Subsidies to Private Capital Boost Firms' Growth? A Multiple Regression Discontinuity Design Approach ［J］. Journal of Public Economics, 2014, 109: 114 – 126.

［257］Cerulli G. The Impact of Technological Capabilities on Invention: an Investigation Based on Country Responsiveness Scores ［J］. World Development, 2014, 59: 147 – 165.

［258］Chen C, Chang L, Zhang Y. The Role of Foreign Direct Investment in China's Post-1978 Economic Development ［J］. World Development, 1995, 123 （4）.

［259］Chenery H. B, Strout A. M. Foreign Assistance and Economic Development ［J］. American Economic Review, 1966, 56 （4）.

［260］Cheng L. K, Kwan Y. K. What Are the Determinants of the Location of Foreign Direct Investment? The Chinese experience ［J］. Journal of International Economics, 2000, 51 （2）.

［261］Chow G, Lin A. Accounting for Economic Growth in Taiwan and Mainland China: A Comparative Analysis ［J］. Journal of Comparative Economics, 2002, 30 （3）: 507 – 530.

［262］Christainsen G. B, Haveman R. H. The Contribution of Environmental Regulations to the Slowdown in Productivity Growth ［J］. Journal of Environmental Economics & Management, 1981, 8 （4）: 381 – 390.

［263］Cicerone G, McCann P, Venhorst V. Promoting Regional Growth and Innovation: Relatedness, Revealed Comparative Advantage and the Product Space ［R］. Utrecht University, Section of Economic Geography, 2017.

［264］Colantone I. Trade openness, real exchange rates and job reallocation: evidence from Belgium ［J］. Review of World Economics, 2012, 148 （4）: 669 – 706.

［265］Cortes G. M, Jaimovich N, Siu H. E. Disappearing Routine Jobs:

Who, How, and Why? [J]. Journal of Monetary Economics, 2017, 91 (11):
69 – 87.

[266] Cortuk O, Singh N. Analysing the Structural Change and Growth Relationship in India [J]. Economic & Political Weekly, 2015, 50 (24): 91 – 98.

[267] Cortuk O, Singh N. Structural Change and Growth in India [J]. Economics Letters, 2011, 110 (3): 178 – 181.

[268] Costinot A, Vogel J, Wang S. An Elementary Theory of Global Supply Chains [J]. Review of Economic Studies, 2013, 80 (1): 109 – 144.

[269] Curtis D, Murthy K. Economic growth and restructuring: a test of unbalanced growth models [J]. Applied Economics Letters, 1998, 5 (12): 777 – 780.

[270] Czarnitzki D, Hottenrott H. R&D Investment and Financing Constraints of Small and Medium-Sized Firms [J]. Small Business Economics, 2011, 36 (1): 65 – 83.

[271] Dachs B, Hud M, Koehler C. et al. Innovation, Creative Destruction and Structural Change: Firm-Level Evidence from European Countries [J]. Industry and Innovation, 2017, 24 (4): 346 – 381.

[272] Dachs B, Peters B. Innovation, Employment Growth, and Foreign Ownership of Firms: A European Perspective [J]. Research Policy, 2014, 43 (1): 214 – 232.

[273] Daude C, E. Fernandezarias. On the Role of Productivity and Factor Accumulation in Economic Development in Latin America and the Caribbean [R]. SSRN Electronic Journal, 2014, 4653.

[274] Dauth W, Findeisen S, Suedekum J, WoBner, N. German Robots-The Impact of Industrial Robots on Workers [R]. CEPR Discussion Papers, 2017, 12306.

[275] David B. Computer Technology and Probable job destructions in Japan: An-evaluation [J]. Journal of the Japanese and International Economies, 2017, 43: 77 – 87.

[276] David J. M, H. A. Hopenhayn, V. Venkateswaran. Information, Misallocation and Aggregate Productivity [J]. Quarterly Journal of Economics, 2016,

131（2）：943 - 1005.

［277］Davis S. J, Haltiwanger J. Gross Job Creation, Gross Job Destruc-tion, and Employment Reallocation ［J］. Quarterly Journal of Economics, 1992, 107（3）：819 - 863.

［278］Davis S. J, Haltiwanger J. Gross Job Flows ［J］. Handbook of Labor Economics, 1999, 3：2711 - 2805.

［279］Deininger K, G. Feder. Land Institutions and Land Markets ［J］. Handbook of Agricultural Economics, 2001, 1：287 - 331.

［280］De Janvry A. The Role of Land Reform in Economic Development, Policies and Politics ［J］. American Journal of Agricultural Economics, Oxford University Press, 1981, 63（2）：384 - 392.

［281］Del Rio F. Embodied technical progress and unemployment ［J］. Journal of Economic Literature, 2001, 24（J60）：O33.

［282］Dennis B. N, işcan T. B. Engel versus Baumol：Accounting for Structural Change Using Two Centuries of U. S. Data ［J］. Explorations in Economic History, 2009, 46（2）：186 - 202.

［283］Desai M. A. The Decentering of the Global Firm ［J］. World Econo-my, 2009, 32（9）：1271 - 1290.

［284］Dias D. A, Robalo M. C, Richmond C. A Tale of Two Sectors：Why is Misallocation Higher in Services than in Manufacturing? ［J］. Social Science Electronic Publishing, 2017, 16（220）：1.

［285］Dietrich A. Does growth cause structural change, or is it the other way around? A dynamic panel data analysis for seven OECD countries ［J］. Em-pirical Economics, 2012, 43（3）：915 - 944.

［286］Dietrich A, Krüger J. J. Long-run Sectoral Development：Time-series Evidence for the German Economy ［J］. Structural Change, Economic Dynamics, 2010, 21（2）：111 - 122.

［287］Dinlersoz E, Z. Wolf. Automation, Labor Share, and Productivity：Plant-Level Evidence from U. S. Manufacturing ［R］. US Census Bureau Center for Economic Studies Working Paper, 2018：18 - 39.

［288］Dosi G, Grazzi M, Marengo L. et al. Production Theory：Accounting for Firm Heterogeneity and Technical Change ［J］. Journal of Industrial Economics, 2016, 64 (4): 875 - 907.

[289] Dosi G, Nelson R. R. Technical Change and Industrial Dynamics as Evolutionary Processes [M]. Handbook of the Economics of Innovation. North-Holland, 2010, 1: 51 - 127.

[290] Dunning J. H, Lundan S. M. Multinational Enterprises and the Global Economy [M]. Edward Elgar Publishing, 2008.

[291] Eaton, J, S. Kortum. Technology, Geography, and Trade [J]. Econometrica, 2002, 70 (5): 1741 - 1779.

[292] Egger P, Pfaffermayr M, Wolfmayr Schnitzer Y. The International Fragmentation of Austrian Manufacturing: the Effects of Outsourcing on Productivity and Wages [J]. The North American Journal of Economics and Finance, 2001, 12 (3): 257 - 272.

[293] Eisenhardt K. M, Schoonhoven C. B. Organizational Growth: Linking Founding Team, Strategy, Environment, and Growth among US Semiconductor Ventures, 1978 - 1988 [J]. Administrative Science Quarterly, 1990: 504 - 529.

[294] Fafchamps M, Schündeln M. Local Financial Development and Firm Performance: Evidence from Morocco [J]. Journal of Development of Economics, 2013, 103 (4): 15 - 28.

[295] Fagerberg J. Technological Progress, Structural Change and Productivity Growth: a Comparative Study [J]. Structural Change & Economic Dynamics, 2000, 11 (4): 393 - 411.

[296] Fagerber G. J. Technological Progress, Structural change and productivity growth: a comparative study [J]. Structural Change and Economic Dynamics, 2000, 11 (4) : 393 - 411.

[297] Fajgelbaum P. D, E. Morales, J. C. Suárez Serrato et al. State Taxes and Spatial Misallocation [J]. Review of Economic Studies, 2018, 86 (1): 333 - 376.

[298] Fally T. On the Fragmentation of Production in the US [J]. University of Colorado-Boulder, 2011.

[299] Fally T. Production Staging: Measurement and Facts [J]. Boulder, Colorado, University of Colorado Boulder, 2012: 155 - 168.

[300] Falvey R. E, Gemmell N. Explaining Service-price Differences in International Comparisons [J]. American Economic Review, 1991, 85 (5): 1295 – 1309.

[301] Feder C. Biased Technological Change, a contribution to the Debate [J]. Department of Economics & Statistics Cognetti De Martiis Working Papers, 2014, 201404.

[302] Feenstra R. C, Hanson G. H. The Impact of Outsourcing and High-Technology Capital on Wages: Estimates for the United States, 1979 – 1990 [J]. The Quarterly Journal of Economics, 1999, 114 (3): 907 – 940.

[303] Feenstra R. C. Advanced International Trade: Theory and Evidence Second Edition [J]. Economics Books, 2015, 66 (2): 541 – 544.

[304] Feng A, Graetz G. Rise of the machines: The effects of labor-saving innovations on jobs and wages [R]. IZA Discussion Papers, 2015.

[305] Fernandes A. M, Paunov C. Foreign Direct Investment in Services and Manufacturing Productivity Growth: Evidence for Chile [J]. World Bank Policy Research Working Paper Series, 2008, 97 (2).

[306] Foellmi R, Zweimüller J. Structural Change, Engel's Consumption Cycles and Kaldor's Facts of Economic Growth [J]. Journal of Monetary Economics, 2008, 55 (7): 1317 – 1328.

[307] Foster L, Haltiwanger J, Syverson C. Reallocation, Firm Turnover, and Efficiency: Selection on Productivity or Profitability? [J]. American Economic Review, 2008, 98 (1): 394 – 425.

[308] Foster L, Haltiwanger J. C, Krizan C. J. Aggregate Productivity Growth: Lessons from Microeconomic Evidence [M]. New Developments in Productivity Analysis. University of Chicago Press, 2001: 303 – 372.

[309] Frey C. B, Osborne M. A. The Future of Employment: How Susceptible are Jobs to Computerization [J]. Technological Forecasting and Social Change, 2017 (114): 254 – 280.

[310] Fuchs V. The Service economy national bureau of economic research [J]. Inc. , Washington DC, 1968 (1).

[311] Fujita M, Thisse J. F. Does Geographical Agglomeration Foster Economic Growth? And Who Gains and Loses from It? [J]. Japanese Economic Re-

view, 2003, 54 (2): 121 – 145.

［312］ Garcia. Santana, M, J. Pijoan Mas. The Reservation Laws in India and the Misallocation of Production factors ［J］. Journal of Monetary Economics, 2014, 66: 193 – 209.

［313］ Garicano L, C. Lelarge J. V. Reenen. Firm Size Distortions and the Productivity Distribution: Evidence from France ［J］. American Economic Review, 2016, 106 (11): 3439 – 3479.

［314］ Gereffi G. International Trade and Industrial Upgrading in the Apparel Commodity Chain ［J］. Journal of International Economics, 1999, 48 (1): 37 – 70.

［315］ Goldsmith R. Financial Structure and Economic Development ［M］. New Haven: Yale University Press, 1969.

［316］ Goos M, A. Manning A. Salomons. Explaining Job Polarization: Routine Biased Technological Change and Offshoring ［J］. American Economic Review, 2014, 104 (8): 2509 – 2526.

［317］ Gorodnichenko Y, Schnitzer M. Financial Constraints and Innovation: Why Poor Countries Don't Catch Up ［J］. Journal of the European Economic Association, 2013, 11 (5): 1115 – 1152.

［318］ Gourio F, Roys N. Size-Dependent Regulations, Firm Size Distribution, and Reallocation ［J］. Quantitative Economics, 2014, 5 (2): 377 – 416.

［319］ Graetz G, Michaels G. Robots at work ［J］. Review of Economics and Statistics, 2018, 100 (5): 753 – 768.

［320］ Gray W. B, Shadbegian R. J. Environmental Regulation and Manufacturing Productivity at the Plant Level ［J］. Working Papers, 1993.

［321］ Greenan N, Guellec D. Technological Innovation and Employment Reallocation ［J］. Labour, 2010, 14 (4): 547 – 590.

［322］ Greenstone M, List J. A, Syverson C. The Effects of Environmental Regulation on the Competitiveness of US Manufacturing ［R］. National Bureau of Economic Research, 2012.

［323］ Greenwood J, Sanchez J. M, Wang C. Financing Development: The Role of Information Costs ［J］. American Economic Review, 2010 (4): 1875 – 1891.

[324] Gregory T, Salomons A, Zierahn U. Racing with or Against the Machine? Evidence from Europe [R]. ZEW-Centre for European Economic Research Discussion Paper, 2016, 16 – 053.

[325] Görg H, Hanley A, Strobl E. Productivity Effects of International Outsourcing: Evidence from Plant-Level Data [J]. Canadian Journal of Economics, 2008, 41 (2): 670 – 688.

[326] Griffin, Abbie, Kahn. Pdma Handbook of New Product Development [J]. Second Edition John Wiley & Sons, 2013: 65 – 79.

[327] Griliches Z, Regev H. Firm Productivity in Israeli Industry 1979 ~ 1988 [J]. Journal of Econometrics, 1995, 65 (1): 175 – 203.

[328] Groizard J. L, Ranjan P, Rodriguez. Lopez A. Trade Costs and Job Flows: Evidence from Establishment – Level Data [J]. Economic Inquiry, 2015, 53 (1): 173 – 204.

[329] Grossman G. M, Helpman E. Quality Ladders and Product Cycles [J]. Social Science Electronic Publishing, 1991, 106 (2).

[330] Grossman G. M, Helpman E. Outsourcing in a Global Economy [J]. Review of Economic Studies, 2005, 72 (1): 135 – 159.

[331] Grossman G. M, Helpman E. Quality Ladders and Product Cycles [J]. Quarterly Journal of Economics, 1991, 106 (2): 557 – 586.

[332] Guariglia A, Poncet S. Could Financial Distortions be No Impediment to Economic Growth After All? Evidence from China [J]. Journal of Comparative Economics, 2008 (2): 633 – 657.

[333] Guner N, Ventura G, Xu Y. Macroeconomic Implications of Size-Dependent Policies [J]. Review of Economic Dynamics, 2008, 11 (4): 721 – 744.

[334] Gwartney J. D, Lawson R, Holcombe R. G. The Size and Functions of Government and Economic Growth [M]. Washington DC: Joint Economic Committee, 1998.

[335] Hall B. H, Jaffe A. B, Trajtenberg M. Market Value and Patent Citations: A First Look [J]. Social Science Electronic Publishing, 2000, 36 (1): 16 – 38.

[336] Hall B. H, Lerner J. Chapter 14-The Financing of R&D and Innova-

tion [J]. Handbook of the Economics of Innovation, 2010, 1: 609 – 639.

[337] Hall B. H, Lotti F, Mairesse J. Employment, Innovation, and Productivity: Evidence from Italian Microdata [J]. Industrial and Corporate Change, 2008, 17 (4): 813 – 839.

[338] Hall B. H. The Financing of Research and Development [J]. Oxford Review of Economic Policy, 2002, 18 (1): 35 – 51.

[339] Hanson G. H, Mataloni R. J, Slaughter M. J. Vertical Production Networks in Multinational Firms [J]. Review of Economics and Statistics, 2005, 87 (4): 664 – 678.

[340] Harrison R, Jaumandreu J, Mairesse J, et al. Does Innovation Stimulate Employment? A Firm-Level Analysis Using Comparable Micro-Data from Four European Countries [J]. International Journal of Industrial Organization, 2014, 35 (8): 29 – 43.

[341] Harte J. M, Koele P, Engelenburg G. V. Estimation of Attribute Weights in a Multi-attribute Choice Situation [J]. Acta Psychologica, 1996, 93 (1): 37 – 55.

[342] Hartwig J. Testing the Baumol-Nordhaus Model with EU KLEMS Data [J]. Review of Income and Wealth, 2011, 57 (3): 471 – 489.

[343] Helpman E. The Mystery of Economic Growth [M]. Cambridge: Harvard University Press, 2009.

[344] Herrendorf B, Herrington C, Valentinyi A. Sectoral Technology and Structural Transformation [C]. Society for Economic Dynamics, 2013.

[345] Herrera F, Martınez L, Sánchez P. J. Managing Non-homogeneous Information in Group Decision Making [J]. European Journal of Operational Research, 2005, 166 (1): 115 – 132.

[346] Hjort, J, and J. Poulsen. The Arrival of Fast Internet and Employment in Africa [J]. American Economic Review, 2019, 109 (3): 1032 – 1079.

[347] Hsieh C. T, Hurst E, Jones C. I. The Allocation of Talent and U. S. Economic Growth [J]. Econometrica, 2019, 87 (5): 1439 – 1474.

[348] Hsieh C. T, Klenow P. J. Misallocation and Manufacturing TFP in China and India [J]. The Quarterly Journal of Economics, 2009, 124 (4):

1403 - 1448.

[349] Hummels D, Ishii J, Yi K. M. The Nature and Growth of Vertical Specialization in World Trade [J]. Journal of International Economics, 2001, 54 (1): 75 - 96.

[350] Hunya G. Restructuring Through FDI in Romanian Manufacturing [J]. Economic Systems, 2002, 26 (4).

[351] Hwang C. L, Lin M. J. Group Decision Making Under Multiple Criteria: Methods and Applications [M]. Springer Science & Business Media, 2012.

[352] Inman R. P. Managing the Service Economy: Prospects and Problems [M]. Cambridge: Cambridge University Press, 1988.

[353] Jeanneney S, Hua P. and Liang Z. Financial Development, Economic Efficiency, and Productivity Growth: Evidence from China [J]. The Developing Economies, 2006 (1): 27 - 52.

[354] Jensen J. B, Quinn D. P, Weymouth S. Global Supply Chains, Currency Undervaluation, and Firm Protectionist Demands [J]. NBER Working Papers, 2013.

[355] Jerbashian V. Automation and Job Polarization: On the Decline of Middling Occupations in Europe [J]. CERGE-EI Working Paper, 2016, No. 576.

[356] John H, Hubert S. How does Insertion in Global Value Chains Affect Upgrading in Industrial Clusters? [J]. Regional Studies, 2002, 36 (9): 1017 - 1027.

[357] Johnson R. C, Noguera G. Accounting for Intermediates: Production Sharing and Trade in Value Added [J]. Journal of international Economics, 2012, 86 (2): 224 - 236.

[358] Jorgenson D. W, Ho M. S, Stiroh K. J. Information Technology and the American Growth Resurgence [J]. Mit Press Books, 2005, 3 (4).

[359] Jorgenson D. W, Timmer M. P. Structural Change in Advanced Nations: a New Set of Stylised Facts [J]. The Scandinavian Journal of Economics, 2011, 113 (1): 1 - 29.

[360] Kaiser U. Private R&D and Public R&D Subsidies: Microeconometric Evidence for Denmark [J]. Nationaløkonomisk Tidsskrift, 2006, 144 (1):

1 – 17.

［361］ Kaldor N. Capital Accumulation and Economic Growth ［M］. The Theory of Capital. Palgrave Macmillan, London, 1961: 177 – 222.

［362］ Kaplan D. S. Job creation and labor reform in Latin America ［J］. Journal of Comparative Economics, 2009, 37（1）: 91 – 105.

［363］ Karabarbounis L, Neiman B. The Global Decline of the Labor Share ［J］. The Quarterly Journal of Economics, 2014, 129（1）: 61 – 103.

［364］ Kasahara H, Rodrigue J. Does the Use of Imported Intermediates Increase Productivity? Plant-Level Evidence ［J］. Journal of Development Economics, 2008, 287（1）: 106 – 118.

［365］ Katz L. F. Changes in the Wage Structure and Earnings Inequality ［M］. Handbook of Labor Economics. Elsevier, 1999, 3: 1463 – 1555.

［366］ Kee H. L, Tang, H. Domestic Value Added in Exports: Theory and Firm Evidence from China ［J］. American Economic Review, 2016, 106（6）: 1402 – 1436.

［367］ Kee H. L, Tang H. Domestic Value Added in Exports: Theory and Firm Evidence from China ［J］. Social Science Electronic Publishing, 2016, 106（6）: 1402 – 1436.

［368］ Kehoe T. J, Pujolas P. S, Rossbach J. Quantitative Trade Models: Developments and Challenges ［J］. Annual Review of Economics, 2017, 9: 295 – 325.

［369］ Khandelwal A. K, Schott P. K, Wei S. J. Trade Liberalization and Embedded Institutional Reform: Evidence from Chinese Exporters ［J］. American Economic Review, 2013, 103（6）: 2169 – 2195.

［370］ Khurana I. K, Martin X, Pereira R. Financial Development and the Cash Flow Sensitivity of Cash ［J］. Journal of Financial & Quantitative Analysis, 2006, 41（4）: 787 – 807.

［371］ Klette T. J, Moen J, Griliches Z. Do Subsidies to Commercial R&D Reduce Market Failures? Microeconometric Evaluation Studies ［J］. Research Policy, 1999, 29（4）: 471 – 495.

［372］ Kongsamut P, Rebelo S, Xie D. Beyond Balanced Growth ［J］. Review of Economic Studies, 2001, 68（4）: 869 – 882.

［373］ Koopman R, Wang Z, Wei S. J. Tracing Value-Added and Double Counting in Gross Exports ［J］. The American Economic Review, 2014, 104 (2): 459 – 494.

［374］ Kugler M, Verhoogen E. Prices, Plant Size, and Product Quality ［J］. Review of Economic Studies, 2012, 79 (1): 307 – 339.

［375］ Kumar S, Russell R. Technological Change, Technological Catch-up, and Capital Deepening, Relative Contributions to Growth and Convergence ［J］. American Economic Review, 2002, 92 (3): 527 – 548.

［376］ Kumbhakar S. C, Denny M, Fuss M. Estimation and Decomposition of Productivity Change when Production is not Efficient: a Panel-data Approach ［J］. Econometric Reviews, 2000, 19 (4): 312 – 320.

［377］ Kuznets S. Economic Growth and Income Inequality ［J］. American Economic Review, 1955, 45 (1): 1 – 28.

［378］ Lachenmaier S, Rottmann H. Effects of Innovation on Employment: A Dynamic Panel Analysis ［J］. International Journal of Industrial Organization, 2011, 29 (2): 210 – 220.

［379］ Levine R, Robert G. K. Finance, Entrepreneurship, and Growth: Theory and Evidence ［J］. Journal of Monetary Economics, 1993 (3): 513 – 542.

［380］ Levine R, Robert G. K. Finance and Growth: Schumpeter Might Be Right ［J］. Quarterly Journal of Economics, 1993 (2): 717 – 737.

［381］ Levine R. Financial Development and Economic Growth: Views and Agenda ［J］. Journal of Economic Literature, 1997 (2): 688 – 726.

［382］ Levinsohn J, Petrin A. Estimating Production Functions Using Inputs to Control for Unobservables ［J］. Review of Economic Studies, 2003, 70 (2): 317 – 341.

［383］ Lin J. Y, Chen B. Urbanization and Urban-rural Inequality in China: A New Perspective from the Government's Development Strategy ［J］. Frontiers of Economics in China, 2011, 6 (1): 1 – 21.

［384］ Lin J. Y. Development Strategy, Viability, and Economic Convergence ［J］. China Economic Quarterly, 2002, 51 (2): 277 – 308.

［385］ Lipsey R. E. Affiliates of US and Japanese Multinationals in East

Asian Production and Trade [J]. National Bureau of Economic Research Working Paper, 2000, 7292.

[386] Loecker J. D, Goldberg P. K, Khandelwal A. K. Prices, Markups, and Trade Reform [J]. Econometrica, 2016, 84 (2): 445 – 510.

[387] Loecker J. D, Warzynski F. Markups and Firm-level Export Status [J]. American Economic Review, 2012, 102 (6): 2437 – 2471.

[388] Lopes J. C, Dias J, Amaral J. F. D. Assessing Economic Complexity in some OECD Countries with Input-Output Based Measures [J]. Ecomod, 2008.

[389] Lucas R. E. On the Determinants of Direct Foreign Investment: Evidence From East and Southeast Asia [J]. World Development, 1993, 21 (3).

[390] Lucas R. E. On the Mechanics of Economic Development [J]. Journal of Monetary Economics, 1988, 22 (1).

[391] Lu Y, Yu L. Trade Liberalization and Markup Dispersion: Evidence from China's WTO Accession [J]. American Economic Journal: Applied Economics, 2015, 7 (4): 221 – 253.

[392] Mankiw N. G, Romer D, Weil D. N. A Contribution to the Empirics of Economic Growth [J]. The Quarterly Journal of Economics, 1992, 107 (2): 407 – 437.

[393] Mareschal B. Weight Stability Intervals in Multi-criteria Decision Aid [J]. European Journal of Operational Research, 1988, 33 (1): 54 – 64.

[394] Markusen J. R. and Venables A. J. Foreign Direct Investment As a Catalyst for Industrial Development [J]. European Economic Review, 1999, 43 (2).

[395] Markusen J. R. Modeling the Offshoring of White-collar Services: From Comparative Advantage to the New Theories of Trade and FDI [J]. National Bureau of Economic Research Working Paper, 2005, 11827.

[396] Massell B. F. A Disaggregated View of Technical Change [J]. Journal of Political Economy, 1961, 96 (6): 547 – 557.

[397] Mayer C. Financial Systems, Corporate Finance and Economic Development, In G. Hubbard (ed.): Asymmetric Information, Corporate Finance and Investment [M]. Chicago: The University of Chicago Press, 1990.

[398] McKinnon R. I. Money and Capital in Economic Development [R].

Washington DC: Brookings Institution, 1973.

[399] Mcmillan M. Rodrik D. and Íñigo Verduzco-Gallo. Globalization, Structural Change, and Productivity Growth, with an Update on Africa [J]. World Development, 2014, 63: 11 - 32.

[400] Melitz M. J, Ottaviano G. I. Market Size, Trade, and Productivity [J]. Review of Economic Studies, 2008, 75 (1): 295 - 316.

[401] Melitz M. J, Polanec S. Dynamic Olley-Pakes Productivity Decomposition with Entry and Exit [J]. The Rand Journal of Economics, 2015, 46 (2): 362 - 375.

[402] Melitz M. J. The Impact of Trade on Intra-Industry Reallocations and Aggregate Industry Productivity [J]. Econometrica, 2003, 71 (6): 1695 - 1725.

[403] Mello J. D, and Luiz R. Foreign Direct Investment in Developing Countries and Growth: A Selective Survey [J]. The Journal of Development Studies, 1997, 134 (1).

[404] Mello L. R. D. Foreign Direct Investment-led Growth: Evidence From Time Series and Panel Data [J]. Studies in Economics, 1999, 51 (1).

[405] Michaels G, Natraj A, Van Reenen J. Has ICT polarized skill demand? Evidence from eleven countries over twenty-five years [J]. Review of Economics and Statistics, 2014, 96 (1): 60 - 77.

[406] Milner C, Mcgowan D. Trade Costs and Trade Composition [J]. Economic Inquiry, 2013, 51 (3): 1886 - 1902.

[407] Möller J. Income and Price Elasticities in Different Sectors of the Economy: an Analysis of Structural Change for Germany, the UK and the USA [J]. The growth of service industries: the paradox of exploding costs and persistent demand, 2001: 167 - 208.

[408] Mortensen D. T, Pissarides C. A. Technological Progress, Job Creation, and Job Destruction [J]. Review of Economic Dynamics, 1998, 1 (4): 733 - 753.

[409] Neumeyer P. A, Hopenhayn H. Latin America in the Twentieth Century, Stagnation, then Collapse [J]. Econometric Society, 2004, 29: 106.

[410] Ng S. and Perron P. Lag Length Selection and the Construction of Unit

Root Tests with Good Size and Power [J]. Econometrica, 2001, 69 (6).

[411] Ngai L. R, Pissarides C. A. Structural Change in a Multisector Model of Growth [J]. American Economic Review, 2007, 97 (1): 429 –443.

[412] Nordhaus W. D. Managing the Global Commons: the Economics of Climate Change [M]. Cambridge: MIT press, 1994.

[413] Novy D. Is the Iceberg Melting Less Quickly? International Trade Costs after World War II [J]. Warwick Economics Research Paper, 2006.

[414] Nurkse R. Problems of Capital Formation in Underdeveloped Countries [M]. Oxford: Oxford University Press, 1953.

[415] Olley G. S, Pakes A. The Dynamics of Productivity in the Telecom-munications Equipment Industry [J]. Econometrica, 1996, 64 (6): 1263 – 1297.

[416] Oschinski M, Wyonch R. Future Shock? The Impact of Automation on Canada's Labour Market [J]. SSRN Electronic Journal, 2017, No. 472.

[417] Padalino S, Vivarelli M. The Employment Intensity of Economic Growth in the G-7 Countries [J]. International Labour Review, 1997, 136 (2): 191 –213.

[418] Palmer K, Oates W. E, Portney P. R. Tightening Environmental Standards: The Benefit-cost or the No-cost Paradigm? [J]. The Journal of Economic Perspectives, 1995, 9 (4): 119 –132.

[419] Peneder M. Industrial Structure and Aggregate Growth [J]. Structural Change and Economic Dynamics, 2003, 14 (4): 427 –448.

[420] Peneder M. Structural Change and Aggregate Growth [J]. Structural Change & Economic Dynamics, 2003, 14.

[421] Perkins D. H. Reforming China's Economic System [J]. Journal of Economic Literature, 1988, 26 (2): 601 –645.

[422] Perron P. and Ng S. Useful Modifications to Some Unit Root Tests with Dependent Errors and Their Local Asymptotic Properties [J]. The Review of Economic Studies, 1996, 63 (3).

[423] Peters B. Employment Effects of Different Innovation Activities: Microecono-metric Evidence [J]. Zew Discussion Papers, 2004.

[424] Pissarides C. A. Loss of skill during unemployment and the persistence

of employment shocks [J]. The Quarterly Journal of Economics, 1992, 107 (4): 1371 – 1391.

[425] Piva M, Vivarelli M. Innovation and Employment: Evidence from Italian Microdata [J]. Journal of Economics, 2005, 86 (1): 65 – 83.

[426] Porter M. E, Van der Linde C. Toward a New Conception of the Environment-competitiveness Relationship [J]. The Journal of Economic Perspectives, 1995, 9 (4): 97 – 118.

[427] Razin A, Yuen C. W. Factor Mobility and Income Growth: Two Convergence Hypotheses [J]. Review of Development Economics, 1997, 1 (2): 171 – 190.

[428] Restuccia D, Rogerson R. The Causes and Costs of Misallocation [J]. Journal of Economic Perspectives, 2017, 31 (3): 151 – 174.

[429] Restuccia D. The Latin American Development Problem [M]. Cepal, 2009.

[430] Rodrik D. New technologies, global value chains, and developing economies [R]. National Bureau of Economic Research, 2018.

[431] Romer P. M. Increasing Returns and Long-run Growth [J]. The Journal of Political Economy, 1986, 94 (5).

[432] Romero I, Dietzenbacher E, Hewings G. J. D. Fragmentation and Complexity: Analyzing Structural Change in the Chicago Regional Economy [J]. Revista De Economãa Mundial, 2009, 15 (23): 263 – 282.

[433] Romer P. M. Endogenous Technological Change [J]. Journal of Political Economy, 1990, 98 (5): 71 – 102.

[434] Saaty T. L. A Scaling Method for Priorities in Hierarchical Structures [J]. Journal of Mathematical Psychology, 1977, 15 (3): 234 – 281.

[435] Saaty T. L. The Analytic Hierarchy Process: Planning [J]. Priority Setting. Resource Allocation, MacGraw-Hill, New York International Book Company, 1980: 287.

[436] Salter W. E. Productivity and technical change [M]. Cambridge University Press, 1960.

[437] Schumpeter J, Backhaus U. The theory of economic development [M]. Joseph Alois Schumpeter. Boston: Springer, 2003: 61 – 116.

［438］Schumpeter J. A. Capitalism, Socialism and Democracy J. A. Schumpeter［M］. Capitalism and Democracy: University of Notre Dame Press, 1985.

［439］Schwartz G, Clements B. Government Subsidies［J］. Journal of Economic Surveys, 1999, 13（2）: 119 – 148.

［440］Shaw E. S. Financial Deepening in Economic Development［M］. New York: Oxford University Press, 1973.

［441］Singh L. Technological Progress, Structural Change and Productivity Growth in Manufacturing Sector of South Korea［J］. World Review of Science Technology & Sustainable Development, 2004, 1（1）: 37 – 49.

［442］Singh L. Technological progress, structural change and productivity growth in the manufacturing sector of south Korea［J］. World Review of Science, Technology and sustainable development, 2004, 1（1）: 37 – 49.

［443］Smolny W. Innovations, Prices and Employment: A Theoretical Model and an Empirical Application for West German Manufacturing Firms［J］. Journal of Industrial Economics, 1998, 46（3）: 359 – 381.

［444］Solow R. M. A Contribution to the Theory of Economic Growth［J］. The Quarterly Journal of Economics, 1956, 70（1）: 65 – 94.

［445］Souder W. E. Managing New Product Innovations［M］. Maryland: Rowman Publishers, 2000.

［446］Stiglitz J. E. Credit Markets and the Control of Capital［J］. Journal of Money, Credit and Banking, 1985（2）: 133 – 152.

［447］Syrquin M, Chenery H. Three Decades of Industrialization［J］. World Bank Economic Review, 1989, 3（2）: 145 – 181.

［448］Syrquin M. Resource Reallocation and Productivity Growth［J］. Bar-Ilan University, Department of Economics, Economics Research Institute, 1982.

［449］Tang S, Selvanathan E. A, and Selvanathan S. Foreign Direct Investment, Domestic Investment and Economic Growth in China: A Time Series Analysis［J］. The World Economy, 2008, 31（10）.

［450］Taylor A. M, Williamson J. G. Convergence in the Age of Mass Migration［J］. European Review of Economic History, 1997, 1（1）: 27 – 63.

［451］Timmer M. P, O'Mahony M, Ark B. V. Growth and Productivity Accounts from EU KLEMS: an Overview［J］. National Institute Economic Review,

2007，200（14）：64 – 78.

［452］Timmer M. P, Szirmai A. Productivity Growth in Asian Manufacturing: the Structural Bonus Hypothesis Examined ［J］. Structural Change & Economic Dynamics, 2000, 11（4）：371 – 392.

［453］Trajtenberg M. AI as the Next GPT: A Political-Economy Perspective ［J］. NBER Working Papers, 2018, No. 24245.

［454］Turco A. L, Maggioni D. Dissecting the Impact of Innovation on Exporting in Turkey ［J］. Economics of Innovation and New Technology, 2015, 24（4）：309 – 338.

［455］Van L. F. The Effect of Foreign Direct Investment on Investment in Canada ［J］. The Review of Economics and Statistics, 1977, 59（4）.

［456］Van Reenen J. Employment and Technological Innovation: Evidence from UK Manufacturing Firms ［J］. Journal of Labor Economics, 1997, 15（2）：255 – 284.

［457］Vincenti de. Baumol's Disease, production externalities and productivity effects of intersectoral transfers ［J］. Metroeconomica, 2007, 58（3）：396 – 412.

［458］Vivarelli Marco. The Employment Impact of Innovation ［M］. Routledge, 2000.

［459］Vivarelli M. Innovation, Employment and Skills in Advanced and Developing Countries: A Survey of Economic Literature ［J］. Journal of Economic Issues, 2014, 48（1）：123 – 154.

［460］Walley N, Whitehead B. It's not Easy Being Green ［J］. Reader in Business and the Environment, 1994, 36：81.

［461］Wallsten S. J. The Effects of Government-Industry R&D Programs on Private R&D: the Case of the Small Business Innovation Research Program ［J］. The RAND Journal of Economics, 2000：82 – 100.

［462］Wei S. J. Give Credit Where Credit is Due: Tracing Value Added in Global Production Chains ［J］. NBER Working Papers, 2010.

［463］Wurgler J. Financial Market and the Allocation of Capital ［J］. Journal of Financial Economics, 2000（2）：187 – 214.

［464］Xu Z. A Method Based on Linguistic Aggregation Operators for Group

Decision Making with Linguistic Preference Relations [J]. Information Sciences, 2004, 166 (1): 19－30.

[465] Xu Z. A Method for Multiple Attribute Decision Making with Incomplete Weight Information in Linguistic Setting [J]. Knowledge-based systems, 2007, 20 (8): 719－725.

[466] Young A. Learning by Doing and the Dynamic Effects of International Trade [J]. The Quarterly Journal of Economics, 1991, 106 (2).

[467] Young A. Gold into Base Metals: Productivity Growth in the People's Republic of China during the Reform Period [J]. Journal of Political Economy, 2003, 111 (6): 1220－1261.

[468] Zhang H. Biased Technology and Contribution of Technological Change to Economic Growth: Firm-Level Evidence [R]. Working paper, University of Hong Kong, 2014.

[469] Zhou D. Li, S, and David K. T. The Impact of FDI on the Productivity of Domestic Firms: the Case of China, International Business Review, 2002, 11 (4).

[470] Zhu X. Understanding China's Growth: Past, Present, and Future [J]. Journal of Economic Perspectives, 2012, 26 (4): 103－124.

[471] Zuniga P, Crespi G. Innovation Strategies and Employment in Latin American Firms [J]. Structural Change and Economic Dynamics, 2013, 24: 1－17.

[472] Zweimuller J. Schumpeterian Entrepreneurs Meet Engel's Law: The Impact of Inequality on Innovation-Driven Growth [J]. Journal of Economic Growth, 2000, 5 (2): 185－206.